LE

DROIT DES GENS.

—

TOME II.

« Nihil est enim illi principi Deo, qui omnem hunc mundum regit, quod quidem in terris fiat, acceptius, quam consilia cœtusque hominum jure sociati, quæ civitates appellantur. »

(CICER., *Somn. Scip.*)

Typographie RIGNOUX, à Fontenay (Côte-d'Or).

LE

DROIT DES GENS

OU

PRINCIPES

DE LA LOI NATURELLE

APPLIQUÉS A LA CONDUITE ET AUX AFFAIRES DES NATIONS
ET DES SOUVERAINS,

PAR VATTEL.

Nouvelle Édition

REVUE ET CORRIGÉE D'APRÈS LES TEXTES ORIGINAUX,
AUGMENTÉE DE QUELQUES REMARQUES NOUVELLES

ET D'UNE

BIBLIOGRAPHIE CHOISIE ET SYSTÉMATIQUE
DU DROIT DE LA NATURE ET DES GENS,

PAR M. DE HOFFMANNS;

PRÉCÉDÉE D'UN

DISCOURS SUR L'ÉTUDE DU DROIT DE LA NATURE ET DES GENS,

PAR SIR JAMES MACKINTOSH,

ANCIEN MEMBRE DU PARLEMENT BRITANNIQUE;

Traduit en français

PAR M. P. ROYER-COLLARD,

Professeur de Droit des Gens à la Faculté de Droit de Paris.

TOME SECOND.

———◆———

PARIS,

A LA LIBRAIRIE DIPLOMATIQUE, FRANÇAISE ET ÉTRANGÈRE,

DE J. P. AILLAUD,

QUAI VOLTAIRE, 11.

1835.

LE
DROIT DES GENS.

SUITE DU LIVRE SECOND.

CHAPITRE XVII.

De l'interprétation des traités.

§ 262. — *Qu'il est nécessaire d'établir des règles d'interprétation.*

Si les idées des hommes étaient toujours distinctes et parfaitement déterminées, s'ils n'avaient pour les énoncer que des termes propres, que des expressions également claires, précises, susceptibles d'un sens unique, il n'y aurait jamais de difficulté à découvrir leur volonté dans les paroles par lesquelles ils ont voulu l'exprimer : il ne faudrait qu'entendre la langue. Mais l'art de l'interprétation ne serait point encore pour cela un art inutile. Dans les concessions, les conventions, les traités, dans tous les contrats, non plus que dans les lois, il n'est pas possible de prévoir et de marquer tous les cas particuliers : on statue, on ordonne, on convient sur certaines choses, en les énonçant dans leur généralité; et quand toutes les expressions d'un acte seraient parfaitement claires, nettes, et précises, la droite interprétation consisterait encore à faire, dans tous les cas particuliers qui se présentent, une juste application de ce qui a été arrêté d'une manière générale. Ce n'est pas tout : les conjonctures varient, et produisent de nouvelles espèces de cas qui ne peuvent être ramenés aux termes du traité ou de la loi, que par des inductions tirées des vues générales des contractants ou du législateur. Il se présente des contradictions, des incompatibilités réelles ou apparentes entre diverses dispositions; il est question de les concilier, de marquer le parti qu'il faut prendre. Mais c'est bien pis, si l'on considère que la fraude cherche à mettre à profit même l'imperfection du langage; que les hommes jettent à dessein de l'obscurité, de l'ambiguïté dans leurs traités, pour se ménager un prétexte de les éluder dans l'occasion. Il est donc nécessaire d'établir des règles fondées sur la raison et autorisées par la loi naturelle, capables de répandre la lumière sur ce qui est obscur, de déterminer ce qui est incertain, et de frustrer l'attente d'un contractant de mauvaise foi. Commençons par celles qui vont particulièrement à ce dernier but, par ces maximes de justice et d'équité, destinées à réprimer la fraude, à prévenir l'effet de ses artifices.

§ 263. — *Première maxime générale : il n'est pas permis d'interpréter ce qui n'a pas besoin d'interprétation.*

La première maxime générale sur l'interprétation est qu'*il n'est pas permis d'interpréter ce qui n'a pas besoin d'interprétation.* Quand un acte est conçu en termes clairs et précis, quand le sens en est manifeste et ne conduit à rien d'absurde, on n'a aucune raison de se refuser au sens que cet acte présente naturellement. Aller chercher ailleurs des conjectures pour le restreindre ou pour l'étendre, c'est vouloir l'éluder. Admettez une fois cette dangereuse méthode, il n'est aucun acte qu'elle ne rende inutile. Que la lumière brille dans toutes les dispositions de votre acte, qu'il soit conçu dans les termes les plus précis et les plus clairs, tout cela vous sera inutile, s'il est permis de chercher des raisons étrangères pour soutenir qu'on ne peut le prendre dans le sens qu'il présente naturellement (*).

_____

(*) *Standum omnino est iis quæ verbis expressis, quorum manifestus est significatus, indicata fuerunt, nisi omnem a negotiis*

§ 204. — *Deuxième maxime générale : si celui qui pouvait et devait s'expliquer ne l'a pas fait, c'est à son dam.*

Les chicaneurs, qui contestent le sens d'une disposition claire et précise, ont coutume de chercher leurs vaines défaites dans l'intention, dans les vues qu'ils prêtent à l'auteur de cette disposition. Il serait très souvent dangereux d'entrer avec eux dans la discussion de ces vues supposées, que l'acte même n'indique point. Voici une règle plus propre à les repousser, et qui coupe court à toute chicane : *Si celui qui pouvait et devait s'expliquer nettement et pleinement ne l'a pas fait, tant pis pour lui : il ne peut être reçu à apporter subséquemment des restrictions qu'il n'a pas exprimées.* C'est la maxime du droit romain : *Pactionem obscuram iis nocere, in quorum fuit potestate legem apertius conscribere* (*). L'équité de cette règle saute aux yeux ; sa nécessité n'est pas moins évidente. Nulle convention assurée, nulle concession ferme et solide, si l'on peut les rendre vaines par des limitations subséquentes, qui devaient être énoncées dans l'acte, si elles étaient dans la volonté des contractants.

§ 265. — *Troisième maxime générale : ni l'un ni l'autre des contractants n'est en droit d'interpréter l'acte à son gré.*

Voici une troisième maxime générale, ou un troisième principe, au sujet de l'interprétation : *Ni l'un ni l'autre des intéressés ou des contractants n'est en droit d'interpréter à son gré l'acte ou le traité ;* car si vous êtes le maître de donner à ma promesse le sens qui vous plaira, vous serez le maître de m'obliger à ce que vous voudrez contre mon intention, et au-delà de mes véritables engagements ; et réciproquement,

---

humanis certitudinem removere volueris. Wolff. *Jus nat.* Pars VII, not. 822.

(*) Digest., lib. II, tit. XIV, *de Pactis*, leg. 39. Voyez encore Digest., lib. XVIII, tit. I, *de contrahenda emptione*, leg. 21. *Labeo scripsit obscuritatem pacti nocere potius debere venditori, qui id dixerit, quam emptori ; quia potuit re integra apertius dicere.*

s'il m'est permis d'expliquer à mon gré mes promesses, je pourrai les rendre vaines et illusoires, en leur donnant un sens tout différent de celui qu'elles vous ont présenté, et dans lequel vous avez dû les prendre en les acceptant.

§ 266. — *Quatrième maxime générale : on prend pour vrai ce qui est suffisamment déclaré.*

En toute occasion où quelqu'un a pu et dû manifester son intention, on prend pour vrai contre lui ce qu'il a suffisamment déclaré. C'est un principe incontestable que nous appliquons aux traités; car s'ils ne sont pas de vains jeux, les contractants doivent y parler vrai et suivant leurs intentions. Si l'intention suffisamment déclarée n'était pas prise de droit pour la vraie intention de celui qui parle et qui s'engage, il serait fort inutile de contracter et de faire des traités.

§ 267. — *On doit se régler plutôt sur les paroles du promettant que sur celles de celui qui stipule.*

Mais on demande ici quel est celui des contractants dont les expressions sont les plus décisives pour le vrai sens du contrat; s'il faut s'arrêter à celles du promettant plutôt qu'à celles de celui qui stipule? La force et l'obligation de tout contrat venant d'une promesse parfaite, et celui qui promet n'y pouvant être engagé au-delà de sa volonté suffisamment déclarée, il est bien certain que, pour connaître le vrai sens d'un contrat, *il faut principalement faire attention aux paroles de celui qui promet;* car il s'engage volontairement par ses paroles, et on prend pour vrai contre lui ce qu'il a suffisamment déclaré. Ce qui paraît avoir donné lieu à cette question, c'est la manière en laquelle se font quelquefois les conventions : l'un offre les conditions et l'autre les accepte, c'est-à-dire, que le premier propose ce à quoi il prétend que l'autre s'oblige envers lui, et le second déclare ce à quoi il s'oblige en effet. Si les paroles de celui qui accepte la condition se rapportent aux paroles de celui qui l'offre, il est vrai que l'on doit se régler sur les expressions de celui-ci; mais c'est parce que le promettant est censé ne faire que les répéter pour former sa promesse. Les capitulations des places assiégées peuvent nous servir ici d'exemple. L'assiégé propose les conditions auxquelles il veut rendre la place, l'assiégeant les accepte; les expressions du premier n'obligent en rien le second, sinon en tant qu'il les adopte. Celui qui accepte la condition est le vrai promettant, et c'est dans ses paroles que l'on doit chercher le vrai sens de l'acte, soit qu'il les choisisse et les forme lui-même, soit qu'il adopte les expressions de l'autre partie en s'y rapportant dans sa promesse. Mais il faut toujours se souvenir de ce que nous venons de dire, que l'on prend pour vrai contre lui ce qu'il a suffisamment déclaré. Je vais me faire entendre encore plus clairement.

§ 268. — *Cinquième maxime générale : l'interprétation doit se faire suivant des règles certaines.*

Il est question, dans l'interprétation d'un traité ou d'un acte quelconque, de savoir de quoi les contractants sont convenus; de déterminer précisément, dans l'occasion, ce qui a été promis et accepté, c'est-à-dire, non pas seulement ce que l'une des parties a eu l'intention de promettre, mais encore ce que l'autre a dû croire raisonnablement et de bonne foi lui être promis, ce qui lui a été suffisamment déclaré, et sur quoi elle a dû régler son acceptation. *L'interprétation de tout acte et de tout traité doit donc se faire suivant des règles certaines, propres à en déterminer le sens, tel qu'ont dû naturellement l'entendre les intéressés, lorsque l'acte a été dressé et accepté.* C'est un cinquième principe.

Comme ces règles seront fondées sur la droite raison, et par conséquent approuvées et prescrites par la loi naturelle, tout homme, tout souverain est obligé de les admettre et de les suivre. Si l'on ne reconnaît pas des règles qui déterminent le sens dans lequel les expressions doivent être prises, les traités ne seront plus qu'un jeu, on ne pourra convenir de rien avec sûreté, et il sera presque ridicule de faire fonds sur l'effet des conventions.

§ 269. — *La foi des traités oblige à suivre ces règles.*

Mais les souverains ne reconnaissant point de commun juge, point de supérieur qui puisse les obliger à recevoir une interprétation fondée sur de justes règles, la foi des traités fait ici toute la sûreté des contractants. Cette foi n'est pas moins blessée par le refus d'admettre une interprétation évidemment droite, que par une infraction ouverte. C'est la même injustice, la même infidélité; et, pour s'envelopper dans les subtilités de la fraude, elle n'en est pas moins odieuse.

§ 270. — *Règle générale d'interprétation.*

Entrons maintenant dans le détail des règles sur lesquelles l'interprétation doit se diriger pour être juste et droite. 1° Puisque l'interprétation légitime d'un acte ne doit tendre qu'à découvrir la pensée de l'auteur, ou des auteurs de cet acte, *dès qu'on y rencontre quelque obscurité, il faut chercher quelle a été vraisemblablement la pensée de ceux qui l'ont dressé, et l'interpréter en conséquence.* C'est la règle générale de toute interprétation. Elle sert particulièrement à fixer le sens de certaines expressions, dont la signification n'est pas suffisamment déterminée. En vertu de cette règle, il faut prendre ces expressions dans le sens le plus étendu, quand il est vraisemblable que celui qui parle a eu en vue tout ce qu'elles désignent dans ce sens étendu; et au contraire, on doit en resserrer la signification, s'il paraît que l'auteur a borné sa pensé à ce qui est compris dans le sens le plus resserré. Supposons qu'un mari ait légué à sa femme *tout son argent*. Il s'agit de savoir si cette expression marque seulement l'argent comptant, ou si elle s'étend aussi à celui qui est placé, qui est dû par billets et autres titres. Si la femme est pauvre, si elle était chère à son mari, s'il se trouve peu d'argent comptant, et que le prix des autres biens surpasse de beaucoup celui de l'argent tant en comptant qu'en papiers, il y a toute apparence que le mari a entendu léguer aussi bien l'argent qui lui est dû, que celui qu'il a dans ses coffres. Au contraire, si la femme est riche, s'il se trouve de grosses sommes en argent comptant, et si la valeur de celui qui est dû excède de beaucoup celle des autres biens, il paraît que le mari n'a voulu léguer à sa femme que son argent comptant.

On doit encore, en conséquence de la même règle, donner à une disposition toute l'étendue qu'emporte la propriété des termes, s'il paraît que l'auteur a eu en vue tout ce qui est compris dans cette propriété, mais il faut restreindre la signification, lorsqu'il est vraisemblable que celui qui a fait la disposition n'a point entendu l'étendre à tout ce que la propriété des termes peut embrasser. On en donne cet exemple : un père qui a un fils unique, lègue à la fille d'un ami *toutes ses pierreries*. Il a une épée enrichie de diamants, qui lui a été donnée par un roi. Certainement il n'y a aucune apparence que le testateur ait pensé à faire passer ce gage honorable dans une famille étrangère. Il faudra donc excepter du legs cette épée avec les pierreries dont elle est ornée, et restreindre la signification des termes aux pierreries ordinaires. Mais si le testateur n'a ni fils ni héritier de son nom; s'il institue pour son héritier un étranger, il n'y a aucune raison de restreindre la signification des termes; il faut les prendre suivant toute leur propriété, étant vraisemblable que le testateur les a employés de même.

§ 271. — *On doit expliquer les termes conformément à l'usage commun.*

Les contractants sont obligés de s'exprimer de manière qu'ils puissent s'entendre réciproquement. Cela est manifeste par la nature même de l'acte. Ceux qui contractent, concourent dans la même volonté, ils s'accordent à vouloir la même chose; et comment s'y accorderont-ils s'ils ne s'entendent pas parfaitement? Leur contrat ne sera plus qu'un jeu ou qu'un piége. Si donc ils doivent parler de manière à être entendus, il faut qu'ils emploient les mots dans le sens que l'usage leur attribue, dans leur sens propre; qu'ils attachent aux termes dont ils se servent, à toutes leurs expressions, une signification reçue. Il ne leur est pas permis de s'écarter à dessein, et sans en avertir, de l'usage et de la propriété des termes; et l'on présume qu'ils s'y sont conformés, tant que l'on n'a pas des raisons pressantes de présumer le contraire; car la présomption est en général, que les choses ont été faites comme elles ont dû l'être. De toutes ces vérités incontestables, résulte cette règle: *Dans l'interprétation des traités, des pactes, et des promesses, on ne doit point s'écarter du commun usage de la langue, à moins que l'on n'en ait de très fortes raisons.* Au défaut de la certitude, il faut suivre la probabilité dans les affaires humaines. Il est ordinairement très probable que l'on a parlé suivant l'usage; cela fait toujours une présomption très forte, laquelle ne peut être surmontée que par une présomption contraire, plus forte encore. CAMDEN (*a*) rapporte un traité dans lequel il est dit expressément, que le traité doit être entendu précisément suivant la force et la propriété des termes. Après une semblable clause, on ne peut, sous aucun prétexte, s'écarter du sens propre que l'usage attribue aux termes; la volonté des contractants y étant formelle, et déclaré de la manière la plus précise.

§ 272. — *De l'interprétation des traités anciens.*

L'usage dont nous parlons est celui du temps auquel le traité, ou l'acte en général, a été conclu et dressé. Les langues varient sans cesse, la signification, la force des termes change avec le temps. Quand on a à interpréter un acte ancien, il faut donc connaître l'usage commun du temps où il a été écrit, et l'on découvre cet usage dans les actes de la même date, dans les écrivains

---

(*a*) *Histoire d'Elisabeth*, partie II.

contemporains, en les comparant soigneusement ensemble. C'est l'unique source où l'on puise avec sûreté. L'usage des langues vulgaires étant très arbitraire, comme chacun le sait, les recherches étymologiques et grammaticales, pour découvrir le vrai sens d'un mot, dans le commun usage, ne formeraient qu'une vaine théorie, aussi inutile que destituée de preuves.

§ 273. — *Des chicanes sur les mots.*

Les paroles ne sont destinées qu'à exprimer les pensées; ainsi la vraie signification d'une expression, dans l'usage ordinaire, c'est l'idée que l'on a coutume d'attacher à cette expression. C'est donc une chicane grossière que de s'attacher aux mots pris dans un sens particulier, pour éluder le vrai sens de l'expresion entière. MAHOMET, empereur des Turcs, ayant promis à un homme, à la prise de *Négrepont*, d'épargner sa tête, le fit couper en deux par le milieu du corps. TAMERLAN, après avoir reçu à composition la ville de *Sébaste*, sous promesse de ne point répandre de sang, fit enterrer tout vifs les soldats de la garnison (*a*); grosières échappatoires, qui ne font qu'aggraver la faute d'un perfide, suivant la remarque de *Cicéron* (*b*). *Epargner la tête de quelqu'un, ne point répandre de sang*, sont des expressions, qui, dans l'usage ordinaire, et surtout en pareille occasion, disent manifestement la même chose que *donner la vie sauve.*

§ 274. — *Règle à ce sujet.*

Toutes ces misérables subtilités sont renversées par cette règle inconstable : *Quand on voit manifestement quel est le sens qui convient à l'intention des contrac-*

(*a*) Voyez PUFFENDORFF, *Droit de la nat. et des gens*, liv. V, chap. XII, § III. LA CROIX, *histoire de Timur-Bec*, liv. V, chap. XV, parle de cette cruauté de Timur-Bec, ou Tamerlan, envers 4000 cavaliers arméniens; mais il ne dit rien de la perfidie que d'autres lui attribuent.

(*b*) *Fraus enim adstringit, non dissolvit perjurium.* De Offic., lib. III, c. 32.

tants, il n'est pas permis de détourner leurs paroles à un sens contraire. L'intention suffisamment connue fournit la vraie matière de la convention, ce qui est promis et accepté, demandé et accordé. Violer le traité, c'est aller contre l'intention qu'il manifeste suffisamment, plutôt que contre les termes dans lesquels il est conçu. Car les termes ne sont rien, sans l'intention qui doit les dicter.

§ 275. — *Des réservations mentales.*

Est-il nécessaire, dans un siècle éclairé, de dire que les réservations mentales ne peuvent être admises dans les traités ? La chose est trop manifeste, puisque, par la nature même du traité, les parties doivent s'énoncer de manière qu'elles puissent s'entendre réciproquement (§ 271). Il n'est guère personne aujourd'hui, qui n'eût honte de se fonder sur une réservation mentale. A quoi tend une pareille finesse, si ce n'est à endormir quelqu'un sous la vaine apparence d'un engagement ? C'est donc une véritable friponnerie.

§ 276. — *De l'interprétation des termes techniques.*

Les termes techniques, ou les termes propres aux arts et aux sciences, *doivent ordinairement s'interpréter suivant la définition qu'en donnent les maîtres de l'art,* les personnes versées dans la connaissance de l'art ou de la science à laquelle le terme appartient. Je dis *ordinairement;* car cette règle n'est point si absolue, que l'on ne puisse, ou que l'on ne doive même s'en écarter, quand on a de bonnes raisons de le faire; comme, par exemple, s'il était prouvé que celui qui parle dans un traité, ou dans tout autre acte, n'entendait pas l'art ou la science dont il a emprunté le terme, qu'il ne connaissait pas la force du mot pris comme terme technique, qu'il l'a employé dans un sens vulgaire, etc.

§ 277. — *Des termes dont la signification admet des degrés.*

Si toutefois *les termes d'art, ou autres, se rappor-*

tent à des choses qui admettent différents degrés, il ne faut pas s'attacher scrupuleusement aux définitions, mais plutôt on doit prendre ces termes dans un sens convenable au discours dont ils font partie. Car on définit régulièrement une chose dans son état le plus parfait; et cependant il est certain qu'on ne l'entend pas dans cet état le plus parfait, toutes les fois qu'on en parle. Or, l'interprétation ne doit tendre qu'à découvrir la volonté des contractants (§ 268); elle doit donc attribuer à chaque terme le sens que celui qui parle a eu vraisemblablement dans l'esprit. Ainsi, quand on est convenu dans un traité de se soumettre à la décision de deux ou trois habiles juriconsultes, il serait ridicule de chercher à éluder le compromis, sous prétexte qu'on ne trouvera aucun jurisconsulte accompli de tout point, ou de presser les termes jusqu'à rejeter tous ceux qui n'égaleront pas Cujas, ou Grotius. Celui qui aurait stipulé un secours de dix mille hommes de bonnes troupes, serait-il fondé à prétendre des soldats, dont le moindre fût comparable aux vétérans de Jules-César? Et si un prince avait promis à son allié un bon général, ne pourrait-il lui envoyer qu'un Marlborougii, ou un Turenne.

§ 278. — *De quelques expressions figurées.*

Il est des expressions figurées, qui sont devenues si familières dans le commun usage de la langue, qu'elles tiennent lieu en mille occasions de termes propres, en sorte qu'on doit les prendre dans leur sens figuré, sans faire attention à leur signification originaire, propre, et directe : le sujet du secours indique suffisamment le sens qu'on doit leur donner. *Ourdir une trame, porter le fer et le feu dans un pays*, sont des expressions de cette sorte. Il n'est presque aucune occasion où il ne fût absurde de les prendre dans leur sens littéral et direct.

§ 279. — *Des expressions équivoques.*

Il n'est peut-être aucune langue qui n'ait aussi des

mots qui signifient deux ou plusieurs choses différentes, et des phrases susceptibles de plus d'un sens. De là naît l'équivoque dans le discours. Les contractants doivent l'éviter soigneusement. L'employer à dessein, pour éluder ensuite ses engagements, c'est une véritable perfidie, puisque la foi des traités oblige les parties contractantes à exprimer nettement leur intention (§ 271). Que si l'équivoque s'est glissée dans un acte, c'est à l'interprétation de faire disparaître l'incertitude qu'elle produit.

§ 280. — *Règle pour ces deux cas.*

Voici la règle qui doit diriger l'interprétation dans ces cas, de même que dans le précédent : *On doit toujours donner aux expressions le sens le plus convenable au sujet, ou à la matière dont il s'agit.* Car on cherche par une droite interprétation à découvrir la pensée de ceux qui parlent, des contractants dans un traité. Or, on doit présumer que celui qui emploie un mot susceptible de plusieurs significations, l'a pris dans celle qui convient au sujet. A mesure qu'il s'occupe de la matière dont il s'agit, les termes propres à exprimer sa pensée se présentent à lui ; ce mot équivoque n'a donc pu s'offrir que dans le sens par lequel il est propre à rendre la pensée de celui qui s'en sert, c'est-à-dire, dans le sens qui convient au sujet. Il serait inutile d'opposer que l'on a recours quelquefois à des expressions équivoques, dans la vue de donner à entendre toute autre chose que ce que l'on a véritablement dans l'esprit, et qu'alors le sens qui convient au sujet, n'est pas celui qui répond à l'intention de l'homme qui parle. Nous avons déjà fait observer que toutes les fois qu'un homme peut et doit manifester son intention, on prend pour vrai contre lui ce qu'il a suffisamment déclaré (§ 266). Et comme la bonne foi doit régner dans les conventions, on les interprète toujours dans la supposition qu'elle y a régné en effet. Eclaircissons la règle par des exemples. Le mot de *jour* s'entend du *jour naturel,* ou du temps que le soleil nous éclaire de sa lumière, et du *jour civil,* ou d'un espace de vingt-quatre heures. Quand on l'emploie dans une convention, pour désigner un espace de temps, le sujet même indique manifestement que l'on veut parler du jour civil, ou d'un terme de vingt-quatre heures. C'était donc une misérable chicane, ou plutôt une perfidie insigne de Cléomène, lorsque ayant fait une trève de quelques *jours* avec ceux d'*Argos,* et les trouvant endormis la troisième nuit sur la foi du traité, il en tua une partie et fit les autres prisonniers, alléguant que les nuits n'étaient point comprises dans la trève (*a*). Le mot de *fer* peut s'entendre ou du métal même, ou de certains instruments faits de ce métal. Dans une convention portant que *les ennemis poseront le fer,* ce dernier mot désigne évidemment *les armes :* ainsi Périclès, dans l'exemple que nous avons rapporté ci-dessus (§ 233), donna à ces paroles une interprétation frauduleuse, puisqu'elle était contraire à ce que la nature du sujet indiquait manifestement. Q. Fabius Labeo, dont nous avons parlé au même paragraphe, ne fut pas un interprète plus honnête homme de son traité avec Antiochus : car un souverain, réservant qu'on lui rendra la moitié de sa flotte ou de ses vaisseaux, entend indubitablement qu'on lui rendra des vaisseaux dont il puisse faire usage, et non point la moitié de chaque vaisseau scié en deux. Périclès et Fabius sont condamnés aussi par la règle établie ci-dessus (§ 274), laquelle défend de détourner le sens des paroles contre l'intention manifeste des contractants.

§ 281. — *Ce n'est point une nécessité de ne donner à un terme que le même sens, dans un même acte.*

Si quelqu'une de ces expressions, qui ont plusieurs significations différentes, se rencontre plus d'une fois dans le même acte, on ne peut point se faire une loi de la prendre partout dans la même signification. Car

(*a*) Voyez Puffendorff, liv. V, chap. XII, § VII.

il faut, conformément à la règle précédente, prendre cette expression, dans chaque article, suivant
que la matière le demande, *pro substrata materia,*
comme disent les maîtres de l'art. Le mot de *jour*,
par exemple, a deux significations, comme nous venons de le dire (§ 280). S'il est dit dans une convention, qu'il y aura une trève de cinquante jours,
à condition que des commissaires de part et d'autre
travailleront ensemble, pendant huit jours consécu-
tifs, à ajuster les différends, les cinquante jours de la
trève sont des jours civils de vingt-quatre heures ; mais
il serait absurde de l'entendre de même dans second
article, et de prétendre que les commissaires travail-
lassent pendant huit jours et huit nuits, sans relâche.

§ 282. — *On doit rejeter toute interprétation qui mène à l'absurde.*

*Toute interprétation qui mène à l'absurde doit être
rejetée ;* ou, en d'autres termes, on ne peut donner
à aucun acte un sens dont il suit quelque chose d'absurde, mais il faut l'interpréter de manière que l'on
évite l'absurdité. Comme on ne présume point que personne veuille ce qui est absurde, on ne peut supposer
que celui qui parle ait prétendu que ses paroles fussent
entendues de manière qu'il s'ensuivît une absurdité. Il
n'est pas permis non plus de présumer qu'il ait voulu
se jouer dans un acte sérieux ; car on ne présume point
ce qui est honteux et illicite. On appelle *absurde*, non-
seulement ce qui est impossible *physiquement,* mais
encore ce qui l'est *moralement,* c'est-à-dire, ce qui est
tellement contraire à la raison, qu'on ne peut l'attribuer à un homme qui est dans son bon sens. Ces
Juifs fanatiques, qui n'osaient se défendre quand l'ennemi les attaquait le jour du *sabbat,* donnaient une
interprétation absurde au IVe commandement de la loi.
Que ne s'abstenaient-ils aussi de marcher, de s'habiller,
et de manger ? Ce sont là aussi des *œuvres*, si l'on
veut presser les termes à la rigueur. On dit qu'un
homme en Angleterre épousa trois femmes, pour n'être

pas dans le cas de la loi, qui défend d'avoir deux femmes. C'est sans doute un conte populaire, fait pour jeter du ridicule sur l'extrême circonspection des Anglais, qui ne veulent point qu'on s'écarte de la lettre dans l'application de la loi. Ce peuple sage et libre a trop vu par l'expérience des autres Nations, que les lois ne sont plus une barrière ferme, une sauvegarde assurée, dès qu'une fois il est permis à la puissance exécutrice de les interpréter à son gré. Mais il ne prétend point sans doute qu'en aucune occasion on presse la lettre de la loi dans un sens manifestement absurde.

La règle que nous venons de rapporter est d'une nécessité absolue; et on doit la suivre même lorsqu'il n'y a ni obscurité ni équivoque dans le discours, dans le texte de la loi ou du traité, considéré en lui-même. Car il faut observer que l'incertitude du sens que l'on doit donner à une loi, ou à un traité, ne vient pas seulement de l'obscurité, ou de quelque autre défaut de l'expression, mais encore des bornes de l'esprit humain, qui ne saurait prévoir tous les cas et toutes les circonstances, ni embrasser toutes les conséquences de ce qui est statué ou promis, et enfin de l'impossibilité d'entrer dans cet immense détail. On ne peut énoncer les lois ou les traités que d'une manière générale; et l'interprétation doit les appliquer aux cas particuliers, conformément à l'intention du législateur, ou des contractants. On ne peut présumer en aucun cas qu'ils aient voulu aller à l'absurde. Lors donc que leurs expressions, prises dans leur sens propre et ordinaire, y conduisent, il faut les détourner de ce sens, précisément autant qu'il est nécessaire pour éviter l'absurdité. Figurons-nous un capitaine qui a reçu ordre de s'avancer en droite ligne avec sa troupe jusqu'à un certain poste; il rencontre un précipice en son chemin. Certainement il ne lui est pas ordonné de se précipiter. Il doit donc se détourner de la droite ligne, autant qu'il est nécessaire pour éviter le précipice, mais pas davantage.

L'application de la règle est plus aisée, quand les expressions de la loi ou du traité sont susceptibles de deux sens différents. Alors on prend sans difficulté celui de ces deux sens duquel il ne suit rien d'absurde. De même, si l'expression est telle qu'on puisse lui donner un sens figuré, il faut sans doute le faire, lorsque cela est nécessaire pour éviter de tomber dans l'absurde.

§ 283. — *Et celle qui rendrait l'acte nul et sans effet.*

On ne présume point que des personnes sensées aient prétendu ne rien faire en traitant ensemble, ou en faisant tout autre acte sérieux. *L'interprétation qui rendrait un acte nul et sans effet, ne peut donc être admise.* On peut regarder cette règle comme une branche de la précédente; car c'est une espèce d'absurdité, que les termes mêmes d'un acte le réduisent à ne rien dire. *Il faut l'interpréter de manière qu'il puisse avoir son effet, qu'il ne se trouve pas vain et illusoire.* Et on y procède comme nous venons de le dire dans le paragraphe précédent. Dans l'un et l'autre cas, comme en toute interprétation, il s'agit de donner aux paroles le sens que l'on doit présumer être le plus conforme à l'intention de ceux qui parlent. S'il se présente plusieurs interprétations différentes, propres à éviter la nullité de l'acte, ou l'absurdité, il faut préférer celle qui paraît la plus convenable à l'intention qui a dicté l'acte : les circonstances particulières, aidées d'autres règles d'interprétation, serviront à la faire connaître. Thucydide rapporte (*a*) que les Athéniens, après avoir promis de sortir des terres des Béotiens, prétendirent pouvoir rester dans le pays, sous prétexte que les terres qu'occupait actuellement leur armée n'appartenaient pas aux Béotiens : chicane ridicule, puisqu'en donnant ce sens au traité, on le réduisait à rien, ou plutôt à un jeu puéril. Par *les terres des Béotiens,* on devait manifestement entendre tout

(*a*) Lib. IV, c. 98.

ce qui était compris dans leurs anciennes limites, sans excepter ce dont l'ennemi s'était emparé pendant la guerre.

§ 284. — *Expressions obscures, interprétées par d'autres plus claires du même auteur.*

Si celui qui s'est énoncé d'une manière obscure ou équivoque, a parlé ailleurs plus clairement sur la même matière, il est le meilleur interprète de lui-même. *L'on doit interpréter ses expressions obscures ou équivoques, de manière qu'elles s'accordent avec les termes clairs et sans ambiguïté dont il a usé ailleurs, soit dans le même acte, soit en quelque autre occasion semblable.* En effet, tant que l'on n'a point de preuve qu'un homme ait changé de volonté ou de façon de penser, on présume qu'il a pensé de même dans des occasions semblables; en sorte que, s'il a quelque part manifesté clairement son intention au sujet d'une certaine chose, on doit donner le même sens à ce qu'il aura dit obscurément ailleurs sur la même matière. Supposons, par exemple, que deux alliés se soient réciproquement promis, en cas de besoin, un secours de dix mille hommes d'infanterie, entretenus aux frais de celui qui les envoie, et que par un traité postérieur, ils conviennent que le secours sera de quinze mille hommes, sans parler de leur entretien : l'obscurité, ou l'incertitude, qui reste dans cet article du nouveau traité, est dissipée par la stipulation claire et formelle du premier. Les alliés ne témoignant point qu'ils aient changé de volonté quant à l'entretien des troupes auxiliaires, on ne doit pas le présumer; et ces quinze mille hommes seront entretenus, comme les dix mille promis dans le premier traité. La même chose a lieu et à plus forte raison, quand il s'agit de deux articles d'un même traité, lors, par exemple, qu'un prince promet dix mille hommes entretenus et soudoyés, pour la défense des États de son allié, et dans un autre article, seulement quatre mille hommes, au cas que cet allié fasse une guerre offensive.

§ 285. — *Interprétation fondée sur la liaison du discours.*

Souvent, pour abréger, on exprime imparfaitement, et avec quelque obscurité, ce que l'on suppose suffisamment éclairci par les choses qui ont précédé, ou même ce que l'on se propose d'expliquer dans la suite; et, d'ailleurs, les expressions ont une force, quelquefois même une signification toute différente, suivant l'occasion, suivant leur liaison et leur rapport avec d'autres paroles. La liaison et la suite du discours est donc encore une source d'interprétation. *Il faut considérer le discours tout entier, pour en bien saisir le sens, et donner à chaque expression, non point tant la signification qu'elle pourrait recevoir en elle-même, que celle qu'elle doit avoir par la contexture et l'esprit du discours.* C'est la maxime du droit romain : *Incivile est, nisi tota lege perspecta, una aliqua particula ejus proposita, judicare, vel respondere* (a).

§ 286. — *Interprétation tirée de la liaison et des rapports des choses mêmes.*

La liaison et les rapports des choses mêmes servent encore à découvrir et à établir le vrai sens d'un traité, ou de tout autre acte. *L'interprétation doit s'en faire de manière que toutes les parties en soient consonnantes, que ce qui suit s'accorde avec ce qui a précédé; à moins qu'il ne paraisse manifestement, que par les dernières clauses on a prétendu changer quelque chose aux précédentes.* Car on présume que les auteurs d'un acte ont pensé d'une manière uniforme et soutenue, qu'ils n'ont pas voulu des choses qui cadrent mal ensemble, des contradictions; mais plutôt qu'ils ont prétendu expliquer les unes par les autres; en un mot, qu'un même esprit règne dans un même ouvrage, dans un même traité. Rendons ceci plus sensible par un exemple. Un traité d'alliance porte que l'un des alliés étant attaqué, chacun des autres lui fournira un secours de dix mille

---

(a) DIGEST., lib. I, tit. III, *de Legibus*, leg. 24.

fantassins soudoyés et entretenus; et dans un autre article il est dit, qu'il sera libre à l'allié attaqué de demander le secours en cavalerie plutôt qu'en infanterie. Ici l'on voit que dans le premier article, les alliés ont déterminé la quantité du secours, sa valeur, savoir, celle de dix mille fantassins ; et dans le dernier article, ils laissent la nature du secours au choix de celui qui en aura besoin, sans qu'ils paraissent vouloir rien changer à sa valeur, ou à sa quantité. Si donc l'allié attaqué demande de la cavalerie, on lui donnera, suivant la proportion connue, l'équivalent de dix mille hommes de pied. Mais s'il paraissait que le but du dernier article eût été d'amplifier, en certains cas, le secours promis, si, par exemple, il était dit qu'un des alliés venant à être attaqué par un ennemi beaucoup plus puissant que lui et fort en cavalerie, le secours sera fourni en cavalerie, et non en infanterie, il paraît qu'alors, et pour ce cas, le secours devrait être de dix mille chevaux.

Comme deux articles d'un même traité peuvent être relatifs l'un à l'autre, deux traités différents peuvent l'être de même, et en ce cas, ils s'expliquent aussi l'un par l'autre. On aura promis à quelqu'un, en vue d'une certaine chose, de lui livrer dix mille sacs de blé. Dans la suite on convient qu'au lieu de blé on lui donnera de l'avoine. La quantité d'avoine n'est point exprimée; mais elle se détermine en comparant la seconde convention avec la première. Si rien n'indique qu'on ait prétendu, par le second accord, diminuer la valeur de ce qui devait être livré, il faut entendre une quantité d'avoine proportionnée au prix de dix mille sacs de blé; s'il paraît manifestement, par les circonstances, par les motifs de la seconde convention, que l'intention a été de réduire la valeur de ce qui était dû en vertu de la première, les dix mille sacs de blé seront convertis en dix mille sacs d'avoine.

§ 287. — *Interprétation fondée sur la raison de l'acte.*

La *raison de la loi* ou *du traité*, c'est-à-dire, le motif qui a porté à les faire, la vue que l'on s'y est proposée, est un des plus sûrs moyens d'en établir le véritable sens; l'on doit y faire grande attention, toutes les fois qu'il s'agit ou d'expliquer un point obscur, équivoque, indéterminé, soit d'une loi, soit d'un traité, ou d'en faire l'application à un cas particulier. *Dès que l'on connaît certainement la raison qui seule a déterminé la volonté de celui qui parle, il faut interpréter ses paroles et les appliquer d'une manière convenable à cette raison unique.* Autrement on le ferait parler et agir contre son intention, d'une façon opposée à ses vues. En vertu de cette règle, un prince qui, en accordant sa fille en mariage, aura promis du secours à son gendre futur dans toutes ses guerres, ne lui doit rien si le mariage n'a pas lieu.

Mais il faut être bien assuré que l'on connaît la vraie et l'unique raison de la loi, de la promesse, ou du traité. Il n'est point permis de se livrer ici à des conjectures vagues et incertaines, de supposer des raisons et des vues, là où il n'y en a point de biens connues. Si l'acte dont il s'agit est obscur en lui-même, si, pour en connaître le sens, il ne reste d'autre moyen que de rechercher les vues de l'auteur ou la raison de l'acte, on peut alors recourir aux conjectures, et au défaut de la certitude recevoir pour vrai ce qui est le plus probable. Mais c'est un abus dangereux, que d'aller sans nécessité chercher des raisons, des vues incertaines, pour détourner, resserrer, ou étendre le sens d'un acte assez clair en lui-même, et qui ne présente rien d'absurde; c'est pécher contre cette maxime incontestable, qu'il n'est pas permis d'interpréter ce qui n'a pas besoin d'interprétation (§ 263). Bien moins serait-il permis, quand l'auteur d'un acte y a lui-même énoncé des raisons, des motifs, de lui attribuer quelque raison secrète, pour fonder une interprétation contraire au sens naturel des termes. Quand il aurait eu en

effet cette vue qu'on lui prête, s'il l'a cachée, s'il en a
énoncé d'autres, l'interprétation ne peut se fonder
que sur celle-ci, et non sur une vue que l'auteur n'a
pas exprimée; on prend pour vrai contre lui ce qu'il
a suffisamment déclaré (§ 266).

§ 288. — *Du cas où plusieurs raisons ont concouru à déterminer*
la volonté.

On doit être d'autant plus circonspect dans cette
espèce d'interprétation, que souvent plusieurs motifs
concourent à déterminer la volonté de celui qui parle
dans une loi, ou dans une promesse. Il se peut que la
volonté n'ait été déterminée que par la réunion de
tous ces motifs, ou que chacun pris à part eût été
suffisant pour la déterminer. Dans le premier cas, *si*
l'on est bien certain que le législateur ou les contractants
n'ont voulu la loi ou le contrat qu'en considération de plu-
sieurs motifs, de plusieurs raisons prises ensemble, l'in-
terprétation et l'application doivent se faire d'une ma-
nière convenable à toutes ces raisons réunies, et on n'en
peut négliger aucune. Mais dans le second cas, *quand*
il est évident que chacune des raisons qui ont concouru
à déterminer la volonté était suffisante pour produire
cet effet, en sorte que l'auteur de l'acte dont il s'agit eût
voulu, par chacune de ces raisons, prise à part, la
même chose qu'il a voulue par toutes ensemble, ses paro-
les se doivent interpréter et appliquer de manière qu'elles
puissent convenir à chacune de ces mêmes raisons, prise
en particulier. Supposons qu'un prince ait promis certains avantages *à tous les protestants et artisans étran-*
gers qui viendraient s'établir dans ses États : si ce
prince ne manque point de sujets, mais seulement
d'artisans, et si d'un autre côté il paraît qu'il ne veut
point d'autres sujets que des protestants, on doit interpréter sa promesse de manière qu'elle ne regarde
que les étrangers qui réuniront ces deux qualités de
protestant et d'artisan. Mais s'il est évident que ce prince
cherche à peupler son pays, et que tout en préférant
les sujets protestants à d'autres, il a en particulier un si

grand besoin d'artisans, qu'il les recevra volontiers, de quelque religion qu'ils soient, il faut prendre ses paroles dans un sens disjonctif, en sorte qu'il suffira d'être ou protestant ou artisan pour jouir des avantages promis.

§ 289. — *De ce qui fait la raison suffisante d'un acte de la volonté.*

, Pour éviter les longueurs et l'embarras de l'expression, nous appellerons *raisons suffisantes* d'un acte de la volonté, ce qui a produit cet acte, ce qui a déterminé la volonté dans l'occasion dont il s'agit, soit que la volonté ait été déterminée par une seule raison, soit qu'elle l'ait été par plusieurs raisons prises ensemble. Il se trouvera donc quelquefois que cette *raison suffisante* consiste dans la réunion de plusieurs raisons diverses, de façon que là où une seule de ces raisons manque, la *raison suffisante* n'y est plus; et dans le cas où nous disons que plusieurs motifs, plusieurs raisons ont concouru à déterminer la volonté, en sorte cependant que chacune en particulier eût été capable de produire seule le même effet, il y aura alors plusieurs *raisons suffisantes* d'un seul et même acte de la volonté. Cela se voit tous les jours : un prince, par exemple, déclarera la guerre pour trois ou quatre injures reçues, dont chacune aurait été suffisante pour opérer la déclaration de guerre.

§ 290. — *Interprétation* extensive, *prise de la raison de l'acte.*

La considération de la raison d'une loi ou d'une promesse ne sert pas seulement à expliquer les termes obscurs ou équivoques de l'acte, mais encore à en étendre ou resserrer les dispositions, indépendamment des termes, et en se conformant à l'intention et aux vues du législateur ou des contractants, plutôt qu'à leurs paroles; car suivant la remarque de Cicéron (*a*),

---

(*a*) *Quid? verbis satis hoc cautum erat? Minime. Quæ res igitur valuit? Voluntas : quæ si, tacitis nobis, intelligi posset, verbis omnino non uteremur. Quia non potest, verba reperta sunt, non* le langage inventé pour manifester la volonté ne doit pas en empêcher l'effet. *Lorsque la raison suffisante et unique d'une disposition, soit d'une loi, soit d'une promesse, est bien certaine et bien connue, on étend cette disposition aux cas où la même raison est applicable, quoiqu'ils ne soient pas compris dans la signification des termes.* C'est ce qu'on appelle *l'interprétation extensive.* On dit communément *qu'il faut s'attacher à l'esprit plutôt qu'à la lettre.* C'est ainsi que les mahométans étendent avec raison la défense du vin, faite dans *l'Alcoran,* à toutes les liqueurs enivrantes, cette qualité dangereuse étant la seule raison qui ait pu porter leur législateur à interdire l'usage du vin. C'est ainsi encore que, si dans un temps où l'on n'avait d'autres fortifications que des murailles, on était convenu de ne point enfermer un certain lieu de murailles, il ne serait pas permis de le munir de fossés et de remparts, l'unique vue du traité étant manifestement d'empêcher que l'on ne fît de ce lieu une place forte.

Mais il faut apporter ici les mêmes précautions dont nous parlions tout à l'heure (§ 287), et de plus grandes encore, puisqu'il s'agit d'une application à laquelle on n'est autorisé en aucune manière par les termes de l'acte. Il faut être bien assuré que l'on connaît la vraie et l'unique raison de la loi ou de la promesse, et que l'auteur l'a prise dans la même étendue qu'elle doit avoir, pour comprendre le cas auquel on veut étendre cette loi ou cette promesse. Au reste, je n'oublie point ici ce que j'ai dit ci-dessus (§ 268), que le vrai sens d'une promesse n'est pas seulement celui que le promettant a eu dans l'esprit, mais celui qui a été suffisamment déclaré, celui que les deux contractants ont dû raisonnablement entendre. La vrai raison d'une promesse est de même celle que le contrat,

---

quæ impedirent, sed quæ indicarent voluntatem. CICER. Orat. pro Cæcina.

la nature des choses, et d'autres circonstances, donnent suffisamment à entendre; il serait inutile et ridicule d'alléguer quelque vue détournée, que l'on aurait eue secrètement dans l'esprit.

§ 201. — *Des fraudes tendantes à éluder les lois ou les promesses.*

La règle qu'on vient de lire sert encore à détruire les prétextes et les misérables évasions de ceux qui cherchent à éluder les lois ou les traités. La bonne foi s'attache à l'intention, la fraude insiste sur les termes quand elle croit y trouver de quoi se couvrir. L'île du Phare d'Alexandrie était, avec d'autres îles, tributaire des Rhodiens. Ceux-ci ayant envoyé des gens pour lever l'impôt, la reine d'Egypte les amusa quelque temps à sa cour, se hâtant de faire joindre le Phare au continent par des jetées; après quoi elle se moqua des Rhodiens, et leur fit dire qu'ils avaient mauvaise grâce de vouloir lever sur la terre ferme un impôt qu'ils ne pouvaient exiger que des îles (*a*). Une loi défendait aux Corinthiens de donner des vaisseaux aux Athéniens; ils leur en vendirent à cinq drachmes pour chaque vaisseau (*b*). C'était un expédient digne de Tibère, l'usage ne lui permettant point de faire étrangler une vierge, d'ordonner au bourreau de ravir premièrement cette qualité à la jeune fille de Séjan, et de l'étrangler ensuite (*c*). Violer l'esprit de la loi, en feignant d'en respecter la lettre, c'est une fraude non moins criminelle qu'une violation ouverte; elle n'est pas moins contraire à l'intention du législateur, et marque seulement une malice plus artificieuse et plus réfléchie.

§ 202. — *De l'interprétation restrictive.*

L'interprétation restrictive, opposée à *l'interprétation extensive*, est fondée sur le même principe. De même

---

(*a*) Puffendorff, liv. V, chap. XII, § 18. Il cite Amm.' Marcell., l. XXII, ch. XVI.

(*b*) *Ibidem*, Herodote. *Erato.*

(*c*) Tacit., *Annal.*, lib. V, 9.

que l'on étend une disposition aux cas qui, sans être compris dans la signification des termes, le sont dans l'intention de cette disposition, et tombent sous la raison qui l'a produite, on resserre aussi une loi ou une promesse contre la signification littérale des termes, en se réglant sur la raison de cette loi ou de cette promesse ; c'est-à-dire, que *s'il se présente un cas auquel on ne puisse absolument point appliquer la raison bien connue d'une loi ou d'une promesse, ce cas doit être excepté, quoique, à ne considérer que la signification des termes, il paraisse tomber sous la disposition de la loi ou de la promesse.* Il est impossible de penser à tout, de tout prévoir, et de tout exprimer ; il suffit d'énoncer certaines choses, de manière à faire entendre sa pensée sur les choses mêmes dont on ne parle pas. Et comme le dit Sénèque le rhéteur (*a*), il est des exceptions si claires, qu'il n'est pas nécessaire de les exprimer. La loi condamne à mort quiconque aura frappé son père ; punira-t-on celui qui l'aura secoué et frappé pour le tirer d'un assoupissement léthargique ? Fera-t-on mourir un petit enfant, ou un homme en délire, qui aura porté la main sur l'auteur de ses jours ? Dans le premier cas, la raison de la loi manque tout-à-fait ; elle n'est pas applicable aux deux autres. On doit rendre le dépôt ; le rendrai-je au voleur qui me l'a confié, dans le temps que le vrai propriétaire se fait connaître à moi et me demande son bien ? Un homme a mis son épée en dépôt chez moi ; la lui remettrai-je lorsque, dans un accès de fureur, il me la demande pour tuer un innocent ?

§ 293. — *Son usage, pour éviter de tomber dans l'absurde, ou dans ce qui est illicite.*

On use de l'interprétation restrictive pour éviter de tomber dans l'absurde (Voyez le § 282). Un homme lègue sa maison à quelqu'un, et à un autre son jar-

***

(*a*) Lib. IV, *Controv.* XXVII.

din, dans lequel on ne peut entrer que par la maison. Il serait absurde qu'il eût légué à celui-ci un jardin dans lequel il ne pourrait entrer ; il faut donc restreindre la donation pure et simple de la maison, et entendre que cette maison n'est donnée que sous la réserve de laisser un passage pour le jardin. Cette même interprétation a lieu, lorsqu'il se présente un cas dans lequel la loi ou le traité, pris à la rigueur des termes, conduirait à quelque chose d'illicite. Il faut alors faire exception de ce cas, personne ne pouvant ni ordonner ni promettre ce qui est illicite. Par cette raison, quoiqu'on ait promis assistance à un allié dans toutes ses guerres, on ne doit lui donner aucun secours lorsqu'il en entreprend une manifestement injuste.

§ 294. — *Ou dans ce qui est trop dur et trop onéreux.*

Quand il survient un cas, où il serait trop dur et trop préjudiciable à quelqu'un de prendre une loi ou une promesse à la rigueur des termes, on use encore de l'interprétation restrictive, et on excepte le cas, conformément à l'intention du législateur, ou de celui qui a fait la promesse. Car le législateur ne veut que ce qui est juste et équitable; et dans les contrats, personne ne peut s'engager en faveur d'un autre, de façon à se manquer essentiellement à soi-même. On présume donc avec raison, que ni le législateur, ni les contractants, n'ont prétendu étendre leurs dispositions à des cas de cette nature, et qu'ils les excepteraient eux-mêmes s'ils étaient présents. Un prince n'est plus obligé d'envoyer du secours à ses alliés, du moment qu'il est attaqué lui-même et qu'il a besoin de toutes ses forces pour sa propre défense. Il peut encore, sans aucune perfidie, abandonner une alliance, lorsque les malheureux succès de la guerre lui font voir son État sur le penchant de sa ruine, s'il ne traite pas incessamment avec l'ennemi. C'est ainsi que vers la fin du siècle dernier, Victor-Amédée, duc de Savoie, se vit dans la nécessité de se séparer de ses alliés, et de recevoir la loi de la France, pour ne pas perdre ses Etats. Le roi son fils eût de bonnes raisons, en 1745, pour justifier une paix particulière; mais son courage le soutint, et de justes vues sur ses vrais intérêts lui firent prendre la généreuse résolution de lutter contre une extrémité, qui le dispensait de reste de persister dans ses engagements.

§ 295. — *Comment elle doit resserrer la signification convenablement au sujet.*

Nous avons dit ci-dessus (§ 280), qu'il faut prendre les expressions dans le sens qui convient au sujet, ou à la matière. L'interprétation restrictive se dirige aussi sur cette règle. *Si le sujet, ou la matière dont il s'agit, ne comporte point que les termes d'une disposition soient pris dans toute leur étendue, il faut en resserrer le sens, suivant que le sujet le demande.* Supposons que dans un pays la coutume ne rende les fiefs héréditaires que dans la ligne agnatique proprement dite, dans la ligne masculine; si un acte d'inféodation en ce pays-là porte que le fief est donné à un tel, pour lui et ses *descendants mâles*, le sens de ces derniers mots doit être restreint aux mâles descendus des mâles; car le sujet ne permet point qu'on les entende aussi des mâles issus des filles, quoiqu'ils soient au nombre des descendants mâles du premier acquéreur.

§ 296. — *Comment le changement survenu dans l'état des choses peut former une exception.*

On a proposé et agité cette question : si les promesses renferment en elles-mêmes cette condition tacite, que les choses demeurent dans l'état où elles sont, ou, si le changement survenu dans l'état des choses peut faire une exception à la promesse, et même la rendre nulle? Le principe tiré de la raison d'une promesse doit résoudre la question. *S'il est certain et manifeste, que la considération de l'état présent des choses est entrée dans la raison qui a donné lieu à la promesse, que la promesse a été faite en considération, en consé-*

quence de cet état des choses, elle dépend de la con-servation des choses dans le même état. Cela est évident, puisque la promesse n'a été faite que sur cette supposition. Lors donc que l'état des choses essentiel à la promesse, et sans lequel elle n'eût certainement pas été faite, vient à changer, la promesse tombe avec son fondement; et dans les cas particuliers, où les choses cessent pour un temps d'être dans l'état qui a opéré la promesse, ou concouru à l'opérer, on doit y faire une exception. Un prince électif, se voyant sans enfants, a promis à un allié de faire en sorte qu'il soit désigné pour son successeur. Il lui naît un fils; qui doutera que la promesse ne soit anéantie par cet événement? Celui qui, se voyant en paix, a promis du secours à un allié, ne lui en doit point lorsqu'il a besoin de toutes ses forces pour la défense de ses propres Etats. Les alliés d'un prince peu formidable, qui lui auraient promis une assistance fidèle et constante, pour son agrandissement, pour lui faire obtenir un Etat voisin, par élection ou par un mariage, seraient très fondés à lui refuser toute aide et tout secours, à se liguer même contre lui, au moment qu'ils le verraient parvenu au point de menacer la liberté de l'Europe entière. Si le grand GUSTAVE n'eût pas été tué à *Lutzen,* le cardinal de RICHELIEU, qui avait fait l'alliance de son maître avec ce prince, qui l'avait attiré en Allemagne et aidé d'argent, se fût vu peut-être obligé de traverser ce conquérant devenu formidable, de mettre des bornes à ses progrès étonnants, et de soutenir ses ennemis abattus. Les états-généraux des Provinces-Unies se conduisirent d'après ces principes en 1668; ils formèrent la *triple alliance* en faveur de l'Espagne, auparavant leur mortelle ennemie, contre Louis XIV, leur ancien allié. Il fallait opposer des digues à une puissance qui menaçait de tout envahir.

Mais il faut être très réservé dans l'usage de la présente règle; ce serait en abuser honteusement que de s'autoriser de tout changement survenu dans l'état des

choses, pour se dégager d'une promesse ; il n'y en aurait aucune sur laquelle on pût faire fond. Le seul état
des choses, à raison duquel la promesse a été faite,
lui est essentiel ; et le changement seul de cet état peut
légitimement empêcher ou suspendre l'effet de cette
promesse. C'est là le sens qu'il faut donner à cette
maxime des jurisconsultes, *conventio omnis intelligitur
rebus sic stantibus.*

Ce que nous disons des promesses, doit s'entendre
aussi des lois. La loi qui se rapporte à un certain état
des choses, ne peut avoir lieu que dans ce même état.
On doit raisonner de même à l'égard d'une commission.
C'est ainsi que Titus, envoyé par son père pour rendre
des devoirs à l'empereur, retourna sur ses pas lorsqu'il
eut appris la mort de Galba.

§ 297. — *Interprétation d'un acte dans les cas imprévus.*

Dans les cas imprévus, c'est-à-dire, lorsque l'état des
choses se trouve tel, que l'auteur d'une disposition
ne l'a point prévu, et n'a pu y penser, *il faut suivre
plutôt son intention que ses paroles, et interpréter l'acte
comme il l'interpréterait lui-même s'il était présent, ou
conformément à ce qu'il eût fait s'il eût prévu les choses
que l'on connaît présentement.* Cette règle est d'un
grand usage pour les juges, pour tous ceux dont la
charge, dans la société, est de donner effet aux dispositions des citoyens. Un père donne, par son testament, un tuteur à ses enfants en bas âge. Après sa
mort, le magistrat trouve que le tuteur nommé est un
dissipateur, sans biens comme sans conduite ; il le
renvoie, et en établit un autre, suivant les lois romaines (*a*), s'attachant à l'intention du testateur, et non
point à ses paroles ; car il est bien raisonnable de
penser, et on doit le présumer ainsi, que ce père n'a
jamais prétendu donner à ses enfants un tuteur qui les
ruinerait ; il en eût nommé un autre, s'il eût connu les
vices de celui-ci.

(*a*) Digest, lib. XXVI, tit. III, *de Confirm. tutor. Leg.* 10.

§ 298. — *De la raison prise de la possibilité, et non de la seule existence d'une chose.*

Quand les choses qui entrent dans la raison d'une loi ou d'une convention sont considérées, non comme actuellement existantes, mais seulement comme possibles; ou en d'autres termes, quand la crainte d'un événement est la raison d'une loi ou d'une promesse, on n'en peut excepter que les cas seuls où l'on démontrera que l'événement est véritablement impossible. La seule possibilité de l'événement suffit pour empêcher toute exception. Si, par exemple, un traité porte que l'on ne mènera point d'armée ou de flotte en certain lieu, il ne sera pas permis d'y conduire une armée ou une flotte, sous prétexte qu'on le fait sans aucun dessein de nuire. Car le but d'une clause de cette nature n'est pas seulement de prévenir un mal réel, mais encore d'éloigner tout danger et de s'épargner jusqu'au moindre sujet d'inquiétude. Il en est de même de la loi qui défend de marcher la nuit dans les rues avec une torche, ou une chandelle allumée. Il serait inutile à celui qui viole la loi, de dire qu'il n'en est point arrivé de mal, qu'il a porté la torche avec tant de circonspection, que l'on n'en devait craindre aucune suite; c'est assez que le malheur de causer un incendie fût possible, pour que l'on eût dû obéir à la loi; et on l'a violé, en causant une crainte que le législateur voulait prévenir.

§ 299. — *Des expressions susceptibles d'un sens étendu et d'un sens plus resserré.*

Nous avons fait observer, dès l'entrée de ce chapitre, que les idées des hommes et leur langage ne sont pas toujours exactement déterminés. Il n'est sans doute aucune langue qui n'offre des expressions, des mots, ou des phrases entières, susceptibles d'un sens plus ou moins étendu. Tel mot convient également au genre et à l'espèce, celui de *faute* comprend le *dol* et la *faute* proprement dite; plusieurs animaux n'ont qu'un nom commun aux deux genres, *perdrix, alouette, moineau*, etc.

Quand on parle des *chevaux* seulement par rapport aux services qu'ils rendent aux hommes, on comprend aussi sous ce nom les *cavales*. Un mot, dans le langage de l'art, a quelquefois plus, quelquefois moins d'étendue que dans l'usage vulgaire : la *mort*, en termes de jurisprudence, signifie non-seulement la mort naturelle, mais aussi la mort civile : *verbum*, dans une grammaire latine, ne signifie que le *verbe;* dans l'usage ordinaire, ce terme signifie un mot, une parole. Souvent aussi la même phrase désigne plus de choses dans une occasion, et moins dans une autre, suivant la nature du sujet ou de la matière; *envoyer du secours*, s'entend quelquefois d'un secours de troupes, dont celui qui le reçoit fait les frais. Il est donc nécessaire d'établir des règles pour l'interprétation de ces expressions indéterminées, pour marquer les cas où on doit les prendre dans le sens le plus étendu, et ceux où il faut les réduire au sens le plus resserré. Plusieurs des règles que nous avons déjà exposées peuvent servir à cette fin.

§ 300. — *Des choses* favorables *et des choses* odieuses.

Mais c'est particulièrement ici que se rapporte la fameuse distinction des choses *favorables* et des choses *odieuses*. Quelques-uns l'ont rejetée (*a*); c'est sans doute faute de la bien entendre. En effet, les définitions qui ont été données du *favorable* et de l'*odieux*, ne satisfont pas pleinement, et ne sont point d'une application aisée. Après avoir mûrement considéré ce que les plus habiles ont écrit sur cette matière, voici, ce me semble, à quoi se réduit toute la question, et la juste idée de cette distinction fameuse. Quand les dispositions d'une loi ou d'une convention sont nettes, claires, précises, d'une application sûre et sans difficulté, il n'y a lieu à aucune interprétation, à aucun

---

(*a*) Voyez les remarques de Barbeyrac sur Grotius et sur Puffendorff.

commentaire (§ 263). Le point précis de la volonté du législateur, ou des contractants, est ce qu'il faut suivre. Mais si leurs expressions sont indéterminées, vagues, et susceptibles d'un sens plus ou moins étendu, si ce point précis de leur intention, dans le cas particulier dont il s'agit, ne peut être découvert et fixé par les autres règles d'interprétation, il faut le présumer suivant les lois de la raison et de l'équité, et pour cela il est nécessaire de faire attention à la nature des choses dont il est question. Il est des choses dont l'équité souffre plutôt l'extension que la restriction, c'est-à-dire, qu'à l'égard de ces choses-là, le point précis de la volonté n'étant pas marqué dans les expressions de la loi ou du contrat, il est plus sûr, pour garder l'équité, de placer ce point, de le supposer, dans le sens le plus étendu, que dans le sens le plus resserré des termes, d'étendre la signification des termes, que de la resserrer : ces choses-là sont celles que l'on appelle *favorables*. Les choses *odieuses*, au contraire, sont celles dont la restriction tend plus sûrement à l'équité, que leur extension. Figurons-nous la volonté, l'intention du législateur ou des contractants comme un point fixe. Si ce point est clairement connu, il faut s'y arrêter précisément : est-il incertain? on cherche au moins à s'en approcher. Dans les choses *favorables*, il vaut mieux passer ce point que ne pas l'atteindre ; dans les choses *odieuses*, il vaut mieux ne pas l'atteindre que le passer.

§ 301. — *Ce qui tend à l'utilité commune et à l'égalité, est favorable ; le contraire est odieux.*

Il ne sera pas difficile maintenant de marquer en général quelles choses sont *favorables*, et quelles sont *odieuses*. D'abord, *tout ce qui va à l'utilité commune dans les conventions, tout ce qui tend à mettre l'égalité entre les contractants, est favorable.* Que les conditions soient égales entre les parties, c'est la voix de l'équité, la règle générale des contrats. On ne présume point, sans de fortes raisons, que l'un des contractants ait prétendu favoriser l'autre à son préjudice; et ce qui est de l'utilité commune, il n'y a point de danger à l'étendre. S'il se trouve donc que les contractants n'ont pas énoncé leur volonté assez clairement, avec toute la précision requise, certainement il est plus conforme à l'équité de chercher cette volonté dans le sens qui favorise le plus l'utilité commune et l'égalité, que de la supposer dans le sens contraire. Par les mêmes raisons, *tout ce qui n'est point de l'avantage commun, tout ce qui tend à ôter l'égalité d'un contrat, tout ce qui charge seulement l'une des parties, ou ce qui la charge plus que l'autre, est odieux.* Dans un traité d'amitié, d'union, et d'alliance étroite, tout ce qui, sans être onéreux à aucune des parties, tend au bien commun de la confédération, à en resserrer les nœuds, est favorable. Dans les traités inégaux, et surtout dans les alliances inégales, toutes les clauses d'inégalité, et principalement celles qui chargent l'allié inférieur, sont odieuses. Sur ce principe, que l'on doit étendre en cas de doute, ce qui va à l'égalité, et resserrer ce qui la détruit, est fondée cette règle si connue : La cause de celui qui cherche à éviter une perte, est plus favorable que celle de celui qui prétend se procurer quelque profit. *Incommoda vitantis melior, quam commoda potentis est causa* (a).

§ 302. — *Ce qui est utile à la société humaine est favorable; le contraire est odieux.*

Toutes les choses qui, sans trop charger personne en particulier, sont utiles et salutaires à la société humaine, doivent être comptées au nombre des choses favorables. Car une Nation se trouve déjà obligée naturellement aux choses de cette nature; en sorte que, si elle a pris à cet égard quelques engagements particuliers, on ne risque rien en donnant à ces engagements

---

(a) Quint, Instit. Orat., lib. VII, cap. IV.

le sens le plus étendu qu'ils puissent recevoir. Craindrons-nous de blesser l'équité, en suivant la loi naturelle, en donnant toute leur étendue à des obligations qui vont au bien de l'humanité? D'ailleurs, les choses utiles à la société humaine vont par cela même au commun avantage des contractants, et sont par conséquent *favorables* (§ *précéd.*). *Tenons,* au contraire, *pour odieux, tout ce qui, de sa nature, est plutôt nuisible qu'utile au genre humain.* Les choses qui contribuent au bien de la paix sont favorables; celles qui mènent à la guerre sont odieuses.

§ 303. — *Ce qui contient une peine, est odieux.*

Tout ce qui contient une peine est odieux (25). A l'égard des lois, tout le monde convient que, dans le

---

(25) Il est impossible de rien dire de plus fort que cela contre les peines d'usage ; et la chose n'est que trop vraie, de l'aveu de tout le monde. Cela ne prouve-t-il pas que ces peines pèchent, et par leur principe et par leur but? Ce principe est la vengeance, d'où l'on a forgé la prétendue loi du talion; et l'unique but est d'effrayer, de servir d'exemple. But aussi insuffisant que le principe est vicieux. Du grand objet de la justice, de la réparation, ces peines ne s'en embarrassent pas, non plus que de l'amendement du criminel. Les sauvages américains mangent leurs prisonniers de guerre, qui meurent en fumant avec leurs bouchers, et leur prédisant qu'ils seront mangés à leur tour. Cependant leur justice vindicative est soumise à celle qui exige la réparation : chez eux, le prisonnier adopté dans une famille pour remplacer la perte d'un époux, d'un fils, ou d'un autre membre nécessaire à cette famille, est sauvé par là même et conservé, et ne manque guère de remplir fidèlement les devoirs de son nouvel état. Si l'on séparait, comme j'ai fait dans mes Remarques précédentes, et notamment dans la quatorzième, au l. I, ch. 13, § 170; si l'on séparait, dis-je, de la notion des vraies peines ce qui leur est contraire ou étranger, *rien de ce qui contiendrait une peine ne serait odieux.* On en retrancherait d'abord absolument cette idée fausse, qu'il faut faire un mal parce qu'un mal a été fait. Il resterait ce qui doit précéder la peine, la réparation à procurer aux parties lésées, les précautions à prendre pour empêcher le criminel de nuire davantage, enfin les peines proprement dites, c'est-à-dire, les

doute, le juge doit se déterminer pour le parti le plus doux, et qu'il vaut mieux, sans contredit, laisser échapper un coupable, que punir un innocent. Dans les traités, les clauses pénales chargent l'une des parties; elles sont donc *odieuses* (§ 301).

§ 304. — *Ce qui rend un acte nul, est odieux.*

Ce qui va à rendre un acte nul et sans effet, soit dans sa totalité, soit en partie, et par conséquent, tout ce qui apporte quelque changement aux choses déjà arrêtées, est odieux. Car les hommes traitent ensemble pour leur utilité commune; et si j'ai quelque avantage acquis par un contrat légitime, je ne puis le perdre qu'en y renonçant. Lors donc que je consens à de nouvelles clauses, qui semblent y déroger, je ne puis perdre de mon droit qu'autant que j'en ai relâché bien clairement; et par conséquent, on doit prendre ces nouvelles clauses dans le sens le plus étroit dont elles soient susceptibles; ce qui est le cas des choses *odieuses* (§ 300). Si ce qui peut rendre un acte nul et sans effet, est contenu dans l'acte même, il est évident qu'on doit le prendre dans le sens le plus resserré et le plus propre à laisser subsister l'acte. Nous avons déjà vu qu'il faut rejeter toute interprétation qui tend à rendre l'acte nul et sans effet (§ 283).

§ 305. — *Ce qui va à changer l'état présent des choses, est odieux; le contraire est favorable.*

On doit mettre encore au nombre des choses odieuses, tout ce qui va à changer l'état présent des choses. Car le propriétaire ne peut perdre de son droit, que précisément autant qu'il en cède; et dans le doute, la présomption est en faveur du possesseur. Il est moins

---

châtiments propres à fléchir et corriger sa volonté. Alors il ne dépendrait que de la sagesse des législateurs et de la puissance exécutrice, qu'il n'y eût jamais rien d'*odieux*, ni dans les peines, ni dans ce qui les précèderait : au contraire, tout y serait *favorable*, comme ne tendant qu'à l'utilité commune et à l'égalité. (§ 301 de ce livre-ci). D.

contraire à l'équité de ne pas rendre au propriétaire ce dont il a perdu la possession par sa négligence, que de dépouiller le juste possesseur de ce qui lui appartient légitimement. L'interprétation doit donc s'exposer plutôt au premier inconvénient qu'au dernier. On peut rapporter encore ici, en plusieurs cas, la règle dont nous avons fait mention au § 301, que la cause de celui qui cherche à éviter une perte, est plus favorable que celle de celui qui demande à faire un gain.

§ 306. — *Des choses mixtes.*

Enfin, il est des choses qui tiennent tout ensemble du *favorable* et de l'*odieux*, suivant le côté par lequel on les regarde. Ce qui déroge aux traités, ou change l'état des choses, est odieux; mais s'il le fait au bien de la paix, il est favorable par cet endroit. Les peines tiennent toujours de l'odieux ; cependant elles pourront être rapportées au favorable, dans les occasions où elles sont très particulièrement nécessaires au salut de la société. Quand il s'agit d'interpréter des choses de cette nature, on doit considérer si ce qu'elles ont de favorable l'emporte de beaucoup sur ce qu'elles offrent d'odieux; si le bien qu'elles procurent en leur donnant toute l'étendue que les termes peuvent permettre, est fort au-dessus de ce qu'il y a de dur et d'odieux; et en ce cas, *on les compte au nombre des choses favorables*. C'est ainsi qu'un changement peu considérable dans l'état des choses, ou dans les conventions, est compté pour rien, quand il procure le précieux bien de la paix. De même on peut donner aux lois pénales le sens le plus étendu, dans les occasions critiques où cette rigueur est nécessaire au salut de l'Etat (26).

---

(26) Dans un Etat corrompu, déchiré par des factions furieuses, accoutumé à les voir s'entre-détruire, en un mot, dans Rome au temps de Cicéron, les lois étaient méprisées ; le plus fort les violait, ou les faisait servir à son but, selon que cela lui convenait. Elles n'avaient plus de ressort par elles-mêmes dans la machine détraquée du gouvernement d'alors.

CICÉRON fit exécuter à mort les complices de CATILINA sur un arrêt du sénat, le salut de la république ne lui permettant pas d'attendre qu'ils fussent condamnés par le peuple. Mais à moins de cette disproportion, et toutes choses d'ailleurs égales, la faveur est pour le parti qui n'offre rien d'odieux ; je veux dire que l'on doit s'abstenir des choses odieuses, à moins que le bien qui s'y trouve ne surpasse si fort ce qu'il y a d'odieux, qu'il le fasse en quelque sorte disparaître. Pour peu que l'odieux et le favorable se balancent dans une de ces choses *mixtes, elle est mise au rang des choses odieuses*, et cela par une suite même du principe sur

---

Le parti patricien et le parti plébéien ne concouraient plus à former un Etat; chacun voulait être seul l'Etat, avoir seul le droit de punir, ou plutôt d'exterminer, l'un des rebelle s, l'autre des tyrans. Il s'agissait de faire périr ou de périr. Il vaudrait donc mieux dire que le sénat et Cicéron, écoutant la raison si puissante de la défense nécessaire de soi-même, ne firent que prévenir des gens prêts à les massacrer si la chance tournait; ce qui pouvait arriver d'instant en instant, comme le leur prouvait l'expérience toute récente des convulsi ons de la république sous Marius et Sylla. Peu de temps après, Cicéron fut poursuivi pour avoir, il ne faut pas dire étendu, mais violé la loi, qui défendait d'attenter à la vie d'un citoyen, sans qu'il fût condamné par tout le peuple. «La mort d'un citoyen «peut être nécessaire en un cas; c'est lorsque, privé de sa «liberté, il a encore des relations et une puissance qui «peuvent troubler la tranquillité de la Nation; quand son «existence peut produire une révolution dans la forme du «gouvernement établi. Ce cas ne peut avoir lieu que lors- «qu'une Nation perd ou recouvre sa liberté, ou dans les «temps d'anarchie, lorsque les désordres mêmes tiennent lieu «de lois. Mais pendant le règne tranquille de la législation, «et sous une forme de gouvernement approuvée par les vœux «réunis de la Nation; dans un Etat défendu contre les enne- «mis du dehors, et soutenu au dedans par la force, et par «l'opinion plus efficace que la force même; où l'autorité est «tout entière entre les mains du souverain; où les richesses ne «peuvent acheter que des plaisirs et non du pouvoir; il ne «peut y avoir aucune nécessité d'ôter la vie à un citoyen. » BECCARIA, *Traité des délits et des peines;* § 16 *de la trad.* de l'abbé MORELLET. *D.*

lequel nous avons fondé la distinction du favorable et de l'odieux (§ 300), parce que dans le doute il faut préférer le parti où l'on s'expose le moins à blesser l'équité. On refusera avec raison, dans un cas douteux, de donner du secours, quoique chose favorable, quand il s'agit de le donner contre un allié; ce qui serait odieux.

§ 307. — *Interprétation des choses favorables.*

Voici maintenant les règles d'interprétation qui découlent des principes que nous venons de poser.

1° *Quand il s'agit de choses favorables, on doit donner aux termes toute l'étendue dont ils sont susceptibles selon l'usage commun, et si un terme a plusieurs significations, la plus étendue doit être préférée :* car l'équité doit être la règle de tous les hommes, partout où le droit parfait n'est pas exactement déterminé et connu dans sa précision. Lorsque le législateur ou les contractants n'ont pas marqué leur volonté en termes précis et parfaitement déterminés, on présume qu'ils ont voulu ce qui est le plus équitable. Or, en matière de choses favorables, la signification des termes la plus étendue convient mieux à l'équité que la signification la plus resserrée. C'est ainsi que Cicéron plaidant pour Cécina, soutient avec raison que l'arrêt interlocutoire, qui ordonne de *remettre en possession celui qui a été chassé de son héritage,* doit s'entendre aussi de celui que l'on a empêché par force d'y entrer (a) ; et le Digeste le décide ainsi (b). Il est vrai que cette décision est fondée encore sur la règle prise de la parité de raison (§ 290) : car c'est tout un, quant à l'effet, de chasser quelqu'un de son héritage ou de l'empêcher par force d'y entrer; et il y a dans les deux cas la même raison pour le rétablir.

(a) *Orat. pro Cæcina,* cap. XXIII.
(b) Digest., lib. XLIII, tit. XVI, *de Vi, et Vi armata,* leg. 1 et III.

2° *En matière de choses favorables, les termes de l'art doivent être pris dans toute l'étendue qu'ils ont, non-seulement suivant l'usage ordinaire, mais encore comme termes techniques, si celui qui parle entend l'art auquel ces termes appartiennent, ou s'il se conduit par les conseils de gens qui entendent cet art.*

3° Mais *on ne doit point, pour cette seule raison qu'une chose est favorable, prendre les termes dans une signification impropre; et il n'est permis de le faire que pour éviter l'absurdité, l'injustice, ou la nullité de l'acte,* comme on en use en toute matière (§§ 22, 283). Car on doit prendre les termes d'un acte dans leur sens propre, conformément à l'usage, à moins que l'on n'ait de très fortes raisons de s'en écarter (§ 271).

4° *Quoiqu'une chose paraisse favorable, à l'envisager d'un certain côté, si la propriété des termes, dans son étendue, conduit à quelque absurdité ou à quelque injustice, il faut en restreindre la signification, suivant les règles données ci-dessus* (§§ 293, 294). Car ici la chose devient *mixte*, dans le cas particulier, et même de celles que l'on doit mettre au rang des choses odieuses.

5° Par la même raison, *s'il ne suit, à la vérité, ni absurdité, ni injustice de la propriété des termes, mais qu'une équité manifeste ou une grande utilité commune en demande la restriction, on doit s'en tenir au sens le plus étroit que la signification propre puisse souffrir, même en matière qui paraît favorable en elle-même.* C'est qu'ici encore la matière est *mixte*, et doit être tenue pour odieuse dans le cas particulier. Du reste, on doit toujours se souvenir qu'il ne s'agit, dans toutes ces règles, que des cas douteux, puisqu'on ne doit point chercher d'interprétation à ce qui est clair et précis (§ 263). Si quelqu'un s'est engagé clairement et formellement à une chose qui lui est onéreuse, il l'a bien voulu, et il ne peut être reçu, après coup, à réclamer l'équité.

§ 308. — *Interprétation des choses odieuses.*

Puisque les choses odieuses sont celles dont la res-

triction tend plus sûrement à l'équité que leur extension, et puisque l'on doit prendre le parti le plus convenable à l'équité, quand la volonté du législateur ou
des contractants n'est pas exactement déterminée et
précisément connue, *en fait de choses odieuses, il faut
prendre les termes dans le sens le plus resserré*, et même
*on peut admettre, jusqu'à un certain point, le sens figuré,
pour écarter les suites onéreuses du sens propre et littéral, ou ce qu'il renferme d'odieux.* Car on favorise
l'équité et on écarte l'odieux, autant que cela se peut,
sans aller directement contre la teneur de l'acte, sans
faire violence aux termes. Or, le sens resserré ni même
le sens figuré ne font pas violence aux termes. S'il est
dit dans un traité que l'un des alliés fournira un secours d'un certain nombre de troupes à ses propres
dépens, et que l'autre donnera le même nombre de
troupes auxiliaires, mais aux frais de celui à qui il les
enverra; il y a quelque chose d'odieux dans l'engagement du premier, puisque cet allié est plus chargé que
l'autre. Mais les termes étant clairs et précis, il n'y a
point lieu à aucune interprétation restrictive. Que si
dans ce traité il était stipulé que l'un des alliés fournira un secours de dix mille hommes, et l'autre seulement un de cinq mille, sans parler des frais, on doit
entendre que le secours sera entretenu aux dépens de
celui qui le recevra, cette interprétation étant nécessaire pour ne pas étendre trop loin l'inégalité entre les
contractants. Ainsi encore la cession d'un droit ou d'une
province, faite au vainqueur pour obtenir la paix,
s'interprète dans le sens le plus resserré. S'il est vrai
que les limites de l'*Acadie* aient toujours été incertaines, et que les Français en aient été les maîtres légitimes, cette Nation sera fondée à prétendre qu'elle n'a
cédé l'*Acadie* aux Anglais, par le traité d'*Utrecht*, que
suivant ses limites les plus étroites.

En matière de peines en particulier, quand elles sont
réellement odieuses, non-seulement on doit resserrer
les termes de la loi ou du contrat dans sa signification

la plus étroite, et adopter même le sens figuré, suivant que le cas l'exige ou le comporte; il faut de plus admettre les excuses raisonnables, ce qui est une espèce d'interprétation restrictive, tendante à libérer de la peine.

Il faut observer la même chose à l'égard de ce qui peut rendre un acte nul et sans effet. Ainsi, quand on convient que le traité sera rompu dès que l'un des contractants manquera en quelque chose à son observation, il serait aussi peu raisonnable que contraire au but des traités d'étendre l'effet de cette clause aux fautes les plus légères, et aux cas où celui qui est en défaut peut apporter des excuses bien fondées.

§ 309. — *Exemples.*

Grotius propose cette question, si dans un traité où il est parlé d'*alliés*, on doit entendre seulement ceux qui l'étaient au temps du traité, ou bien tous les alliés présents et à venir (a)? et il donne pour exemple cet article du traité conclu entre les Romains et les Carthaginois, après la guerre de Sicile : *qu'aucun des deux peuples ne ferait aucun mal aux alliés de l'autre.* Pour bien entendre cette partie du traité, il faut se rappeler le barbare droit des gens de ces anciens peuples. Ils se croyaient permis d'attaquer et de traiter en ennemis tous ceux à qui ils n'étaient unis par aucune alliance. L'article signifie donc que, de part et d'autre, on traitera en amis les alliés de son allié, qu'on s'abstiendra de les molester, de les envahir; et sur ce pied-là, il est si favorable à tous égards, si conforme à l'humanité et aux sentiments qui doivent unir deux alliés, qu'on doit sans difficulté l'étendre à tous les alliés présents et à venir. On ne peut point dire que cette clause tient de l'odieux, parce qu'elle gêne la liberté d'un souverain, ou parce qu'elle irait à faire rompre une alliance. Car en s'engageant à ne point maltraiter

(a) Liv. II, chap. XVI, § XIII.

les alliés d'une autre puissance, on ne s'ôte point la liberté de leur faire la guerre, s'ils en donnent un juste sujet; et quand une clause est juste et raisonnable, elle ne devient point odieuse par la seule raison qu'elle pourra occasioner la rupture de l'alliance. Sur ce pied-là, il n'y en aurait aucune qui ne fût odieuse. Cette raison, que nous avons touchée au § précédent et au 304°, n'a lieu que dans les cas douteux; par exemple, ici elle devait empêcher de décider trop facilement que les Carthaginois eussent attaqué, sans sujet, un allié des Romains. Les Carthaginois pouvaient donc, sans préjudice du traité, attaquer *Sagonte*, s'ils en avaient un légitime sujet, ou, en vertu du droit des gens volontaire, seulement un sujet apparent, ou spécieux (*Prélim.*, § 21). Mais ils auraient pu attaquer de même le plus ancien allié des Romains, et ceux-ci pouvaient aussi, sans rompre la paix, se borner à secourir *Sagonte*. Aujourd'hui on comprend les alliés de part et d'autre dans le traité; cela ne veut pas dire que l'un des contractants ne pourra faire la guerre aux alliés de l'autre s'ils lui en donnent sujet, mais seulement que, s'il s'élève entre eux quelque querelle, on se réserve de pouvoir assister son plus ancien allié; et en ce sens, les alliés à venir ne sont pas compris dans le traité.

Un autre exemple, rapporté par Grotius, est pris encore d'un traité fait entre Rome et Carthage. Lorsque cette dernière ville, réduite aux abois par Scipion Émilien, fut obligé de capituler, les Romains promirent *que Carthage demeurerait libre*, ou *en possession de se gouverner par ses propres lois* (a). Ces vainqueurs impitoyables prétendirent ensuite que cette liberté promise regardait les habitants, et non pas la ville; ils exigèrent que Carthage fût rasée, et que ses malheureux habitants s'établissent dans un lieu plus éloigné de la mer. On ne lit point le récit de ce traitement perfide et cruel, sans regretter que le grand, que l'aimable

_____

(a) Appien, Appi., *de Bello Punico*.

Scipion se soit vu obligé d'en être l'instrument. Sans nous arrêter à la chicane des Romains, sur ce qu'on doit entendre par *Carthage*, certainement la *liberté* promise aux Carthaginois, quoique fort restreinte par l'état même des choses, devait bien comprendre au moins de demeurer dans leur ville. Se voir obligés de l'abandonner pour s'établir ailleurs, perdre leurs maisons, leur port, les avantages de la situation; c'était un assujettissement incomparable avec le moindre degré de liberté, et des pertes si considérables, qu'ils ne pouvaient s'être engagés à les souffrir que par des termes bien exprès et bien formels.

§ 310. — *Comment on doit interpréter les actes de pure libéralité.*

Les promesses libérales, les bienfaits, les récompenses, sont en elles-mêmes au nombre des choses favorables, et reçoivent une interprétation étendue, à moins qu'elles ne soient onéreuses au bienfaiteur, qu'elles ne le chargent trop, ou que d'autres circonstances ne fassent voir manifestement qu'on doit les prendre dans un sens resserré. Car la bonté, la bienveillance, la bénéficence, la générosité, sont des vertus libérales; elles n'agissent point chichement et ne connaissent d'autres bornes que celles qui viennent de la raison. Mais si le bienfait charge trop celui qui l'accorde, il tient à cet égard de l'odieux; dans le doute, l'équité ne permet pas alors de présumer qu'il ait été accordé ou promis suivant toute l'étendue des termes: on doit donc se borner à la signification plus resserrée que les paroles peuvent recevoir, et réduire ainsi le bienfait dans les termes de la raison. La même chose a lieu, quand d'autres circonstances indiquent manifestement la signification la plus resserrée comme la plus équitable.

Sur ces principes, les bienfaits du souverain se prennent ordinairement dans toute l'étendue des termes(*a*).

(*a*) C'est la décision du droit romain : Javolenus dit : *Beneficium imperatoris quam plenissime interpretari debemus;* et il

On ne présume point qu'il s'en trouve surchargé; c'est un respect dû à sa majesté, de croire qu'il y a été porté par de bonnes raisons. Ils sont donc entièrement favorables en eux-mêmes; et pour les restreindre, il faut prouver qu'ils sont onéreux au prince, ou nuisibles à l'Etat. Au reste, on doit appliquer aux actes de pure libéralité la règle générale établie ci-dessus (§ 270); si ces actes ne sont pas précis et bien déterminés, il faut les entendre de ce que l'auteur a eu vraisemblablement dans l'esprit.

§ 311. — *De la collision des lois ou des traités.*

Finissons la matière de l'interprétation par ce qui concerne la collision, le conflit des lois ou des traités. Nous ne parlons pas ici de la collision d'un traité avec la loi naturelle : celle-ci l'emporte, sans doute, comme nous l'avons prouvé ailleurs (§§ 160, 161, 170, et 293). Il y a collision, ou conflit entre deux lois, deux promesses, ou deux traités, lorsqu'il se présente un cas dans lequel il est impossible de satisfaire en même temps à l'un et à l'autre, quoique d'ailleurs ces lois ou ces traités ne soient point contradictoires, et puissent très bien être accomplis l'un et l'autre en des termes différents. Ils sont considérés comme contraires dans le cas particulier, et il s'agit de marquer celui qui mérite la préférence, ou celui auquel il faut faire une exception dans ce cas-là. Pour ne pas s'y tromper, pour faire l'exception conformément à la justice et à la raison, on doit observer les règles suivantes.

§ 312. — *Première règle pour les cas de collision.*

1° *Dans tous les cas où ce qui est seulement permis se trouve incompatible avec ce qui est prescrit, ce dernier l'emporte.* Car la simple permission n'impose aucune obligation de faire ou de ne pas faire : ce qui est permis est laissé à notre volonté; nous pouvons le faire,

---

en donne cette raison, *quod à divina ejus indulgentia proficiscatur.* DIGEST., lib. 1, tit. IV, *de Constit. princ.*, leg. 3.

ou ne le pas faire. Mais nous n'avons pas la même liberté à l'égard de ce qui nous est prescrit; nous sommes obligés à le faire; le premier ne peut donc y apporter d'obstacle; et au contraire, ce qui était permis en général, ne l'est plus dans le cas particulier, où on ne pourrait profiter de la permission sans manquer à un devoir.

§ 313. — *Deuxième règle.*

2° De même, *la loi ou le traité qui permet, doit céder à la loi ou au traité qui défend.* Car il faut obéir à la défense; et ce qui était permis en soi, ou en général, se trouve impraticable quand on ne peut le faire sans violer une défense; la permission n'a plus lieu pour ce cas-là.

§ 314. — *Troisième règle.*

3° Toutes choses d'ailleurs égales, *la loi ou le traité qui ordonne, cède à la loi ou au traité qui défend.* Je dis, toutes choses d'ailleurs égales; car il peut se trouver bien d'autres raisons, qui feront faire l'exception contre la loi prohibitive, ou contre le traité qui défend. Les règles sont générales; chacune se rapporte à une idée, prise abstractivement, et marque ce qui suit de cette idée, sans préjudice des autres règles. Sur ce pied-là, il est aisé de voir qu'en général, si l'on ne peut obéir à une loi affirmative sans violer une loi négative, il faut s'abstenir de satisfaire à la première. Car la défense est absolue de soi, au lieu que tout précepte, tout commandement, est de sa nature conditionnel; il suppose le pouvoir, ou l'occasion favorable de faire ce qui est prescrit. Or, quand on ne peut le faire sans violer une défense, l'occasion manque; et ce conflit des lois produit une impossibilité morale d'agir : ce qui est prescrit en général, ne l'est plus dans les cas où il ne peut se faire sans commettre une action défendue (*a*). C'est

(*a*) La loi qui défend, apporte, dans le cas, une exception à celle qui ordonne : *deinde ultra lex jubeat ultra vetet. Nam sæpe ea*

sur ce fondement que l'on convient généralement qu'il n'est pas permis d'employer des moyens illicites pour une fin louable, par exemple, de voler pour faire l'aumône. Mais on voit qu'il s'agit ici d'une défense absolue, ou des cas dans lesquels la défense générale est véritablement applicable, équivalente alors à une défense absolue; il est bien des défenses auxquelles les circonstances font exception. Nous nous ferons mieux entendre encore par un exemple. Il est très expressément défendu, pour des raisons à moi inconnues, de passer en certain lieu, sous quelque prétexte que ce soit. On me donne ordre de porter un message, je trouve tous les autres passages fermés : je reviens sur mes pas, plutôt que de profiter de celui qui est si absolument interdit. Mais si ce passage est défendu en général, seulement pour éviter quelque dommage aux fruits de la terre, il m'est aisé de juger que les ordres dont je suis porteur doivent faire une exception.

Pour ce qui regarde les traités, on n'est obligé d'accomplir ce qu'un traité prescrit, qu'autant qu'on en a le pouvoir; or, on n'est point en pouvoir de faire ce qu'un autre traité défend; donc, en cas de collision, on fait exception au traité qui prescrit, et celui qui défend l'emporte, mais toutes choses d'ailleurs égales; car nous allons voir, par exemple, qu'un traité ne peut déroger à un autre plus ancien, fait avec un autre État, ni en empêcher l'effet, directement ou indirectement.

§ 315. — *Quatrième règle.*

4° La date des lois ou des traités fournit de nouvelles raisons pour établir l'exception dans les cas où il y a conflit. *Si le conflit se trouve entre deux lois affirmatives, ou deux traités affirmatifs aussi, et conclus entre les mêmes personnes ou les mêmes États, le dernier en date l'emporte sur le plus ancien.* Car il est manifeste que ces deux lois, ou ces deux traités, émanant du

---

quœ velat, quasi exceptione quadam corrigere videtur illam quœ jubet. CICER. *de Inventione,* lib. II, n. 145.

même pouvoir, le dernier a pu déroger au premier. Mais il faut toujours supposer les choses d'ailleurs égales. *S'il y a collision entre deux traités faits avec deux États différents, le plus ancien l'emporte.* Car on ne pouvait s'engager à rien qui y fût contraire, dans le traité qui a suivi; et si ce dernier se trouve dans un cas incompatible avec le plus ancien, son exécution est censée impossible, parce que le promettant n'a pas le pouvoir d'agir contre ses engagements.

§ 316. — *Cinquième règle.*

5° *De deux lois ou de deux conventions, toutes choses d'ailleurs égales, on doit préférer celle qui est la moins générale et qui approche le plus de l'affaire dont il s'agit.* Parce que ce qui est spécial souffre moins d'exceptions que ce qui est général, il est ordonné plus précisément, et il paraît qu'on l'a voulu plus fortement. Servons-nous de cet exemple de Puffendorff (*a*) : Une loi défend de paraître en public avec des armes, pendant les jours de fête; une autre loi ordonne de sortir en armes pour se rendre à son poste, dès qu'on entendra sonner le tocsin. On sonne le tocsin un jour de fête. Il faut obéir à la dernière loi, qui forme une exception à la première.

§ 317. — *Sixième règle.*

6° *Ce qui ne souffre point de délai, doit être préféré à ce qui peut se faire en un autre temps.* Car c'est le moyen de tout concilier, et de satisfaire à l'une et à l'autre obligation, au lieu que si l'on préférait celle qui peut s'accomplir dans un temps, on se mettrait sans nécessité dans le cas de manquer à la première.

§ 318. — *Septième règle.*

7° *Quand deux devoirs se trouvent en concurrence, le plus considérable, celui qui comprend un plus haut degré d'honnêteté et d'utilité, mérite la préférence.* Cette règle

---

(*a*) *Droit de la nature et des gens*, liv. V, chap. XII, § XXIII.

n'a pas besoin de preuve. Mais elle regarde les devoirs qui sont également en notre puissance, et pour ainsi dire à notre choix : il faut prendre garde de n'en pas faire une fausse application à deux devoirs qui ne sont pas véritablement en concurrence, mais dont l'un ne laisse pas de lieu à l'autre; l'obligation qui lie au premier, ôtant la liberté de remplir le second. Par exemple, il est plus louable de défendre une Nation contre un injuste agresseur, que d'aider une autre dans une guerre offensive. Mais si cette dernière est la plus ancienne alliée, on n'est pas libre de lui refuser du secours pour le donner à l'autre, on est engagé. Il n'y a pas, à parler exactement, de concurrence entre ces deux devoirs, ils ne sont pas à notre choix; le plus ancien engagement rend le second devoir impraticable pour le présent. Cependant, s'il s'agissait de préserver un nouvel allié d'une ruine certaine, et que l'ancien ne fût pas dans la même extrémité, ce serait le cas de la règle précédente.

Pour ce qui est des lois en particulier, on doit sans doute la préférence aux plus importantes et aux plus nécessaires. C'est ici la grande règle dans leur conflit, celle qui mérite le plus d'attention; et c'est aussi celle que CICÉRON met à la tête de toutes les règles qu'il donne sur la matière (a). C'est aller contre le but général du législateur, contre la grande fin des lois, que d'en négliger une de grande importance, sous prétexte d'en observer une autre moins intéressante et moins nécessaire. C'est pécher en effet; car un moindre bien, s'il en exclut un plus grand, revêt la nature du mal.

(a) *Primum igitur leges oportet contendere, considerando ultra lex ad majores, hoc est, ad utiliores, ad honestiores, ac magis necessarias res pertineat. Ex quo conficitur, ut si leges duæ, aut si plures, aut quotquot erunt, conservari non possint, quia discrepent inter se, ea maxime conservanda putetur, quæ ad maximas res pertinere videatur.* CICER. ubi supra.

§ 319. — *Huitième règle.*

8° *Si nous ne pouvons nous acquitter en même temps de deux choses promises à la même personne, c'est à elle de choisir celle que nous devons accomplir;* car elle peut nous dispenser de l'autre, pour le cas; et alors, il n'y aura plus de conflit. *Mais si nous ne pouvons nous informer de sa volonté, nous devons présumer qu'elle veut la plus importante, et la préférer. Et dans le doute, nous devons faire celle à laquelle nous sommes le plus fortement obligés;* étant à présumer qu'elle a voulu nous lier plus fortement à celle qui l'intéresse le plus.

§ 320. — *Neuvième règle.*

9° Puisque la plus forte obligation l'emporte sur la plus faible, *s'il arrive qu'un traité confirmé par serment se trouve en conflit avec un traité non juré, toutes choses d'ailleurs égales, le premier l'emporte*, parce que le serment ajoute une nouvelle force à l'obligation. Mais comme il ne change rien à la nature des traités (§§ 225 *et suiv.*), il ne peut, par exemple, donner l'avantage à un nouvel allié sur un allié plus ancien, dont le traité ne sera pas juré.

§ 321. — *Dixième règle.*

10° Par la même raison, et aussi *toutes choses d'ailleurs égales, ce qui est imposé sous une peine, l'emporte sur ce qui n'en est point accompagné, et ce qui porte une plus grande peine sur ce qui en porte une moindre.* Car la sanction et la convention pénales renforcent l'obligation : elles prouvent qu'on a voulu la chose plus fortement (*a*), et cela à proportion que la peine est plus ou moins sévère.

§ 322. — *Remarque générale sur la manière d'observer toutes les règles précédentes.*

Toutes les règles contenues dans ce chapitre doivent

(*a*) C'est aussi la raison qu'en donne Cicéron : *nam maxime conservanda est ea* (lex), *quæ diligentissima, et sancta est* (vel potius), *quæ diligentissime sancta est.* Cicer. *ubi supra.*

se combiner ensemble, et l'interprétation se faire de manière qu'elle s'accommode à toutes, selon qu'elles sont applicables au cas. Lorsque ces règles paraissent se croiser, elles se balancent et se limitent réciproquement, suivant leur force et leur importance, et selon qu'elles appartiennent plus particulièrement au cas dont il est question.

CHAPITRE XVIII.

De la manière de terminer les différends entre les Nations.

§ 323. — *Direction générale sur cette matière.*

Les différends qui s'élèvent entre les Nations ou leurs conducteurs, ont pour objet, ou des droits en litige, ou des injures. Une Nation doit conserver les droits qui lui appartiennent : le soin de sa sûreté et de sa gloire ne lui permet pas de souffrir les injures. Mais en remplissant ce qu'elle se doit à elle-même, il ne lui est point permis d'oublier ses devoirs envers les autres. Ces deux vues combinées ensemble fourniront les maximes du droit des gens sur la manière de terminer les différends entre les Nations.

§ 324. — *Toute Nation est obligée de donner satisfaction sur les justes griefs d'une autre.*

Tout ce que nous avons dit dans les chapitres I, IV, et V de ce livre, nous dispense de prouver ici qu'une Nation doit rendre justice à toute autre sur ses prétentions, et la satisfaire sur ses justes sujets de plainte. Elle est donc obligée de rendre à chacune ce qui lui appartient, de la laisser jouir paisiblement de ses droits, de réparer le dommage qu'elle peut avoir causé, ou l'injure qu'elle aura faite; de donner une juste satisfaction pour une injure qui ne peut être réparée, et des sûretés raisonnables pour celle qu'elle a donné sujet de craindre de sa part. Ce sont là tout autant de maximes évidemment dictées par cette justice, dont la loi naturelle n'impose pas moins l'observation aux Nations qu'aux particuliers.

§ 325. — *Comment les Nations peuvent abandonner leurs droits et leurs justes griefs.*

Il est permis à un chacun de se relâcher de son droit, d'abandonner un juste sujet de plainte, et d'oublier une injure. Mais le conducteur d'une Nation n'est point, à cet égard, aussi libre qu'un particulier. Celui-ci peut écouter uniquement la voix de la générosité, et dans une chose qui n'intéresse que lui seul, se livrer au plaisir qu'il trouve à faire du bien, à son goût pour la paix et la tranquillité. Le représentant de la Nation, le souverain, ne peut se chercher lui-même, s'abandonner à son penchant. Il doit régler toute sa conduite sur le plus grand bien de l'Etat, combiné avec le bien universel de l'humanité, dont il est inséparable : il faut que, dans toutes les occasions, le prince considère avec sagesse et exécute avec fermeté ce qui est le plus salutaire à l'Etat, le plus conforme aux devoirs de la Nation envers les autres; qu'il consulte en même temps la justice, l'équité, l'humanité, la saine politique, la prudence. Les droits de la Nation sont des biens dont le souverain n'est que l'administrateur; il ne doit en disposer que comme il a lieu de présumer que la Nation en disposerait elle-même. Et pour ce qui est des injures, il est souvent louable à un citoyen de les pardonner généreusement. Il vit sous la protection des lois; le magistrat saura le défendre ou le venger des ingrats et des misérables, que sa douceur enhardirait à l'offenser de nouveau. Une Nation n'a point la même sauvegarde : rarement lui est-il salutaire de dissimuler ou de pardonner une injure, à moins qu'elle ne soit manifestement en état d'écraser le téméraire qui a osé l'offenser. C'est alors qu'il lui est glorieux de pardonner à celui qui reconnaît sa faute :

Parcere subjectis, et debellare superbos.

Et elle peut le faire avec sûreté. Mais entre puissances à peu près égales, souffrir une injure, sans en exiger une satisfaction complète, est presque toujours imputé à faiblesse ou à lâcheté; c'est le moyen d'en recevoir bientôt de plus sanglantes. Pourquoi voit-on souvent pratiquer tout le contraire à ceux dont l'âme se croit si fort élevée au-dessus des autres hommes? A peine les faibles, qui ont eu le malheur de les offenser, peuvent-ils leur faire des soumissions assez humbles; ils sont plus modérés avec ceux qu'ils ne pourraient punir sans danger.

§ 326. — *Des moyens que la loi naturelle leur recommande pour finir leurs différends : 1° De l'accommodement amiable.*

Si aucune des Nations en différend ne trouve à propos d'abandonner son droit ou ses prétentions, la loi naturelle, qui leur recommande la paix, la concorde, la charité, les oblige à tenter les voies les plus douces pour terminer leurs contestations. Ces voies sont, 1° un accommodement amiable. Que chacun examine tranquillement et de bonne foi le sujet du différend, et qu'il rende justice; ou que celui dont le droit est trop incertain y renonce volontairement. Il est même des occasions où il peut convenir à celui dont le droit est le plus clair, de l'abandonner, pour conserver la paix : c'est à la prudence de les reconnaître. Renoncer de cette manière à son droit, ce n'est pas la même chose que l'abandonner ou le négliger. On ne vous a aucune obligation de ce que vous abandonnez; vous vous faites un ami en lui cédant amiablement ce qui faisait le sujet d'une contestation.

§ 327. — *De la transaction.*

La transaction est un second moyen de terminer paisiblement un différend. C'est un accord dans lequel, sans décider précisément de la justice des prétentions opposées, on se relâche de part et d'autre, et l'on convient de la part que chacun doit avoir à la chose contestée; ou l'on arrête de la donner tout entière à l'une des parties, au moyen de certains dédommagements qu'elle accorde à l'autre.

§ 328. — *De la médiation.*

La médiation dans laquelle un ami commun interpose ses bons offices, se trouve souvent efficace pour engager les parties contendantes à se rapprocher, à s'entendre, à convenir, ou à transiger de leurs droits, et, s'il s'agit d'injure, à offrir et à accepter une satisfaction raisonnable. Cette fonction exige autant de droiture que de prudence et de dextérité. Le médiateur doit garder une exacte impartialité; il doit adoucir les reproches, calmer les ressentiments, rapprocher les esprits. Son devoir est bien de favoriser le bon droit, de faire rendre à chacun ce qui lui appartient; mais il ne doit point insister scrupuleusement sur une justice rigoureuse. Il est conciliateur, et non pas juge : sa vocation est de procurer la paix; et il doit porter celui qui a le droit de son côté à relâcher quelque chose, s'il est nécessaire, dans la vue d'un si grand bien.

Le médiateur n'est pas garant du traité qu'il a ménagé, s'il n'en a pris expressément la garantie. C'est un engagement d'une trop grande conséquence, pour en charger quelqu'un sans son consentement clairement manifesté. Aujourd'hui que les affaires des souverains de l'Europe sont si liées, que chacun a l'œil sur ce qui se passe entre les plus éloignés, la médiation est un moyen de conciliation fort usité. S'élève-t-il un différend; les puissances amies, celles qui craignent de voir allumer le feu de la guerre, offrent leur médiation, font des ouvertures de paix et d'accommodement.

§ 329. — *De l'arbitrage.*

Quand les souverains ne peuvent convenir sur leurs

prétentions, et qu'ils désirent cependant de maintenir ou de rétablir la paix, ils confient quelquefois la décision de leurs différends à des arbitres, choisis d'un commun accord. Dès que le compromis est lié, les parties doivent se soumettre à la sentence des arbitres : elles s'y sont engagées; et la foi des traités doit être gardée.

Cependant, si par une sentence manifestement injuste, contraire à la raison, les arbitres s'étaient eux-mêmes dépouillés de leur qualité, leur jugement ne mériterait aucune attention, on ne s'y est soumis que pour des questions douteuses. Supposez que des arbitres, pour réparation de quelque offense, condamnent un Etat souverain à se rendre sujet de l'offensé, aucun homme sensé dira-t-il que cet Etat doit se soumettre ? Si l'injustice est de petite conséquence, il faut la souffrir pour le bien de la paix; et si elle n'est pas absolument évidente, on doit la supporter comme un mal auquel on a bien voulu s'exposer. Car s'il fallait être convaincu de la justice d'une sentence pour s'y soumettre, il serait fort inutile de prendre des arbitres.

On ne doit pas craindre qu'en accordant aux parties la liberté de ne pas se soumettre à une sentence manifestement injuste et déraisonnable, nous ne rendions l'arbitrage inutile; et cette décision n'est pas contraire à la nature de la soumission ou du compromis. Il ne peut y avoir de difficulté que dans le cas d'une soumission vague et illimitée, dans laquelle on n'aurait point déterminé précisément ce qui fait le sujet du différend, ni marqué les limites des prétentions opposées. Il peut arriver alors, comme dans l'exemple allégué tout à l'heure, que les arbitres passent leur pouvoir, et prononcent sur ce qui ne leur a point été véritablement soumis. Appelés à juger de la satisfaction qu'un Etat doit pour une offense, ils le condamneront à devenir sujet de l'offensé. Assurément cet Etat ne leur a jamais donné un pouvoir si étendu, et leur sentence absurde ne le lie point. Pour éviter toute difficulté, pour ôter tout prétexte à la mauvaise foi, il faut déterminer exactement dans le compromis le sujet de la contestation, les prétentions respectives et opposées, les demandes de l'un et les oppositions de l'autre. Voilà ce qui est soumis aux arbitres, ce sur quoi on promet de s'en tenir à leur jugement. Alors, si leur sentence demeure dans ces bornes précises, il faut s'y soumettre. On ne peut point dire qu'elle soit manifestement injuste, puisqu'elle prononce sur une question que le dissentiment des parties rendait douteuse, qui a été soumise comme telle. Pour se soustraire à une pareille sentence, il faudrait prouver par des faits indubitables, qu'elle est l'ouvrage de la corruption, ou d'une partialité ouverte.

L'arbitrage est un moyen très raisonnable et très conforme à la loi naturelle, pour terminer tout différend qui n'intéresse pas directement le salut de la Nation. Si le bon droit peut être méconnu des arbitres, il est plus à craindre encore qu'il ne succombe par le sort des armes. Les Suisses ont eu la précaution, dans toutes leurs alliances entre eux, et même dans celles qu'ils ont contractées avec les puissances voisines, de convenir d'avance de la manière en laquelle les différends devront être soumis à des arbitres, au cas qu'ils ne puissent s'ajuster à l'amiable. Cette sage précaution n'a pas peu contribué à maintenir la république helvétique dans cet état florissant, qui assure sa liberté, et qui la rend respectable dans l'Europe.

§ 330. — *Des conférences et congrès.*

Pour mettre en usage quelqu'un de ces moyens, il faut se parler, conférer ensemble. Les conférences et les congrès sont donc encore une voie de conciliation, que la loi naturelle recommande aux Nations, comme propre à finir paisiblement leurs différends. Les congrès sont des assemblées de plénipotentiaires, destinés à trouver des moyens de conciliation, à discuter et à ajuster les prétentions réciproques. Pour en attendre un heureux succès, il faut que ces assemblées soient formées et dirigées par un désir sincère de paix et de concorde. L'Europe a vu dans ce siècle(*) deux congrès généraux, celui de *Cambrai* (a) et celui de *Soissons* (b) : ennuyeuses comédies, jouées sur le théâtre politique, et dans lesquelles les principaux auteurs se proposaient moins de faire un accommodement, que de paraître le désirer.

§ 331. — *Distinction des cas évidents et des cas douteux.*

Pour voir maintenant comment et jusqu'à quel point une Nation est obligée de recourir ou de se prêter à ces divers moyens, et auquel elle doit s'arrêter, il faut, avant toutes choses, distinguer les cas évidents des cas douteux. S'agit-il d'un droit clair, certain, incontestable; un souverain peut hautement le poursuivre et le défendre, s'il a les forces nécessaires, sans le mettre en compromis. Ira-t-il composer, transiger, pour une chose qui lui appartient manifestement, qu'on lui dispute sans ombre de droit ? Beaucoup moins la soumettra-t-il à des arbitres. Mais il ne doit point négliger les moyens de conciliation, qui, sans compromettre son droit, peuvent faire entendre raison à son adversaire; telles sont la médiation, les conférences. La nature ne nous donne le droit de recourir à la force, que là où les moyens doux et pacifiques sont inefficaces. Il n'est pas permis d'être si raide dans les questions incertaines et susceptibles de doute. Qui osera prétendre qu'on lui abandonne tout de suite, et sans examen, un droit litigieux ? Ce serait le moyen de rendre les guerres perpétuelles et inévitables. Les deux contendants peuvent être également dans la bonne foi : pourquoi l'un céderait-il à l'autre? On ne peut demander en pareil cas que l'examen de la question, proposer des conférences, un arbitrage, ou offrir une transaction.

(*) Le dix-huitième. — (a) En 1724. — (b) En 1728.

§ 332. — *Des droits essentiels et des droits moins importants.*

Dans les contestations qui s'élèvent entre souverains, il faut encore bien distinguer les droits essentiels des droits moins importants. On a à ces deux égards une conduite bien différente à tenir. Une Nation est obligée à plusieurs devoirs envers elle-même, envers les autres Nations, envers la société humaine.

On sait qu'en général les devoirs envers soi-même l'emportent sur les devoirs envers autrui. Mais cela ne doit s'entendre que des devoirs qui ont entre eux quelque proportion. On ne peut refuser de s'oublier en quelque sorte soi-même sur des intérêts non essentiels, de faire quelque sacrifice pour assister les autres, et surtout pour le plus grand bien de la société humaine; et, remarquons même que l'on est invité par son propre avantage, par son propre salut, à faire ce généreux sacrifice; car le bien particulier d'un chacun est intimement lié au bonheur général. Quelle idée aurait-on d'un prince, d'une Nation, qui refuserait d'abandonner le plus mince avantage, pour procurer au monde le bien inestimable de la paix? Chaque puissance doit donc cet égard au bonheur de la société humaine, de se montrer facile à toute voie de conciliation, quand il s'agit d'intérêts non essentiels, ou de petite conséquence. Si elle s'expose à perdre quelque chose par un accommodement, par une transaction, par un arbitrage, elle doit savoir quels sont les dangers, les maux, les calamités de la guerre, et considérer que la paix vaut bien un léger sacrifice.

Mais si l'on veut ravir à une Nation un droit essentiel, ou un droit sans lequel elle ne peut espérer de se maintenir; qu'un voisin ambitieux menace la liberté d'une république, s'il prétend la soumettre et l'asservir, elle ne prend conseil que de son courage. On ne tente pas même la voie des conférences sur une prétention si odieuse. On met dans cette querelle tous ses efforts, ses dernières ressources, tout le sang qu'il est beau d'y verser. C'est tout risquer que de prêter l'oreille à la moindre proposition : alors on peut dire véritablement :

Una salus. . . . nullam sperare salutem.

Et si la fortune est contraire, un peuple libre préfère la mort à la servitude. Que fût devenue Rome, si elle eût écouté des conseils timides, lorsque HANNIBAL était campé devant ses murailles? Les Suisses, toujours si prêts à embrasser les voies pacifiques, ou à se soumettre à celles du droit dans des contestations moins essentielles, rejetèrent constamment toute idée de composition avec ceux qui en voulaient à leur liberté : ils refusèrent même de s'en remettre à l'arbitrage, ou au jugement des empereurs (*a*).

§ 333. — *Comment on a le droit de recourir à la force dans une cause douteuse.*

Dans les causes douteuses et non essentielles, si l'une des parties ne veut entendre ni à des conférences, ni à un accommodement, ni à une transaction, ni à un compromis, il reste à l'autre la dernière ressource pour la défense de soi-même et de ses droits, la voie de la force; et ses armes sont justes contre un adversaire si intraitable. Car dans une cause douteuse, on ne peut demander que tous les moyens raisonnables d'éclaircir la question, de décider le différend, ou de l'accommoder (§ 331).

§ 334. — *Et même sans tenter d'autres voies.*

Mais ne perdons jamais de vue ce qu'une Nation doit à sa propre sûreté, la prudence qui doit constamment

---

(*a*) Lorsqu'en l'année 1355, ils soumirent à l'arbitrage de CHARLES IV, leurs différends avec les ducs d'Autriche, touchant les pays de Zug et de Glaris, ce ne fut que sous cette condition préliminaire, que l'empereur ne pourrait toucher à la liberté de ces pays-là, ni à leur alliance avec les autres cantons. TSCHUDI, *p.* 429 *et suiv.* STETTLER, *p.* 77. *Histoire de la Confédération helvétique,* par A.-L. DE WATTEVILLE, liv. IV, au commencement.

la diriger. Il n'est pas toujours nécessaire, pour l'autoriser à courir aux armes, que tous moyens de conciliation aient été rejetés expressément; il suffit qu'elle
ait tout lieu de croire que son ennemi ne les embras-
serait pas de bonne foi, que l'issue n'en pourrait être
heureuse, et que le retardement n'aboutirait qu'à la
mettre dans un plus grand danger d'être accablée.
Cette maxime est incontestable; mais l'application en
est fort délicate dans la pratique. Un souverain qui ne
voudra pas être considéré comme perturbateur du repos public, ne se portera point à attaquer brusquement
celui qui ne s'est point refusé aux voies pacifiques, s'il
n'est en état de justifier aux yeux du monde entier, qu'il
a raison de regarder ces apparences de paix comme un
artifice tendant à l'amuser et à le surprendre. Prétendre s'autoriser de ses seuls soupçons, c'est ébranler tous
les fondements de la sûreté des Nations.

§ 335. — *Du droit des gens volontaire en cette matière.*

De tous temps, la foi d'une Nation a été suspecte à
une autre, et une triste expérience ne prouve que trop
que cette défiance n'est pas mal fondée. L'indépendance et l'impunité sont une pierre de touche, qui
découvre le faux or du cœur humain : le particulier se
pare de candeur, de probité; et au défaut de la réa-
lité, souvent sa dépendance l'oblige à montrer au
moins dans sa conduite le fantôme de ces vertus. Le
grand indépendant s'en vante encore plus dans ses discours; mais dès qu'il se voit le plus fort, s'il n'a pas
un cœur d'une trempe malheureusement très rare, à
peine cherche-t-il à sauver les apparences; et, si de
puissants intérêts s'en mêlent, il se permettra des procédés qui couvriraient un particulier de honte et d'infamie. Lors donc qu'une Nation prétend qu'il y aurait
du danger pour elle à tenter les voies pacifiques, elle
n'a que trop de quoi colorer sa précipitation à courir
aux armes. Et comme, en vertu de la liberté naturelle
des Nations, chacune doit juger en sa conscience de ce

qu'elle a à faire, et est en droit de régler, comme elle l'entend, sa conduite sur ses devoirs, dans tout ce qui n'est pas déterminé par les droits parfaits d'une autre (*Prélim.*, § 20), c'est à chacune de juger si elle est dans le cas de tenter les voies pacifiques, avant que d'en venir aux armes. Or, le droit des gens volontaire ordonnant que, par ces raisons, on tienne pour légitime ce qu'une Nation juge à propos de faire en vertu de sa liberté naturelle (*Prélim.*, § 21); par ce même droit volontaire, on doit tenir pour légitimes entre les Nations, les armes de celle qui, dans une cause douteuse, entreprend brusquement de forcer son ennemi à une transaction, sans avoir tenté auparavant les voies pacifiques. Louis XIV était au milieu des Pays-Bas, avant que l'on sût en Espagne qu'il prétendait à la souveraineté d'une partie de ces riches provinces, du chef de la reine son épouse. Le roi de Prusse, en 1741, publia son manifeste en Silésie, à la tête de soixante mille hommes. Ces princes pouvaient avoir de sages et justes raisons d'en user ainsi, et cela suffit au tribunal du droit des gens volontaire. Mais une chose tolérée par nécessité dans ce droit, peut se trouver très injuste en elle-même. Un prince qui la met en pratique peut se rendre très coupable en sa conscience, et très injuste envers celui qu'il attaque; quoiqu'il n'ait aucun compte à en rendre aux Nations, ne pouvant être accusé de violer les règles générales qu'elles sont tenues d'observer entre elles. Mais s'il abuse de cette liberté, il se rend odieux et suspect aux Nations, comme nous venons de le faire observer, il les autorise à se liguer contre lui, et par là, dans le temps qu'il croit avancer ses affaires, il les perd quelquefois sans ressource.

§ 330. — *On doit toujours offrir des conditions équitables.*

Un souverain doit apporter dans tous ses différends, un désir sincère de rendre justice et de conserver la paix. Il est obligé, avant que de prendre les armes, et encore après les avoir prises, d'offrir des conditions

équitables; et, alors seulement, ses armes deviennent
justes contre un ennemi obstiné, qui se refuse à la
justice, ou à l'équité.

§ 337. — *Droit du possesseur, en matière douteuse.*

C'est au demandeur de prouver son droit; car il
doit faire voir qu'il est fondé à demander une chose
qu'il ne possède pas. Il lui faut un titre; et on n'est
obligé d'avoir égard à son titre qu'autant qu'il en montre la validité. Le possesseur peut donc demeurer en
possession jusqu'à ce qu'on lui fasse voir que sa possession est injuste. Tant que cela n'est pas fait, il est
en droit de s'y maintenir, et même de la recouvrer par
la force, s'il en a été dépouillé. Par conséquent, il n'est
pas permis de prendre les armes pour se mettre en
possession d'une chose à laquelle on n'a qu'un droit
incertain ou douteux. On peut seulement obliger le
possesseur, même, s'il le faut, par les armes, à discuter
la question, à accepter quelque moyen raisonnable de
décision ou d'accommodement, ou enfin à transiger
sur un pied équitable (§ 333).

§ 338. — *Comment on doit poursuivre la réparation d'une injure.*

Si le sujet du différend est une injure reçue, l'offensé
doit suivre les mêmes règles que nous venons d'établir. Son propre avantage et celui de la société humaine
l'obligent à tenter, avant que d'en venir aux armes,
tous les moyens pacifiques d'obtenir ou la réparation
de l'injure, ou une juste satisfaction, à moins que de
bonnes raisons ne l'en dispensent (§ 334). Cette modération, cette circonspection, est d'autant plus convenable, indispensable même, pour l'ordinaire, que
l'action que nous prenons pour injure ne procède pas
toujours d'un dessein de nous offenser, et tient quelquefois plus de la faute que de la malice. Souvent
même il arrive que l'injure est faite par des subalternes, sans que leur souverain y ait aucune part, et
dans ces occasions, il est naturel de présumer qu'on
ne nous refusera pas une juste satisfaction. Lorsque

des subalternes ont violé, il n'y a pas long-temps (26),
le territoire de Savoie, pour en enlever un fameux chef
de contrebandiers, le roi de Sardaigne a fait porter ses
plaintes à la cour de France; et Louis XV n'a point cru
qu'il fût indigne de sa grandeur d'envoyer un ambassadeur extraordinaire à Turin, pour y donner satisfaction
de cette violence. Une affaire si délicate s'est terminée
d'une manière également honorable aux deux rois.

§ 339. — *Du talion.*

Quand une Nation ne peut obtenir justice, soit d'un
tort, soit d'une injure, elle est en droit de se la faire
elle-même. Mais avant que d'en venir aux armes, dont
nous traiterons au livre suivant, il est divers moyens,
pratiqués entre les Nations, desquels il nous reste à
parler ici. On a mis au nombre de ces moyens de satisfaction, ce qu'on appelle la *loi du talion,* suivant laquelle on fait souffrir à quelqu'un précisément autant
de mal qu'il en a fait. Plusieurs ont vanté cette loi,
comme étant de la plus exacte justice; et faut-il s'éton-
ner s'ils l'ont proposée aux princes, puisqu'ils ont bien
osé la donner pour règle à la divinité même? Les anciens l'appelaient le droit de RHADAMANTE. Cette idée
ne vient que de l'obscure et fausse notion par laquelle
on se représente le mal comme une chose digne, essentiellement et en soi, de punition. Nous avons montré
ci-dessus (*liv. I,* § 169) quelle est la véritable source
du droit de punir (*a*), d'où nous avons déduit la vraie
et juste mesure des peines (*liv. I,* § 171). Disons
donc qu'une Nation peut punir celle qui lui fait
injure (27), comme nous l'avons montré ci-dessus

---

(26) Il y a environ vingt ans. *D.* (Note de l'Editeur de 1775.)

(*a*) *Nam, ut Plato ait, nemo prudens punit quia peccatum est,
sed ne peccetur.* SENEC. de Ira.

(27) Je crois avoir suffisamment montré dans mes Remarques 12 et suiv. qu'une Nation ne peut punir une autre Nation indépendante, non plus qu'un particulier son égal dans
l'état de nature. Ceci n'est point une dispute de mots. Si
l'on veut bien peser ce que j'ai dit là-dessus, on sentira qu'il

(voyez *les chapitres IV et VI de ce livre*), si celle-ci refuse de donner une juste satisfaction; mais elle n'est pas en droit d'étendre la peine au-delà de ce qu'exige sa propre sûreté. Le *talion*, injuste entre les particuliers, serait d'une pratique beaucoup plus injuste entre les Nations; parce qu'ici la peine tomberait difficilement sur ceux qui auraient fait le mal. De quel droit ferez-vous couper le nez et les oreilles à l'ambassadeur d'un barbare qui aura traité le vôtre de cette manière? Pour ce qui est des représailles, en temps de guerre, qui tiennent du *talion*, elles sont justifiées par d'autres principes, et nous en parlerons en leur lieu. Tout ce qu'il y a de vrai dans cette idée du *talion*, c'est que, toutes choses d'ailleurs égales, la peine doit garder quelque proportion avec le mal qu'il s'agit de punir, la fin même et le fondement des peines l'exigeant ainsi.

§ 340. — *Diverses manières de punir, sans en venir aux armes.*

Il n'est pas toujours nécessaire d'en venir aux armes pour punir une Nation; l'offensé peut lui ôter en forme

---

est important de distinguer, comme j'ai fait, le droit du devoir. Nous avons de la nature, le droit de nous faire rendre justice, et de prendre les mesures raisonnables qu'exige notre sûreté. La même nature nous impose le devoir de travailler à la perfection de nos semblables, par nos préceptes, et, s'il le faut, par des punitions paternelles, s'ils nous sont subordonnés; par notre exemple, nos conseils, et nos secours seulement, s'ils sont nos égaux. Ce n'est point notre sûreté, c'est l'amour qui est le fondement des punitions. C'est pour satisfaire à ce que nous nous devons à nous-mêmes que nous poursuivons nos droits et que nous prenons nos sûretés. C'est pour l'amour de lui, et non pour l'amour de nous, que nous devons punir le malheureux criminel. Il est vrai que l'on s'en trouve bien soi-même d'avoir rendu gens de bien les méchants; mais il en est de cette bonne action comme de toutes les autres: elles paient toujours leur auteur avec usure. Punir un homme ou un peuple indépendant, ce n'est pas les punir, c'est les insulter. Il est de l'essence des punitions qu'elles soient infligées par un supérieur pour opérer l'amendement du coupable, *non quia peccavit, sed ne peccet.* D.

de peine (28) des droits dont elle jouissait chez lui, se saisir, s'il en a le moyen, de quelques-unes des choses qui lui appartiennent, et les retenir jusqu'à ce qu'elle donne une juste satisfaction.

§ 341. — *De la rétorsion de droit.*

Quand un souverain n'est pas satisfait de la manière dont ses sujets sont traités par les lois et les usages d'une autre Nation, il est le maître de déclarer qu'il usera envers les sujets de cette nation-là, du même droit dont elle use envers les siens. C'est ce qu'on appelle *rétorsion en droit*. Il n'y a rien là que de juste et de conforme à la saine politique. Nul ne peut se plaindre de ce qu'il est traité comme il traite les autres. C'est ainsi que le roi de Pologne, électeur de Saxe, fait valoir le droit d'*aubaine* seulement co 're les sujets des princes qui y assujettissent les Sa   ns. Cette *rétorsion de droit* peut avoir lieu encore à l'égard de certains règlements, dont on n'est point en droit de se plaindre, que l'on est même obligé d'approuver, mais contre l'effet desquels il convient de se garder, en les imitant. Tels sont les ordres qui concernent l'entrée ou la sortie de certaines denrées ou marchandises. Souvent aussi il ne convient pas d'user de rétorsion. Chacun peut faire à cet égard ce que lui dicte sa prudence.

§ 342. — *Des représailles.*

Les *représailles* sont usitées de Nation à Nation, pour se faire justice soi-même, quand on ne peut pas l'obtenir autrement. Si une Nation s'est emparée de ce qui appartient à une autre, si elle refuse de payer une dette, de réparer une injure, ou d'en donner une juste

---

(28) *En forme de peine* est ici vide de sens. Saisir et retenir des droits et des effets à une Nation est un moyen plus doux que celui de la guerre, pour en obtenir justice et satisfaction. C'est ainsi que nous saisissons les biens et la personne même d'un débiteur, non pour le punir, mais pour en obtenir ce qui nous est dû. *D.*

satisfaction, celle-ci peut se saisir de quelque chose appartenant à la première, et l'appliquer à son profit, jusqu'à concurrence de ce qui lui est dû, avec dommages et intérêts, ou la tenir en gage, jusqu'à ce qu'on lui ait donné une pleine satisfaction. Dans ce dernier cas, c'est plutôt arrêt ou saisie que représailles ; on les confond souvent dans le langage ordinaire. Les effets saisis se conservent, tant qu'il y a espérance d'obtenir satisfaction ou justice. Dès que cette espérance est perdue, on les confisque; et alors les représailles s'accomplissent. Si les deux Nations, sur cette querelle, en viennent à une rupture ouverte, la satisfaction est censée refusée dès le moment de la déclaration de guerre, ou des premières hostilités; et dès-lors aussi les effets saisis peuvent être confisqués.

§ 343. — *De ce qui est requis pour qu'elles soient légitimes.*

Le droit des gens ne permet les représailles que pour une cause évidemment juste, pour une dette claire et liquide. Car celui qui forme une prétention douteuse, ne peut demander d'abord que l'examen équitable de son droit. En second lieu, il faut, avant que d'en venir là, que l'on ait inutilement demandé justice, ou au moins que l'on ait tout lieu de croire qu'on la demanderait vainement. Alors seulement on peut se faire soi-même raison d'une injustice. Il serait trop contraire à la paix, au repos, et au salut des Nations, à leur commerce mutuel, à tous les devoirs qui les lient les unes envers les autres, que chacune pût tout-d'un-coup en venir aux voies de fait, sans savoir si l'on est disposé à lui rendre justice ou à la lui refuser.

Mais pour bien entendre cet article il faut observer, que si dans une affaire litigieuse notre adversaire se refuse aux moyens de mettre le droit en évidence, ou les élude artificieusement; s'il ne se prête pas de bonne foi aux moyens pacifiques de terminer le différend, surtout s'il en vient le premier à quelque voie de fait, il rend notre cause juste de problématique qu'elle était; nous pouvons mettre en usage les représailles, ou la saisie de ses effets, pour le contraindre à embrasser les moyens de conciliation que la loi naturelle prescrit. C'est une dernière tentative, avant que d'en venir à une guerre ouverte.

§ 344. — *Sur quels biens elles s'exercent.*

Nous avons fait observer ci-dessus (§ 18) que les biens des citoyens font partie de la totalité des biens d'une Nation; que d'Etat à Etat tout ce qui appartient en propre aux membres est considéré comme appartenant au corps, et est affecté pour les dettes de ce corps (§ 82): d'où il suit, que dans les représailles, on saisit les biens des sujets, tout comme on saisirait ceux de l'Etat, ou du souverain. Tout ce qui appartient à la Nation, est sujet aux représailles, dès qu'on peut s'en saisir, pourvu que ce ne soit pas un dépôt confié à la foi publique. Ce dépôt ne se trouvant entre nos mains que par une suite de la confiance que le propriétaire a mise en notre bonne foi, il doit être respecté, même en cas de guerre ouverte. C'est ainsi que l'on en use en France, en Angleterre, et ailleurs, à l'égard de l'argent que les étrangers ont placé dans les fonds publics.

§ 345. — *L'État doit dédommager ceux qui souffrent par des représailles.*

Celui qui use de représailles contre une Nation sur les biens de ses membres indistinctement, ne peut être taxé de saisir le bien d'un innocent pour la dette d'autrui. Car c'est alors au souverain à dédommager celui de ses sujets sur qui sont tombées les représailles; c'est une dette de l'Etat ou de la Nation, dont chaque citoyen ne doit supporter que sa quote-part (*).

_____

(*) Il est nécessaire d'observer sur les représailles, que quand on veut mettre en usage ce moyen, parce qu'on le juge plus doux que la guerre, il ne faut pas que les représailles soient générales. Le grand pensionnaire de Witt disait fort bien : « Je ne vois pas qu'il y ait de différence entre des représailles « générales et une guerre ouverte. »

§ 346. — *Le souverain seul peut ordonner les représailles.*

C'est seulement d'Etat à Etat, que tous les biens des particuliers sont regardés comme appartenants à la Nation. Les souverains agissent entre eux; ils ont affaire les uns aux autres directement, et ne peuvent considérer une Nation étrangère que comme une société d'hommes dont tous les intérêts sont communs. Il n'appartient donc qu'aux souverains d'exercer et d'ordonner les représailles, sur le pied que nous venons de les expliquer. D'ailleurs, cette voie de fait approche fort d'une rupture ouverte; et souvent elle en est suivie. Elle est donc d'une trop grande conséquence, pour être abandonnée aux particuliers. Aussi voyons-nous qu'en tout Etat policé, un sujet qui se croit lésé par une Nation étrangère, recourt à son souverain, pour obtenir la permission d'user de représailles. C'est ce qu'on appelle en France demander des *lettres de marque.*

§ 347. — *Comment elles peuvent avoir lieu contre une Nation, pour le fait de ses sujets, et en faveur de ses sujets lésés.*

On peut user de représailles contre une Nation, non-seulement sur les faits du souverain, mais aussi sur ceux de ses sujets; et cela a lieu quand l'Etat ou le souverain participe à l'action de son sujet, et s'en charge; ce qu'il peut faire en diverses manières, suivant que nous l'avons expliqué au chapitre VI de ce livre.

De même, le souverain demande justice, ou use de représailles, non-seulement pour ses propres affaires, mais encore pour celles de ses sujets, qu'il doit protéger, et dont la cause est celle de la Nation.

§ 348. — *Mais non en faveur des étrangers.*

Mais accorder des représailles contre une Nation en faveur d'étrangers, c'est se porter pour juge entre cette Nation et ces étrangers; ce qu'aucun souverain n'est en droit de faire. La cause des représailles doit être juste, et il faut même qu'elles soient fondées sur un déni de justice, ou déjà arrivé, ou probablement à craindre (§ 343). Or, quel droit avons-nous de juger si la plainte d'un étranger contre un Etat indépendant est juste, si on lui a fait un vrai déni de justice? Si l'on m'oppose que nous pouvons bien épouser la querelle d'un autre Etat dans une guerre qui nous paraît juste, lui donner du secours, et même nous joindre à lui, le cas est différent. En donnant du secours contre une Nation, nous n'arrêtons point ses effets, ni ses gens, qui se trouvent chez nous sous la foi publique; et en lui déclarant la guerre, nous lui permettons de retirer et ses sujets et ses effets, comme on le verra ci-dessous. Dans le cas des représailles accordées à nos sujets, une Nation ne peut se plaindre que nous violions la foi publique en saisissant ses hommes ou ses biens, parce que nous ne devons la sûreté à ces biens ou à ces hommes, que dans la juste supposition que cette Nation ne violera pas la première, envers nous ou nos sujets, les règles de justice que les Nations doivent observer entre elles. Si elle les viole, nous sommes en droit d'en tirer raison; et la voie des représailles est plus aisée, plus sûre, et plus douce, que celle de la guerre. On ne pourrait justifier par les mêmes raisons, des représailles ordonnées en faveur d'étrangers (*).

(*) Voici ce qu'écrivait à ce sujet le grand pensionnaire de Witt: «Rien n'est plus absurde que cette concession de représailles; car sans s'arrêter à ce qu'elle vient d'une amirauté qui n'en avait pas le droit sans attenter à l'autorité souveraine de son prince, il est évident qu'il n'y a pas de souverain qui puisse accorder ou faire exécuter des représailles que pour la défense ou le dédommagement de ses sujets, qu'il est obligé devant Dieu de protéger; mais jamais il ne peut les accorder en faveur d'aucun étranger qui n'est pas sous sa protection, et avec le souverain duquel il n'a aucun engagement à cet égard, *ex pacto vel fœdere;* outre cela, il est constant qu'on ne doit accorder de représailles qu'en cas d'un déni manifeste de justice. Enfin, il est encore évident qu'on ne peut, même dans le cas d'un déni de justice, accorder des représailles à ses sujets, qu'après

Car la sûreté que nous devons aux sujets d'une puissance, ne dépend point, comme d'une condition, de
la sûreté que cette puissance donnera à tous les autres
peuples, à des gens qui ne nous appartiennent point,
qui ne sont pas sous notre protection. L'Angleterre
ayant accordé des représailles, en 1662, contre les
Provinces-Unies en faveur des chevaliers de Malte,
les Etats de Hollande disaient avec raison, que selon
le droit des gens les représailles ne peuvent être accordées que pour maintenir les droits de l'Etat, et
non pour une affaire à laquelle la Nation n'a aucun
intérêt (a).

§ 340. — *Ceux qui ont donné lieu aux représailles doivent dédom-*
mager ceux qui en souffrent.

Les particuliers qui, par leurs faits, ont donné lieu
à de justes représailles, sont obligés de dédommager
ceux sur qui elles tombent, et le souverain doit les y
contraindre. Car on est tenu à la réparation du dommage que l'on a causé par sa faute. Et bien que le
souverain, en refusant justice à l'offensé, ait attiré les
représailles sur ses sujets, ceux qui en sont la première
cause n'en deviennent pas moins coupables; la faute
du souverain ne les exempte pas de réparer les suites
de la leur. Cependant, s'ils étaient prêts à donner satisfaction à celui qu'ils ont lésé ou offensé, et que leur
souverain les en ait empêchés, ils ne sont tenus qu'à
ce qu'ils auraient été obligés de faire pour prévenir
les représailles, et c'est au souverain à réparer le sur-

« avoir demandé plusieurs fois qu'on leur rende justice
« ajoutant que faute de cela on sera obligé de leur accorder
« des lettres de représailles. On voit, par les réponses de
« M. Boreel, que cette conduite de l'amirauté d'Angleterre fut
« fort blâmée à la cour de France; le roi d'Angleterre la
« désapprouva, et fit lever la saisie des vaisseaux hollandais
« accordée par représailles. »

(a) Voyez BIJNCKERSHOEK, *du Juge compétent des ambassadeurs,*
chap. XXII, § V.

plus du dommage, qui est une suite de sa propre faute (§ 345).

§ 350. — *De ce qui peut passer pour un refus de faire justice.*

Nous avons dit (§ 343) qu'on ne doit en venir aux représailles que quand on ne peut point obtenir justice. Or, la justice se refuse de plusieurs manières. 1° Par un déni de justice proprement dit, ou par un refus d'écouter vos plaintes ou celles de vos sujets, de les admettre à établir leur droit devant les tribunaux ordinaires. 2° Par des délais affectés, dont on ne peut donner de bonnes raisons; délais équivalents à un refus, ou plus ruineux encore. 3° Par un jugement manifestement injuste et partial. Mais il faut que l'injustice soit bien évidente et palpable. Dans tous les cas susceptibles de doute, un souverain ne doit point écouter les plaintes de ses sujets contre un tribunal étranger, ni entreprendre de les soustraire à l'effet d'une sentence rendue dans les formes. Ce serait le moyen d'exciter des troubles continuels. Le droit des gens prescrit aux Nations ces égards réciproques pour la juridiction de chacune; par la même raison que la loi civile ordonne dans l'État, de tenir pour juste toute sentence définitive rendue dans les formes. L'obligation n'est ni si expresse, ni si étendue de Nation à Nation; mais on ne peut nier qu'il ne soit très convenable à leur repos, et très conforme à leurs devoirs envers la société humaine, d'obliger leurs sujets dans tous les cas douteux, et à moins d'une lésion manifeste, à se soumettre aux sentences des tribunaux étrangers, par-devant lesquels ils ont affaire. *(Voyez ci-dessus § 84.)*

§ 351. — *Sujets arrêtés par représailles.*

De même que l'on peut saisir les choses qui appartiennent à une Nation pour l'obliger à rendre justice, on peut également, pour les mêmes raisons, arrêter quelques-uns de ses citoyens, et ne les relâcher que quand on a reçu une entière satisfaction. C'est ce

que les Grecs appelaient *androlepsie* (*a*), *prise d'homme* .
À Athènes la loi permettait aux parents de celui qui
avait été assassiné dans un pays étranger, de saisir jusqu'à trois personnes de ce pays-là et de les détenir,
jusqu'à ce que le meurtrier eût été puni ou livré (*b*).
Mais dans les mœurs de l'Europe moderne, ce moyen
n'est guère mis en usage que pour se faire raison d'une
injure de même nature, c'est-à-dire, pour obliger un
souverain à relâcher quelqu'un qu'il détient injustement.

Au reste, les sujets ainsi arrêtés n'étant détenus que
comme une sûreté, un gage, pour obliger une Nation
à faire justice, si leur souverain s'obstine à la refuser,
on ne peut point leur ôter la vie, ni leur infliger aucune peine corporelle, pour un refus dont ils ne sont
pas coupables. Leurs biens, leur liberté même peut
être engagée pour les dettes de l'Etat, mais non point
la vie, dont l'homme n'est pas le maître de disposer.
Un souverain n'est en droit d'ôter la vie aux sujets de
celui qui lui fait injure, que quand ils sont en guerre ;
et nous verrons ailleurs ce qui lui donne ce droit.

§ 352. — *Droit contre ceux qui s'opposent aux représailles.*

Mais un souverain est en droit d'user de force contre
ceux qui résistent à l'exécution de son droit, et d'en
user autant qu'il est nécessaire pour surmonter leur
injuste résistance. Il est donc permis de repousser ceux
qui entreprennent de s'opposer à de justes représailles ;
et s'il faut pour cela aller jusqu'à leur ôter la vie, on
ne peut accuser de ce malheur que leur résistance injuste et inconsidérée. Grotius veut qu'en pareil cas on
s'abstienne plutôt d'user de représailles (*c*). Entre particuliers, et pour des choses qui ne sont pas extrêmement importantes, il est certainement digne, non-seulement d'un chrétien, mais en général de tout honnête

---

(*a*) Ἀνδροληψία.
(*b*) Demosth., *Orat. ad Aristocrat.*
(*c*) *Droit de la guerre et de la paix*, liv. III, chap. II, § VI.

homme, d'abandonner plutôt son droit que de tuer celui qui lui oppose une injuste résistance. Mais il n'en est pas ainsi entre les souverains. Il serait d'une trop grande conséquence de se laisser braver. Le vrai et juste bien de l'Etat est la grande règle; la modération est toujours louable en elle-même; mais les conducteurs des Nations ne doivent en user qu'autant qu'elle peut s'allier avec le bonheur et le salut de leurs peuples

§ 353. — *De justes représailles ne donnent point un juste sujet de guerre.*

Après avoir démontré qu'il est permis d'en venir aux représailles, quand on ne peut obtenir justice autrement, il est aisé d'en conclure, qu'un souverain n'est point en droit d'opposer la force ou de faire la guerre à celui qui, ordonnant et exécutant des représailles en pareil cas, ne fait qu'user de son droit.

§ 354. — *Comment on doit se borner aux représailles, ou en venir enfin à la guerre.*

Et comme la loi de l'humanité ne prescrit pas moins aux Nations qu'aux particuliers de préférer constamment les moyens les plus doux, quand ils suffisent pour obtenir justice, toutes les fois qu'un souverain peut, par la voie des représailles, se procurer un juste dédommagement ou une satisfaction convenable, il doit s'en tenir à ce moyen, moins violent et moins funeste que la guerre. A ce propos je ne puis me dispenser de relever une erreur, trop générale pour être absolument méprisée. S'il arrive qu'un prince, ayant à se plaindre de quelque injustice ou de quelques commencements d'hostilités, et ne trouvant pas chez son adversaire des dispositions à lui donner satisfaction, se détermine à user de représailles, pour essayer de le contraindre à écouter la justice, avant que d'en venir à une rupture ouverte; s'il saisit ses effets, ses vaisseaux, sans déclaration de guerre, et les retient comme des gages, vous entendrez certaines gens crier au brigandage. Si ce prince eût déclaré la guerre tout de suite, ils ne diraient mot, ils loueraient peut-être sa conduite. Etrange oubli de la raison et des vrais principes! Ne dirait-on pas que les Nations doivent suivre les lois de la chevalerie, se défier en champ clos, et vider leur querelle comme deux braves dans un duel? Les souverains doivent penser à maintenir les droits de leur Etat, à se faire rendre justice, en usant de moyens légitimes, et en préférant toujours les plus doux; et encore un coup, il est bien évident que les représailles dont nous parlons sont un moyen infiniment plus doux ou moins funeste que la guerre. Mais comme elles y conduisent souvent entre puissances dont les forces sont à peu près égales, on ne doit y venir qu'à l'extrémité. Le prince qui tente alors cette voie au lieu de rompre entièrement, est louable sans doute pour sa modération et sa prudence.

Ceux qui courent aux armes sans nécessité, sont des fléaux du genre humain, des barbares, ennemis de la société, et rebelles aux lois de la nature, ou plutôt du Père commun des hommes.

Il est des cas cependant où les représailles seraient condamnables, lors même qu'une déclaration de guerre ne le serait pas; et ce sont précisément ceux dans lesquels les Nations peuvent avec justice prendre les armes. Lorsqu'il s'agit dans le différend non d'une voie de fait, d'un tort reçu, mais d'un droit contesté; après que l'on a inutilement tenté les voies de conciliation, ou les moyens pacifiques d'obtenir justice, c'est la déclaration de guerre qui doit suivre, et non de prétendues représailles, lesquelles, en pareil cas, ne seraient que de vrais actes d'hostilité sans déclaration de guerre, et se trouveraient contraires à la foi publique, aussi bien qu'aux devoirs mutuels des Nations. C'est ce qui paraîtra plus évidemment, quand nous aurons exposé les raisons qui établissent l'obligation de déclarer la guerre avant que d'en commencer les actes (a).

(a) Voyez liv. III, chap. IV.

Que si, par des conjonctures particulières, et par l'obstination d'un injuste adversaire, ni les représailles, ni aucun des moyens dont nous venons de traiter, ne suffisent pas pour notre défense et pour la protection de nos droits, il reste la malheureuse et triste ressource de la guerre, qui fera le sujet du livre suivant.

LIVRE TROISIÈME.

DE LA GUERRE.

~~~~~~~~~~

CHAPITRE PREMIER.

De la guerre et de ses différentes espèoes, et du droit de faire la guerre.

———

§ 1. — *Définition de la guerre.*

La *guerre* est *cet état dans lequel on poursuit son droit par la force.* On entend aussi par ce mot l'acte même ou la manière de poursuivre son droit par la force ; mais il est plus conforme à l'usage, et plus convenable dans un traité du droit de la guerre, de prendre ce terme dans le sens que nous lui donnons.

§ 2. — *De la guerre publique.*

La *guerre publique* est celle qui a lieu entre les Nations ou les souverains, qui se fait au nom de la puissance publique et par son ordre. C'est celle dont nous avons à traiter ici. La *guerre privée*, qui se fait entre particuliers, appartient au droit naturel proprement dit.

§ 3. — *Du droit de faire la guerre.*

En traitant du droit de sûreté, nous avons montré que la nature donne aux hommes le droit d'user de force, quand cela est nécessaire, pour leur défense et pour la conservation de leurs droits. Ce principe est généralement reconnu, la raison le démontre, et la nature elle-même l'a gravé dans le cœur de l'homme. Quelques fanatiques seulement, prenant à la lettre la modération recommandée dans l'Evangile, se sont mis en fantaisie de se laisser égorger ou dépouiller, plutôt que d'opposer la force à la violence. Mais il n'est pas à craindre que cette erreur fasse de grands progrès. La plupart des hommes s'en garantiront d'eux-mêmes; heureux s'ils savaient aussi bien se tenir dans les justes bornes que la nature a mises à un droit accordé seulement par nécessité! C'est à les marquer exactement, ces justes bornes, c'est à modérer par les règles de la justice, de l'équité, de l'humanité, un droit triste en lui-même et trop souvent nécessaire, que ce troisième livre est destiné.

§ 4. — *Il n'appartient qu'à la puissance souveraine.*

La nature ne donnant aux hommes le droit d'user de force que quand il leur devient nécessaire pour leur défense et pour la conservation de leurs droits (*liv. II*, § 49 *et suiv.*), il est aisé d'en conclure, que depuis l'établissement des sociétés politiques un droit si dangereux dans son exercice n'appartient plus aux particuliers, si ce n'est dans ces rencontres, où la société ne peut les protéger, les secourir. Dans le sein de la société, l'autorité publique vide tous les différends des citoyens, réprime la violence et les voies de fait. Que si un particulier veut poursuivre son droit contre le sujet d'une puissance étrangère, il peut s'adresser au souverain de son adversaire, aux magistrats qui exercent l'autorité publique; et s'il n'en obtient pas justice, il doit recourir à son propre souverain, obligé de le protéger. Il serait trop dangereux d'abandonner à chaque citoyen la liberté de se faire lui-même justice contre les étrangers; une Nation n'aurait pas un de ses membres qui ne pût lui attirer la guerre. Et comment les peuples conserveraient-ils la paix, si chaque particulier avait le pouvoir de la troubler? Un droit d'une si grande importance, le droit de juger si la Nation a un véritable sujet de se plaindre, si elle est dans le cas d'user de force, de prendre les armes avec justice, si la prudence le lui permet, si le bien de l'État l'y invite; ce droit, dis-je, ne peut appartenir qu'au corps de la Nation ou au souverain qui la représente, Il est sans doute au nombre de ceux sans lesquels on ne peut gouverner d'une manière salutaire, et que l'on appelle droits de majesté. (L. I, § 45.)

La puissance souveraine est donc seule en pouvoir de faire la guerre. Mais comme les divers droits qui forment cette puissance, résidante originairement dans le corps de la Nation, peuvent être séparés ou limités suivant la volonté de la Nation (*liv. I*, §§ 31 *et* 45), c'est dans la constitution particulière de chaque Etat, qu'il faut chercher quelle est la puissance autorisée à faire la guerre au nom de la société. Les rois d'Angleterre, dont le pouvoir est d'ailleurs si limité, ont le droit de faire la guerre (*a*) et la paix : ceux de Suède l'ont perdu. Les brillants et ruineux exploits de CHARLES XII n'ont que trop autorisé les états du royaume à se réserver un droit si intéressant pour leur salut (29).

§ 5. — *De la guerre défensive et de la guerre offensive.*

La guerre est *défensive* ou *offensive.* Celui qui prend les armes pour repousser un ennemi qui l'attaque, fait une guerre *défensive.* Celui qui prend les armes le premier, et attaque une Nation qui vivait en paix avec lui, fait une guerre *offensive.* L'objet de la guerre défensive est simple, c'est la défense de soi-même; celui de la guerre offensive varie autant que les diverses affaires des Nations. Mais, en général, il se rap-

---

(*a*) Je parle du droit en lui-même. Mais un roi d'Angleterre ne pouvant ni lever de l'argent, ni contraindre ses sujets à prendre les armes sans le concours du parlement, son droit de faire la guerre se réduit en effet à peu de chose, si le parlement ne lui fournit les moyens.

(20) Du temps de l'auteur, les rois de Suède n'avaient effectivement ni le droit en lui-même, ni aucune influence à cet égard. Mais la nouvelle forme de gouvernement introduite en Suède à la révolution de 1772, en conservant aux états le droit en lui-même, donne au roi des prérogatives qui le rendent suffisamment maître du fait. *D.*

porte ou à la poursuite de quelques droits, ou à la sûreté. On attaque une Nation ou pour se faire donner une chose à laquelle on forme des prétentions, ou pour la punir d'une injure qu'on en a reçue, ou pour prévenir celle qu'elle se prépare à faire, et détourner un danger dont on se croit menacé de sa part. Je ne parle pas encore de la justice de la guerre; ce sera le sujet d'un chapitre à part. Il s'agit seulement ici d'indiquer en général les divers objets pour lesquels on prend les armes, objets qui peuvent fournir des raisons légitimes ou d'injustes prétextes, mais qui sont au moins susceptibles d'une couleur de droit. C'est pourquoi je ne mets point au rang des objets de la guerre offensive la conquête ou le désir d'envahir le bien d'autrui. Une pareille vue, dénuée même de prétexte, n'est pas l'objet d'une guerre en forme, mais celui d'un brigandage, dont nous parlerons en son lieu.

CHAPITRE II.

De ce qui sert à faire la guerre, de la levée des troupes, etc., de leurs commandants, ou des puissances subalternes dans la guerre.

§ 6. — *Des instruments de la guerre.*

Le souverain est le véritable auteur de la guerre, laquelle se fait en son nom et par son ordre. Les troupes, officiers, soldats, et en général tous ceux par le moyen desquels le souverain fait la guerre, ne sont que des instruments dans sa main. Ils exécutent sa volonté et non la leur. Les armes et tout l'appareil des choses qui servent à la guerre sont des instruments d'un ordre inférieur. Il est important, pour décider les questions qui se présenteront dans la suite, de déterminer précisément quelles sont les choses qui appartiennent à la guerre. Sans entrer ici dans le détail, nous dirons que tout ce qui sert particulièrement à faire la guerre doit être mis au rang des instruments de la guerre, et les choses qui sont également d'usage en tout temps, comme les vivres, appartiennent à la paix; si ce n'est certaines occasions particulières, où l'on voit que ces choses-là sont spécialement destinées à soutenir la guerre. Les armes de toute espèce, l'artillerie, la poudre à canon, le salpêtre et le soufre qui servent à la fabriquer, les échelles, gabions, outils, et tout l'attirail d'un siége, les matériaux de construction pour les vaisseaux de guerre, les tentes, les habits de soldats, etc., tout cela appartient constamment à la guerre.

§ 7. — *Du droit de lever des troupes.*

La guerre ne pouvant se faire sans soldats, il est manifeste que quiconque a le droit de faire la guerre a naturellement aussi celui de lever des troupes. Ce dernier droit appartient donc encore au souverain (§ 4), et il est au nombre des droits de majesté (l. I, § 45). Le pouvoir de lever des troupes, de mettre une armée sur pied, est d'une trop grande conséquence dans l'Etat, pour qu'il puisse être confié à d'autres qu'au souverain. Les puissances subalternes n'en sont point revêtues : elles l'exercent seulement par ordre ou par commission du souverain. Mais il n'est pas toujours nécessaire qu'elles en aient un ordre exprès. Dans ces occasions pressantes, où il est impossible d'attendre les ordres suprêmes, un gouverneur de province, un commandant de place peuvent lever des troupes pour la défense de la ville ou de la province qui leur est confiée, et ils le font en vertu du pouvoir que leur donne tacitement leur commission, pour des cas de cette nature.

Je dis que ce pouvoir éminent est l'apanage du souverain; il fait partie de l'empire suprême. Mais on a vu ci-dessus que les droits, dont l'assemblage constitue la souveraineté, peuvent être divisés (liv. I, §§ 31 et 45), si telle est la volonté de la Nation. Il peut donc arriver que la Nation ne confie pas à son conducteur un droit si dangereux à sa liberté, celui de lever des troupes et de les tenir sur pied, ou qu'elle en limite au moins l'exercice en le faisant dépendre du consentement de ses représentations. Le roi d'Angleterre, qui a le droit de faire la guerre, a bien aussi celui de délivrer des commissions pour la levée des troupes; mais il ne peut contraindre personne à s'enrôler, ni entretenir une armée sur pied, sans le concours du parlement.

§ 8. — *Obligations des citoyens ou sujets.*

Tout citoyen est obligé de servir et de défendre l'Etat autant qu'il en est capable. La société ne peut se conserver autrement; et ce concours, pour la défense commune, est une des premières vues de toute association politique. Quiconque est en état de porter les armes doit les prendre au premier commandement de celui qui a le pouvoir de faire la guerre.

§ 9. — *Enrôlements, levée des troupes.*

Autrefois, et surtout dans les petits Etats, dès que la guerre se déclarait, tout devenait soldat, le peuple entier prenait les armes et faisait la guerre. Bientôt on fit un choix, on forma des armées de gens d'élite, et le reste du peuple se tint à ses occupations ordinaires. Aujourd'hui l'usage des troupes réglées s'est établi presque partout, et principalement dans les grands Etats. La puissance publique lève des soldats, les distribue en différents corps, sous l'autorité des chefs et autres officiers, et les entretient aussi long-temps qu'elle le trouve à propos. Puisque tout citoyen ou sujet est obligé de servir l'Etat, le souverain est en droit d'enrôler qui il lui plaît dans le besoin. Mais il ne doit choisir que des gens propres au métier de la guerre, et il est tout-à-fait convenable qu'il ne prenne, autant que cela se peut, que des hommes de bonne volonté qui s'enrôlent sans contrainte.

§ 10. — *S'il y a des exemptions de porter les armes.*

Naturellement nul n'est exempt de prendre les armes pour la cause de l'Etat, l'obligation de tout citoyen étant la même. Ceux-là seuls sont exceptés, qui ne sont pas capables de manier les armes ou de soutenir les fatigues de la guerre. Par cette raison on exempte les vieillards, les enfants, et les femmes. Quoiqu'il se trouve des femmes aussi robustes et aussi courageuses que les hommes, cela n'est pas ordinaire, et les règles sont nécessairement générales; elles se forment sur ce qui se voit plus communément. D'ailleurs, les femmes sont nécessaires à d'autres soins dans la société ; enfin le mélange des deux sexes dans les armées entraînerait trop d'inconvénients.

Autant qu'il est possible, un bon gouvernement doit employer tous les citoyens, distribuer les charges et les fonctions, de manière que l'Etat soit le mieux servi dans toutes ses affaires. Il doit donc, quand la nécessité ne le presse pas, exempter de la milice tous ceux qui sont voués à des fonctions utiles ou nécessaires à la société. C'est pourquoi les magistrats sont ordinairement exempts : ils n'ont pas trop de tout leur temps pour rendre la justice et maintenir le bon ordre.

Le clergé ne peut naturellement, et de droit, s'arroger aucune exemption particulière. Défendre la patrie n'est point une fonction indigne des mains les plus sacrées. La loi de l'église, qui défend aux ecclésiastiques de verser le sang, est une invention commode pour dispenser d'aller aux coups, des gens souvent si ardents à souffler le feu de la discorde et à exciter des guerres sanglantes. A la vérité, les mêmes raisons que nous venons d'alléguer en faveur des magistrats, doivent faire exempter des armes le clergé véritablement utile, celui qui sert à enseigner la religion, à gouverner l'église, et à célébrer le culte public (*a*).

(*a*) Autrefois les évêques allaient à la guerre, à raison de leurs fiefs, et y menaient leurs vassaux. Les évêques danois

Mais cette immense multitude d'inutiles religieux, ces gens qui, sous prétexte de se consacrer à Dieu, se vouent en effet à une molle oisiveté, de quel droit prétendent-il à une prérogative ruineuse à l'État? Et si le prince les exempte des armes, ne fait-il pas tort au reste des citoyens, sur qui il rejette le fardeau? Je ne prétends pas ici conseiller à un souverain de remplir ses armées de moines, mais de diminuer insensiblement une espèce inutile, en lui ôtant des priviléges abusifs et mal fondés. L'histoire parle d'un évêque guerrier (a) qui combattait avec une massue, assommant les ennemis, afin de ne pas encourir l'irrégularité en répandant leur sang. Il serait plus raisonnable en dispensant les religieux de porter les armes, de les employer aux travaux et au soulagement des soldats. Plusieurs s'y sont prêtés avec zèle dans la nécessité; je pourrais citer plus d'un siége fameux, où des religieux ont servi utilement à la défense de la patrie. Quand les Turcs assiégèrent Malte, les gens d'église, les femmes, les enfants même, tous contribuèrent, chacun selon son état et ses forces, à cette glorieuse défense, qui rendit vains tous les efforts de l'empire ottoman.

---

ne manquaient point à une fonction qui leur plaisait davantage que les soins paisibles de l'épiscopat. Le fameux ABSALON, évêque de Roschild et ensuite archevêque de Lunden, était le principal général du roi VALDEMAR Ier. Et depuis que l'usage des troupes réglées a mis fin à ce service féodal, on a vu des prélats guerriers ambitionner le commandement des armées. Le cardinal de LA VALETTE, SOURDIS, archevêque de Bordeaux, endossèrent la cuirasse sous le ministère du cardinal de RICHELIEU, qui s'en revêtit lui-même à l'attaque du pas de Suse. C'est un abus auquel l'Église s'oppose avec raison. Un évêque est mieux à sa place dans son diocèse qu'à l'armée, et aujourd'hui les souverains ne manquent pas de généraux et d'officiers, plus utiles que ne pourraient l'être des gens d'église. En général, il convient que chacun reste dans ses fonctions. Je ne conteste au clergé qu'une exemption de droit, et dans les cas de nécessité.

(a) Un évêque de Beauvais, sous PHILIPPE-AUGUSTE. Il combattit à la bataille de Bovines.

Il est une autre espèce de fainéants, dont l'exemption est plus criante encore, je veux parler de ce tas de valets, qui remplissent inutilement les maisons des grands et des riches, gens dont la vocation est de se corrompre eux-mêmes, en étalant le luxe de leur maître.

§ 11. — *Solde et logement des gens de guerre.*

Chez les Romains la milice fut gratuite, pendant que tout le peuple y servait à son tour. Mais dès que l'on fait un choix, dès que l'on entretient des troupes sur pied, l'État doit les soudoyer; car personne ne doit que sa quote-part de service public; et si les revenus ordinaires ne suffisent pas, il faut y pourvoir par des impôts. Il est juste que ceux qui ne servent pas, paient leurs défenseurs.

Quand le soldat n'est pas sous la tente, il faut nécessairement le loger. Cette charge tombe naturellement sur ceux qui possèdent des maisons. Mais comme elle est sujette à bien des inconvénients, et très fâcheuse aux citoyens, il est d'un bon prince, d'un gouvernement sage et équitable, de les en soulager autant qu'il est possible. Le roi de France y a pourvu magnifiquement en bien des places, par des casernes, construites pour le logement de la garnison.

§ 12. — *Des hôpitaux et hôtels d'invalides.*

Les asiles préparés aux soldats et aux officiers pauvres, qui ont blanchi sous le harnais, que les fatigues ou le fer de l'ennemi ont mis hors d'état de pourvoir à leurs besoins, peuvent être envisagés comme une partie de la solde militaire. En France et en Angleterre, de magnifiques établissements en faveur des invalides, font honneur au souverain et à la Nation, en acquittant une dette sacrée. Le soin de ces infortunées victimes de la guerre, est un devoir indispensable pour tout État, à proportion de son pouvoir. Il est contraire, non pas seulement à l'humanité, mais à la plus étroite justice, de laisser périr de misère, ou indignement forcés à mendier leur pain, de généreux citoyens, des héros, qui ont versé leur sang pour le salut de la patrie. Leur entretien honorable serait une charge bien convenable à répartir sur les riches couvents et sur les gros bénéfices ecclésiastiques. Il est trop juste que des citoyens qui fuient tous les dangers de la guerre, emploient une partie de leurs richesses à soulager leurs vaillants défenseurs.

§ 13. — *Des soldats mercenaires.*

Les soldats mercenaires sont des étrangers qui s'engagent volontairement à servir l'Etat, pour de l'argent, pour une solde convenue. Comme ils ne doivent aucun service à un souverain dont ils ne sont pas sujets, les avantages qu'il leur fait sont leurs motifs. Ils contractent, par leur engagement, l'obligation de le servir, et le prince, de son côté, leur promet des conditions stipulées dans leur capitulation. Cette capitulation, règle et mesure des obligations et des droits respectifs des contractants, doit être observée religieusement. Les plaintes de quelques historiens français contre des troupes suisses, qui, en diverses occasions, ont autrefois refusé de marcher à l'ennemi, et se sont même retirées, parce qu'on ne les payait pas, ces plaintes, dis-je, ne sont pas moins ridicules qu'injustes. Par quelle raison une capitulation lierait-elle plus fortement l'une des parties que l'autre? Dès que le prince ne tient pas ce qu'il a promis, les soldats étrangers ne lui doivent plus rien. J'avoue qu'il y aurait peu de générosité à abandonner un prince lorsqu'un accident le mettrait pour un temps hors d'état de payer, sans qu'il y eût de sa faute; il pourrait même se trouver des circonstances dans lesquelles cette inflexibilité serait, sinon injuste à la rigueur, au moins fort contraire à l'équité; mais ce n'a jamais été le cas des Suisses. Ils ne quittaient point à la première *montre* qui manquait; et lorsqu'ils ont vu dans un souverain beaucoup de bonne volonté, jointe à une véritable impuissance de les satisfaire, leur patience et leur zèle se sont constamment soutenus.

HENRI IV leur devait des sommes immenses; ils ne l'abandonnèrent point dans ses plus grandes nécessités, et ce héros trouva dans la Nation autant de générosité que de bravoure.

Je parle ici des Suisses, parce qu'en effet ceux dont il est question étaient souvent de simples mercenaires. Mais il ne faut pas confondre avec des troupes de cette espèce, les Suisses qui servent aujourd'hui diverses puissances, avec la permission de leur souverain, et en vertu des alliances qui subsistent entre ces puissances et le corps helvétique, ou quelque canton en particulier. Ces dernières troupes sont de véritables auxiliaires, quoique payées par les souverains qu'elles servent.

On a beaucoup agité la question, si la profession de soldat mercenaire est légitime, ou non; s'il est permis à des particuliers de s'engager pour de l'argent, ou pour d'autres récompenses, à servir un prince étranger, dans ses guerres? Je ne vois pas que cette question soit fort difficile à résoudre. Ceux qui s'engagent ainsi, sans la permission expresse ou tacite de leur souverain, pèchent contre leur devoir de citoyens. Mais dès que le souverain leur laisse la liberté de suivre leur inclination pour les armes, ils deviennent libres à cet égard. Or, il est permis à tout homme libre, de se joindre à telle société qu'il lui plaît et où il trouve son avantage, de faire cause commune avec elle, et d'épouser ses querelles. Il devient en quelque façon, au moins pour un temps, citoyen de l'État où il prend du service; et, comme, pour l'ordinaire, un officier est libre de quitter quand il le trouve à propos, et le simple soldat au terme de son engagement, si cet État entreprend une guerre manifestement injuste, l'étranger peut prendre son congé (30). Ce soldat mercenaire, en appre-

_____

(30) A la bonne heure pour l'officier, *qui peut quitter quand il le trouve à propos;* mais le simple soldat, *qui ne peut quitter qu'aux termes de son engagement,* devra donc servir jusque-là

nant le métier de la guerre, se sera rendu plus capable
de servir sa patrie, si jamais elle a besoin de son bras.
Cette dernière considération nous fournira la réponse
à une instance que l'on fait ici : On demande si le
souverain peut honnêtement permettre à ses sujets de
servir indistinctement des puissances étrangères pour
de l'argent? Il le peut, par cette seule raison, que de
cette manière ses sujets vont à l'école d'un métier qu'il
est utile et nécessaire de bien savoir. La tranquillité,
la paix profonde, dont jouit depuis long-temps la
Suisse au milieu des guerres qui agitent l'Europe, ce
long repos, lui deviendrait bientôt funeste, si ses citoyens n'allaient pas, dans les services étrangers, se
former aux opérations de la guerre et entretenir leur
ardeur martiale.

§ 14. — *Ce qu'il faut observer dans leur engagement.*

Les soldats mercenaires s'engagent volontairement;
le souverain n'a aucun droit de contraindre des étrangers; il ne doit même employer ni surprise, ni artifice,
pour les engager à un contrat, lequel, aussi bien que
tout autre, doit être fondé sur la bonne foi.

§ 15. — *Des enrôlements en pays étrangers.*

Le droit de lever des soldats appartenant uniquement
à la Nation, ou au souverain (§ 7), personne ne peut
en enrôler en pays étranger sans la permission du souverain; et avec cette permission même on ne peut
enrôler que des volontaires. Car il ne s'agit pas ici du
service de la patrie; et nul souverain n'a le droit de
donner ou de vendre ses sujets à un autre.

Ceux qui entreprennent d'engager des soldats en
pays étranger sans la permission du souverain, et en

à une guerre manifestement injuste? La difficulté subsiste
dans son entier, et la question, si facile à résoudre selon l'auteur, n'est point résolue, ni ne saurait l'être, si ce n'est en
admettant pour principe, que par le droit des gens le particulier n'est pas juge compétent de la justice d'une cause d'E-
tat à Etat. *D.*

général quiconque débauche les sujets d'autrui, viole un des droits les plus sacrés du prince et de la Nation. C'est le crime que l'on appelle *plagiat*, ou vol d'homme. Il n'est aucun État policé qui ne le punisse très sévèrement. Les enrôleurs étrangers sont pendus sans rémission (31), et avec justice. On ne présume point que leur souverain leur ait commandé de commettre un crime; et quand ils en auraient reçu l'ordre, ils ne devraient pas obéir, le souverain n'étant pas en droit de commander des choses contraires à la loi naturelle. On ne présume point, dis-je, que ces enrôleurs agissent par ordre de leur souverain, et on se contente, pour l'ordinaire, de punir, quand on peut les attraper, ceux qui n'ont mis en œuvre que la séduction. S'ils ont usé de violence, on les réclame lorsqu'ils ont échappé, et on redemande les hommes qu'ils ont enlevés. Mais si l'on est assuré qu'ils ont eu des ordres, on est fondé à regarder cet attentat d'un souverain étranger comme une injure, et comme un sujet très légitime de lui déclarer la guerre, à moins qu'ils ne fasse une réparation convenable.

§ 16. — *Obligation des soldats.*

Tous les soldats, sujets ou étrangers, doivent prêter serment de servir avec fidélité, et de ne point déserter le service. Ils y sont déjà obligés, les uns par leur qualité de sujets, et les autres par leur engagement. Mais leur fidélité est si importante à l'État, qu'on ne saurait prendre trop de précautions pour s'en assurer. Les déserteurs méritent d'être punis très sévèrement; et le souverain peut même décerner contre eux une peine capitale, s'il le juge nécessaire. Les émissaires qui sollicitent à la désertion, sont beaucoup plus coupables encore que les enrôleurs dont nous venons de parler.

---

(31) Il faut entendre ici la justice du droit des gens volontaire : car le droit des gens fondé sur la nature désavoue les meurtres commis sans nécessité. J'en dis autant des déserteurs, dont il est question au § suivant. *D.*

§ 17. — *Des lois militaires.*

Le bon ordre et la subordination, partout si utiles, ne sont nulle part si nécessaires que dans les troupes. Le souverain doit déterminer exactement les fonctions, les devoirs, et les droits des gens de guerre, soldats, officiers, chefs des corps, généraux; il doit régler et fixer l'autorité des commandants dans tous les grades, les peines attachées aux délits, la forme des jugements, etc. Les lois et les ordonnances qui concernent ces différents points, forment le code militaire.

§ 18. — *De la discipline militaire.*

Les règlements qui tendent en particulier à maintenir l'ordre dans les troupes, et à les mettre en état de servir utilement, forment ce qu'on appelle la discipline militaire. Elle est d'une extrême importance. Les Suisses sont la première Nation moderne qui l'ait remise en vigueur. Une bonne discipline, jointe à la valeur d'un peuple libre, produisit dès les commencements de la république ces exploits éclatants, qui étonnèrent toute l'Europe. MACHIAVEL dit que *les Suisses sont les maîtres de l'Europe dans l'art de la guerre* (a). De nos jours les Prussiens (*) ont fait voir ce que l'on peut attendre d'une bonne discipline et d'un exercice assidu: des soldats ramassés de tous côtés ont exécuté par la force de l'habitude et par l'impression du commandement, ce que l'on pourrait espérer des sujets les plus affectionnés.

§ 19. — *Des puissances subalternes dans la guerre.*

Chaque officier de guerre, depuis l'enseigne jusqu'au général, jouit des droits et de l'autorité qui lui sont attribués par le souverain, et la volonté du souverain, à cet égard, se manifeste par ses déclarations expresses, soit dans les commissions qu'il délivre, soit dans les lois militaires, où elle se déduit, par conséquence légitime, de la nature des fonctions commises à un

---

(a) *Discours sur Tite-Live.* — (*) SOUS FRÉDÉRIC II.

chacun; car tout homme en place est présumé revêtu de tous les pouvoirs qui lui sont nécessaires pour bien remplir sa charge, pour s'acquitter heureusement de ses fonctions.

Ainsi la commission du général en chef, quand elle est simple et non limitée, donne au général un pouvoir absolu sur l'armée, le droit de la faire marcher où il juge à propos, d'entreprendre telles opérations qu'il trouve convenables au service de l'Etat, etc. Il est vrai que souvent on limite son pouvoir, mais l'exemple du maréchal de Turenne montre assez, que quand le souverain est assuré d'avoir fait un bon choix, il lui est avantageux et salutaire de donner *carte blanche* au général. Si le duc de Marlborough eût dépendu, dans ses opérations, de la direction du cabinet, il n'y a pas d'apparence que toutes ses campagnes eussent été couronnées de succès si éclatants.

Quand un gouverneur est assiégé dans sa place, toute communication lui étant ôtée avec son souverain, il se trouve par cela même revêtu de toute l'autorité de l'Etat, en ce qui concerne la défense de la place et le salut de la garnison. Il est nécessaire de bien remarquer ce que nous disons ici, afin d'avoir un principe pour juger de ce que les divers commandants, qui sont des puissances subalternes ou inférieures dans la guerre, peuvent faire avec un pouvoir suffisant. Outre les conséquences que l'on peut tirer de la nature même des fonctions, il faut encore consulter ici la coutume et les usages reçus. Si l'on sait que chez une Nation les officiers d'un certain grade ont constamment été revêtus de tels ou tels pouvoirs, on présume légitimement que celui à qui on a affaire est muni des mêmes pouvoirs.

§ 20.—*Comment leurs promesses obligent le souverain.*

Tout ce qu'une puissance inférieure, un commandant dans son département, promet dans les termes de sa commission, et suivant le pouvoir que lui donnent naturellement son office et les fonctions qui lui sont commises, tout cela, dis-je, par les raisons que nous venons d'exposer, est promis au nom et en l'autorité du souverain, et l'oblige comme s'il avait promis lui-même immédiatement. Ainsi un commandant capitule pour sa place et pour sa garnison; et le souverain ne peut invalider ce qu'il a promis. Dans la dernière guerre (*), le général qui commandait les Français à *Lintz*, s'engagea à ramener ses troupes en deçà du Rhin. Des gouverneurs de place ont souvent promis que, pendant un certain temps, leur garnison ne porterait point les armes contre l'ennemi avec qui ils capitulaient; et ces capitulations ont été fidèlement observées.

§ 21. — *En quels cas leurs promesses ne lient qu'elles seules.*

Mais si la puissance inférieure va plus loin, et passe le pouvoir de sa charge, sa promesse n'est plus qu'un engagement privé, ce que l'on appelle *sponsio*, et dont nous avons traité ci-dessus (liv. II, ch. XIV). C'était le cas des consuls romains aux *fourches caudines*. Ils pouvaient bien consentir à livrer des otages, à faire passer l'armée sous le joug, etc.; mais ils n'étaient pas en pouvoir de faire la paix, comme ils eurent soin d'en avertir les Samnites.

§ 22. — *De celle qui s'attribue un pouvoir qu'elle n'a pas.*

Si une puissance inférieure s'attribue un pouvoir qu'elle n'a pas, et trompe ainsi celui qui traite avec elle, même un ennemi, elle est naturellement tenue du dommage causé par sa fraude, et obligée à le réparer. Je dis, même un ennemi; car la foi dans les traités doit être gardée entre ennemis, comme en conviennent tous ceux qui ont du sentiment, et comme nous le prouverons dans la suite. Le souverain de cet officier de mauvaise foi doit le punir et l'obliger à réparer sa faute; il le doit à la justice, et à sa propre gloire.

§ 23. — *Comment elles obligent leurs inférieurs.*

Les puissances subalternes obligent par leurs promesses ceux qui sont sous leurs ordres, à l'égard de

_____

(*) De la succession d'Autriche.

toutes les choses qu'elles sont en pouvoir et en possession de leur commander. Car, à l'égard de ces choses-là, elles sont revêtues de l'autorité du souverain, que leurs inférieurs sont tenus de respecter en elles. C'est ainsi que dans une capitulation le gouverneur de la place stipule et promet pour sa garnison, et même pour les magistrats et les citoyens.

CHAPITRE III.

Des justes causes de la guerre.

---

§ 24. — *Que la guerre ne doit point être entreprise sans de très fortes raisons.*

Quiconque aura une idée de la guerre, quiconque réfléchira à ses effets terribles, aux suites funestes qu'elle traîne après elle, conviendra aisément qu'elle ne doit point être entreprise sans les plus fortes raisons. L'humanité se révolte contre un souverain qui prodigue le sang de ses plus fidèles sujets sans nécessité ou sans raisons pressantes, qui expose son peuple aux calamités de la guerre, lorsqu'il pourrait le faire jouir d'une paix glorieuse et salutaire. Que si à l'imprudence, au manque d'amour pour son peuple, il joint l'injustice envers ceux qu'il attaque, de quel crime, ou plutôt de quelle effroyable suite de crimes ne se rend-il point coupable? Chargé de tous les maux qu'il attire à ses sujets, il est coupable encore de tous ceux qu'il porte chez un peuple innocent. Le sang versé, les villes saccagées, les provinces ruinées, voilà ses forfaits. On ne tue pas un homme, on ne brûle pas une chaumière, dont il ne soit responsable devant Dieu et comptable à l'humanité. Les violences, les crimes, les désordres de toute espèce, qu'entraînent le tumulte et la licence des armes, souillent sa conscience et sont mis sur son compte, parce qu'il en est le premier auteur. Vérités

certaines, images terribles, qui devraient inspirer aux
conducteurs des Nations dans leurs entreprises guer-
rières une circonspection proportionnée à l'importance
du sujet !

§ 25. — *Des raisons justificatives et des motifs de faire la guerre.*

Si les hommes étaient toujours raisonnables, ils ne
combattraient que par les armes de la raison. La justice
et l'équité naturelle seraient leur règle, ou leur juge.
Les voies de la force sont une triste et malheureuse
ressource, contre ceux qui méprisent la justice et qui
refusent d'écouter la raison. Mais enfin, il faut bien
venir à ce moyen, quand tout autre est inutile. Une
Nation juste et sage, un bon prince, n'y recourt qu'à
l'extrémité, comme nous l'avons fait voir dans le dernier chapitre du livre II. Les raisons qui peuvent l'y
déterminer sont de deux sortes : les unes font voir qu'il
est en droit de faire la guerre, qu'il en a un légitime
sujet, on les appelle *raisons justificatives ;* les autres
sont prises de l'utilité et de la convenance : par elles
on voit s'il convient au souverain d'entreprendre la
guerre ; ce sont des *motifs.*

§ 26. — *Quelle est en général la juste cause de la guerre.*

Le droit d'user de force, ou de faire la guerre,
n'appartient aux Nations que pour leur défense et pour
le maintien de leurs droits (§ 3). Or, si quelqu'un attaque une Nation ou viole ses droits parfaits, il lui
fait *injure.* Dès-lors, et dès-lors seulement, cette Nation est en droit de le repousser et de le mettre à la
raison : elle a le droit encore de prévenir l'injure, quand
elle s'en voit menacée (liv. II, § 50). Disons donc en
général que le fondement, ou la cause de toute guerre
juste, est l'*injure,* ou déjà faite, ou dont on se voit
menacé. Les raisons justificatives de la guerre font
voir que l'on a reçu une injure, ou qu'on s'en voit
assez menacé pour être autorisé à la prévenir par les
armes. Au reste, on voit bien qu'il s'agit ici de la par-

tie principale qui fait la guerre, et non de ceux qui y prennent part en qualité d'auxiliaires.

Lorsdonc qu'il s'agit de juger si une guerre est juste, il faut voir si celui qui l'entreprend a véritablement reçu une injure, ou s'il en est réellement menacé. Et pour savoir ce que l'on doit regarder comme une injure, il faut connaître les *droits* proprement dits, les *droits parfaits* d'une Nation. Il en est de bien des sortes, et en très grand nombre ; mais on peut les rapporter tous aux chefs généraux, dont nous avons déjà traité, et dont nous traiterons encore dans cet ouvrage. Tout ce qui donne atteinte à ces droits est une *injure*, et une juste cause de la guerre.

§ 27. — *Quelle guerre est injuste.*

Par une conséquence immédiate de ce que nous venons d'établir, si une Nation prend les armes lorsqu'elle n'a reçu aucune injure, et qu'elle n'en est point menacée, elle fait une guerre injuste. Celui-là seul a droit de faire la guerre, à qui on a fait, ou à qui on s e prépare à faire injure.

§ 28. — *Du but de la guerre.*

Nous déduirons encore du même principe le but ou la fin légitime de toute guerre, qui est de *venger ou de prévenir l'injure* (32). Venger signifie ici poursuivre

---

(32) Pourquoi se servir de termes qui dans l'usage signifient tout autre chose que ce que l'on leur fait signifier ici ? *Poursuivre la réparation d'une injure, et pourvoir à notre sûreté pour l'avenir,* sont des expressions claires. Pourquoi leur substituer celles de *venger* et *punir,* dont on peut énormément abuser en les prenant dans le sens qu'y attache le vulgaire ? La *vengeance* est toujours criminelle : c'est le *talion,* que l'auteur lui-même réprouve (l. II, § 339); ce l'est, dis-je, à la ridicule impossibilité près dans laquelle se perd le talion, en voulant faire souffrir à l'offenseur précisément le même mal que l'offensé a souffert de sa part. Quant au terme *punir,* s'il ne doit pas être synonyme avec celui de *venger,* il faut bien le ramener à sa vraie notion, que j'ai tâché de fixer dans mes Remarques précédentes depuis la douzième. J'y renvoie, parce

la réparation de l'injure, si elle est de nature à être réparée, ou une juste satisfaction, si le mal est irréparable; c'est encore, si le cas l'exige, punir l'offenseur, dans la vue de pourvoir à notre sûreté pour l'avenir. Le droit de sûreté nous autorise à tout cela (liv. II, §§ 49 et 52). Nous pouvons donc marquer distinctement cette triple fin de la guerre légitime : 1° nous faire rendre ce qui nous appartient ou ce qui nous est dû ; 2° pourvoir à notre sûreté pour la suite, en punissant l'agresseur ou l'offenseur; 3° nous défendre ou nous garantir d'injure, en repoussant une injuste violence. Les deux premiers points sont l'objet de la guerre offensive, le troisième est celui de la guerre défensive. CAMILLE, sur le point d'attaquer les Gaulois, exposa en peu de mots à ses soldats tous les sujets qui peuvent fonder ou justifier la guerre : *Omnia quæ defendi, repetique et ulcisci fas sit (a).*

§ 29. — *Les raisons justificatives et les motifs honnêtes doivent concourir pour faire entreprendre la guerre.*

La Nation ou son conducteur, n'ayant pas seulement à garder la justice dans toutes ses démarches, mais encore à les régler constamment sur le bien de l'Etat, il faut que des motifs honnêtes et louables concourent avec les raisons justificatives, pour lui faire entreprendre la guerre. Ces raisons font voir que le souverain est en droit de prendre les armes, qu'il en a un juste sujet; les motifs honnêtes montrent qu'il est à propos, qu'il est convenable, dans le cas dont il s'agit, d'user de son droit; ils se rapportent à la prudence, comme les raisons justificatives appartiennent à la justice.

---

que je crois en avoir assez dit. J'ajouterai seulement ici, qu'on ne peut punir que soi-même, son enfant, et l'esclave de la peine. Dans les deux derniers cas, le supérieur est père ou maître; dans le premier, c'est la raison, et l'inférieur est la partie animale. Je mets le *heautontimorumenos* le premier, parce qu'il faut avoir appris par soi à bien punir les autres. *D.*

(*a*) TIT. LIV., liv. V., cap. XLIX.

§ 30. — *Des motifs honnêtes, et des motifs vicieux.*

J'appelle motifs *honnêtes* et *louables*, ceux qui sont pris du bien de l'Etat, du salut et du commun avantage des citoyens. Ils ne vont point sans les raisons justificatives, car il n'est jamais véritablement avantageux de violer la justice. Si une guerre injuste enrichit l'Etat pour un temps, si elle recule ses frontières, elle le rend odieux aux autres Nations, et l'expose au danger d'en être accablé. Et puis, sont-ce toujours les richesses et l'étendue des domaines qui font le bonheur des Etats? On pourrait citer bien des exemples; bornons-nous à celui des Romains. La république romaine se perdit par ses triomphes, par l'excès de ses conquêtes et de sa puissance. Rome, la maîtresse du monde, asservie à des tyrans, opprimée sous le gouvernement militaire, avait sujet de déplorer les succès de ses armes, de regretter les temps heureux où sa puissance ne s'étendait pas au dehors de l'Italie, ceux-là même où sa domination était presque enfermée dans l'enceinte de ses murailles.

Les *motifs vicieux* sont tous ceux qui ne se rapportent point au bien de l'Etat, qui ne sont pas puisés dans cette source pure, mais suggérés par la violence des passions. Tels sont l'orgueilleux désir de commander, l'ostentation de ses forces, la soif des richesses, l'avidité des conquêtes, la haine, la vengeance.

§ 31. — *Guerre dont le sujet est légitime, et les motifs vicieux.*

Tout le droit de la Nation, et par conséquent du souverain, vient du bien de l'Etat, et doit se mesurer sur cette règle. L'obligation d'avancer et de maintenir le vrai bien de la société, de l'Etat, donne à la Nation le droit de prendre les armes contre celui qui menace ou qui attaque ce bien précieux. Mais si, lorsqu'on lui fait injure, la Nation est portée à prendre les armes, non par la nécessité de se procurer une juste réparation, mais par un motif vicieux, elle abuse de son droit: le vice du motif souille des armes qui pouvaient être justes : la guerre ne se fait point pour le sujet légitime qu'on avait de l'entreprendre, et ce sujet n'en est plus que le prétexte. Quant au souverain en particulier, au conducteur de la Nation, de quel droit expose-t-il le salut de l'Etat, le sang et la fortune des citoyens, pour satisfaire ses passions? Le pouvoir suprême ne lui est confié que pour le bien de la Nation ; il n'en doit faire usage que dans cette unique vue ; c'est le but prescrit à ses moindres démarches ; et il se portera à la plus importante, à la plus dangereuse, par des motifs étrangers ou contraires à cette grande fin ! Rien n'est plus ordinaire cependant qu'un renversement de vues si funeste, et il est remarquable que, par cette raison, le judicieux Polybe appelle *causes* (*a*) de la guerre les motifs qui portent à l'entreprendre, et *prétextes* (*b*), les raisons justificatives dont on s'autorise. C'est ainsi, dit-il, que la cause de la guerre des Grecs contre les Perses fut l'expérience qu'on avait faite de leur faiblesse ; et Philippe, ou Alexandre après lui, prit pour prétexte le désir de venger les injures que la Grèce avait si souvent reçues, et de pourvoir à sa sûreté pour l'avenir.

§ 32. — *Des prétextes.*

Toutefois, espérons mieux des Nations et de leurs conducteurs. Il est de justes causes de guerre, de véritables raisons justificatives ; et pourquoi ne se trouverait-il pas des souverains qui s'en autorisent sincèrement, quand ils ont d'ailleurs des motifs raisonnables de prendre les armes? Nous appellerons donc *prétextes* les raions que l'on donne pour justificatives, et qui n'en ont que l'apparence, ou qui sont même absolument destituées de fondement. On peut encore appeler *prétextes* des raisons vraies en elles-mêmes et fondées, mais qui n'étant point d'une assez grande importance pour faire entreprendre la guerre, ne sont mises en

(*a*) Αἰτίαι. *Histor.*, lib. III, chap. VI.
(*b*) Προφάσεις.

avant que pour couvrir des vues ambitieuses ou quelque autre motif vicieux. Telle était la plainte du tzar PIERRE Ier, de ce qu'on ne lui avait pas rendu assez d'honneurs à son passage dans *Riga*. Je ne touche point ici à ses autres raisons pour déclarer la guerre à la Suède.

Les prétextes sont au moins un dommage que les injustes rendent à la justice. Celui qui s'en couvre témoigne encore quelque pudeur. Il ne déclare pas ouvertement la guerre à tout ce qu'il y a de sacré dans la société humaine. Il avoue tacitement que l'injustice décidée mérite l'indignation de tous les hommes.

§ 33. — *Guerre entreprise pour la seule utilité.*

Celui qui entreprend une guerre sur des motifs d'utilité seulement, sans raisons justificatives, agit sans aucun droit, et sa guerre est injuste. Et celui qui, ayant en effet quelque juste sujet de prendre les armes, ne s'y porte cependant que par des vues intéressées, ne peut être à la vérité accusé d'injustice, mais il manifeste des dispositions vicieuses : sa conduite est répréhensible et souillée par le vice des motifs. La guerre est un fléau si terrible, que la justice seule, jointe à une espèce de nécessité, peut l'autoriser, la rendre louable, ou au moins la mettre à couvert de tout reproche.

§ 34. — *Des peuples qui font la guerre sans raisons et sans motifs apparents.*

Les peuples toujours prêts à prendre les armes, dès qu'ils espèrent y trouver quelque avantage, sont des injustes, des ravisseurs ; mais ceux qui semblent se nourrir des fureurs de la guerre, qui la portent de tous côtés, sans raisons ni prétextes, et même sans autre motif que leur férocité, sont des monstres indignes du nom d'homme. Ils doivent être regardés comme les ennemis du genre humain, de même que, dans la société civile, les assassins et les incendiaires de profession ne sont pas seulement coupables envers les victimes particulières de leur brigandage, mais encore envers l'État dont ils sont déclarés ennemis. Toutes les Nations sont en droit de se réunir, pour châtier et même pour exterminer ces peuples féroces. Tels étaient divers peuples germains dont parle Tacite; tels ces barbares qui ont détruit l'empire romain. Ils conservèrent cette férocité long-temps après leur conversion au christianisme. Tels ont été les Turcs et d'autres Tartares : Genghis-kan, Timur-Bec ou Tamerlan, fléaux de Dieu comme Attila, et qui faisaient la guerre pour le plaisir de la faire. Tels sont dans les siècles polis, et chez les Nations les mieux civilisées, ces prétendus héros, pour qui les combats n'ont que des charmes, et qui font la guerre par goût, et non point par amour pour la patrie.

§ 35. — *Comment la guerre défensive est juste ou injuste.*

La guerre défensive est juste, quand elle se fait contre un injuste agresseur. Cela n'a pas besoin de preuves. La défense de soi-même contre une injuste violence n'est pas seulement un droit, c'est un devoir pour une Nation, et un de ses devoirs les plus sacrés. Mais si l'ennemi qui fait une guerre offensive a la justice de son côté, on n'est point en droit de lui opposer la force; et la défensive alors est injuste. Car cet ennemi ne fait qu'user de son droit : il a pris les armes pour se procurer une justice qu'on lui refusait, et c'est une injustice que de résister à celui qui use de son droit.

§ 36. — *Comment elle peut devenir juste contre une offensive qui était juste dans son principe.*

La seule chose qui reste à faire en pareil cas, c'est d'offrir à celui qui attaque une juste satisfaction. S'il ne veut pas s'en contenter, on a l'avantage d'avoir mis le bon droit de son côté, et l'on oppose désormais de justes armes à ses hostilités, devenues injustes, parce qu'elles n'ont plus de fondement.

Les Samnites, poussés par l'ambition de leurs chefs, avaient ravagé les terres des alliés de Rome. Revenus de leur égarement, ils offrirent la réparation du dommage, et toute sorte de satisfaction raisonnable; mais leurs soumissions ne purent apaiser les Romains. Sur quoi CAIUS PONTIUS, général des Samnites, dit à son peuple : « Puisque les Romains veulent absolument « la guerre, elle devient juste pour nous par nécessité; « les armes sont justes et saintes, pour ceux à qui on « ne laisse d'autres ressources que les armes : » *Justum est bellum, quibus necessarium, et pia arma, quibus nulla nisi in armis relinquitur spes* (a).

§ 37. — *Comment la guerre offensive est juste dans une cause évidente.*

Pour juger de la justice d'une guerre offensive, il faut d'abord considérer la nature du sujet qui fait prendre les armes. On doit être bien assuré de son droit, pour le faire valoir d'une manière si terrible. S'il est donc question d'une chose évidemment juste, comme de recouvrer son bien, de faire valoir un droit certain et incontestable, d'obtenir une juste satisfaction pour une injure manifeste, et si on ne peut obtenir justice autrement que par la force des armes, la guerre offensive est permise. Deux choses sont donc nécessaires pour la rendre juste : 1° Un droit à faire valoir c'est-à-dire, que l'on soit fondé à exiger quelque chose d'une Nation; 2° que l'on ne puisse l'obtenir autrement que par les armes. La nécessité seule autorise à user de force : c'est un moyen dangereux et funeste. La nature, mère commune des hommes, ne le permet qu'à l'extrémité, et au défaut de tout autre. C'est faire injure à une Nation, que d'employer contre elle la violence, avant que de savoir si elle est disposée à rendre justice ou à la refuser. Ceux qui, sans tenter les voies pacifiques, courent aux armes pour le moindre sujet, montrent assez que les raisons justificatives ne sont, dans leur bouche, que des prétextes : ils saisissent avidement l'occasion de se

---

(a) TIT.-LIV., lib. IX, *init.*

livrer à leurs passions, de servir leur ambition, sous quelque couleur de droit.

§ 38. — *Et dans une cause douteuse.*

Dans une cause douteuse, là où il s'agit de droits incertains, obscurs, litigieux, tout ce que l'on peut exiger raisonnablement, c'est que la question soit discutée (*liv. II*, § 331), et s'il n'est pas possible de la mettre en évidence, que le différend soit terminé par une transaction équitable. Si donc l'une des parties se refuse à ces moyens d'accommodement, l'autre sera en droit de prendre les armes, pour la forcer à une transaction, et il faut bien remarquer que la guerre ne décide pas la question; la victoire contraint seulement le vaincu à donner les mains au traité qui termine le différend. C'est une erreur non moins absurde que funeste, de dire que la guerre doit décider les controverses entre ceux qui, comme les Nations, ne reconnaissent point de juge. La victoire suit d'ordinaire la force et la prudence plutôt que le bon droit. Ce serait une mauvaise règle de décision; mais c'est un moyen efficace, pour contraindre celui qui se refuse aux voies de justice; et il devient juste dans les mains du prince qui l'emploie à propos et pour un sujet légitime.

§ 39. — *La guerre ne peut être juste des deux côtés.*

La guerre ne peut être juste des deux côtés. L'un s'attribue un droit, l'autre le lui conteste; l'un se plaint d'une injure, l'autre nie de l'avoir faite. Ce sont deux personnes qui disputent sur la vérité d'une proposition : il est imposible que les deux sentiments contraires soient vrais en même temps.

§ 40. — *Quand réputée cependant pour légitime.*

Cependant il peut arriver que les contendants soient l'un et l'autre dans la bonne foi; et dans une cause douteuse, il est encore incertain de quel côté se trouve le droit. Puis donc que les Nations sont égales et in-

dépendantes (*liv. II, § 36, et Prélim.*, §§ 18, 19),
et ne peuvent s'ériger en juges les unes des autres,
il s'ensuit que dans toute cause susceptible de doute,
les armes des deux parties qui se font la guerre doivent passer également pour légitimes, au moins quant
aux effets extérieurs, et jusqu'à ce que la cause soit
décidée. Cela n'empêche point que les autres Nations
n'en puissent porter leur jugement pour elles-mêmes,
pour savoir ce qu'elles ont à faire, et assister celle
qui leur paraîtra fondée. Cet effet de l'indépendance
des Nations n'empêche point non plus que l'auteur
d'une guerre injuste ne soit très coupable. Mais s'il
agit par les suites d'une ignorance, ou d'une erreur invincible, l'injustice de ses armes ne peut lui être
imputée.

§ 41. — *Guerre entreprise pour punir une Nation.*

(33) Quand la guerre offensive a pour objet de punir
une Nation, elle doit être fondée, comme toute autre guerre, sur le droit et la nécessité. 1° Sur le droit :
il faut que l'on ait véritablement reçu une injure. L'injure seule étant une juste cause de la guerre (§ 26), on
est en droit d'en poursuivre la réparation; ou si elle est
irréparable de sa nature, ce qui est le cas de punir,
on est autorisé à pourvoir à sa propre sûreté, et même à
celle de toutes les Nations, en infligeant à l'offenseur
une peine capable de le corriger et de servir d'exemple.
2° La nécessité doit justifier une pareille guerre, c'est-
à-dire que, pour être légitime, il faut qu'elle se trouve
l'unique moyen d'obtenir une juste satisfaction, laquelle emporte une sûreté raisonnable pour l'avenir. Si
cette satisfaction complète est offerte, ou si on peut
l'obtenir sans guerre, l'injure est effacée, et le droit de
sûreté n'autorise plus à en poursuivre la vengeance.
(Voyez *liv. II*, §§ 49-92.)

---

(33) Tout ce que contient ce paragraphe est ou confus,
ou faux. Je ne ferais que me répéter en relevant tout cela.
Voyez mes Remarques 12 et suiv. *D.*

La Nation coupable doit se soumettre à une peine qu'elle a méritée, et la souffrir en forme de satisfaction. Mais elle n'est pas obligée de se livrer à la discrétion d'un ennemi irrité. Lors donc qu'elle se voit attaquée, elle doit offrir satisfaction, demander ce qu'on exige d'elle en forme de peine; et si on ne veut pas s'expliquer, ou si on prétend lui imposer une peine trop dure, elle est en droit de résister; sa défense devient légitime. Au reste, il est manifeste que l'offensé seul a droit de punir des personnes indépendantes. Nous ne répéterons point ici ce que nous avons dit ailleurs (*liv. II,* § 7) de l'erreur dangereuse ou de l'extravagant prétexte de ceux qui s'arrogent le droit de châtier une Nation indépendante pour des fautes qui ne les intéressent point; qui, s'érigeant follement en défenseurs de la cause de Dieu, se chargent de punir la dépravation des mœurs ou l'irréligion d'un peuple qui n'est pas commis à leurs soins.

§ 42. — *Si l'accroissement d'une puissance voisine peut autoriser à lui faire la guerre.*

Il se présente ici une question célèbre et de la plus grande importance. On demande si l'accroissement d'une puissance voisine, par laquelle on craint d'être un jour opprimé, est une raison suffisante de lui faire la guerre; si l'on peut avec justice prendre les armes, pour s'opposer à son agrandissement, ou pour l'affaiblir, dans la seule vue de se garantir des dangers dont une puissance démesurée menace presque toujours les faibles? La question n'est pas un problème pour la plupart des politiques; elle est plus embarrassante pour ceux qui veulent allier constamment la justice à la prudence.

D'un côté, l'Etat qui accroît sa puissance par tous les ressorts d'un bon gouvernement, ne fait rien que de louable; il remplit ses devoirs envers soi-même, et ne blesse point ceux qui le lient envers autrui. Le souverain qui, par héritage, par une élection libre, ou par quelque autre voie juste et honnête, unit à ses États de nouvelles provinces, des royaumes entiers, use de ses droits, et ne fait tort à personne. Comment serait-il donc permis d'attaquer une puissance qui s'agrandit par des moyens légitimes ? Il faut avoir reçu une injure, ou en être visiblement menacé, pour être autorisé à prendre les armes, pour avoir un juste sujet de guerre (§§ 26 et 27). D'un autre côté, une funeste et constante expérience ne montre que trop que les puissances prédominantes ne manquent guère de molester leurs voisins, de les opprimer, de les subjuguer même entièrement dès qu'elles en trouvent l'occasion, et qu'elles peuvent le faire impunément. L'Europe se vit sur le point de tomber dans les fers, pour ne s'être pas opposée de bonne heure à la fortune de Charles-Quint. Faudra-t-il attendre le danger, laisser grossir l'orage qu'on pourrait dissiper dans ses commencements, souffrir l'agrandissement d'un voisin, et attendre paisiblement qu'il se dispose à nous donner des fers ? Sera-t-il temps de se défendre, quand on n'en aura plus les moyens? La prudence est un devoir pour tous les hommes, et très particulièrement pour les conducteurs des Nations, chargés de veiller au salut de tout un peuple. Essayons de résoudre cette grande question, conformément aux principes sacrés du droit de la nature et des gens. On verra qu'ils ne mènent point à d'imbéciles scrupules, et qu'il est toujours vrai de dire que la justice est inséparable de la saine politique.

§ 43. — *Seul et par lui-même il ne peut en donner le droit.*

Et d'abord, observons que la prudence, qui est sans doute une vertu bien nécessaire aux souverains, ne peut jamais conseiller l'usage des moyens illégitimes, pour une fin juste et louable. Qu'on n'oppose point ici le salut du peuple, loi suprême de l'État; car le salut même du peuple, le salut commun des Nations, proscrit l'usage des moyens contraires à la justice et à l'honnêteté. Pourquoi certains moyens sont-ils illégitimes? Si l'on y regarde de près, si l'on remonte jusqu'aux premiers principes, on verra que c'est précisément parce que leur introduction serait pernicieuse à la société humaine, funeste à toutes les Nations. Voyez en particulier ce que nous avons dit en traitant de l'observation de la justice (*liv. II, chap. V*). C'est donc pour l'intérêt et le salut même des Nations, que l'on doit tenir comme une maxime sacrée, que la fin ne légitime pas les moyens. Et puisque la guerre n'est permise que pour venger (34) une injure reçue, ou pour se garantir de celle dont on est menacé (§ 26), c'est une loi sacrée du droit des gens, que l'accroissement de puissance ne peut seul, et par lui-même, donner à qui que ce soit le droit de prendre les armes pour s'y opposer.

§ 44. — *Comment les apparences du danger donnent ce droit.*

On n'a point reçu d'injure de cette puissance; la question le suppose. Il faudrait donc être fondé à s'en croire menacé pour courir légitimement aux armes. Or, la puissance seule ne menace pas d'injure, il faut que la volonté y soit jointe. Il est malheureux pour le genre humain, que l'on puisse presque toujours supposer la volonté d'opprimer, là où se trouve le pouvoir d'opprimer impunément. Mais ces deux choses ne sont pas nécessairement inséparables; et tout le droit que donne leur union ordinaire, ou fréquente, c'est de prendre les premières apparences pour un indice suffisant. Dès qu'un Etat a donné des marques d'injustice, d'avidité, d'orgueil, d'ambition, d'un désir impé-

---

(34) Il faut se souvenir que *venger*, chez notre auteur (§ 28 de ce livre), signifie poursuivre la réparation ou la satisfaction d'une injure; que selon lui, cette dernière doit avoir lieu quand la réparation est impossible, et qu'elle consiste en une peine à laquelle une Nation indépendante peut être condamnée et doit se soumettre; le tout pour corriger l'agresseur, et le faire servir d'exemple (§ 41). Tout cela est bien gratuit. *D.*

rieux de faire la loi, c'est un voisin suspect dont on doit se garder; on peut le prendre au moment où il est sur le point de recevoir un accroissement formidable de puissance, lui demander des sûretés, et s'il hésite à les donner, prévenir ses desseins par la force des armes. Les intérêts des Nations sont d'une toute autre importance que ceux des particuliers; le souverain ne peut y veiller mollement, ou sacrifier ses défiances par grandeur d'âme et par générosité. Il y va de tout pour une Nation qui a un voisin également puissant et ambitieux. Puisque les hommes sont réduits à se gouverner le plus souvent sur les probabilités, ces probabilités méritent leur attention à proportion de l'importance du sujet; et pour me servir d'une expression de géométrie, on est fondé à aller au devant d'un danger, en raison composée du degré d'apparence et de la grandeur du mal dont on est menacé. S'il est question d'un mal supportable, d'une perte légère, il ne faut rien précipiter; il n'y a pas un grand péril à attendre, pour s'en garder, la certitude qu'on en est menacé. Mais s'agit-il du salut de l'Etat, la prévoyance ne peut s'étendre trop loin. Attendra-t-on, pour détourner sa ruine, qu'elle soit devenue inévitable? Si l'on en croit si aisément les apparences, c'est la faute de ce voisin, qui a laissé échapper divers indices de son ambition. Que CHARLES II, roi d'Espagne, au lieu d'appeler à sa succession le duc d'Anjou, eût nommé pour son héritier LOUIS XIV lui-même; souffrir tranquillement l'union de la monarchie d'Espagne à celle de France, c'eût été, suivant toutes les règles de la prévoyance humaine, livrer l'Europe entière à la servitude, ou la mettre au moins dans l'état le plus critique. Mais quoi! si deux Nations indépendantes jugent à propos de s'unir pour ne former désormais qu'un même empire, ne sont-elles pas en droit de le faire? Qui sera fondé à s'y opposer? Je réponds qu'elles sont en droit de s'unir, pourvu que ce ne soit point dans des vues préjudiciables aux autres. Or, si chacune des deux Nations est en état de se gouverner et de se soutenir par elle-même, de se garantir d'insulte et d'oppression, on présume avec raison qu'elles ne s'unissent en un même Etat que dans la vue de dominer sur leurs voisins. Et dans les occasions où il est impossible ou trop dangereux d'attendre une entière certitude, on peut justement agir sur une présomption raisonnable. Si un inconnu me couche en joue au milieu d'un bois, je ne suis pas encore certain qu'il veuille me tuer; lui laisserai-je le temps de tirer, pour m'assurer de son dessein? Est-il un casuiste raisonnable qui me refuse le droit de le prévenir? Mais la présomption devient presque équivalente à une certitude, si le prince, qui va s'élever à une puissance énorme, a déjà donné des preuves de hauteur et d'une ambition sans bornes. Dans la supposition que nous venons de faire, qui eût osé conseiller aux puissances de l'Europe de laisser prendre à LOUIS XIV un accroissement de forces si redoutable? Trop certaines de l'usage qu'il en aurait fait, elles s'y seraient opposées de concert, et leur sûreté les y autorisait. Dire qu'elles devaient lui laisser le temps d'affermir sa domination sur l'Espagne, de consolider l'union des deux monarchies, et, dans la crainte de lui faire injure, attendre tranquillement qu'il les accablât, ne serait-ce pas interdire aux hommes le droit de se gouverner suivant les règles de la prudence, de suivre la probabilité, et leur ôter la liberté de pourvoir à leur salut tant qu'ils n'auront pas une démonstration mathématique qu'il est en danger? On prêcherait vainement une pareille doctrine. Les principaux souverains de l'Europe, que le ministère de LOUVOIS avait accoutumés à redouter les forces et les vues de LOUIS XIV, portèrent la défiance jusqu'à ne pas vouloir souffrir qu'un prince de la maison de France s'assît sur le trône d'Espagne, quoiqu'il y fût appelé par la Nation, qui approuvait le testament de son dernier roi. Il y monta malgré les efforts de ceux qui craignaient tant son élévation, et les suites ont fait voir que leur politique était trop ombrageuse.

§ 45. — *Autre cas plus évident.*

Il est plus aisé encore de prouver que, si cette puissance formidable laisse percer des dispositions injustes et ambitieuses par la moindre injustice qu'elle fera à une autre, toutes les Nations peuvent profiter de l'occasion, et, en se joignant à l'offensé, réunir leurs forces pour réduire l'ambitieux et pour le mettre hors d'état d'opprimer si facilement ses voisins, ou de les faire trembler continuellement devant lui. Car l'injure donne le droit de pourvoir à sa sûreté pour l'avenir, en ôtant à l'injuste les moyens de nuire; et il est permis, il est même louable d'assister ceux qui sont opprimés ou injustement attaqués. Voilà de quoi mettre les politiques à l'aise, et leur ôter tout sujet de craindre, que se piquer ici d'une exacte justice, ce ne fût courir à l'esclavage. Il est peut être sans exemple qu'un Etat reçoive quelque notable accroissement de puissance, sans donner à d'autres de justes sujets de plainte. Que toutes les Nations soient attentives à le réprimer, et elles n'auront rien à craindre de sa part. L'empereur CHARLES-QUINT saisit le prétexte de la religion pour opprimer les princes de l'empire et les soumettre à son autorité absolue. Si, profitant de sa victoire sur l'électeur de Saxe, il fût venu à bout de ce grand dessein, la liberté de l'Europe était en danger. C'était donc avec raison que la France assistait les protestants d'Allemagne, et elle y était appelée par le soin de son propre salut. Lorsque le même prince s'empara du duché de Milan, les souverains de l'Europe devaient aider la France à le lui disputer, et profiter de l'occasion pour réduire sa puissance à de justes bornes. S'ils se fussent habilement prévalus des justes sujets qu'il ne tarda pas à leur donner de se liguer contre lui, ils n'auraient pas tremblé dans la suite pour leur liberté.

§ 46. — *Autres moyens toujours permis, pour se mettre en garde contre une grande puissance.*

Mais supposez que cet Etat puissant, par une conduite également juste et circonspecte, ne donne aucune prise sur lui, verra-t-on ses progrès d'un œil indifférent; et, tranquilles spectateurs des rapides accroissements de ses forces, se livrera-t-on imprudemment aux desseins qu'elles pourront lui inspirer? Non, sans doute, l'imprudente nonchalance ne serait pas pardonnable dans une matière de si grande importance. L'exemple des Romains est une bonne leçon à tous les souverains. Si les puissants de ces temps-là se fussent concertés pour veiller sur les entreprises de Rome, pour mettre des bornes à ses progrès, ils ne seraient pas tombés successivement dans la servitude. Mais la force des armes n'est pas le seul moyen de se mettre en garde contre une puissance formidable. Il en est de plus doux, et qui sont toujours légitimes. Le plus efficace est la confédération des autres souverains moins puissants, lesquels, par la réunion de leurs forces, se mettent en état de balancer la puissance qui leur fait ombrage. Qu'ils soient fidèles et fermes dans leur alliance : leur union fera la sûreté d'un chacun.

Il leur est permis encore de se favoriser mutuellement à l'exclusion de celui qu'ils redoutent, et par les avantages de toute espèce, mais surtout dans le commerce, qu'ils feront réciproquement aux sujets des alliés, et qu'ils refuseront à ceux de cette dangereuse puissance, ils augmenteront leurs forces en diminuant les siennes, sans qu'elle ait sujet de se plaindre, puisque chacun dispose librement de ses faveurs.

§ 47. — *De l'équilibre politique.*

L'Europe fait un système politique, un corps où tout est lié par les relations et les divers intérêts des Nations qui habitent cette partie du monde. Ce n'est plus, comme autrefois, un amas confus de pièces isolées, dont chacune se croyait peu intéressée au sort des autres, et se mettait rarement en peine de ce qui ne la touchait pas immédiatement. L'attention continuelle des souverains à tout ce qui se passe, les ministres toujours résidents, les négociations perpétuelles, font de l'Europe moderne une espèce de république, dont les membres indépendants, mais liés par l'intérêt commun, se réunissent pour y maintenir l'ordre et la liberté. C'est ce qui a donné naissance à cette fameuse idée de la balance politique, ou de l'équilibre du pouvoir. On entend par là une disposition des choses, au moyen de laquelle aucune puissance ne se trouve en état de prédominer absolument, et de faire la loi aux autres.

§ 48. — *Moyens de le maintenir.*

Le plus sûr moyen de conserver cet équilibre, serait de faire qu'aucune puissance ne surpassât de beaucoup les autres; que toutes, ou au moins la meilleure partie, fussent à peu près égales en forces. On a attribué cette vue à HENRI IV. Mais elle n'eût pu se réaliser sans injustice et sans violence. Et puis, cette égalité une fois établie, comment la maintenir toujours par des moyens légitimes! Le commerce, l'industrie, les vertus militaires, la feront bientôt disparaître. Le droit d'héritage, même en faveur des femmes et de leurs descendants, établi avec tant d'absurdité pour les souverainetés, mais établi enfin, bouleversera votre système.

Il est plus simple, plus aisé, et plus juste, de recourir au moyen dont nous venons de parler, de former des confédérations, pour faire tête au plus puissant et l'empêcher de donner la loi. C'est ce que font aujourd'hui les souverains de l'Europe. Ils considèrent les deux principales puissances, qui, par là même, sont naturellement rivales, comme destinées à se contenir réciproquement; et ils se joignent à la plus faible, comme autant de poids que l'on jette dans le bassin le moins chargé, pour le tenir en équilibre avec l'autre. La maison d'Autriche a long-temps été la puissance

prévalante : c'est aujourd'hui le tour de la France.
L'Angleterre, dont les richesses et les flottes respectables ont une très grande influence, sans alarmer aucun
Etat pour sa liberté, parce que cette puissance paraît
guérie de l'esprit de conquête; l'Angleterre, dis-je,
a la gloire de tenir en ses mains la balance politique.
Elle est attentive à la conserver en équilibre. Politique
très sage et très juste en elle-même, et qui sera à
jamais louable, tant qu'elle ne s'aidera que d'alliances,
de confédérations, ou d'autres moyens également légitimes.

§ 49. — *Comment on peut contenir, ou même affaiblir, celui qui
rompt l'équilibre.*

Les confédérations seraient un moyen sûr de conserver l'équilibre, et de maintenir ainsi la liberté des
Nations, si tous les souverains étaient constamment
éclairés sur leurs véritables intérêts, et s'ils mesuraient
toutes leurs démarches sur le bien de l'Etat. Mais les
grandes puissances ne réussissent que trop à se faire
des partisans et des alliés aveuglément livrés à leurs
vues. Eblouis par l'éclat d'un avantage présent, séduits
par leur avarice, trompés par des ministres infidèles,
combien de princes se font les instruments d'une puissance qui les engloutira quelque jour, eux ou leurs
successeurs ? Le plus sûr est donc d'affaiblir celui qui
rompt l'équilibre, aussitôt qu'on en trouve l'occasion
favorable, et qu'on peut le faire avec justice (§ 45);
ou d'empêcher, par toutes sortes de moyens honnêtes,
qu'il ne s'élève à un degré de puissance trop formidable. Pour cet effet, toutes les Nations doivent être
surtout attentives à ne point souffrir qu'il s'agrandisse
par la voie des armes, et elles peuvent toujours le faire
avec justice. Car si ce prince fait une guerre injuste,
chacun est en droit de secourir l'opprimé. Que s'il
fait une guerre juste, les Nations neutres peuvent
s'entremettre de l'accommodement, engager le faible
à offrir une juste satisfaction, des conditions raisonna-

bles, et ne point permettre qu'il soit subjugué. Dès que l'on offre des conditions équitables à celui qui fait la guerre la plus juste, il a tout ce qu'il peut prétendre. La justice de sa cause, comme nous le verrons plus bas, ne lui donne jamais le droit de subjuguer son ennemi, si ce n'est quand cette extrémité devient nécessaire à sa sûreté, ou quand il n'a pas d'autre moyen de s'indemniser du tort qui lui a été fait. Or, ce n'est point ici le cas, les Nations intervenantes pouvant lui faire trouver d'une autre manière et sa sûreté et un juste dédommagement.

Enfin, il n'est pas douteux que si cette puissance formidable médite certainement des desseins d'oppression et de conquête, si elle trahit ses vues par ses préparatifs, ou par d'autres démarches, les autres sont en droit de la prévenir; et, si le sort des armes leur est favorable, de profiter d'une heureuse occasion pour affaiblir et réduire une puissance trop contraire à l'équilibre, et redoutable à la liberté commune.

Ce droit des Nations est plus évident encore contre un souverain qui, toujours prêt à courir aux armes sans raisons et sans prétextes plausibles, trouble continuellement la tranquillité publique.

§ 50. — *Conduite que l'on peut tenir avec un voisin qui fait des préparatifs de guerre.*

Ceci nous conduit à une question particulière, qui a beaucoup de rapport à la précédente : Quand un voisin, au milieu d'une paix profonde, construit des forteresses sur notre frontière, équipe une flotte, augmente ses troupes, assemble une armée puissante, remplit ses magasins, en un mot, quand il fait des préparatifs de guerre, nous est-il permis de l'attaquer pour prévenir le danger dont nous nous croyons menacés? La réponse dépend beaucoup des mœurs, du caractère de ce voisin. Il faut le faire expliquer, lui demander la raison de ces préparatifs. C'est ainsi qu'on en use en Europe. Et si la foi est justement suspecte, on peut lui deman-

der des sûretés. Le refus serait un indice suffisant de
mauvais desseins, et une juste raison de les prévenir.
Mais si ce souverain n'a jamais donné des marques
d'une lâche perfidie, et surtout si nous n'avons actuellement aucun démêlé avec lui, pourquoi ne de-
meurerions-nous pas tranquilles sur sa parole, en prenant seulement les précautions que la prudence rend
indispensables? Nous ne devons point, sans sujet, le
présumer capable de se couvrir d'infamie en ajoutant
la perfidie à la violence. Tant qu'il n'a pas rendu sa foi
suspecte, nous ne sommes point en droit d'exiger de
lui d'autre sûreté.

Cependant, il est vrai que si un souverain demeure
puissamment armé en pleine paix, ses voisins ne peuvent s'endormir entièrement sur sa parole; la prudence
les oblige à se tenir sur leurs gardes. Et quand ils seraient absolument certains de la bonne foi de ce prince,
il peut survenir des différends qu'on ne prévoit pas; lui
laisseront-ils l'avantage d'avoir alors des troupes nombreuses et bien disciplinées, auxquelles ils n'auront à
opposer que de nouvelles levées? Non, sans doute; ce
serait se livrer presque à sa discrétion. Les voilà donc
contraints de l'imiter, d'entretenir comme lui une
grande armée. Et quelle charge pour un Etat! Autrefois, et sans remonter plus haut que le siècle dernier,
on ne manquait guère de stipuler dans les traités de
paix, que l'on désarmerait de part et d'autre, qu'on
licencierait les troupes. Si en pleine paix un prince
voulait en entretenir un grand nombre sur pied, ses
voisins prenaient leurs mesures, formaient des ligues
contre lui, et l'obligeaient à désarmer. Pourquoi cette
coutume salutaire ne s'est-elle pas conservée? Ces armées nombreuses, entretenues en tout temps, pri-
vent la terre de ses cultivateurs, arrêtent la popula-
tion, et ne peuvent servir qu'à opprimer la liberté du
peuple qui les nourrit. Heureuse l'Angleterre! Sa situation la dispense d'entretenir à grands frais les instruments du despotisme. Heureux les Suisses! si conti-

nuant à exercer soigneusement leurs milices, ils se maintiennent en état de repousser les ennemis du dehors, sans nourrir dans l'oisiveté des soldats qui pourraient un jour opprimer la liberté du peuple, et menacer même l'autorité légitime du souverain. Les légions romaines en fournissent un grand exemple. Cette heureuse méthode d'une république libre, l'usage de former tous les citoyens au métier de la guerre, rend l'Etat respectable au dehors, sans le charger d'un vice intérieur. Elle eût été partout imitée, si partout on se fût proposé pour unique vue le bien public. En voilà assez sur les principes généraux, par lesquels on peut juger de la justice d'une guerre. Ceux qui possèderont bien les principes, et qui auront de justes idées des divers droits des Nations, appliqueront aisément ces règles aux cas particuliers.

CHAPITRE IV.

De la déclaration de guerre, et de la guerre en forme.

§ 51. — *Déclaration de guerre, et sa nécessité.*

Le droit de faire la guerre n'appartient aux Nations que comme un remède contre l'injustice : c'est le fruit d'une malheureuse nécessité. Ce remède est si terrible dans ses effets, si funeste à l'humanité, si fâcheux même à celui qui l'emploie, que la loi naturelle ne le permet sans doute qu'à la dernière extrémité, c'est-à-dire, lorsque tout autre est inefficace pour le soutien de la justice. Il est démontré, dans le chapitre précédent, que pour être autorisé à prendre les armes, il faut, 1° que nous ayons un juste sujet de plainte; 2° que l'on nous ait refusé une satisfaction raisonnable; 3° enfin, nous avons fait observer que le conducteur de la Nation doit mûrement considérer s'il est du bien de l'Etat de poursuivre son droit par la force des armes. Ce n'est point assez. Comme il est possible que la crainte présente de nos armes fasse impression sur l'esprit de notre adversaire, et l'oblige à nous rendre justice, nous devons encore ce ménagement à l'humanité, et surtout au sang et au repos des sujets, de déclarer à cette Nation injuste ou à son conducteur, que nous allons enfin recourir au dernier remède, et employer la force ouverte pour le mettre à la raison. C'est ce qu'on appelle *déclarer la guerre*. Tout cela est compris dans la manière de procéder des Romains, réglée dans leur *droit fécial*. Ils envoyaient premièrement le chef des *féciaux* ou hérauts d'armes, appelé *pater patratus*, demander satisfaction au peuple qui les avait offensés; et si, dans l'espace de trente-trois jours, ce peuple ne faisait pas une réponse satisfaisante, le héraut prenait les dieux à témoins de l'injustice, et s'en retournait en disant que les Romains verraient ce qu'ils auraient à faire. Le roi, et dans la suite le consul, demandait l'avis du sénat, et la guerre résolue, on renvoyait le héraut la déclarer sur la frontière (*a*). On est étonné de trouver chez les Romains une conduite si juste, si modérée, et si sage, dans un temps où il semble qu'on ne devait attendre d'eux que de la valeur et de la férocité. Un peuple qui traitait la guerre si religieusement jetait des fondements bien solides de sa future grandeur.

§ 52. — *Ce qu'elle doit contenir.*

La déclaration de guerre étant nécessaire pour tenter encore de terminer le différend sans effusion de sang, en employant la crainte pour faire revêtir à l'ennemi des sentiments plus justes, en même temps qu'elle dénonce la résolution que l'on a prise de faire la guerre, elle doit exposer le sujet pour lequel on prend les armes. C'est ce qui se pratique constamment aujourd'hui entre les puissances de l'Europe.

(*a*) Tit.-Liv., lib. I, chap. XXXII.

§ 53. — *Elle est simple, ou conditionnelle.*

Lorsqu'on a demandé inutilement justice, on peut en venir à la déclaration de guerre, qui est alors *pure* et *simple.* Mais si on le juge à propos, pour n'en pas faire à deux fois, on peut joindre à la demande du droit, que les Romains appelaient *rerum repetitio*, une déclaration de guerre *conditionnelle*, en déclarant que l'on va commencer la guerre, si l'on n'obtient pas incessamment satisfaction sur tel sujet. Et alors il n'est pas nécessaire de déclarer encore la guerre purement et simplement; la déclaration conditionnelle suffit, si l'ennemi ne donne pas satisfaction sans délai.

§ 54. — *Le droit de faire la guerre tombe, par l'offre de conditions équitables.*

Si l'ennemi, sur l'une ou l'autre déclaration de guerre, offre des conditions de paix équitables, on doit s'abstenir de la guerre; car aussitôt que l'on vous rend justice, vous perdez tout droit d'employer la force, l'usage ne vous en étant permis que pour le soutien nécessaire de vos droits. Bien entendu que les offres doivent être accompagnées de sûreté; car on n'est point obligé de se laisser amuser par de vaines propositions. La foi d'un souverain est une sûreté suffisante, tant qu'il ne s'est pas fait connaître pour un perfide, et on doit s'en contenter. Pour ce qui est des conditions en elles-mêmes, outre le sujet principal, on est encore fondé à demander le remboursement des dépenses que l'on a faites en préparatifs.

§ 55. — *Formalités de la déclaration de guerre.*

Il faut que la déclaration de guerre soit connue de celui à qui elle s'adresse. C'est tout ce qu'exige le droit des gens naturel. Cependant, si la coutume y a introduit quelques formalités, les Nations qui, en adoptant la coutume, ont donné à ces formalités un consentement tacite, sont obligées de les observer, tant qu'elles n'y ont pas renoncé publiquement (*Prélim.*, § 26). Autrefois les puissances de l'Europe envoyaient des hé-

rauts ou des ambassadeurs pour déclarer la guerre :
aujourd'hui on se contente de la faire publier dans la
capitale, dans les principales villes, ou sur la frontière ;
on répand des manifestes, et la communication, devenue si prompte et si facile depuis l'établissement des
postes, en porte bientôt la nouvelle de tous côtés.

§ 56. — *Autres raisons qui en rendent la publication nécessaire.*

Outre les raisons que nous avons alléguées, il est
nécessaire de publier la déclaration de guerre pour l'instruction et la direction de ses propres sujets, pour fixer
l'époque des droits qui leur appartiennent dès le moment de cette déclaration, et relativement à certains
effets que le droit des gens volontaire attribue à la guerre
en forme. Sans cette déclaration publique de la guerre,
il serait trop difficile de convenir, dans le traité de paix,
des actes qui doivent passer pour des effets de la guerre
et de ceux que chaque Nation peut mettre en griefs
pour en demander la réparation. Dans le dernier traité
d'*Aix-la-Chapelle* entre la France et l'Espagne d'un côté,
et l'Angleterre de l'autre, on convint que toutes les
prises faites de part et d'autre avant la déclaration de
guerre seraient restituées.

§ 57. — *La guerre défensive n'a pas besoin de déclaration.*

Celui qui est attaqué, et qui ne fait qu'une guerre
défensive, n'a pas besoin de déclarer la guerre, la déclaration de l'ennemi ou ses hostilités ouvertes étant
suffisantes pour constater l'état de guerre. Cependant le
souverain attaqué ne manque guère aujourd'hui de déclarer aussi la guerre, soit par dignité, soit pour la direction de ses sujets.

§ 58. — *En quel cas on peut l'omettre, dans une guerre offensive.*

Si la Nation à qui on a résolu de faire la guerre ne
veut admettre ni ministre ni héraut pour la lui déclarer,
on peut, quelle que soit d'ailleurs la coutume, se contenter de la publier dans ses propres Etats ou sur la frontière ; et si la déclaration ne parvient pas à sa connais-

sance avant le commencement des hostilités, cette Nation ne peut en accuser qu'elle-même. Les Turcs mettent en prison et maltraitent les ambassadeurs mêmes des puissances avec lesquelles ils ont résolu de rompre : il serait périlleux à un héraut d'aller chez eux leur déclarer la guerre. On est dispensé de le leur envoyer par leur propre férocité.

§ 59. — *On ne peut point l'omettre par représailles.*

Mais personne n'étant dispensé de son devoir, par cela seul qu'un autre n'a pas rempli le sien, nous ne pouvons nous dispenser de déclarer la guerre à une Nation avant que de commencer les hostilités, par la raison que, dans une autre occasion, elle nous a attaqués sans déclaration de guerre. Cette Nation a péché alors contre la loi naturelle (§ 51), et sa faute ne nous autorise pas à en commettre une pareille.

§ 60. — *Du temps de la déclaration.*

Le droit des gens n'impose point l'obligation de déclarer la guerre, pour laisser à l'ennemi le temps de se préparer à une injuste défensive. Il est donc permis de faire sa déclaration seulement lorsque l'on est arrivé sur la frontière avec une armée, et même après que l'on est entré dans les terres de l'ennemi, et que l'on y a occupé un poste avantageux, toutefois avant que de commettre aucune hostilité. Car de cette manière, on pourvoit à sa propre sûreté, et on atteint également le but de la déclaration de guerre, qui est de donner encore à un injuste adversaire le moyen de rentrer sérieusement en lui-même, et d'éviter les horreurs de la guerre, en faisant justice. (*a*) Le généreux HENRI IV en usa de cette manière envers CHARLES-EMMANUEL, duc de Savoie, qui avait lassé sa patience par des négociations vaines et frauduleuses.

(*a*) *Voyez* les *Mémoires de* SULLY.

§ 61. — *Devoir des habitants, dans le cas où une armée étrangère entre dans le pays avant que de déclarer la guerre.*

Si celui qui entre ainsi dans le pays avec une armée, gardant une exacte discipline, déclare aux habitants qu'il ne vient point en ennemi, et qu'il ne commettra aucune violence, et qu'il fera connaître au souverain la cause de sa venue, les habitants ne doivent point l'attaquer, et s'ils osent l'entreprendre, il est en droit de les châtier. Bien entendu qu'on ne lui permettra point l'entrée dans les places fortes, et qu'il ne peut la demander. Les sujets ne doivent pas commencer les hostilités sans ordre du souverain. Mais s'ils sont braves et fidèles, ils occuperont en attendant les postes avantageux, et se défendront, en cas que l'on entreprenne de les y forcer.

§ 62. — *Commencement des hostilités.*

Après que ce souverain, ainsi venu dans le pays, a déclaré la guerre, si on ne lui offre pas sans délai des conditions équitables, il peut commencer ses opérations. Car, encore un coup, rien ne l'oblige à se laisser amuser. Mais dans tout ce que nous venons de dire, il ne faut jamais perdre de vue les principes établis ci-dessus (§§ 26 et 51), touchant les seules causes légitimes de la guerre. Se porter avec une armée dans un pays voisin, de la part duquel on n'est point menacé, et sans avoir tenté d'obtenir, par la raison et la justice, une réparation équitable des griefs que l'on prétend avoir, ce serait introduire une méthode funeste à l'humanité, et renverser les fondements de la sûreté, de la tranquillité des Nations. Si cette manière de procéder n'est pas proscrite par l'indignation publique et le concert des peuples civilisés, il faudra demeurer armés et se tenir sur ses gardes, aussi bien en pleine paix que dans une guerre déclarée.

§ 63. — *Conduite que l'on doit tenir envers les sujets de l'ennemi qui se trouvent dans le pays lors de la déclaration de guerre.*

Le souverain qui déclare la guerre, ne peut retenir les sujets de l'ennemi qui se trouvent dans ses Etat au moment de la déclaration, non plus que leurs effets. Ils sont venus chez lui sur la foi publique : en leur permettant d'entrer dans ses terres et d'y séjourner, il leur a promis tacitement toute liberté, et toute sûreté pour le retour. Il doit donc leur marquer un temps convenable pour se retirer avec leurs effets ; et s'ils restent au-delà du terme prescrit, il est en droit de les traiter en ennemis, toutefois en ennemis désarmés. Mais s'ils sont retenus par un empêchement insurmontable, par une maladie, il faut nécessairement, et par les mêmes raisons, leur accorder un juste délai. Loin de manquer à ce devoir aujourd'hui, on donne plus encore à l'humanité, et très souvent on accorde aux étrangers, sujets de l'Etat auquel on déclare la guerre, tout le temps de mettre ordre à leurs affaires. Cela se pratique surtout envers les négociants, et l'on a soin aussi d'y pourvoir dans les traités de commerce. Le roi d'Angleterre a fait plus que cela : dans sa dernière déclaration de guerre contre la France, il ordonne que tous les Français qui se trouvent dans ses Etats pourront y demeurer, avec une entière sûreté pour leurs personnes et leurs effets, *pourvu qu'ils s'y comportent comme ils le doivent.*

§ 64. — *Publication de la guerre ; manifestes.*

Nous avons dit (§ 56) que le souverain doit publier la guerre dans ses États, pour l'instruction et la direction de ses sujets. Il doit aussi aviser de sa déclaration de guerre les puissances neutres, pour les informer des raisons justificatives qui l'autorisent, du sujet qui l'oblige à prendre les armes, et pour leur notifier que tel ou tel peuple est son ennemi, afin qu'elles puissent se diriger en conséquence. Nous verrons même que cela est nécessaire pour éviter toute difficulté, quand nous traiterons du droit de saisir certaines choses que des personnes neutres conduisent à l'ennemi, de ce qu'on appelle *contrebande*, en temps de guerre. On pourrait appeler *déclaration* cette publication de la guerre, et *dénonciation*, celle qui se notifie directement à l'ennemi; comme en effet elle s'appelle en latin *denunciatio belli*.

On publie aujourd'hui et l'on déclare la guerre par des *manifestes*. Ces pièces ne manquent point de contenir les raisons justificatives, bonnes ou mauvaises, sur lesquelles on se fonde pour prendre les armes. Le moins scrupuleux voudrait passer pour juste, équitable, amateur de la paix; il sent qu'une réputation contraire pourrait lui être nuisible. Le manifeste qui porte déclaration de guerre, ou, si l'on veut, la déclaration même, publiée, imprimée, et répandue dans tout l'Etat, contient aussi des ordres généraux que le souverain donne à ses sujets à l'égard de la guerre(*).

§ 65. — *Décence et modération que l'on doit garder dans les manifestes.*

Est-il nécessaire, dans un siècle si poli, de faire observer que l'on doit s'abstenir dans ces écrits, qui se publient au sujet de la guerre, de toute expression injurieuse, qui manifeste des sentiments de haine, d'animosité, de fureur, et qui n'est propre qu'à en exciter de semblables dans le cœur de l'ennemi? Un prince doit garder la plus noble décence dans ses discours et dans ses écrits : il doit se respecter soi-même dans la personne de ses pareils; et s'il a le malheur d'être en différend avec une Nation, ira-t-il aigrir la querelle par des expressions offensantes, et s'ôter jusqu'à l'espérance d'une

---

(*) On remarque comme une chose fort singulière, que Charles II, roi de la Grande-Bretagne, dans sa déclaration de guerre contre la France, du 9 février 1668, promet sûreté aux Français, *qui se comporteront comme ils doivent*, et de plus sa protection et sa faveur à ceux d'entre eux qui voudraient se retirer dans ses royaumes.

réconciliation sincère? Les héros d'Homère se traitent d'*ivrogne* et de *chien;* aussi se faisaient-ils la guerre à toute outrance. Frédéric-Barberousse, d'autres empereurs, et les papes leurs ennemis, ne se ménageaient pas davantage. Félicitons-nous de nos mœurs plus douces, plus humaines, et ne traitons point de vaine politesse des ménagements qui ont des suites bien réelles.

§ 66. — *Ce que c'est que la guerre légitime et dans les formes.*

Ces formalités, dont la nécessité se déduit des principes et de la nature même de la guerre, caractérisent la *guerre légitime et dans les formes* (*justum bellum*). Grotius (*a*) dit qu'il faut deux choses pour qu'une guerre soit *solennelle*, ou dans les formes, selon le droit des gens : la première, qu'elle se fasse de part et d'autre par autorité du souverain; la seconde, qu'elle soit accompagnée de certaines formalités. Ces formalités consistent dans la demande d'une juste satisfaction (*rerum repetitio*), et dans la déclaration de guerre, au moins de la part de celui qui attaque; car la guerre défensive n'a pas besoin d'une déclaration (§ 57), ni même dans les occasions pressantes, d'un ordre exprès du souverain. En effet, ces deux conditions sont nécessaires à une guerre légitime selon le droit des gens, c'est-à-dire, telle que les Nations ont droit de la faire. Le droit de faire la guerre n'appartient qu'au souverain (§ 4), et il n'est en droit de prendre les armes que quand on lui refuse satisfaction (§ 37), et même après avoir déclaré la guerre (§ 51).

On appelle aussi la guerre en forme, une guerre *réglée*, parce qu'on y observe certaines règles, ou prescrites par la loi naturelle, ou adoptées par la coutume.

§ 67. — *Il faut la distinguer de la guerre informe et illégitime.*

Il faut soigneusement distinguer la guerre légitime et dans les formes, de ces guerres informes et illégiti-

---

(*a*) *Droit de la guerre et de la paix*, liv. I, chap. III, § IV,

mes, ou plutôt de ces brigandages qui se font, ou sans
autorité légitime, ou sans sujet apparent, comme sans
formalités, et seulement pour piller. GROTIUS, livre
III, chapitre III, rapporte beaucoup d'exemples de
ces dernières. Telles étaient les guerres des *grandes
compagnies*, qui s'étaient formées en France dans les
guerres des Anglais : armées de brigands, qui couraient l'Europe pour la ravager. Telles étaient les cour-
ses des *flibustiers*, sans commission et en temps de paix;
et telles sont en général les déprédations des pirates.
On doit mettre au même rang presque toutes les expéditions des corsaires de *Barbarie* : quoique autorisées
par un souverain, elles se font sans aucun sujet apparent, et n'ont pour cause que la soif du butin. Il
faut, dis-je, bien distinguer ces deux sortes de guerres, légitimes et illégitimes, parce qu'elles ont des effets et produisent des droits bien différents.

§ 68. — *Fondement de cette distinction.*

Pour bien sentir le fondement de cette distinction,
il est nécessaire de se rappeler la nature et le but de la
guerre légitime. La loi naturelle ne la permet que
comme un remède contre l'injustice obstinée. De là
les droits qu'elle donne, comme nous l'expliquerons
plus bas; de là encore les règles qu'il y faut observer.
Et comme il est également possible que l'une ou l'autre
des parties ait le bon droit de son côté, et que personne ne peut en décider, vu l'indépendance des Nations (§ 70), la condition des deux ennemis est la
même, tant que dure la guerre. Ainsi, lorsqu'une Nation ou un souverain a déclaré la guerre à un autre
souverain au sujet d'un différend qui s'est élevé entre
eux, leur guerre est ce que l'on appelle entre les Nations une guerre légitime et dans les formes, et, comme
nous le ferons voir plus en détail (*a*), les effets en
sont les mêmes de part et d'autre, par le droit des

(*a*) Ci-dessous, chap. XII.

gens volontaire, indépendamment de la justice de la cause. Rien de tout cela dans une guerre informe et illégitime, appelée avec plus de raison un brigandage. Entreprise sans aucun droit, sans sujet même apparent, elle ne peut produire aucun effet légitime, ni donner aucun droit à celui qui en est l'auteur. La Nation attaquée par des ennemis de cette sorte, n'est point obligée d'observer envers eux les règles prescrites dans les guerres en forme; elle peut les traiter comme des brigands. La ville de Genève échappée à la fameuse *escalade* (a), fit pendre les prisonniers qu'elle avait faits sur les Savoyards, comme des voleurs qui étaient venus l'attaquer sans sujet et sans déclaration de guerre. Elle ne fut point blâmée d'une action qui serait détestée dans une guerre en forme.

CHAPITRE V.

De l'ennemi, et des choses appartenantes à l'ennemi.

§ 69. — *Ce que c'est que l'ennemi.*

L'ennemi est celui avec qui on est en guerre ouverte. Les Latins avaient un terme particulier (*hostis*), pour désigner un ennemi public, et ils le distinguaient d'un ennemi particulier (*inimicus*). Notre langue n'a qu'un même terme pour ces deux ordres de personnes, qui cependant doivent être soigneusement distinguées. L'ennemi particulier est une personne qui cherche notre mal, qui y prend plaisir : l'ennemi public forme des prétentions contre nous, ou se refuse aux nôtres, et soutient ses droits, vrais ou prétendus, par la force des armes. Le premier n'est jamais innocent; il nourrit dans son cœur l'animosité et la haine. Il est possible que l'ennemi public ne soit point animé

(a) En l'année 1602.

de ces odieux sentiments, qu'il ne désire point notre mal, et qu'il cherche seulement à soutenir ses droits. Cette observation est nécessaire pour régler les dispositions de notre cœur envers un ennemi public.

§ 70. — *Tous les sujets de deux États qui se font la guerre sont ennemis.*

Quand le conducteur de l'Etat, le souverain, déclare la guerre à un autre souverain, on entend que la Nation entière déclare la guerre à une autre Nation. Car le souverain représente la Nation, et agit au nom de la société entière (l. I, §§ 40 et 41); et les Nations n'ont affaire les unes aux autres qu'en corps, dans leur qualité de Nations. Ces deux Nations sont donc ennemies, et tous les sujets de l'une sont ennemis de tous les sujets de l'autre. L'usage est ici conforme aux principes.

§ 71. — *Et demeurent tels en tous lieux.*

Les ennemis demeurent tels, en quelque lieu qu'ils se trouvent. Le lieu du séjour ne fait rien ici; les liens politiques établissent la qualité. Tant qu'un homme demeure citoyen de son pays, il est ennemi de ceux avec qui sa Nation est en guerre. Mais il n'en faut pas conclure que ces ennemis puissent se traiter comme tels partout où ils se rencontrent. Chacun étant maître chez soi, un prince neutre ne leur permet pas d'user de violence dans ses terres.

§ 72. — *Si les femmes et les enfants sont au nombre des ennemis.*

Puisque les femmes et les enfants sont sujets de l'Etat, et membres de la Nation, ils doivent être comptés au nombre des ennemis. Mais cela ne veut pas dire qu'il soit permis de les traiter comme les hommes qui portent les armes, ou qui sont capables de les porter. Nous verrons que l'on n'a pas les mêmes droits contre toutes sortes d'ennemis.

§ 73. — *Des choses appartenantes à l'ennemi.*

Dès que l'on a déterminé exactement qui sont les

ennemis, il est aisé de connaître quelles sont les choses appartenantes à l'ennemi (*res hostiles*). Nous avons fait voir que non-seulement le souverain avec qui on a la guerre, est ennemi, mais aussi sa Nation entière, jusqu'aux femmes et aux enfants; tout ce qui appartient à cette Nation, à l'Etat, au souverain, aux sujets de tout âge et de tout sexe, tout cela, dis-je, est donc au nombre des choses appartenantes à l'ennemi.

§ 74. — *Elles demeurent telles partout.*

Et il en est encore ici comme des personnes : les choses appartenantes à l'ennemi demeurent telles, en quelque lieu qu'elles se trouvent. D'où il ne faut pas conclure, non plus qu'à l'égard des personnes (§ 71), l'on ait partout le droit de les traiter en choses qui appartiennent à l'ennemi.

§ 75.—*Des choses neutres qui se trouvent chez l'ennemi.*

Puisque ce n'est point le lieu où une chose se trouve, qui décide de la nature de cette chose-là, mais la qualité de la personne à qui elle appartient, les choses appartenantes à des personnes neutres, qui se trouvent en pays ennemi, ou sur des vaisseaux ennemis, doivent être distinguées de celles qui appartiennent à l'ennemi. Mais c'est au propriétaire de prouver clairement qu'elles sont à lui; car, au défaut de cette preuve, on présume naturellement qu'une chose appartient à la Nation chez qui elle se trouve.

§ 76. — *Des fonds possédés par des étrangers en pays ennemi.*

Il s'agit des biens mobiliers dans le paragraphe précédent. La règle est différente à l'égard des immeubles, des fonds de terre. Comme ils appartiennent tous en quelque sorte à la Nation, qu'ils sont de son domaine, de son territoire, et sous son empire (*liv. I*, §§ 204, 235; et *liv. II*, § 114), et comme le possesseur est toujours sujet du pays en sa qualité de possesseur d'un fonds, les biens de cette nature ne cessent pas d'être biens de l'ennemi (*res hostiles*), quoiqu'ils soient pos-

sédés par un étranger neutre. Cependant aujourd'hui
que l'on fait la guerre avec tant de modération et d'é-
gards, on donne des sauvegardes aux maisons, aux
terres, que des étrangers possèdent en pays ennemis.
Par la même raison, celui qui déclare la guerre ne confisque point les biens immeubles possédés dans son
pays par des sujets de son ennemi. En leur permettant
d'acquérir et de posséder ces biens-là, il les a reçus, à
cet égard, au nombre de ses sujets. Mais on peut mettre les revenus en séquestre, afin qu'ils ne soient pas
transportés chez l'ennemi.

§ 77. — *Des choses dues par un tiers à l'ennemi.*

Au nombre des choses appartenantes à l'ennemi,
sont les choses incorporelles, tous ses droits, noms, et
actions; excepté cependant ces espèces de droits qu'un
tiers a concédés et qui l'intéressent, en sorte qu'il ne
lui est pas indifférent par qui ils soient possédés; tels
que des droits de commerce, par exemple. Mais comme
les noms et actions, ou les dettes actives, ne sont pas
de ce nombre, la guerre nous donne sur les sommes
d'argent que des Nations neutres pourraient devoir à
notre ennemi, les mêmes droits qu'elle peut nous donner sur ses autres biens. ALEXANDRE, vainqueur et maître absolu de Thèbes, fit présent aux Thessaliens de
cent talents que ceux-ci devaient aux Thébains (*a*).
Le souverain a naturellement le même droit sur ce
que ses sujets peuvent devoir aux ennemis. Il peut
donc confisquer des dettes de cette nature, si le terme
du paiement tombe au temps de la guerre; ou au moins
défendre à ses sujets de payer, tant que la guerre durera. Mais aujourd'hui, l'avantage et la sûreté du commerce ont engagé tous les souverains de l'Europe à
se relâcher de cette rigueur. Et dès que cet usage est
généralement reçu, celui qui y donnerait atteinte bles-

(*a*) Voyez GROTIUS, *Droit de la guerre et de la paix*, liv. III,
chap. VIII, § IV.

serait la foi publique; car les étrangers n'ont confié à ses sujets, que dans la ferme persuasion que l'usage général serait observé. L'Etat ne touche pas même aux sommes qu'il doit aux ennemis; partout, les fonds confiés au public sont exempts de confiscation et de saisie, en cas de guerre.

~~~~~~

CHAPITRE VI.

Des associés de l'ennemi, des sociétés de guerre, des auxiliaires, des subsides.

---

§ 78. — *Des traités relatifs à la guerre.*

Nous avons assez parlé des traités en général, et nous ne toucherons ici à cette matière que dans ce qu'elle a de particulièrement relatif à la guerre. Les traités qui se rapportent à la guerre sont de plusieurs espèces, et varient dans leurs objets et dans leurs clauses, suivant la volonté de ceux qui les font. On doit d'abord y appliquer tout ce que nous avons dit des traités en général (*liv. II, chap. XII et suivants*); et ils peuvent se diviser de même en traités réels et personnels, égaux et inégaux, etc. Mais ils ont aussi leurs différences spécifiques, celles qui se rapportent à leur objet particulier, à la guerre.

§ 79. — *Des alliances défensives et des alliances offensives.*

Sous cette relation, les alliances faites pour la guerre se divisent en général en *alliances défensives et alliances offensives*. Dans les premières, on s'engage seulement à défendre son allié au cas qu'il soit attaqué; dans les secondes, on se joint à lui pour attaquer, pour porter ensemble la guerre chez une autre Nation. Il est des alliances offensives et défensives tout ensemble; et rarement une alliance est-elle offensive sans être défensive aussi. Mais il est fort ordinaire d'en voir de purement défensives; et celles-ci sont en général les plus naturelles et les plus légitimes. Il serait trop long, et même inutile, de parcourir en détail toutes les variétés de ces alliances. Les unes se font sans restriction, envers et contre tous; en d'autres on excepte certains Etats; de troisièmes sont formées nommément contre telle ou telle Nation.

§ 80. — *Différence des sociétés de guerre et des traités de secours.*

Mais une différence qu'il est important de bien remarquer, surtout dans les alliances défensives, est celle qui se trouve entre une alliance intime et complète, dans laquelle on s'engage à faire cause commune, et une autre, dans laquelle on se promet seulement un secours déterminé. L'alliance dans laquelle on fait cause commune, est une *société de guerre* : chacun y agit de toutes ses forces; tous les alliés deviennent parties principales dans la guerre; ils ont les mêmes amis et les mêmes ennemis. Mais une alliance de cette nature s'appelle plus particulièrement *société de guerre*, quand elle est offensive.

§ 81. — *Des troupes auxiliaires.*

Lorsqu'un souverain, sans prendre part directement à la guerre que fait un autre souverain, lui envoie seulement un secours de troupes, ou de vaisseaux de guerre, ces troupes ou ces vaisseaux s'appellent *auxiliaires.*

Les troupes auxiliaires servent le prince à qui elles sont envoyées, suivant les ordres de leur souverain. Si elles sont données purement et simplement, sans restriction, elles serviront également pour l'offensive et pour la défensive, et elles doivent obéir, pour la direction et le détail des opérations, au prince qu'elles viennent secourir. Mais ce prince n'en a point cependant la libre et entière disposition, comme de ses sujets. Elles ne lui sont accordées que pour ses propres guerres, et il n'est pas en droit de les donner lui-même, comme auxiliaires, à une troisième puissance.

§ 82. — *Des subsides.*

Quelquefois ce secours d'une puissance qui n'entre point directement dans la guerre, consiste en argent; et alors on l'appelle *subside*. Ce terme se prend souvent aujourd'hui dans un autre sens, et signifie une somme d'argent qu'un souverain paie chaque année à un autre souverain, en récompense d'un corps de troupes que celui-ci lui fournit dans ses guerres, ou qu'il tient prêt pour son service. Les traités par lesquels on s'assure une pareille ressource s'appellent *traités de subsides.* La France et l'Angleterre ont eu souvent des traités de cette nature avec divers princes du Nord et de l'Allemagne, et les entretenaient même en temps de paix.

§ 83. — *Comment il est permis à une Nation de donner du secours à une autre.*

Pour juger maintenant de la moralité de ces divers traités ou alliances, de leur légitimité selon le droit des gens, et de la manière dont ils doivent être exécutés, il faut d'abord poser ce principe incontestable : *Il est permis et louable de secourir et d'assister de toute manière une Nation qui fait une guerre juste ; et même cette assistance est un devoir pour toute Nation qui peut la donner sans se manquer à elle-même. Mais on ne peut aider d'aucun secours celui qui fait une guerre injuste.* Il n'y a rien là qui ne soit démontré par tout ce que nous avons dit des devoirs communs des Nations les unes envers les autres (*liv. II, chap. I*). Il est toujours louable de soutenir le bon droit, quand on le peut; mais aider l'injuste, c'est participer à son crime, c'est être injuste comme lui.

§ 84. — *Et de faire des alliances pour la guerre.*

Si, au principe que nous venons d'établir, vous joigniez la considération de ce qu'une Nation doit à sa propre sûreté, des soins qu'il lui est si naturel et si convenable de prendre pour se mettre en état de résister à ses ennemis, vous sentirez d'autant plus aisément com-

bien elle est en droit de faire des alliances pour la guerre,
et surtout des alliances défensives, qui ne tendent qu'à
maintenir un chacun dans la possession de ce qui lui
appartient.

Mais elle doit user d'une grande circonspection,
quand il s'agit de contracter de pareilles alliances. Des
engagements qui peuvent l'entraîner dans la guerre au
moment qu'elle y pensera le moins, ne doivent se
prendre que pour des raisons très importantes, et en
vue du bien de l'Etat. Nous parlerons ici des alliances
qui se font en pleine paix, et par précaution pour
l'avenir.

§ 85. — *Des alliances qui se font avec une Nation actuellement
en guerre.*

S'il est question de contracter alliance avec une Nation déjà engagée dans la guerre, ou prête à s'y engager, deux choses sont à considérer : 1° la justice des
armes de cette Nation ; 2° le bien de l'Etat. Si la guerre
que fait, ou que va faire un prince, est injuste, il n'est
pas permis d'entrer dans son alliance, puisqu'on ne peut
soutenir l'injustice. Est-il fondé à prendre les armes, il
reste encore à considérer si le bien de l'Etat vous permet ou vous conseille d'entrer dans sa querelle. Car le
souverain ne doit user de son autorité que pour le bien
de l'Etat ; c'est là que doivent tendre toutes ses démarches, et surtout les plus importantes. Quelle autre considération pourrait l'autoriser à exposer sa Nation aux
calamités de la guerre ?

§ 86. — *Clause tacite en toute alliance de guerre.*

Puisqu'il n'est permis de donner du secours, ou de
s'allier que pour une guerre juste, toute alliance,
toute société de guerre, tout traité de secours, fait
d'avance en temps de paix, et lorsqu'on n'a en vue
aucune guerre particulière, porte nécessairement et
de soi-même cette clause tacite, que le traité n'aura
lieu que pour une guerre juste. L'alliance ne pourrait

se contracter validement sur un autre pied. (*Liv. II*, §§ 161 et 168.)

Mais il faut prendre garde de ne pas réduire par là les traités d'alliances à des formalités vaines et illusoires. La restriction tacite ne doit s'entendre que d'une guerre évidemment injuste; autrement, on ne manquerait jamais de prétexte pour éluder les traités. S'agit-il de vous allier à une puissance qui fait actuellement la guerre, vous devez peser religieusement la justice de sa cause; le jugement dépend de vous uniquement, parce que vous ne lui devez rien, qu'autant que ses armes seront justes, et qu'il vous conviendra de vous joindre à elle. Mais lorsque vous êtes déjà lié, l'injustice bien prouvée de sa cause peut seule vous dispenser de l'assister; en cas douteux, vous devez présumer que votre allié est fondé, puisque c'est son affaire.

Mais si vous avez de grands doutes, il vous est permis, et il sera très louable, de vous entremettre de l'accommodement. Alors vous pourrez mettre le droit en évidence, en reconnaissant quel est celui des deux adversaires qui se refuse à des conditions équitables.

§ 87. —*Refuser du secours pour une guerre injuste, ce n'est pas rompre l'alliance.*

Toute alliance portant la clause tacite dont nous venons de parler, celui qui refuse du secours à son allié dans une guerre manifestement injuste, ne rompt point l'alliance.

§ 88. — *Ce que c'est que le* casus fœderis.

Lorsque des alliances ont été ainsi contractées d'avance, il s'agit, dans l'occasion, de déterminer les cas dans lesquels on doit agir en conséquence de l'alliance, ceux où la force des engagements se déploie; c'est ce qu'on appelle le cas de l'alliance, *casus fœderis*. Il se trouve dans le concours des circonstances pour lesquelles le traité a été fait, soit que les circonstances y soient marquées expressément, soit qu'on les ait tacitement supposées. Tout ce qu'on a promis par le traité d'alliance, est dû dans le *casus fœderis*, et non autrement.

§ 89. — *Il n'existe jamais pour une guerre injuste.*

Les traités les plus solennels ne pouvant obliger personne à favoriser d'injustes armes (§ 86), le *casus fœderis* ne se trouve jamais avec l'injustice manifeste de la guerre.

§ 90. — *Comment il existe pour une guerre défensive.*

Dans une alliance défensive, le *casus fœderis* n'existe pas tout de suite dès que notre allié est attaqué. Il faut voir encore s'il n'a point donné à son ennemi un juste sujet de lui faire la guerre. Car on ne peut s'être engagé à le défendre, pour le mettre en état d'insulter les autres, ou de leur refuser justice. S'il est dans le tort, il faut l'engager à offrir une satisfaction raisonnable, et si son ennemi ne veut pas s'en contenter, le cas de le défendre arrive seulement alors.

§ 91. — *Et dans un traité de garantie.*

Que si l'alliance défensive porte une garantie de toutes les terres que l'allié possède actuellement, le *casus fœderis* se déploie dès que ces terres sont envahies ou menacées d'invasion. Si quelqu'un les attaque pour une juste cause, il faut obliger l'allié à donner satisfaction; mais on est fondé à ne pas souffrir que ses possessions lui soient enlevées; car le plus souvent on en prend la garantie pour sa propre sûreté. Au reste, les règles d'interprétation que nous avons données dans un chapitre exprès (*a*), doivent être consultées pour déterminer, dans les occasions particulières, l'existence du *casus fœderis*.

(*a*) Liv. II, chap. XVII.

§ 92. — *On ne doit pas le secours, quand on est hors d'état de le fournir, ou quand le salut public serait exposé.*

Si l'Etat qui a promis un secours ne se trouve pas en pouvoir de le fournir, il en est dispensé par son impuissance même; et s'il ne pouvait le donner sans se mettre lui-même dans un danger évident, il en serait dispensé encore. Ce serait le cas d'un traité pernicieux à l'Etat, lequel n'est point obligatoire (*liv. II*, § 160). Mais nous parlons ici d'un danger éminent, et qui menace le salut même de l'Etat. Le cas d'un pareil danger est tacitement et nécessairement réservé en tout traité. Pour ce qui est des dangers éloignés, ou médiocres, comme ils sont inséparables de toute alliance dont la guerre est l'objet, il serait absurde de prétendre qu'ils dussent faire exception, et le souverain peut y exposer sa Nation, en faveur des avantages qu'elle retire de l'alliance.

En vertu de ces principes, celui-là est dispensé d'envoyer du secours à son allié, qui se trouve lui-même embarrassé dans une guerre pour laquelle il a besoin de toutes ses forces. S'il est en état de faire face à ses ennemis, et de secourir en même temps son allié, il n'a point de raison de s'en dispenser. Mais en pareil cas, c'est à chacun de juger de ce que sa situation et ses forces lui permettent de faire. Il en est de même des autres choses que l'on peut avoir promises, des vivres, par exemple. On n'est point obligé d'en fournir à un allié, lorsqu'on en a besoin pour soi-même.

§ 93. — *De quelques autres cas, et de celui où deux confédérés de la même alliance se font la guerre.*

Nous ne répétons point ici ce que nous avons dit de divers autres cas en parlant des traités en général, comme de la préférence qui est due au plus ancien allié (*liv. II*, § 369) et à un protecteur (*ibid.*, § 204); du sens que l'on doit donner au terme d'alliés, dans un traité où ils sont réservés (*ibid.*, § 309). Ajoutons seulement sur cette dernière question, que dans une alliance

pour la guerre, qui se fait *envers et contre tous*, *les alliés réservés*, cette exception ne doit s'entendre que des
alliés présents. Autrement, il serait aisé dans la suite
d'éluder l'ancien traité par de nouvelles alliances; on
ne saurait ni ce qu'on fait, ni ce qu'on gagne, en concluant un pareil traité.

Voici un cas dont nous n'avons pas parlé. Un traité
d'alliance défensive s'est fait entre trois puissances;
deux d'entre elles se brouillent, et se font la guerre;
que fera la troisième? Elle ne doit secours ni à l'une,
ni à l'autre, en vertu du traité. Car il serait absurde
de dire qu'elle a promis à chacune son assistance contre
l'autre, ou à l'une des deux au préjudice de l'autre.
L'alliance ne l'oblige donc à autre chose qu'à interposer
ses bons offices, pour réconcilier ses alliés; et, si elle
ne peut y réussir, elle demeure en liberté de secourir
celui des deux qui lui paraîtra fondé en justice.

§ 94. — *De celui qui refuse les secours dus en vertu d'une alliance.*

Refuser à un allié les secours qu'on lui doit, lorsqu'on n'a aucune bonne raison de s'en dispenser, c'est
lui faire une injure, puisque c'est violer le droit parfait
qu'on lui a donné par un engagement formel. Je parle
des cas évidents; c'est alors seulement que le droit est
parfait : car dans les cas douteux, chacun est juge de
ce qu'il est en état de faire (§ 92). Mais il doit juger
sainement, et agir de bonne foi. Et comme on est tenu
naturellement à réparer le dommage que l'on a causé
par sa faute, et surtout par une injustice, on est obligé
d'indemniser un allié de toutes les pertes qu'un injuste
refus peut lui avoir causées. Combien de circonspection
faut-il donc apporter à des engagements auxquels on
ne peut manquer sans faire une brèche notable ou à
ses affaires ou à son honneur, et dont l'accomplissement peut avoir les suites les plus sérieuses!

§ 95. — *Des associés de l'ennemi.*

C'est un engagement bien important que celui qui
peut entraîner dans une guerre : il n'y va pas de moins

que du salut de l'Etat. Celui qui promet dans une alliance un subside, ou un corps d'auxiliaires, pense quelquefois ne hasarder qu'une somme d'argent, ou un certain nombre de soldats; il s'expose souvent à la guerre et à toutes ses calamités. La Nation contre laquelle il donne du secours le regardera comme son ennemi, et si le sort des armes la favorise, elle portera la guerre chez lui. Mais il nous reste à voir si elle peut le faire avec justice, et en quelles occasions. Quelques auteurs (a) décident en général, que quiconque se joint à notre ennemi, ou l'assiste contre nous d'argent, de troupes, ou en quelque autre manière que ce soit, devient par là notre ennemi, et nous met en droit de lui faire la guerre. Décision cruelle, et bien funeste au repos des Nations! Elle ne peut se soutenir par les principes, et l'usage de l'Europe s'y trouve heureusement contraire. Il est vrai que tout associé de mon ennemi est lui-même mon ennemi. Peu importe que quelqu'un me fasse la guerre directement et en son propre nom, ou qu'il me la fasse sous les auspices d'un autre. Tous les droits que la guerre me donne contre mon ennemi principal, elle me les donne de même contre tous ses associés. Car ces droits me viennent de celui de sûreté, du soin de ma propre défense; et je suis également attaqué par les uns et les autres. Mais la question est de savoir qui sont ceux que je puis légitimement compter comme associés de mon ennemi, unis pour me faire la guerre.

§ 96. — *Ceux qui font cause commune sont associés de l'ennemi.*

Premièrement, je mettrai de ce nombre tous ceux qui ont avec mon ennemi une véritable société de guerre, qui font cause commune avec lui, quoique la guerre ne se fasse qu'au nom de cet ennemi principal. Cela n'a pas besoin de preuves. Dans les sociétés de guerre ordinaires et ouvertes, la guerre se fait au nom de tous les alliés, lesquels sont également ennemis (§ 80).

(a) Voyez Wolff, *Jus gentium*, §§ 730 et 736.

§ 97. — *Et ceux qui l'assistent sans y être obligés par des traités.*

En second lieu, je regarde comme associés de mon ennemi ceux qui l'assistent dans sa guerre, sans y être obligés par aucun traité. Puisqu'ils se déclarent contre moi librement et volontairement, ils veulent bien être mes ennemis. S'ils se bornent à donner un secours déterminé, à accorder la levée de quelques troupes, à avancer de l'argent, gardant d'ailleurs avec moi toutes les relations de Nations amies ou neutres, je puis dissimuler ce sujet de plainte; mais je suis en droit de leur en demander raison. Cette prudence, de ne pas rompre toujours ouvertement avec ceux qui assistent ainsi un ennemi, afin de ne les point obliger à se joindre à lui avec toutes leurs forces, ce ménagement, dis-je, a insensiblement introduit la coutume de ne pas regarder une pareille assistance, surtout quand elle ne consiste que dans la permission de lever des troupes volontaires, comme un acte d'hostilité. Combien de fois les Suisses ont-ils accordé des levées à la France, en même temps qu'ils les refusaient à la maison d'Autriche, quoique l'une et l'autre puissance fût leur alliée? Combien de fois en ont-ils accordé à un prince et refusé à son ennemi, n'ayant aucune alliance ni avec l'un ni avec l'autre? Ils les accordaient ou les refusaient, selon qu'ils le jugeaient expédient pour eux-mêmes. Jamais personne n'a osé les attaquer pour ce sujet. Mais la prudence, qui empêche d'user de tout son droit, n'ôte pas le droit pour cela. On aime mieux dissimuler que grossir sans nécessité le nombre de ses ennemis.

§ 98. — *Ou qui ont avec lui une alliance offensive.*

En troisième lieu, ceux qui, liés à mon ennemi par une alliance offensive, l'assistent actuellement dans la guerre qu'il me déclare, ceux-là, dis-je, concourent au mal qu'on veut me faire : ils se montrent mes ennemis, et je suis en droit de les traiter comme tels. Aussi les Suisses, dont nous venons de parler, n'accordent-ils ordinairement des troupes que pour la simple défensive. Ceux qui servent en France ont toujours eu défense de leurs souverains de porter les armes contre l'empire, ou contre les Etats de la maison d'Autriche en Allemagne. En 1644, les capitaines du régiment de Guy, Neuchatelois, apprenant qu'ils étaient destinés à servir sous le maréchal de Turenne en Allemagne, déclarèrent qu'ils périraient plutôt que de désobéir à leur souverain et de violer les alliances du corps helvétique. Depuis que la France est maîtresse de l'Alsace, les Suisses qui combattent dans ses armées ne passent point le Rhin pour attaquer l'empire. Le brave Daxelhoffer, capitaine Bernois, qui servait la France à la tête de deux cents hommes, dont ses quatre fils formaient le premier rang, voyant que le général voulait l'obliger à passer le Rhin, brisa son esponton, et ramena sa compagnie à Berne.

§ 99. — *Comment l'alliance défensive associe à l'ennemi.*

Une alliance même défensive, faite nommément contre moi, ou, ce qui revient à la même chose, conclue avec mon ennemi pendant la guerre, ou lorsqu'on la voit sur le point de se déclarer, est un acte d'association contre moi; et si elle est suivie des effets, je suis en droit de regarder celui qui l'a contractée comme mon ennemi. C'est le cas de celui qui assiste mon ennemi sans y être obligé, et qui veut bien être lui-même mon ennemi. (*Voyez* le § 97.)

§ 100. — *Autre cas.*

L'alliance défensive, quoique générale et faite avant qu'il fût question de la guerre présente, produit encore le même effet, si elle porte une assistance de toutes les forces des alliés. Car alors c'est une vraie ligue ou société de guerre. Et puis, il serait absurde que je ne pusse porter la guerre chez une Nation qui s'oppose à moi de toutes ses forces, et tarir la source des secours qu'elle donne à mon ennemi. Qu'est-ce qu'un auxiliaire qui vient me faire la guerre, à la tête de toutes ses forces? Il se joue, s'il prétend n'être pas mon ennemi. Que ferait-il de plus, s'il en prenait hautement la qualité ? Il ne me ménage donc point; il voudrait se ménager lui-même. Souffrirai-je qu'il conserve ses provinces en paix, à couvert de tout danger, tandis qu'il me fera tout le mal qu'il est capable de me faire ? Non, la loi de la nature, le droit des gens, nous oblige à la justice, et ne nous condamne point à être dupes.

§ 101. — *En quel cas elle ne produit point le même effet.*

Mais si une alliance défensive n'a point été faite particulièrement contre moi, ni conclue dans le temps que je me préparais ouvertement à la guerre, ou que je l'avais déjà commencée, et si les alliés y ont simplement stipulé que chacun d'eux fournira un secours déterminé à celui qui sera attaqué, je ne puis exiger qu'ils manquent à un traité solennel, que l'on a sans doute pu conclure sans me faire injure; les secours qu'ils fournissent à mon ennemi sont une dette qu'ils paient; ils ne me font point injure en l'acquittant; et par conséquent ils ne me donnent aucun juste sujet de leur faire la guerre (§ 26). Je ne puis pas dire non plus que ma sûreté m'oblige à les attaquer. Car je ne ferais par là qu'augmenter le nombre de mes ennemis, et m'attirer toutes les forces de ces Nations sur les bras, au lieu d'un secours modique qu'elles donnent contre moi. Les auxiliaires seuls qu'elles envoient sont donc mes ennemis. Ceux-là sont véritablement joints à mes ennemis, et combattent contre moi.

Les principes contraires iraient à multiplier les guerres, à les étendre sans mesure, à la ruine commune des Nations. Il est heureux pour l'Europe que l'usage s'y trouve en ceci conforme aux vrais principes. Il est rare qu'un prince ose se plaindre de ce qu'on fournit, pour la défense d'un allié, des secours promis par d'anciens traités, pour des traités qui n'ont pas été faits contre lui. Les Provinces-Unies ont long-temps fourni des subsides, et même des troupes à la reine de Hongrie, dans la dernière guerre (*) : la France ne s'en

_____

(*) De succession.

est plaint que quand ces troupes ont marché en Alsace, pour attaquer sa frontière. Les Suisses donnent à la France de nombreux corps de troupes, en vertu de leur alliance avec cette couronne, et ils vivent en paix avec toute l'Europe.

Un seul cas pourrait former ici une exception; c'est celui d'une défensive manifestement injuste. Car alors on n'est plus obligé d'assister un allié (§§ 86, 87, et 89). Si l'on s'y porte sans nécessité, et contre son devoir, on fait injure à l'ennemi, et on se déclare de gaîté de cœur contre lui; mais ce cas est très rare entre les Nations. Il est peu de guerres défensives dont la justice ou la nécessité ne se puisse fonder au moins sur quelque raison apparente : or, en toute occasion douteuse, c'est à chaque Etat de juger de la justice de ses armes; et la présomption est en faveur de l'allié (§ 86). Ajoutez que c'est à vous de juger ce que vous avez à faire conformément à vos devoirs et à vos engagements, et que, par conséquent, l'évidence la plus palpable peut seule autoriser l'ennemi de votre allié à vous accuser de soutenir une cause injuste, contre les lumières de votre conscience. Enfin, le droit des gens volontaire ordonne qu'en toute cause susceptible de doute, les armes des deux partis soient regardées, quant aux effets extérieurs, comme également légitimes (§ 40).

§ 102. — *S'il est besoin de déclarer la guerre aux associés de l'ennemi.*

Les vrais associés de mon ennemi étant mes ennemis, j'ai contre eux les mêmes droits que contre l'ennemi principal (§ 95). Et puisqu'ils se déclarent tels eux-mêmes, qu'ils prennent les premiers les armes contre moi, je puis leur faire la guerre sans la leur déclarer : elle est assez déclarée par leur propre fait. C'est le cas principalement de ceux qui concourent en quelque manière que ce soit à me faire une guerre offensive; et c'est aussi celui de tous ceux dont nous venons de parler, dans les §§ 96, 97, 98, 99 et 100.

Mais il n'en est pas ainsi des Nations qui assistent mon ennemi dans sa guerre défensive, sans que je puisse les regarder comme ses associés (§ 101). Si j'ai à me plaindre des secours qu'elles lui donnent, c'est un nouveau différend de moi à elles. Je puis leur en demander raison, et, si elles ne me satisfont pas, poursuivre mon droit et leur faire la guerre; mais alors il faut la déclarer (§ 51). L'exemple de MANLIUS, qui fit la guerre aux Galates, parce qu'ils avaient fourni des troupes à ANTIOCHUS, ne convient point au cas. GROTIUS (a) blâme le général romain d'avoir commencé cette guerre sans déclaration. Les Galates, en fournissant des troupes pour une guerre offensive contre les Romains, s'étaient eux-mêmes déclarés ennemis de Rome. Il est vrai que la paix étant faite avec Antiochus, il semble que Manlius devait attendre les ordres de Rome pour attaquer les Galates. Et alors, si l'on envisageait cette expédition comme une guerre nouvelle, il fallait non-seulement la déclarer, mais demander satisfaction, avant que d'en venir aux armes (§ 51). Mais le traité avec le roi de Syrie n'était pas encore consommé; et il ne regardait que lui, sans faire mention de ses adhérents. Manlius entreprit donc l'expédition contre les Galates, comme une suite ou un reste de la guerre d'Antiochus. C'est ce qu'il explique fort bien lui-même dans son discours au sénat (b); et même il ajoute, qu'il débuta par tenter s'il pourrait engager les Galates à se mettre à la raison. GROTIUS allègue plus à propos l'exemple d'ULYSSE et de ses compagnons, les blâmant d'avoir attaqué sans déclaration de guerre les Ciconiens, qui, pendant le siége de Troie, avaient envoyé du secours à PRIAM (c).

(a) *Droit de la guerre et de la paix*, liv. III, chap. III, § X.
(b) TIT.-LIV., lib. XXXVIII.
(c) GROTIUS, *ubi supra*, not. 3.

CHAPITRE VII.

De la neutralité, et des troupes en pays neutre.

§103. — *Des peuples neutres.*

Les peuples neutres, dans une guerre, sont ceux qui n'y prennent aucune part, demeurant amis communs des deux partis, et ne favorisant point les armes de l'une au préjudice de l'autre. Nous avons à considérer les obligations et les droits qui découlent de la neutralité.

§ 104. — *Conduite que doit tenir un peuple neutre.*

Pour bien saisir cette question, il faut éviter de confondre ce qui est permis à une Nation libre de tout engagement, avec ce qu'elle peut faire, si elle prétend être traitée comme parfaitement neutre, dans une guerre. Tant qu'un peuple neutre veut jouir sûrement de cet état, il doit montrer en toutes choses une exacte impartialité entre ceux qui se font la guerre. Car s'il favorise l'un au préjudice de l'autre, il ne pourra pas se plaindre, quand celui-ci le traitera comme adhérent et associé de son ennemi. Sa neutralité serait une neutralité frauduleuse, dont personne ne veut être la dupe. On la souffre quelquefois, parce qu'on n'est pas en état de s'en ressentir; on dissimule, pour ne pas s'attirer de nouvelles forces sur les bras. Mais nous cherchons ici ce qui est le droit, et non ce que la prudence peut dicter selon les conjonctures. Voyons donc en quoi consiste cette impartialité, qu'un peuple neutre doit garder.

Elle se rapporte uniquement à la guerre, et comprend deux choses : 1° Ne point donner du secours quand on n'y est pas obligé; ne fournir librement ni troupes, ni armes, ni munitions, ni rien de ce qui sert directement à la guerre. Je dis ne point donner de secours, et non pas en donner également; car il serait absurde qu'un état secourût en même temps deux ennemis. Et puis il serait impossible de le faire avec égalité; les mêmes choses, le même nombre de troupes, la même quantité d'armes, de munitions, etc., fournies en des circonstances différentes, ne forment plus des secours équivalents. 2° Dans tout ce qui ne regarde pas la guerre, une Nation neutre et impartiale ne refusera point à l'un des partis, à raison de sa querelle présente, ce qu'elle accorde à l'autre. Ceci ne lui ôte point la liberté dans ses négociations, dans ses liaisons d'amitié, et dans son commerce, de se diriger sur le plus grand bien de l'Etat. Quand cette raison l'engage à des préférences, pour des choses dont chacun dispose librement, elle ne fait qu'user de son droit. Il n'y a point là de partialité. Mais si elle refusait quelqu'une de ces choses-là à l'un des partis, uniquement parce qu'il fait la guerre à l'autre, et pour favoriser celui-ci, elle ne garderait plus une exacte neutralité.

§ 105. — *Un allié peut fournir le secours qu'il doit, et rester neutre.*

J'ai dit qu'un Etat neutre ne doit donner du secours ni à l'un ni à l'autre des deux partis, *quand il n'y est pas obligé.* Cette restriction est nécessaire. Nous avons déjà vu que, quand un souverain fournit le secours modéré qu'il doit en vertu d'une ancienne alliance défensive, il ne s'associe point à la guerre (§ 101); il peut donc s'acquitter de ce qu'il doit, et garder du reste une exacte neutralité. Les exemples en sont fréquents en Europe.

§ 106. — *Du droit de demeurer neutre.*

Quand il s'élève une guerre entre deux Nations, toutes les autres, qui ne sont point liées par des traités, sont libres de demeurer neutres; et si quelqu'un voulait les contraindre à se joindre à lui, il leur ferait injure, puisqu'il entreprendrait sur leur indépendance dans un point très essentiel. C'est à elles uniquement de voir si quelque raison les invite à prendre parti; et elles ont

deux choses à considérer : 1° la justice de la cause. Si
elle est évidente, on ne peut favoriser l'injustice ; il est
beau, au contraire, de secourir l'innocence opprimée,
lorsqu'on en a le pouvoir. Si la cause est douteuse, les
Nations peuvent suspendre leur jugement, et ne point
entrer dans une querelle étrangère. 2° Quand elles
voient de quel côté est la justice, il reste encore à examiner s'il est du bien de l'Etat de se mêler de cette affaire et de s'embarquer dans la guerre.

§ 107. — *Des traités de neutralité.*

Une Nation qui fait la guerre, ou qui se prépare à la
faire, prend souvent le parti de proposer un traité de
neutralité à celle qui lui est suspecte. Il est prudent de
savoir de bonne heure à quoi s'en tenir, et de ne point
s'exposer à voir tout-à-coup un voisin se joindre à l'ennemi dans le plus fort de la guerre. En toute occasion
où il est permis de rester neutre, il est permis aussi de
s'y engager par un traité.

Quelquefois même cela devient permis par nécessité.
Ainsi, quoiqu'il soit du devoir de toutes les Nations de
secourir l'innocence opprimée (*liv.* II, § 4), si un
conquérant injuste, prêt à envahir le bien d'autrui, me
présente la neutralité lorsqu'il est en état de m'acca-
bler, que puis-je faire de mieux que l'accepter ? J'obéis
à la nécessité ; et mon impuissance me décharge d'une
obligation naturelle. Cette même impuissance me dé-
gagerait même d'une obligation parfaite, contractée
par une alliance. L'ennemi de mon allié me menace
avec des forces très supérieures ; mon sort est en sa
main. Il exige que je renonce à la liberté de fournir aucun secours contre lui. La nécessité, le soin de mon
salut, me dispensent de mes engagements. C'est ainsi
que Louis XIV força Victor-Amédée, duc de Savoie,
à quitter le parti des alliés. Mais il faut que la nécessité soit très pressante. Les lâches seuls, ou les perfides, s'autorisent de la moindre crainte, pour manquer
à leurs promesses, ou pour trahir leur devoir. Dans la

guerre qui suivit la mort de l'empereur CHARLES VI, le roi de Pologne électeur de Saxe, et le roi de Sardaigne, tinrent ferme contre le malheur des événements, et ils eurent la gloire de ne point traiter sans leurs alliés.

§ 108. — *Nouvelle raison de faire ces traités.*

Une autre raison rend des traités de neutralité utiles et même nécessaires. La Nation qui veut assurer sa tranquillité, lorsque le feu de la guerre s'allume dans son voisinage, n'y peut mieux réussir qu'en concluant avec les deux partis des traités, dans lesquels on convient expressément de ce que chacun pourra faire ou exiger, en vertu de la neutralité. C'est le moyen de se maintenir en paix, et de prévenir toute difficulté, toute chicane.

§ 109. — *Fondement des règles sur la neutralité.*

Si l'on n'a point de pareils traités, il est à craindre qu'il ne s'élève souvent des disputes sur ce que la neutralité permet ou ne permet pas. Cette matière offre bien des questions que les auteurs ont agitées avec chaleur, et qui ont excité entre les Nations des querelles plus dangereuses. Cependant le droit de nature et des gens a ses principes invariables, et peut fournir des règles sur cette matière, comme sur les autres. Il est aussi des choses qui ont passé en coutume entre les Nations policées, et auxquelles il faut se conformer, si l'on ne veut pas s'attirer le blâme de rompre injustement la paix (*). Quant aux règles du droit des gens naturel, elles résultent d'une juste combinaison des droits de la guerre avec la liberté, le salut, les avan-

---

(*) En voici un exemple : les Hollandais jugèrent qu'un vaisseau entrant dans un port neutre après avoir fait des prisonniers sur les ennemis de sa Nation en pleine mer, on devait lui faire relâcher lesdits prisonniers, parce qu'ils étaient tombés ensuite au pouvoir d'une puissance neutre entre les parties militantes. La même règle avait été observée par l'Angleterre, pendant la guerre entre l'Espagne et les Provinces-Unies.

tages, le commerce et les autres droits des Nations neutres. C'est sur ce principe que nous formerons les règles suivantes.

§ 110. — *Comment on peut permettre des levées, prêter de l'argent, ou vendre toutes sortes de choses sans rompre la neutralité.*

Premièrement, tout ce qu'une Nation fait en usant de ses droits, et uniquement en vue de son propre bien, sans partialité, sans dessein de favoriser une puissance au préjudice d'une autre, tout cela, dis-je, ne peut en général être regardé comme contraire à la neutralité, et ne devient tel que dans ces occasions particulières, où il ne peut avoir lieu sans faire tort à l'un des partis, qui a alors un droit particulier de s'y opposer. C'est ainsi que l'assiégeant a droit d'interdire l'entrée de la place assiégée. (*Voyez ci-après*, § 117.) Hors ces sortes de cas, les querelles d'autrui m'ôteront-elles la libre disposition de mes droits, dans la poursuite des mesures que je croirai salutaires à ma Nation? Lors donc qu'un peuple est dans l'usage, pour occuper et pour exercer ses sujets, de permettre des levées de troupes en faveur de la puissance à qui il veut bien les confier, l'ennemi de cette puissance ne peut traiter ces permissions d'hostilités, à moins qu'elles ne soient données pour envahir ses Etats, ou pour la défense d'une cause odieuse et manifestement injuste. Il ne peut même prétendre de droit, qu'on lui en accorde autant, parce que ce peuple peut avoir des raisons de le refuser, qui n'ont pas lieu à l'égard du parti contraire, et c'est à lui de voir ce qui lui convient. Les Suisses, comme nous l'avons déjà dit, accordent des levées de troupes à qui il leur plaît, et personne jusqu'ici ne s'est avisé de leur faire la guerre à ce sujet. Il faut avouer cependant, que si ces levées étaient considérables, si elles faisaient la principale force de mon ennemi, tandis que, sans alléguer de raisons solides, on m'en refuserait absolument, j'aurais tout lieu de regarder ce peuple comme ligué avec mon ennemi;

et en ce cas, le soin de ma propre sûreté m'autoriserait à le traiter comme tel.

Il en est de même de l'argent qu'une Nation aurait coutume de prêter à usure. Que le souverain ou ses sujets prêtent ainsi leur argent à mon ennemi, et qu'ils me le refusent parce qu'ils n'auront pas la même confiance en moi, ce n'est pas enfreindre la neutralité. Ils placent leurs fonds là où ils croient trouver leur sûreté. Si cette préférence n'est pas fondée en raisons, je puis bien l'attribuer à mauvaise volonté envers moi, ou à prédilection pour mon ennemi; mais si j'en prenais occasion de déclarer la guerre, je ne serais pas moins condamné par les vrais principes du droit des gens, que par l'usage heureusement établi en Europe. Tant qu'il paraît que cette Nation prête son argent uniquement pour s'en procurer l'intérêt, elle peut en disposer librement et selon sa prudence, sans que je sois en droit de me plaindre.

. Mais si le prêt se faisait manifestement pour mettre un ennemi en état de m'attaquer, ce serait concourir à me faire la guerre.

Que si ces troupes étaient fournies à mon ennemi par l'Etat lui-même, et à ses frais, ou l'argent prêté de même par l'Etat, sans intérêt, ce ne serait plus une question de savoir si un pareil secours se trouverait incompatible avec la neutralité.

Disons encore, sur les mêmes principes, que si une Nation commerce en armes, en bois de construction, en vaisseaux, en munitions de guerre, je ne puis trouver mauvais qu'elle vende de tout cela à mon ennemi, pourvu qu'elle ne refuse pas de m'en vendre aussi à un prix raisonnable : elle exerce son trafic, sans dessein de me nuire; et en le continuant, comme si je n'avais point de guerre, elle ne me donne aucun juste sujet de plainte.

§ 111. — *Du commerce des Nations neutres avec celles qui sont en guerre.*

Je suppose, dans ce que je viens de dire, que mon ennemi va acheter lui-même dans un pays neutre. Parlons maintenant d'un autre cas, du commerce que les Nations neutres vont exercer chez mon ennemi. Il est certain que ne prenant aucune part à ma querelle, elles ne sont point tenues de renoncer à leur trafic, pour éviter de fournir à mon ennemi les moyens de me faire la guerre. Si elles affectaient de ne me vendre aucun article, en prenant des mesures pour les porter en abondance à mon ennemi, dans la vue manifeste de le favoriser, cette partialité les tirerait de la neutralité. Mais si elles ne font que suivre tout uniment leur commerce, elles ne se déclarent point par là contre mes intérêts : elles exercent un droit que rien ne les oblige de me sacrifier.

D'un autre côté, dès que je suis en guerre avec une Nation, mon salut et ma sûreté demandent que je la prive, autant qu'il est en mon pouvoir, de tout ce qui peut la mettre en état de me résister et de me nuire. Ici le droit de nécessité déploie sa force. Si ce droit m'autorise bien, dans l'occasion, à me saisir de ce qui appartient à autrui, ne pourra-t-il m'autoriser à arrêter toutes les choses appartenantes à la guerre, que des peuples neutres conduisent à mon ennemi? Quand je devrais par là me faire autant d'ennemis de ces peuples neutres, il me conviendrait de le risquer, plutôt que de laisser fortifier librement celui qui me fait actuellement la guerre. Il est donc très à propos et très convenable au droit des gens, qui défend de multiplier les sujets de guerre, de ne point mettre au rang des hostilités ces sortes de saisies faites sur des Nations neutres. Quand je leur ai notifié ma déclaration de guerre à tel ou tel peuple, si elles veulent s'exposer à lui porter des choses qui servent à la guerre, elles n'auront pas sujet de se plaindre au cas que leurs marchandises tombent dans mes mains ; de même que je ne leur

déclare pas la guerre, pour avoir tenté de les porter.
Elles souffrent, il est vrai, d'une guerre à laquelle elles
n'ont point de part; mais c'est par accident. Je ne
m'oppose point à leur droit, j'use seulement du mien;
et si nos droits se croisent et se nuisent réciproquement, c'est par l'effet d'une nécessité inévitable. Ce
conflit arrive tous les jours dans la guerre. Lorsque,
usant de mes droits, j'épuise un pays d'où vous tirez
votre subsistance, lorsque j'assiége une ville avec laquelle vous faisiez un riche commerce, je vous nuis
sansdoute, je vous cause des pertes, des incommodités;
mais c'est sans dessein de vous nuire; je ne vous fais
point injure, puisque j'use de mes droits.

Mais afin de mettre des bornes à ces inconvénients,
de laisser subsister la liberté du commerce pour les
Nations neutres autant que les droits de la guerre peuvent le permettre, il est des règles à suivre, et desquelles il semble que l'on soit assez généralement convenu en Europe.

§ 112. — *Des marchandises de contrebande.*

La première est de distinguer soigneusement les marchandises communes, qui n'ont point de rapport à la
guerre, de celles qui y servent particulièrement. Le
commerce des premières doit être entièrement libre
aux Nations neutres; les puissances en guerre n'ont
aucune raison de leur refuser, d'empêcher le transport de pareilles marchandises chez l'ennemi : le soin
de leur sûreté, la nécessité de se défendre, ne les y
autorise point, puisque ces choses ne rendront pas
l'ennemi plus formidable. Entreprendre d'en interrom-
pre, d'en interdire le commerce, ce serait violer les
droits des Nations neutres, et leur faire injure; la nécessité, comme nous venons de le dire, étant la seule
raison qui autorise à gêner leur commerce et leur navigation dans les ports de l'ennemi. L'Angleterre et les
Provinces-Unies étant convenues le 22 août 1689, par
le traité de *Whitehall*, de notifier à tous ls États qui

n'étaient pas en guerre avec la France, qu'elles atta-
queraient, et qu'elles déclaraient d'avance de bonne
prise tout vaisseau destiné pour un des ports de ce
royaume, ou qui en sortirait, la Suède et le Danemark, sur qui on avait fait quelques prises, se liguè-
rent le 17 mars 1693, pour soutenir leurs droits et se
procurer une juste satisfaction. Les deux puissances
maritimes, reconnaissant que les plaintes des deux
couronnes étaient bien fondées, leur firent justice (a).

Les choses qui sont d'un usage particulier pour la
guerre, et dont on empêche le transport chez l'ennemi, s'appellent *marchandises de contrebande*. Telles
sont les armes, les munitions de guerre, les bois, et
tout ce qui sert à la construction et à l'armement des
vaisseaux de guerre, les chevaux, et les vivres même,
en certaines occasions où l'on espère de réduire l'ennemi par la faim (*).

(a) Voyez d'autres exemples dans GROTIUS, liv. III, ch. I,
§ V, not. 6.

(*) Le pensionnaire de Witt, dans sa lettre du 14 janvier
1654, convient qu'il serait contraire au droit des gens de vouloir empêcher des Nations neutres de porter du blé dans les
pays ennemis; mais il dit qu'on peut les empêcher d'y porter
des agrès, et tout ce qui sert à l'équipement des vaisseaux de
guerre.

En 1597, la reine Elisabeth ne voulut point permettre aux
Polonais et aux Danois de porter en Espagne des vivres, beaucoup moins des armes, disant « que selon l'ordre de la guerre
« il est permis de dompter son ennemi par la faim même, pour
« l'obliger à la recherche de la paix. » Les Provinces-Unies,
obligées à plus de ménagements, n'empêchaient point les autres
Nations d'exercer toutes sortes de commerces avec l'Espagne.
Il est vrai que leurs propres sujets vendant aux Espagnols
et des armes et des vivres, elles auraient eu mauvaise grâce
de vouloir interdire ce commerce aux peuples neutres, GRO-
TIUS, *Histoire des troubles des pays-Bas*, liv. VI. Cependant,
en 1646, les Provinces-Unies publièrent un édit, portant défense à tous leurs sujets, même aux Nations neutres, de porter
en Espagne ni vivres ni autres marchandises, se fondant sur
ce que les Espagnols, *après avoir, sous une apparence de commerce, attiré chez eux les vaisseaux étrangers, les retenaient,*

§ 113. — *Si l'on peut confisquer ces marchandises.*

Mais pour empêcher le transport des marchandises de contrebande chez l'ennemi, doit-on se borner à les arrêter, à les saisir, en payant le prix au propriétaire? ou bien est-on en droit de les confisquer? Se contenter d'arrêter ces marchandises, serait le plus souvent un moyen inefficace, principalement sur mer, où il n'est pas possible de couper tout accès aux ports de l'ennemi. On prend donc le parti de confisquer toutes les marchandises de contrebande dont on peut se saisir, afin que la crainte de perdre servant de frein à l'avidité du gain, les marchands des pays neutres s'abstiennent d'en porter à l'ennemi. Et certes il est d'une si grande importance pour une Nation qui fait la guerre, d'empêcher, autant qu'il est en son pouvoir, que l'on ne porte à son ennemi des choses qui le fortifient et le rendent plus dangereux, que la nécessité, le soin de son salut et de sa sûreté, l'autorisent à y employer des moyens efficaces, à déclarer qu'elle regardera comme de bonne prise toutes les choses de cette nature que l'on conduira à son ennemi. C'est pourquoi elle notifie aux Etats neutres sa déclaration de guerre (§ 63); sur quoi ceux-ci avertissent ordinairement leurs sujets de s'abstenir de tout commerce de contrebande avec les peuples qui sont en guerre, leur déclarant que s'ils y sont pris, le souverain ne les protégera point. C'est à quoi les coutumes de l'Europe paraissent aujourd'hui s'être généralement fixées après bien des variations, comme on peut le voir dans la note de Grotius que nous venons de citer, et particulièrement par les ordonnances des rois de France, des années 1543 et 1584, lesquelles permettent seulement aux Français de se saisir des marchandises de contrebande, et de les

---

et s'en servaient eux-mêmes à la guerre. Et pour cette cause le même édit déclarait, que les confédérés allant assiéger les ports de leurs ennemis, feraient leur proie de tous les vaisseaux qu'ils verraient aller en ce pays-là. Ibid., liv. XV, p. **272**.

garder en payant la valeur. L'usage moderne est certainement ce qu'il y a de plus convenable aux devoirs mutuels des Nations, et de plus propre à concilier leurs droits respectifs. Celle qui fait la guerre a le plus grand intérêt à priver son ennemi de toute assistance étrangère, et par là elle est en droit de regarder, sinon absolument comme ennemis, au moins comme gens qui se soucient fort peu de lui nuire, ceux qui portent à son ennemi les choses dont il a besoin pour la guerre ; elle les punit par la confiscation de leurs marchandises. Si le souverain de ceux-ci entreprenait de les protéger, ce serait comme s'il voulait fournir lui-même cette espèce de secours ; démarche contraire sans doute à la neutralité. Une Nation qui, sans autre motif que l'appât du gain, travaille à fortifier mon ennemi, et ne craint point de me causer un mal irréparable ; cette Nation n'est certainement pas mon amie (a), et elle me met en droit de la considérer et de la traiter comme associée de mon ennemi. Pour éviter donc des sujets perpétuels de plainte et de rupture, on est convenu, d'une manière tout-à-fait conforme aux vrais principes, que les puissances en guerre pourront saisir et confisquer toutes les marchandises de contrebande que des personnes neutres transporteront chez leur ennemi, sans que le souverain de ces personnes-là s'en plaigne ; comme d'un autre côté, la puissance en guerre n'impute point aux souverains neutres ces entreprises de leurs sujets. On a soin même de régler en détail toutes ces choses dans des traités de commerce et de navigation.

§ 114. — *De la visite des vaisseaux neutres.*

On ne peut empêcher le transport des effets de con-

(a) De nos jours le roi d'Espagne a interdit l'entrée de ses ports aux vaisseaux de Hambourg, parce que cette ville s'était engagée à fournir des munitions de guerre aux Algériens, et l'a ainsi obligée à rompre son traité avec les Barbaresques. — Vattel écrivait ceci vers 1758.

trebande, si l'on ne visite pas les vaisseaux neutres que l'on rencontre en mer. On est donc en droit de les visiter. Quelques Nations puissantes ont refusé en différents temps de se soumettre à cette visite. « Après « la paix de *Vervins*, la reine ELISABETH, continuant « la guerre avec l'Espagne, pria le roi de France de « permettre qu'elle fît visiter les vaisseaux français qui « allaient en Espagne, pour savoir s'ils n'y portaient « point de munitions de guerre cachées ; mais on le « refusa, par la raison que ce serait une occasion de fa- « voriser le pillage, et de troubler le commerce (*a*). » Aujourd'hui un vaisseau neutre qui refuserait de souffrir la visite, se ferait condamner par cela seul comme étant de bonne prise. Mais pour éviter les inconvénients, les vexations, et tout abus, on règle, dans les traités de navigation et de commerce, la manière dont la visite doit se faire. Il est reçu aujourd'hui que l'on doit ajouter foi aux certificats, lettres de mer, etc., que présente le maître du navire; à moins qu'il n'y paraisse de la fraude, ou qu'on n'ait de bonnes raisons d'en soupçonner.

§ 115. — *Effets de l'ennemi sur un vaisseau neutre.*

Si l'on trouve sur un vaisseau neutre des effets appartenants aux ennemis, on s'en saisit par le droit de la guerre; mais naturellement on doit payer le fret au maître du vaisseau, qui ne peut souffrir de cette saisie (*).

(*a*) GROTIUS, *ubi supra.*

(*) *J'ai obtenu,* écrivait l'ambassadeur BOREEL au grand pensionnaire de Witt, *la cassation de la prétendue loi française, que robe d'ennemi conf.isque celle d'ami, en sorte que s'il se trouve à l'avenir, dans un vaisseau franc Hollandais, des effets appartenants aux ennemis des Français, eux seuls effets seront confiscables, et l'on relâchera le vaisseau et les autres effets.* Car il est impossible d'obtenir le contenu de l'article *XXIV* de mes instructions, où il est dit : que la franchise du bâtiment en affranchit la cargaison, même appartenante à l'ennemi. *Lettres et négoc. de* JEAN DE WITT, tom. I, p. 80. Cette dernière loi serait plus naturelle que la première.

§ 116. — *Effets neutres sur un vaisseau ennemi.*

Les effets des peuples neutres, trouvés sur un vaisseau ennemi, doivent être rendus au propriétaire, sur qui on n'a aucun droit de les confisquer, mais sans indemnité pour retard, dépérissement, etc. La perte que les propriétaires neutres souffrent en cette occasion est un accident auquel ils se sont exposés en chargeant sur un vaisseau ennemi; et celui qui prend ce vaisseau, en usant du droit de la guerre, n'est point responsable des accidents qui peuvent en résulter, non plus que si son canon tue sur un bord ennemi un passager neutre, qui s'y rencontre pour son malheur.

§ 117. — *Commerce avec une place assiégée.*

Jusqu'ici nous avons parlé du commerce des peuples neutres avec les Etats de l'ennemi en général. Il est un cas particulier, où les droits de la guerre s'étendent plus loin. Tout commerce est absolument défendu avec une ville assiégée. Quand je tiens une place assiégée, ou seulement bloquée, je suis en droit d'empêcher que personne n'y entre, et de traiter en ennemi quiconque entreprend d'y entrer sans ma permission, ou d'y porter quoi que ce soit : car il s'oppose à mon entreprise, il peut contribuer à la faire échouer, et par là me faire tomber dans tous les maux d'une guerre malheureuse. Le roi DÉMÉTRIUS fit pendre le maître et le pilote d'un vaisseau qui portait des vivres à Athènes, lorsqu'il était sur le point de prendre cette ville par famine (a). Dans la longue et sanglante guerre que les Provinces-Unies ont soutenue contre l'Espagne pour recouvrer leur liberté, elles ne voulurent point souffrir que les Anglais portassent des marchandises à Dunkerque, devant laquelle elles avaient une flotte (b).

§ 118 — *Offices impartiaux des peuples neutres.*

Un peuple neutre conserve avec les deux partis qui se font la guerre, les relations que la nature a mises

---

(a) PLUTARQUE, *in Demetrio.*
(b) GROTIUS, dans la note déjà citée.

entre les Nations; il doit être prêt à leur rendre tous les offices d'humanité que les Nations se doivent mutuellement; il doit leur donner, dans tout ce qui ne regarde pas directement la guerre, toute l'assistance qui est en son pouvoir, et dont ils ont besoin. Mais il doit la donner avec impartialité, c'est-à-dire, ne rien refuser à l'un des partis par la raison qu'il fait la guerre à l'autre (§ 104); ce qui n'empêche point que, si cet État neutre a des relations particulières d'amitié et de bon voisinage avec un de ceux qui se font la guerre, il ne puisse lui accorder, dans tout ce qui n'appartient pas à la guerre, ces préférences qui sont dues aux amis. A plus forte raison pourra-t-il sans conséquence lui continuer, dans le commerce, par exemple, des faveurs stipulées dans leurs traités. Il permettra donc également aux sujets des deux partis, autant que le bien public pourra le souffrir, de venir dans son territoire pour leurs affaires, d'y acheter des vivres, des chevaux, et généralement toutes les choses dont ils auront besoin, à moins que, par un traité de neutralité, il n'ait promis de refuser à l'un et à l'autre les choses qui servent à la guerre. Dans toutes les guerres qui agitent l'Europe, les Suisses maintiennent leur territoire dans la neutralité; ils permettent à tout le monde indistinctement d'y venir acheter des vivres, si le pays en a de reste, des chevaux, des munitions, des armes.

§ 119. — *Du passage des troupes en pays neutre.*

Le passage innocent est dû à toutes les Nations avec lesquelles on vit en paix (*liv. II*, § 123), et ce devoir s'étend aux troupes comme aux particuliers. Mais c'est au maître du territoire de juger si le passage est innocent (*ibid.*, § 128), et il est très difficile que celui d'une armée le soit entièrement. Les terres de la république de Venise, celles du papes, dans les dernières guerres d'Italie, ont souffert de très grands dommages par le passage des armées, et sont devenues souvent le théâtre de la guerre.

§ 120. — *On doit demander le passage.*

Le passage des troupes, et surtout d'une armée entière, n'étant donc point une chose indifférente, celui qui veut passer dans un pays neutre avec des troupes doit en demander la permission au souverain. Entrer dans son territoire sans son aveu, c'est violer ses droits de souveraineté et de haut domaine, en vertu desquels nul ne peut disposer de ce territoire, pour quelque usage que ce soit, sans sa permission expresse ou tacite. Or, on ne peut présumer une permission tacite pour l'entrée d'un corps de troupes, entrée qui peut avoir des suites si sérieuses.

§ 121. — *Il peut être refusé pour de bonnes raisons.*

Si le souverain neutre a de bonnes raisons de refuser le passage, il n'est point obligé de l'accorder, puisqu'en ce cas le passage n'est plus innocent. (*L. II*, § 127.)

§ 122. — *En quel cas on peut le forcer.*

Dans tous cas douteux, il faut s'en rapporter au jugement du maître sur l'innocence de l'usage qu'on demande à faire des choses appartenantes à autrui (*liv. II*, §§ 128 et 130), et souffrir son refus, bien qu'on le croie injuste. Si l'injustice du refus était manifeste, si l'usage, et, dans le cas dont nous parlons, le passage était indubitablement innocent, une Nation pourrait se faire justice à elle-même, et prendre de force ce qu'on lui refuserait injustement. Mais, nous l'avons déjà dit, il est très difficile que le passage d'une armée soit entièrement innocent, et qu'il le soit bien évidemment. Les maux qu'il peut causer, les dangers qu'il peut attirer sont si variés, ils tiennent à tant de choses, ils sont si compliqués, qu'il est presque toujours impossible de tout prévoir, de pourvoir à tout. D'ailleurs, l'intérêt propre influe si vivement dans les jugements des hommes ! Si celui qui demande le passage peut juger de son innocence, il n'admettra aucune des raisons qu'on lui opposera, et vous ouvrez la porte à des querelles, à des hostilités continuelles. La tranquillité et la sûreté commune des Nations exigent donc que chacune soit maîtresse de son territoire, et libre d'en refuser l'entrée à toute armée étrangère, quand elle n'a point dérogé là-dessus à sa liberté naturelle par des traités. Exceptons-en seulement ces cas très rares, où l'on peut faire voir, de la manière la plus évidente, que le passage demandé est absolument sans inconvénient et sans danger. Si le passage est forcé en pareille occasion, on blâmera moins celui qui le force que la Nation qui s'est attiré mal à propos cette violence. Un autre cas s'excepte de lui-même et sans difficulté, c'est celui d'une extrême nécessité. La nécessité urgente et absolue suspend tous les droits de propriété (*liv. II*, §§ 119 et 123); et, si le maître n'est pas dans le même cas de nécessité que nous, il vous est permis de faire usage, malgré lui, de ce qui lui appartient. Lors donc qu'une armée se voit exposée à périr, ou ne peut retourner dans son pays à moins qu'elle ne passe sur des terres neutres, elle est en droit de passer malgré le souverain de ces terres, et de s'ouvrir un passage l'épée à la main. Mais elle doit demander d'abord le passage, offrir des sûretés, et payer les dommages qu'elle aura causés. C'est ainsi qu'en usèrent les Grecs en revenant d'Asie, sous la conduite d'AGÉSILAS (*a*).

L'extrême nécessité peut même autoriser à se saisir pour un temps d'une place neutre, à y mettre garnison pour se couvrir contre l'ennemi, ou pour le prévenir dans les desseins qu'il a sur cette même place, quand le maître n'est pas en état de la garder. Mais il faut la rendre aussitôt que le danger est passé, en payant tous les frais, les incommodités, et les dommages que l'on aura causés.

§ 123. — *La crainte du danger peut autoriser à le refuser.*

Quand la nécessité n'exige pas le passage, le seul

(*a*) PLUTARQUE, *vie d'Agésilas*.

danger qu'il y a à recevoir chez soi une armée puissante peut autoriser à lui refuser l'entrée du pays. On peut craindre qu'il ne lui prenne envie de s'en emparer ou au moins d'y agir en maître, d'y vivre à discrétion. Et qu'on ne nous dise point avec Grotius (a) que notre crainte injuste ne prive pas de son droit celui qui demande le passage. La crainte probable, fondée sur de bonnes raisons, nous donne le droit d'éviter ce qui peut la réaliser; et la conduite des Nations ne donne que trop de fondement à celle dont nous parlons ici. D'ailleurs, le droit de passage n'est point un droit parfait, si ce n'est dans le cas d'une nécessité pressante ou lorsque l'innocence du passage est de la plus parfaite évidence.

§ 124. — *Ou à exiger toute sûreté raisonnable.*

Mais je suppose, dans le paragraphe précédent, qu'il ne soit pas praticable de prendre des sûretés capables d'ôter tout sujet de craindre les entreprises et les violences de celui qui demande à passer. Si l'on peut prendre ces sûretés, dont la meilleure est de ne laisser passer que par petites bandes, et en consignant les armes, comme cela s'est pratiqué (b), la raison prise de la crainte ne subsiste plus. Mais celui qui veut passer doit se prêter à toutes les sûretés raisonnables qu'on exige de lui, et par conséquent passer par divisions et consigner les armes, si on ne veut pas le laisser passer autrement. Ce n'est point à lui de choisir les sûretés qu'il doit donner. Des otages, une caution, seraient souvent bien peu capables de rassurer. De quoi me servira-t-il de tenir des otages de quelqu'un qui se rendra maître de moi? Et la caution est bien peu sûre contre un prince trop puissant.

(a) Liv. II, chap. II, § XIII, n. 5.
(b) Chez les Eléens, et chez les anciens habitants de Cologne. Voyez Grotius, *ibid.*

§ 125. — *Si l'on est toujours obligé de se prêter à toutes sortes de sûretés.*

Mais est-on toujours obligé de se prêter à tout ce qu'exige une Nation pour sa sûreté, quand on veut passer sur ses terres? Il faut d'abord distinguer entre les causes du passage, et ensuite on doit faire attention aux mœurs de la Nation à qui on le demande. Si on n'a pas un besoin essentiel du passage, et qu'on ne puisse l'obtenir qu'à des conditions suspectes ou désagréables, il faut s'en abstenir, comme dans le cas d'un refus (§ 122). Mais si la nécessité m'autorise à passer, les conditions auxquelles on veut me le permettre peuvent se trouver acceptables ou suspectes, et dignes d'être rejetées, selon les mœurs du peuple à qui j'ai affaire. Supposé que j'aie à traverser les terres d'une Nation barbare, féroce, et perfide, me remettrai-je à sa discrétion, en livrant mes armes, en faisant passer mes troupes par divisions? Je ne pense pas que personne me condamne à une démarche si périlleuse. Comme la nécessité m'autorise à passer, c'est encore une espèce de nécessité pour moi de ne passer que dans une posture à me garantir de toute embûche, de toute violence. J'offrirai toutes les sûretés que je puis donner sans m'exposer moi-même follement; et si on ne veut pas s'en contenter, je n'ai plus de conseil à prendre que de la nécessité et de la prudence; j'ajoute, et de la modération la plus scrupuleuse, afin de ne point aller au-delà du droit que me donne la nécessité.

§ 126. — *De l'égalité qu'il faut garder, quant au passage, entre les deux partis.*

Si l'Etat neutre accorde ou refuse le passage à l'un de ceux qui sont en guerre, il doit l'accorder ou le refuser de même à l'autre, à moins que le changement des circonstances ne lui fournisse de solides raisons d'en user autrement. Sans des raisons de cette nature, accorder à l'un ce que l'on refuse à l'autre, ce serait montrer de la partialité, et sortir de l'exacte neutralité.

§ 127. — *On ne peut se plaindre de l'État neutre qui accorde le passage.*

Quand je n'ai aucune raison de refuser le passage, celui contre qui il est accordé ne peut s'en plaindre, encore moins en prendre sujet de me faire la guerre, puisque je n'ai fait que me conformer à ce que le droit des gens ordonne (§ 119). Il n'est point en droit non plus d'exiger que je refuse le passage, puisqu'il ne peut m'empêcher de faire ce que je crois conforme à mes devoirs. Et dans les occasions même où je pourrais avec justice refuser le passage, il m'est permis de ne pas user de mon droit. Mais surtout, lorsque je serai obligé de soutenir mon refus les armes à la main, qui osera se plaindre de ce que j'ai mieux aimé lui laisser aller la guerre, que de la détourner sur moi? Nul ne peut exiger que je prenne les armes en sa faveur, si je n'y suis pas obligé par un traité. Mais les Nations, plus attentives à leurs intérêts qu'à l'observation d'une exacte justice, ne laissent pas souvent de faire sonner bien haut ce prétendu sujet de plainte. A la guerre principalement, elles s'aident de tous moyens; et si par leurs menaces elles peuvent engager un voisin à refuser passage à leurs ennemis, la plupart de leurs conducteurs ne voient dans cette conduite qu'une sage politique.

§ 128. — *Cet État peut le refuser par la crainte des maux qu'il lui attirerait de la part du parti contraire.*

Un Etat puissant bravera ces menaces injustes, et, ferme dans ce qu'il croit être de la justice et de sa gloire, il ne se laissera point détourner par la crainte d'un ressentiment mal fondé : il ne souffrira pas même la menace. Mais une Nation faible, peu en état de se soutenir avec avantage, sera forcée de penser à son salut, et ce soin important l'autorisera à refuser un passage qui l'exposerait à de trop grands dangers.

§ 129. — *Et pour éviter de rendre son pays le théâtre de la guerre.*

Une autre crainte peut l'y autoriser encore; c'est celle d'attirer dans son pays les maux et les désordres de la guerre. Car si même celui contre qui le passage est demandé garde assez de modération pour ne pas employer la menace à le faire refuser, il prendra le parti de le demander aussi de son côté; il ira au devant de son ennemi, et de cette manière, le pays neutre deviendra le théâtre de la guerre. Les maux infinis qui en résulteraient sont une très bonne raison de refuser le passage. Dans tous ces cas, celui qui entreprend de le forcer, fait injure à la Nation neutre, et lui donne le plus juste sujet de joindre ses armes à celles du parti contraire. Les Suisses ont promis à la France, dans leurs alliances, de ne point donner passage à ses ennemis(*). Ils le refusent constamment à tous les souverains qui sont en guerre, pour éloigner ce fléau de leurs frontières, et ils savent faire respecter leur territoire. Mais ils accordent le passage aux recrues, qui passent par petites bandes et sans armes.

§ 130. — *De ce qui est compris dans la concession du passage.*

La concession du passage comprend celle de tout ce qui est naturellement lié avec le passage des troupes, et des choses sans lesquelles il ne pourrait avoir lieu. Telles sont la liberté de conduire avec soi tout ce qui est nécessaire à une armée, celle d'exercer la discipline militaire sur des soldats et officiers, et la permission d'acheter à juste prix les choses dont l'armée aura besoin ; à moins que dans la crainte de la disette, on n'ait réservé qu'elle portera tous ses vivres avec elle.

§ 131. — *Sûreté du passage.*

Celui qui accorde le passage doit le rendre sûr, autant qu'il est en lui. La bonne foi le veut ainsi : en user autrement, ce serait attirer celui qui passe dans un piége.

§ 132. — *On ne peut exercer aucune hostilité en pays neutre.*

Par cette raison, et parce que des étrangers ne peuvent rien faire dans un territoire contre la volonté du

---

(*) On ne tint aucun compte de cette promesse en 1814.

souverain, il n'est pas permis d'attaquer son ennemi dans un pays neutre, ni d'y exercer aucun autre acte d'hostilité. La flotte hollandaise des Indes orientales s'étant retirée dans le port de Bergen, en Norwége, en 1666, pour échapper aux Anglais, l'amiral ennemi osa l'y attaquer. Mais le gouverneur de Bergen fit tirer le canon sur les assaillants, et la cour de Danemark se plaignit, trop mollement peut-être, d'une entreprise si injurieuse à sa dignité et à ses droits (a). Conduire des prisonniers, mener son butin en lieu de sûreté, sont des actes de guerre; on ne peut donc les faire en pays neutre; et celui qui le permettrait sortirait de la neutralité, en favorisant un des partis. Mais je parle ici de prisonniers et de butin qui ne sont pas encore parfaitement en puissance de l'ennemi, dont la capture n'est pas encore, pour ainsi dire, pleinement consommée. Par exemple, un parti faisant la petite guerre ne pourra se servir d'un pays voisin et neutre, comme d'un entrepôt, pour y mettre ses prisonniers et son butin en sûreté. Le souffrir, ce serait favoriser et soutenir ses hostilités. Quand la prise est consommée, le butin est absolument en la puissance de l'ennemi; on ne s'informe point d'où lui viennent ces effets; ils sont à lui, il en dispose en pays neutre. Un armateur conduit sa prise dans le premier port neutre, et l'y vend librement. Mais il ne pourrait y mettre à terre ses prisonniers, pour les tenir captifs; parce que garder et retenir des prisonniers de guerre, c'est une continuation d'hostilités.

§ 133. — *Ce pays ne doit pas donner retraite à des troupes, pour attaquer de nouveau leurs ennemis.*

D'un autre côté, il est certain que si mon voisin donnait retraite à mes ennemis lorsqu'ils auraient du

---

(a) L'auteur anglais de *l'Etat présent du Danemark* prétend que les Danois avaient donné parole de livrer la flotte hollandaise, mais qu'elle fut sauvée par quelques présents faits à propos à la cour de Copenhague. *Etat présent du Danemark*, chap. X.

pire et se trouveraient trop faibles pour m'échapper, leur laissant le temps de se refaire, et d'épier l'occasion de tenter une nouvelle irruption sur mes terres, cette conduite, si préjudiciable à ma sûreté et à mes intérêts, serait incompatible avec la neutralité. Lors donc que mes ennemis battus se retirent chez lui, si la charité ne lui permet pas de leur refuser passage et sûreté, il doit les faire passer outre le plus tôt possible, et ne point souffrir qu'ils se tiennent aux aguets pour m'attaquer de nouveau; autrement il me met en droit de les aller chercher dans ses terres. C'est ce qui arrive aux Nations qui ne sont pas en état de faire respecter leur territoire; le théâtre de la guerre s'y établit bientôt; on y marche, on y campe, on s'y bat comme dans un pays ouvert à tous venants.

§ 134. — *Conduite que doivent tenir ceux qui passent dans un pays neutre.*

Les troupes à qui l'on accorde passage doivent éviter de causer le moindre dommage dans le pays, suivre les routes publiques, ne point entrer dans les possessions des particuliers, observer la plus exacte discipline, payer fidèlement tout ce qu'on leur fournit. Et si la licence du soldat ou la nécessité de certaines opérations, comme de camper, de se retrancher, ont causé du dommage, celui qui les commande ou leur souverain doit les réparer. Tout cela n'a pas besoin de preuve. De quel droit causerait-on des pertes à un pays où l'on n'a pu demander qu'un passage *innocent?*

Rien n'empêche qu'on ne puisse convenir d'une somme pour certains dommages dont l'estimation est difficile, et pour les incommodités que cause le passage d'une armée. Mais il serait honteux de vendre la permission même de passer, et de plus injuste, quand le passage est sans aucun dommage, puisqu'il est dû en ce cas. Au reste, le souverain du pays doit veiller à ce que le dommage soit payé aux sujets qui l'ont souffert, et nul droit ne l'autorise à s'approprier ce qui est donné pour leur indemnité. Il arrive trop souvent que les faibles souffrent la perte et que les puissants en reçoivent le dédommagement.

§ 135. — *On peut refuser le passage pour une guerre manifestement injuste.*

Enfin, le passage même *innocent* ne pouvant être dû que pour de justes causes, on peut le refuser à celui qui le demande pour une guerre manifestement injuste, comme, par exemple, pour envahir un pays sans raison ni prétexte. Ainsi Jules-César refusa le passage aux Helvétiens, qui quittaient leur pays pour en conquérir un meilleur. Je pense bien que la politique eut plus de part à son refus que l'amour de la justice; mais enfin il put, en cette occasion, suivre avec justice les maximes de sa prudence. Un souverain qui se voit en état de refuser sans crainte, doit sans doute le faire dans le cas dont nous parlons. Mais s'il y a du péril à refuser, il n'est point obligé d'attirer un danger sur sa tête pour en garantir celle d'un autre, et même il ne doit pas témérairement exposer son peuple.

CHAPITRE VIII.

Du droit des Nations dans la guerre, et 1° de ce qu'on est en droit de faire et de ce qui est permis, dans une guerre juste, contre la personne de l'ennemi.

---

§ 136. — *Principe général des droits contre l'ennemi, dans une guerre juste.*

Tout ce que nous avons dit jusqu'ici se rapporte au droit de faire la guerre; passons maintenant au droit qui doit régner dans la guerre même, aux règles que les Nations sont obligées d'observer entre elles, lors même qu'elles ont pris les armes pour vider leurs différends. Commençons par exposer les droits de celle qui fait une guerre juste; voyons ce qui lui est permis

contre son ennemi. Tout cela doit se déduire d'un seul
principe, du but de la guerre juste; car dès qu'une fin
est légitime, celui qui a droit de tendre à cette fin est
en droit, par cela même, d'employer tous les moyens qui
sont nécessaires pour y arriver. Le but d'une guerre
juste est *de venger ou de prévenir l'injure* (§ 28), c'est-à-
dire, de se procurer par la force une justice que l'on ne
peut obtenir autrement; de contraindre un injuste à
réparer l'injure déjà faite ou à donner des sûretés contre
celle dont on est menacé de sa part. Dès que la guerre
est déclarée, on est donc en droit de faire contre l'ennemi tout ce qui est nécessaire pour atteindre cette
fin, pour le mettre à la raison, pour obtenir de lui justice et sûreté.

§137. — *Différence de ce qu'on est en droit de faire, et de ce qui
est seulement permis ou impuni entre ennemis.*

La fin légitime ne donne un véritable droit qu'aux
seuls moyens nécessaires pour obtenir cette fin : tout
ce qu'on fait au-delà est réprouvé par la loi naturelle,
vicieux, et condamnable au tribunal de la conscience.
De là vient que le droit à tels ou tels actes d'hostilité
varie suivant les circonstances. Ce qui est juste et parfaitement innocent dans une guerre, dans une situation
particulière, ne l'est pas toujours en d'autres occasions;
le droit suit pas à pas le besoin, l'exigence du cas; il
n'en passe point les bornes.

Mais comme il est très difficile de juger toujours
avec précision de ce qu'exige le cas présent, et que
d'ailleurs il appartient à chaque Nation de juger de ce
que lui permet sa situation particulière (*Prélim.*, § 16),
il faut nécessairement que les Nations s'en tiennent
entre elles, sur cette matière, à des règles générales.
Ainsi, dès qu'il est certain et bien reconnu que tel
moyen, tel acte d'hostilité est nécessaire dans sa généralité pour surmonter la résistance de l'ennemi et
atteindre le but d'une guerre légitime, ce moyen, pris
ainsi en général, passe pour légitime et honnête dans

la guerre, suivant le droit des gens, quoique celui qui l'emploie sans nécessité, lorsque des moyens plus doux pouvaient lui suffire, ne soit point innocent devant Dieu et dans sa conscience. Voilà ce qui établit la différence de ce qui est juste, équitable, irrépréhensible dans la guerre, et de ce qui est seulement permis ou impuni entre les Nations. Le souverain qui voudra conserver sa conscience pure, remplir exactement les devoirs de l'humanité, ne doit jamais perdre de vue ce que nous avons déjà dit plus d'une fois, que la nature ne lui accorde le droit de faire la guerre à ses semblables que par nécessité, et comme un remède toujours fâcheux, mais souvent nécessaire, contre l'injustice opiniâtre ou contre la violence. S'il est pénétré de cette grande vérité, il ne portera point le remède au-delà de ses justes bornes, et se gardera bien de le rendre plus dur et plus funeste à l'humanité, que le soin de sa propre sûreté et la défense de ses droits ne l'exigent.

§ 138. — *Du droit d'affaiblir l'ennemi par tous moyens licites en eux-mêmes.*

Puisqu'il s'agit, dans une juste guerre, de dompter l'injustice et la violence, de contraindre par la force celui qui est sourd à la voix de la justice, on est en droit de faire contre l'ennemi tout ce qui est nécessaire pour l'affaiblir et pour le mettre hors d'état de résister, de soutenir son injustice; et l'on peut choisir les moyens les plus efficaces, les plus propres à cette fin, pourvu qu'ils n'aient rien d'odieux, qu'ils ne soient pas illicites en eux-mêmes et proscrits par la loi de la nature.

§ 139. — *Du droit sur la personne de l'ennemi.*

L'ennemi qui m'attaque injustement me met sans doute en droit de repousser sa violence; et celui qui m'oppose ses armes, quand je ne demande que ce qui m'est dû, devient le véritable agresseur, par son injuste résistance; il est le premier auteur de la violence, et il m'oblige à user de force, pour me garantir du tort qu'il veut me faire, dans ma personne ou dans mes biens. Si les effets de cette force vont jusqu'à lui ôter la vie, lui seul est coupable de ce malheur. Car si, pour l'épargner, j'étais obligé de souffrir l'injure, les bons seraient bientôt la proie des méchants. Telle est la source du droit de tuer les ennemis, dans une guerre juste. Lorsqu'on ne peut vaincre leur résistance et les réduire par des moyens plus doux, on est en droit de leur ôter la vie. Sous le nom d'ennemis, il faut comprendre, comme nous l'avons expliqué, non-seulement le premier auteur de la guerre, mais aussi tous ceux qui se joignent à lui et qui combattent pour sa cause.

§ 140. — *Bornes de ce droit. On ne peut tuer un ennemi qui cesse de résister.*

Mais la manière même dont se démontre le droit de tuer les ennemis marque les bornes de ce droit. Dès qu'un ennemi se soumet et rend les armes, on ne peut lui ôter la vie. On doit donc donner quartier à ceux qui posent les armes dans un combat; et quand on assiége une place, il ne faut jamais refuser la vie sauve à la garnison qui offre de capituler. On ne peut trop louer l'humanité avec laquelle la plupart des Nations de l'Europe font la guerre aujourd'hui. Si quelquefois, dans la chaleur de l'action, le soldat refuse quartier, c'est toujours malgré les officiers, qui s'empressent à sauver la vie aux ennemis désarmés (*).

(*) On voit en plusieurs endroits de *l'Histoire des troubles des Pays-Bas*, par Grotius, que la guerre se faisait sur mer sans ménagement entre les Hollandais et les Espagnols, quoiqu'ils fussent convenus de faire bonne guerre sur terre. Les États confédérés ayant appris que, par le conseil de Spinola, les Espagnols avaient embarqué des troupes à Lisbonne pour les amener en Flandre, envoyèrent une escadre pour les attendre au Pas-de-Calais, avec ordre de noyer sans rémission tous les soldats que l'on prendrait : ce qui fut exécuté. *Liv. XIV, pag.* 550.

§ 141. — *D'un cas particulier où l'on peut lui refuser la vie.*

Il est un cas cependant où l'on peut refuser la vie à un ennemi qui se rend, et toute capitulation à une place aux abois; c'est lorsque cet ennemi s'est rendu coupable de quelque attentat énorme contre le droit des gens, et en particulier lorsqu'il a violé les lois de la guerre. Le refus qu'on lui fait de la vie n'est point une suite naturelle de la guerre, c'est une punition de son crime; punition que l'offensé est en droit d'infliger. Mais pour que la peine soit juste, il faut qu'elle tombe sur le coupable. Quand on est en guerre avec une Nation féroce, qui n'observe aucune règle, qui ne sait point donner de quartier, on peut la châtier dans la personne de ceux que l'on saisit (ils sont du nombre des coupables), et essayer par cette rigueur de la ramener aux lois de l'humanité. Mais partout où la sévérité n'est pas absolument nécessaire, on doit user de clémence. Corinthe fut détruite pour avoir violé le droit des gens en la personne des ambassadeurs romains. Cicéron et d'autres grands hommes n'ont pas laissé de blâmer cette rigueur. Celui qui a même le plus juste sujet de punir un souverain son ennemi, sera toujours accusé de cruauté s'il fait tomber la peine sur le peuple innocent. Il a d'autres moyens de punir le souverain (35); il peut lui ôter quelques droits, lui enlever des villes et des provinces. Le mal qu'en souffre toute la Nation est alors une participation inévitable pour ceux qui s'unissent en société politique.

---

(35) J'ai déjà fait voir qu'on ne peut pas punir un souverain. Tout ce que l'auteur dit ici pose sur d'autres fondements, sur la nécessité de la défense et sûreté de soi-même. Il faut seulement prendre garde que la nécessité de tuer soit réellement urgente; autrement rien ne justifie cette atrocité. Si l'ennemi ne mérite pas que je l'épargne, c'est moi qui mérite de ne pas le tuer quand il est en mon pouvoir; à moins qu'il ne soit tout-à-fait, comme une bête enragée, incapable de s'apprivoiser. *D.*

§ 142. — Des représailles.

Ceci nous conduit à parler d'une espèce de rétorsion qui se pratique quelquefois à la guerre, et que l'on nomme *représailles*. Le général ennemi aura fait pendre, sans juste sujet, quelques prisonniers ; on en fait pendre le même nombre des siens, et de la même qualité, en lui notifiant que l'on continuera à lui rendre ainsi la pareille, pour l'obliger à observer les lois de la guerre. C'est une terrible extrémité que de faire périr ainsi misérablement un prisonnier, pour la faute de son général ; et si on a déjà promis la vie à ce prisonnier, on ne peut sans injustice exercer la représaille sur lui (*). Cependant, comme un prince ou son général est en droit de sacrifier la vie de ses ennemis à sa sûreté et à celle de ses gens, il semble que, s'il a affaire à un ennemi inhumain, qui s'abandonne souvent à de pareils excès, il peut refuser la vie à quelques-uns des prisonniers qu'il fera, et les traiter

---

(*) Voici ce qu'écrivait à ce sujet le grand pensionnaire de Witt. «Rien n'est plus absurde que cette concession de re-«présailles; car, sans s'arrêter à ce qu'elle vient d'une ami-«rauté qui n'en a pas le droit sans attenter à l'autorité sou-«veraine de son prince, il est évident qu'il n'y a pas de sou-«verain qui puisse accorder ou faire exécuter des représail-«les que pour la défense ou le dédommagement de ses su-«jets, qu'il est obligé devant Dieu de protéger; mais jamais «il ne peut les accorder en faveur d'aucun étranger qui n'est «pas sous sa protection, et avec le souverain duquel il n'a «aucun engagement à cet égard, *ex pacto vel fœdere;* outre «cela, il est constant qu'on ne doit accorder de représailles «qu'en cas d'un déni manifeste de justice. Enfin, il est en-«core évident qu'on ne peut, même dans le cas de déni de «justice, accorder des représailles à ses sujets qu'après avoir «demandé plusieurs fois qu'on leur rende justice, en ajou-«tant que, faute de cela, on sera obligé de leur accorder des «lettres de représailles.» On voit, par les réponses de Boreel, que cette conduite de l'amirauté d'Angleterre fut fort blâmée à la cour de France; le roi d'Angleterre la désapprouva, et fit lever la saisie des vaisseaux hollandais accordée par re-présailles.

comme on aura traité les siens (*). Mais il vaut mieux
imiter la générossité de Scipion. Ce grand homme
ayant soumis des princes espagnols qui s'étaient révoltés contre les Romains, leur déclara qu'il ne s'en
prendrait point à d'innocents otages, mais à eux-
mêmes, s'ils lui manquaient; et qu'il ne se vengerait
pas sur un ennemi désarmé, mais sur ceux qui auraient
les armes à la main (a). Alexandre le Grand ayant
à se plaindre des mauvaises pratiques de Darius, lui
fit dire que s'il faisait la guerre de cette manière,
il le poursuivrait à toute outrance, et ne lui ferait point
de quartier (b). Voilà comment il faut arrêter un ennemi qui viole les lois de la guerre, et non en faisant
tomber la peine de son crime sur d'innocentes victimes.

§ 143. — *Si l'ennemi peut punir de mort un commandant de place,
à cause de sa défense opiniâtre.*

Comment a-t-on pu s'imaginer, dans un siècle éclairé,
qu'il est permis de punir de mort un commandant
qui a défendu sa place jusqu'à la dernière extrémité,
ou celui qui, dans une mauvaise place, aura osé
tenir contre une armée royale? Cette idée régnait encore dans le dernier siècle; on en faisait une prétendue
loi de la guerre; et on n'en est pas entièrement revenu
aujourd'hui. Quelle idée, de punir un brave homme,
parce qu'il aura fait son devoir! Alexandre le Grand

(*) Lysandre ayant pris la flotte des Athéniens, fit mourir
les prisonniers, à cause de diverses cruautés que les Athéniens
avaient exercées pendant le cours de la guerre, et principalement parce que l'on sut la résolution barbare qu'ils avaient
prise de couper la main droite à tous les prisonniers s'ils demeuraient vainqueurs. Il n'épargna que le seul Adimante, qui
s'était opposé à cette infâme résolution. *Xenoph. Hist. Græc.*,
lib. II.

(a) *Neque se in obsides innoxios, sed in ipsos, si defecerint,
sæviturum : nec ab inermi, sed ab armato hoste, pœnas expeti-
turum.* Tit.-Liv., lib. XXVIII.

(b) Quint. Curt., lib. IV, cap. I et cap. XI.

était dans d'autres principes, quand il commanda d'épargner quelques Milésiens, *à cause de leur bravoure et de leur fidélité* (*a*). « PHYTHON se voyant mener au sup-
« plice, par ordre de DENIS LE TYRAN, parce qu'il avait
« défendu opiniâtrément la ville de Rhégium, dont il
« était gouverneur, s'écria qu'on le faisait mourir in-
« justement, pour n'avoir pas voulu trahir la ville,
« et que le ciel vengerait bientôt sa mort. » DIODORE
DE SICILE appelle cela une injuste punition (*b*). En
vain objecterait-on qu'une défense opiniâtre, et surtout dans une mauvaise place, contre une armée royale,
ne sert qu'à faire verser du sang. Cette défense peut
sauver l'Etat, en arrêtant l'ennemi quelques jours de
plus; et puis, la valeur supplée au défaut des fortifications (*). Le chevalier BAYARD s'étant jeté dans Méziè-
res, la défendit avec son intrépidité ordinaire (*c*), et fit
bien voir qu'un vaillant homme est capable quelquefois
de sauver une place, qu'un autre ne trouverait pas tena-

(*a*) ARRIAN., *de Exped. Alex.*, lib. I, cap. XX.
(*b*) Lib. XIV, cap. 113, cité par GROTIUS, lib. III, cap. XI,
§ XVI, n. 5.
(*) La fausse maxime que l'on tenait autrefois à cet égard
se trouve rapportée dans la relation de la bataille de Muscle-
boroug. (DE THOU, T. I, p. 287.) « On admira alors la modé-
« ration du général (le duc de Sommerset), protecteur ou
« régent d'Angleterre, qui lui fit épargner la vie des assiégés
« (d'un château en Ecosse), malgré cette ancienne maxime
« de la guerre, qui porte qu'une garnison faible perd tout
« droit à la clémence du vainqueur, lorsque avec plus de cou-
« rage que de jugement, elle s'opiniâtre à défendre une place
« mal fortifiée contre une armée royale, et que sans vouloir
« accepter des conditions raisonnables qui lui sont offertes,
« elle entreprend d'arrêter les desseins d'une puissance à qui
« elle n'est point capable de résister. C'est ainsi que César ré-
« pondit aux Aduaticiens (B. G., l. II), qu'il épargnerait leur
« ville, s'ils se rendaient avant que le bélier eût touché leurs
« murailles, et que le duc d'Albe blâma beaucoup Prosper
« Colonne d'avoir reçu à composition un château qui n'avait
« parlé de se rendre qu'après avoir essuyé le feu du canon. »
HAYWARD, vie d'EDOUARD VI.
(*c*) Voyez sa vie.

ble. L'histoire du fameux siége de Malte nous apprend
encore jusqu'où des gens de cœur peuvent soutenir leur
défense, quand ils y sont bien résolus. Combien de places se sont rendues, qui auraient pu arrêter encore long-
temps l'ennemi, lui faire consumer ses forces et le
reste de la campagne, lui échapper même, par une
défense mieux soutenue et plus vigoureuse? Dans la
dernière guerre (36), tandis que les plus fortes places des Pays-Bas tombaient en peu de jours, nous
avons vu le brave général de LEUTRUM défendre Coni
contre les efforts de deux armées puissantes, tenir,
dans un poste si médiocre, quarante jours de tranchée
ouverte, sauver sa place, et avec elle tout le Piémont.
Si vous insistez, en disant qu'en menaçant un commandant de la mort, vous pouvez abréger un siége
meurtrier, épargner vos troupes, et gagner un temps
précieux, je réponds qu'un brave homme se moquera
de votre menace, ou que, piqué d'un traitement si
honteux, il s'ensevelira sous les ruines de sa place,
vous vendra cher sa vie, et vous fera payer votre injustice. Mais quand il devrait vous revenir un grand
avantage d'une conduite illégitime, elle ne vous est
pas permise pour cela. La menace d'une peine injuste
est injuste elle-même ; c'est une insulte et une injure.
Mais surtout il serait horrible et barbare de l'exécuter; et si l'on convient qu'elle ne peut être suivie de
l'effet, elle est vaine et ridicule. Vous pouvez employer
des moyens justes et honnêtes, pour engager un gouverneur à ne pas attendre inutilement la dernière extrémité; et c'est aujourd'hui l'usage des généraux sages
et humains. On somme un gouverneur de se rendre
quand il en est temps, on lui offre une capitulation
honorable et avantageuse, en le menaçant que s'il at-
tend trop tard, il ne sera plus reçu que comme prisonnier
de guerre, ou à discrétion. S'il s'opiniâtre, et qu'enfin
il soit forcé de se rendre à discrétion, on peut user

---

(36) En 1744.

contre lui et ses gens de toute la rigueur du droit de la guerre. Mais ce droit ne s'étend jamais jusqu'à ôter la vie à un ennemi qui pose les armes (§ 140) (37), à moins qu'il ne se soit rendu coupable de quelque crime envers le vainqueur (§ 141).

La résistance poussée à l'extrémité ne devient punissable dans un subalterne que dans les seules occasions où elle est manifestement inutile : c'est alors opiniâtreté, et non fermeté ou valeur. La véritable valeur a toujours un but raisonnable. Supposons, par exemple, qu'un Etat soit entièrement soumis aux armes du vainqueur, à l'exception d'une seule forteresse, qu'il n'y ait aucun secours à attendre du dehors, aucun allié, aucun voisin, qui s'intéresse à sauver le reste de cet Etat conquis; on doit alors faire savoir au gouverneur l'état des choses, le sommer de rendre sa place, et on peut (38) le menacer de la mort, s'il s'obstine à une défense absolument inutile, et qui ne peut tendre qu'à l'effusion du sang humain (*). Demeure-t-il inébranlable, il mérite de souffrir la peine dont il a été menacé avec justice. Je suppose que la justice de la guerre soit problématique, et qu'il ne s'agisse pas de repousser une oppression insupportable. Car si ce gou-

---

(37) Point d'exception, si ce n'est celle d'une absolue nécessité. *D.*

(38) Mais on ne le doit pas, et encore moins exécuter une telle menace. Ce serait une férocité pire que son opiniâtreté. *D.*

(*) Mais toutes sortes de menaces ne sont pas permises pour obliger le gouverneur ou le commandant d'une place de guerre à se rendre. Il y en a qui révoltent la nature, et font horreur. Louis XI, assiégeant Saint-Omer en 1477, irrité de la longue résistance qu'on lui opposait, fit dire au gouverneur Philippe, fils d'Antoine, bâtard de Bourgogne, que si l'on ne rendait la place, il ferait mourir à ses yeux son père, qu'il tenait prisonnier. Philippe répondit qu'il aurait une douleur mortelle de perdre son père; mais que son devoir lui était plus cher encore, et qu'il connaissait trop le roi pour craindre qu'il voulût se déshonorer par une action si barbare. *Hist. de* Louis XI, liv. VIII.

verneur soutient évidemment la bonne cause, s'il combat pour sauver sa patrie de l'esclavage, on plaindra son malheur; les gens de cœur le loueront, de ce qu'il tient ferme jusqu'au bout, et veut mourir libre.

§ 144. — *Des transfuges et déserteurs.*

Les transfuges et les déserteurs que le vainqueur trouve parmi ses ennemis, se sont rendus coupables envers lui, il est sans doute en droit (39) de les punir de mort. Mais on ne les considère pas proprement comme des ennemis : ce sont plutôt des citoyens perfides, traîtres à leur patrie, et leur engagement avec l'ennemi ne peut leur faire perdre cette qualité, ni les soustraire à la peine qu'ils ont méritée. Cependant aujourd'hui, que la désertion est malheureusement si commune, le nombre des coupables oblige en quelque sorte à user de clémence; et dans les capitulations, il est fort ordinaire d'accorder à la garnison qui sort d'une place un certain nombre de chariots couverts, dans lesquels elle sauve les déserteurs.

§ 145. — *Des femmes, enfants, vieillards et infirmes.*

Les femmes, les enfants, les vieillards infirmes, les malades, sont au nombre des ennemis (§§ 70 et 72); et l'on a des droits sur eux, puisqu'ils appartiennent à la Nation avec laquelle on est en guerre, et que de Nation à Nation les droits et les prétentions affectent le corps de la société avec tous ses membres (liv. II. §§ 81, 82 et 344). Mais ce sont des ennemis qui n'opposent aucune résistance; et par conséquent on n'a aucun droit de les maltraiter en leur personne, d'user contre eux de violence, beaucoup moins de leur ôter la vie (§ 140). Il n'est point aujourd'hui de Nation un peu civilisée, qui ne reconnaisse cette maxime de justice et d'humanité. Si quelquefois le soldat furieux et effréné se porte à violer les filles et les femmes, ou à les

---

(39) Il faut entendre ce droit des gens volontaire, qui n'est par le droit des gens naturel. *D.*

tuer, à massacrer les enfants et les vieillards, les officiers gémissent de ces excès; ils s'empressent à les réprimer, et même un général sage et humain les punit quand il le peut. Mais si les femmes veulent être absolument épargnées, elles doivent se tenir dans les fonctions de leur sexe, et ne point se mêler du métier des hommes, en prenant les armes. Aussi la loi militaire des Suisses, qui défend de maltraiter les femmes, excepte-t-elle formellement celles qui auront commis des actes d'hostilité (*a*).

§ 146. — *Des ministres de la religion, des gens de lettres, etc.*

J'en dis autant des ministres publics de la religion, des gens de lettres, et autres personnes, dont le genre de vie est fort éloigné du métier des armes. Non que ces gens-là, ni même les ministres des autels, aient nécessairement et par leur emploi aucun caractère d'inviolabilité, ou que la loi civile puisse le leur donner par rapport à l'ennemi; mais comme ils n'opposent point la force ou la violence à l'ennemi, ils ne lui donnent aucun droit d'en user contre eux. Chez les anciens Romains, les prêtres portaient les armes; JULES-CÉSAR lui-même était grand-pontife; et parmi les chrétiens, on a vu souvent des prélats, des évêques, et des cardinaux, endosser la cuirasse et commander les armées. Dès-lors ils s'assujettissaient au sort commun des gens de guerre. Lorsqu'ils combattaient, ils ne prétendaient pas sans doute être inviolables. (*Voy. les* NOTES *du* § 10).

§ 147. — *Des laboureurs, et en général de tout le peuple désarmé.*

Autrefois tout homme capable de porter les armes devenait soldat, quand sa Nation faisait la guerre, et surtout quand elle était attaquée. Cependant GROTIUS (*b*) allègue l'exemple de divers peuples et de plusieurs grands hommes de guerre (*c*), qui ont épargné les laboureurs, en considération de leur travail si utile

---

(*a*) Voyez SIMLER, *de Republ. Helvet.*
(*b*) Liv. III, chap. XI, § XI.
(*c*) CYRUS, BÉLISAIRE.

au genre humain (*). Aujourd'hui la guerre se fait par les troupes réglées; le peuple, les paysans, les bourgeois, ne s'en mêlent point, et, pour l'ordinaire, ils n'ont rien à craindre du fer de l'ennemi. Pourvu que les habitants se soumettent à celui qui est maître du pays, qu'ils paient les contributions imposées, et qu'ils s'abstiennent de toute hostilité, ils vivent en sûreté, comme s'ils étaient amis; ils conservent même ce qui leur appartient; les paysans viennent librement vendre leurs denrées dans le camp, et on les garantit autant qu'il se peut des calamités de la guerre. Louable coutume, bien digne des Nations qui se piquent d'humanité, et avantageuse à l'ennemi même qui use de cette modération! Celui qui protège les habitants désarmés, qui retient ses soldats sous une sévère discipline, et qui conserve le pays, y trouve lui-même une subsistance aisée, et s'épargne bien des maux et des dangers. S'il a quelque raison de se défier des paysans et des bourgeois, il est en droit de les désarmer, d'exiger d'eux des otages; et ceux qui veulent s'épargner les calamités de la guerre, doivent se soumettre aux lois que l'ennemi leur impose.

§ 148. — *Du droit de faire des prisonniers de guerre.*

Mais tous ces ennemis vaincus, ou désarmés, que l'humanité oblige d'épargner, toutes ces personnes qui appartiennent à la Nation ennemie, même les femmes et les enfants, on est en droit de les arrêter et de les faire prisonniers, soit pour les empêcher de reprendre les armes, soit dans la vue d'affaiblir l'ennemi (§ 138), soit enfin qu'en se saisissant de quelque femme ou de quelque enfant cher au souverain, on se propose de l'amener à des conditions de paix équitables, pour délivrer ces gages précieux. Il est vrai qu'aujourd'hui, entre les Nations polies de l'Europe, ce dernier moyen

---

(*) CYRUS fit proposer au roi d'Assyrie d'épargner réciproquement les laboureurs, et de ne faire la guerre qu'aux gens armés; et sa proposition fut acceptée. CYROP., liv. V, p. 109.

n'est guère mis en usage. On accorde aux enfants et aux femmes une entière sûreté, et toute liberté de se retirer où elles veulent. Mais cette modération, cette politesse, louable sans doute, n'est pas en elle-même absolument obligatoire, et si un général veut s'en dispenser, on ne l'accusera point de manquer aux lois de la guerre : il est le maître d'agir à cet égard, comme il le trouve à propos pour le bien de ses affaires. S'il refuse cette liberté aux femmes, sans raison et par humeur, il passera pour un homme dur et brutal; on le blâmera de ne point suivre un usage établi par l'humanité. Mais il peut avoir de bonnes raisons de ne point écouter ici la politesse, ni même les impressions de la pitié. Si l'on espère de réduire par la famine une place forte, dont il est très important de s'emparer, on refuse d'en laisser sortir les bouches inutiles. Il n'y a rien là qui ne soit autorisé par le droit de la guerre. Cependant on a vu de grands hommes, touchés de compassion en des occasions de cette nature, céder aux mouvements de l'humanité, contre leurs intérêts. Nous avons parlé ailleurs de ce que fit Henri le Grand pendant le siége de Paris. Joignons à ce bel exemple celui de Titus au siége de Jérusalem. Il voulut d'abord repousser dans la ville les affamés qui en sortaient; mais il ne put tenir contre la pitié que lui inspiraient ces misérables; les sentiments d'un cœur sensible et généreux prévalurent sur les maximes du général.

§ 140. — *On ne peut faire mourir un prisonnier de guerre.*

Dès que votre ennemi est désarmé et rendu, vous n'avez plus aucun droit sur sa vie (§ 140), à moins qu'il ne vous le donne par quelque attentat nouveau, ou qu'il ne se fût auparavant rendu coupable envers vous d'un crime digne de mort (§ 141). C'était donc autrefois une erreur affreuse, une prétention injuste et féroce, de s'attribuer le droit de faire mourir les prisonniers de guerre, même par la main d'un bourreau. Depuis long-temps on est revenu à des principes plus justes et plus humains. CHARLES Ier, roi de Naples, ayant vaincu et fait prisonnier CONRADIN, son compétiteur, le fit décapiter publiquement à Naples, avec FRÉDÉRIC d'Autriche, prisonnier comme lui. Cette barbarie fit horreur, et PIERRE III, roi d'Aragon, la reprocha au cruel Charles, comme crime détestable et jusqu'alors inouï entre les princes chrétiens (a). Cependant il s'agissait d'un rival dangereux, qui lui disputait la couronne. Mais, en supposant même que les prétentions de ce rival fussent injustes, Charles pouvait le retenir en prison jusqu'à ce qu'il y eût renoncé, et qu'il lui eût donné des sûretés pour l'avenir.

§ 150. — *Comment on doit traiter des prisonniers de guerre.*

On est en droit de s'assurer de ses prisonniers, et pour cet effet de les enfermer, de les lier même, s'il y a lieu de craindre qu'ils ne se révoltent, ou qu'ils ne s'enfuient; mais rien n'autorise à les traiter durement, à moins qu'ils ne se fussent rendus personnellement coupables envers celui qui les tient en sa puissance. En ce cas, il est le maître de les punir. Hors de là, il doit se souvenir qu'ils sont hommes et malheureux (*). Un grand cœur ne sent plus que de la compassion

---

(a) *Epist. Petr. Arrag. apud Petr. de Vineis.*

(*) Le comte de Fuentes, en 1593, fit résoudre dans le conseil des Pays-Bas de ne plus observer avec les Provinces-Unies ces ménagements que l'humanité rend si nécessaires à la guerre. On ordonna le dernier supplice contre ceux qui seraient faits prisonniers, et l'on défendit sous les mêmes peines de payer des contributions à l'ennemi. Mais les plaintes de la noblesse et du clergé, dont les terres étaient ravagées, et plus encore les murmures des gens de guerre, qui se voyaient exposés à une mort infâme s'ils tombaient entre les mains des ennemis, forcèrent les Espagnols à rétablir ces usages indispensables que l'on appelle, d'après Virgile, *belli commercia*, la rançon ou l'échange des prisonniers, et les contributions pour se racheter du pillage; et alors la rançon de chaque prisonnier fut fixée à un mois de sa solde. GROTIUS, *Annales des Pays-Bas*, liv. III, *au commencement.*

pour un ennemi vaincu et soumis. Donnons aux peuples
de l'Europe la louange qu'ils méritent : il est rare que
les prisonniers de guerre soient maltraités parmi eux.
Nous louons, nous aimons les Anglais et les Français,
quand nous entendons le récit du traitement que les
prisonniers de guerre ont éprouvé de part et d'autre
chez ces généreuses Nations. On va plus loin encore,
et par un usage qui relève également l'honneur et l'humanité des Européens, un officier prisonnier de guerre
est renvoyé sur sa parole ; il a la consolation de passer
le temps de sa prison dans sa patrie, au sein de sa famille ; et celui qui l'a relâché se tient aussi sûr de lui,
que s'il le retenait dans les fers.

§ 151. — *S'il est permis de tuer des prisonniers que l'on ne peut
garder ou nourrir.*

On eût pu former autrefois une question embarrassante. Lorsqu'on a une si grande multitude de prisonniers, qu'il est impossible de les nourrir ou de les garder avec sûreté, sera-t-on en droit de les faire périr,
ou les renverra-t-on fortifier l'ennemi, au risque d'en
être accablé dans une autre occasion? Aujourd'hui la
chose est sans difficulté : on renvoie ces prisonniers
sur leur parole, en leur imposant la loi de ne point
reprendre les armes jusqu'à un certain temps, ou jusqu'à la fin de la guerre. Et comme il faut nécessairement que tout commandant soit en pouvoir de convenir des conditions auxquelles l'ennemi le reçoit à composition, les engagements qu'il a pris pour sauver sa
vie, ou sa liberté, et celle de sa troupe, sont valides,
comme faits dans les termes de ses pouvoirs (§ 19
et suiv.), et son souverain ne peut les annuler. Nous
en avons vu divers exemples dans le cours de la dernière
guerre (40) : plusieurs garnisons hollandaises ont subi
la loi de ne point servir contre la France et ses alliés
pendant une ou deux années ; un corps de troupes

---

(40) De 1741 à 1748.

françaises, investi dans Lintz, fut renvoyé en deçà du Rhin, à condition de ne point porter les armes contre la reine de Hongrie jusqu'à un temps marqué. Les souverains de ces troupes ont respecté leurs engagements. Mais ces sortes de conventions ont des bornes, et ces bornes consistent à ne point donner atteinte aux droits du souverain sur ses sujets. Ainsi l'ennemi peut bien imposer aux prisonniers qu'il relâche la condition de ne point porter les armes contre lui jusqu'à la fin de la guerre, puisqu'il serait en droit de les retenir en prison jusqu'alors; mais il n'a point le droit d'exiger qu'ils renoncent pour toujours à la liberté de combattre pour leur patrie, parce que, la guerre finie, il n'a plus de raison de les retenir, et eux, de leur côté, ne peuvent prendre un engagement absolument contraire à leur qualité de citoyens ou de sujets. Si la patrie les abandonne, ils sont libres, et en droit de renoncer aussi à elle.

Mais si nous avons affaire à une Nation également féroce, perfide, et formidable, lui renverrons-nous des soldats qui peut-être la mettront en état de nous détruire? Quand notre sûreté se trouve incompatible avec celle d'un ennemi, même soumis, il n'y a pas à balancer. Mais pour faire périr de sang-froid un grand nombre de prisonniers, il faut, 1° qu'on ne leur ait pas promis la vie (41); et 2° nous devons bien nous assurer que notre salut exige un pareil sacrifice. Pour peu que la prudence permette, ou de se fier à leur parole, ou de mépriser leur mauvaise foi, un ennemi généreux écoutera plutôt la voix de l'humanité, que celle d'une timide circonspection. CHARLES XII, embarrassé de ses prisonniers après la bataille de *Narva*, se contenta de les désarmer, et les renvoya libres. Son ennemi, pé-

_____

(41) Un homme qui s'est laissé désarmer et prendre, a par là même stipulé pour sa vie, et on la lui a promise, au moins tacitement. La promesse articulée n'ajoute rien de plus à sa sûreté à cet égard. *D.*

nétré encore de la crainte que lui avaient donnée des
guerriers redoutables, fit conduire en Sibérie les prisonniers de *Pultawa*. Le héros suédois fut trop plein
de confiance dans sa générosité; l'habile monarque de
Russie fut peut-être un peu dur dans sa prudence;
mais la nécessité excuse la dureté, ou plutôt elle la
fait disparaître. Quand l'amiral ANSON eut pris, auprès
de Manille, le riche galion d'Acapulco, il vit que ses
prisonniers surpassaient en nombre tout son équipage,
il fut contraint de les enfermer à fond de cale, où ils
souffrirent des maux cruels (*a*). Mais s'il se fût exposé
à se voir enlevé lui-même avec sa prise et son propre
vaisseau, l'humanité de sa conduite en eût-elle justifié
l'imprudence? A la bataille d'*Azincourt*, HENRI V, roi
d'Angleterre, se trouva après sa victoire, ou crut se
trouver, dans la cruelle nécessité de sacrifier les prisonniers à sa propre sûreté. « Dans cette déroute uni-
« verselle, dit le P. DANIEL, il arriva un nouveau
« malheur, qui coûta la vie à un grand nombre de
« Français. Un reste de l'avant-garde française se re-
« tirait avec quelque ordre, et plusieurs s'y ralliaient.
« Le roi d'Angleterre les voyant de dessus une hau-
« teur, crut qu'ils voulaient revenir à la charge. On
« lui vint dire en même temps qu'on attaquait son
« camp, où il avait laissé ses bagages. C'était en effet
« quelques gentilshommes picards, qui ayant armé en-
« viron six cents paysans, étaient venus fondre sur
« le camp anglais. Ce prince, craignant quelque fâcheux
« retour, envoya des aides-de-camp dans tous les quar-
« tiers de l'armée, porter ordre de faire main-basse sur
« tous les prisonniers, de peur que si le combat recom-
« mençait, le soin de les garder n'embarrassât ses
« soldats, et que ces prisonniers ne se rejoignissent à
« leurs gens. L'ordre fut exécuté sur-le-champ, et on
« les passa tous au fil de l'épée (*b*). » La plus grande

(*a*) Voyez la relation de son voyage.
(*b*) *Histoire de France*, *règne de* CHARLES VI.

nécessité peut seule justifier une exécution si terrible, et on doit plaindre le général qui se trouve dans le cas de l'ordonner.

§ 152. — *Si l'on peut rendre esclaves les prisonniers de guerre.*

Peut-on réduire en esclavage les prisonniers de guerre? Oui, dans les cas où l'on est en droit de les tuer, lorsqu'ils se sont rendus personnellement coupables de quelque attentat digne de mort. Les anciens vendaient pour l'esclavage leurs prisonniers de guerre, ils se croyaient en droit de les faire périr. En toute occasion, où je ne puis innocemment ôter la vie à mon prisonnier, je ne suis pas en droit d'en faire un esclave (42). Que si j'épargne ses jours, pour le condamner à un sort si contraire à la nature de l'homme, je ne fais que continuer avec lui l'état de la guerre : il ne me doit rien. Qu'est-ce que la vie, sans la liberté? Si quelqu'un regarde encore la vie comme une faveur, quand on la lui donne avec des chaînes, à la bonne heure; qu'il accepte le bienfait, qu'il se soumette à sa condition, et qu'il en remplisse les devoirs. Mais qu'il les étudie ailleurs : assez d'auteurs en ont traité fort au

---

(42) Voilà encore une de ces assertions tout-à-fait gratuites. Ce n'est pas le pouvoir de faire mourir un prisonnier, c'est mes droits contre lui qui sont le fondement de son esclavage. L'ennemi que j'ai désarmé et pris me doit dédommager pour m'avoir fait la guerre. S'il n'a que sa personne, c'est-à-dire, son travail, à m'offrir en paiement, j'en dispose comme il me convient. Je m'en sers, ou je le vends. Il est vrai *qu'il ne me doit plus rien après cela;* mais c'est pour qu'il ne me doive plus qu'il est esclave et vendu. Voilà comme raisonnaient les anciens. C'était leur droit de guerre. Ils s'attendaient à un pareil sort au cas qu'ils se laissassent prendre, et ils ne trouvaient rien d'injuste à un tel arrangement. Ce n'est pas que celui de nos temps ne vaille mieux. J'en veux seulement venir à ceci, que hors le cas de la défense nécessaire de nous-mêmes, il n'en est aucun où l'on puisse *innocemment ôter la vie à quelqu'un*, mais bien la liberté, pour l'obliger à réparer le mal qu'il a fait, l'empêcher d'en faire à l'avenir, et le punir, c'est-à-dire, corriger. *D.*

long. Je n'en dirai pas davantage : aussi bien cet op-
probre de l'humanité est - il heureusement banni de
l'Europe.

§ 153. — *De l'échange et du rachat des prisonniers.*

On retient donc les prisonniers de guerre, ou pour
empêcher qu'ils n'aillent se rejoindre aux ennemis, ou
pour obtenir de leur souverain une juste satisfaction,
comme le prix de leur liberté. Ceux que l'on retient
dans cette dernière vue, on n'est obligé de les relâcher
qu'après avoir obtenu satisfaction. Par rapport à la
première vue, quiconque fait une guerre juste, est en
droit de retenir ses prisonniers, s'il le juge à propos,
jusqu'à la fin de la guerre, et lorsqu'il les relâche, il
peut avec justice exiger une rançon, soit à titre de dédommagement à la paix, soit, si la guerre continue,
pour affaiblir au moins les finances de son ennemi, en
même temps qu'il lui renvoie des soldats. Les Nations
de l'Europe, toujours louables dans le soin qu'elles
prennent d'adoucir les maux de la guerre, ont introduit, à l'égard des prisonniers, des usages humains
et salutaires. On les échange, ou on les rachète, même
pendant la guerre, et on a soin ordinairement de régler
cela d'avance, par un cartel. Cependant, si une Nation
trouve un avantage considérable à laisser ses soldats ·
prisonniers entre les mains de l'ennemi pendant la
guerre, plutôt que de lui rendre les siens, rien n'empêche qu'elle ne prenne le parti le plus convenable à
ses intérêts, si elle ne s'est point liée par un cartel.
Ce serait le cas d'un Etat abondant en hommes, et qui
aurait la guerre avec une Nation beaucoup plus redoutable par la valeur que par le nombre de ses soldats.
Il eût peu convenu à l'empereur PIERRE-LE-GRAND de
rendre aux Suédois leurs prisonniers pour un nombre égal de Russes.

§ 154. — *L'État est obligé de les délivrer.*

Mais l'Etat est obligé de délivrer, à ses dépens, ses
citoyens et soldats prisonniers de guerre, dès qu'il peut

le faire sans danger, et qu'il en a les moyens. Ils ne sont tombés dans l'infortune, que pour son service et pour sa cause. Il doit, par la même raison, fournir aux frais de leur entretien pendant leur prison. Autrefois les prisonniers de guerre étaient obligés de se racheter eux-mêmes; mais aussi la rançon de ceux que les soldats ou les officiers pouvaient prendre, leur appartenait. L'usage moderne est plus conforme à la raison et à la justice. Si l'on ne peut délivrer les prisonniers pendant la guerre, au moins faut-il, s'il est possible, stipuler leur liberté dans le traité de paix. C'est un soin que l'Etat doit à ceux qui se sont exposés pour lui. Cependant il faut convenir que toute Nation peut, à l'exemple des Romains, et pour exciter ses soldats à la plus vigoureuse résistance, faire une loi qui défende de racheter jamais les prisonniers de guerre. Dès que la société entière en est ainsi convenue, personne ne peut se plaindre. Mais la loi est bien dure; et elle ne pouvait guère convenir qu'à ces héros ambitieux, résolus de tout sacrifier pour devenir les maîtres du monde.

§ 155. — *S'il est permis de faire assassiner ou empoisonner un ennemi.*

Puisque nous traitons, dans ce chapitre, des droits que donne la guerre contre la personne de l'ennemi, c'est ici le lieu d'examiner une question célèbre, sur laquelle les auteurs se sont partagés. Il s'agit de savoir si on peut légitimement employer toutes sortes de moyens pour ôter la vie à un ennemi; s'il est permis de le faire assassiner, ou empoisonner? Quelques-uns ont dit que, si l'on a le droit d'ôter la vie, la manière est indifférente. Etrange maxime, heureusement réprouvée par les seules idées confuses de l'honneur! J'ai droit, dans la société civile, de réprimer un calomniateur, de me faire rendre mon bien par celui qui le détient injustement; la manière sera-t-elle indifférente? Les Nations peuvent se faire justice les armes à la main, quand on la leur refuse; sera-t-il indifférent à la société humaine qu'elles y emploient des moyens odieux, capables de porter la désolation dans toute la terre, et desquels le plus juste, le plus équitable des souverains, soutenu même de la plupart des autres, ne saurait se garder?

Mais pour traiter solidement cette question, il faut d'abord ne point confondre l'assassinat avec les surprises, très permises sans doute dans la guerre. Qu'un soldat déterminé se glisse pendant la nuit dans un camp ennemi, qu'il pénètre jusqu'à la tente du général et le poignarde, il n'y a rien là de contraire aux lois naturelles de la guerre, rien même que de louable dans une guerre juste et nécessaire. Mutius Scévola a été loué de tous les grands hommes de l'antiquité, et Porsenna lui-même, qu'il avait voulu tuer, rendit justice à son courage (a). Pepin, père de Charlemagne, ayant passé le Rhin avec un seul garde, alla tuer son ennemi dans sa chambre (b). Si quelqu'un a condamné absolument ces coups hardis, ce n'est que pour flatter ceux d'entre les grands qui voudraient laisser aux soldats et aux subalternes tout le danger de la guerre. Il est vrai qu'on en punit ordinairement les auteurs par de rigoureux supplices. Mais c'est que le prince ou le général, attaqué de cette manière, use à son tour de ses droits; il songe à sa sûreté, et il essaie, par la terreur des supplices, d'ôter à ses ennemis l'envie de l'attaquer autrement qu'à force ouverte : il peut proportionner sa rigueur envers un ennemi, à ce qu'exige sa propre sûreté. Il est vrai encore qu'il sera beaucoup plus louable de renoncer, de part et d'autre, à toute espèce d'hostilité qui met l'ennemi dans la nécessité d'employer les supplices pour s'en défendre; on peut en faire un usage, une loi conventionnelle de la guerre. Aujourd'hui les entreprises de cette nature ne sont

---

(a) Voyez Tit.-Liv., lib. II, cap. XII, Cicer. *pro P. Sextio.* Valer. Maxim., lib. III, c. III. Plutarque, *vie de Publicola.*
(b) Voyez Grotius, liv. III, chap. IV, § XVIII, n. 1.

point du goût de nos généreux guerriers, et ils ne les tenteraient que dans ces occasions rares où elles deviendraient nécessaires au salut de la patrie. Pour ce qui est de ces six cents Lacédémoniens qui, sous la conduite de Léonidas, pénétrèrent dans le camp de l'ennemi et allèrent droit à la tente du roi de Perse (a), leur expédition était dans les règles ordinaires de la guerre, et n'autorisait point ce roi à les traiter plus rigoureusement que d'autres ennemis. Il suffit de faire bonne garde pour se garantir d'un pareil coup de main; et il serait injuste d'y employer la terreur des supplices; aussi la réserve-t-on pour ceux qui s'introduisent subtilement seuls, ou en très petit nombre, et surtout à la faveur d'un déguisement.

J'appelle donc *assassinat* un meurtre commis par trahison, soit qu'on y emploie des traîtres, sujets de celui qu'on fait assassiner ou de son souverain, soit qu'il s'exécute par la main de tout autre émissaire, qui se sera introduit comme suppliant ou réfugié, ou comme transfuge, ou enfin comme étranger; et je dis qu'un pareil attentat est une action infâme et exécrable dans celui qui l'exécute et dans celui qui la commande. Pourquoi jugeons-nous qu'un acte est criminel, contraire à la loi de la nature, si ce n'est parce que cet acte est pernicieux à la société humaine, et que l'usage en serait funeste aux hommes? Et quel fléau plus terrible à l'humanité, que la coutume de faire assassiner son ennemi par un traître? Encore un coup, introduisez cette licence, la vertu la plus pure, l'amitié de la plus grande partie des souverains, ne seront plus suffisantes pour mettre un prince en sûreté. Que Titus eût régné du temps du *Vieux de la montagne,* qu'il eût fait le bonheur des hommes, que, fidèle observateur de la paix et de l'équité, il eût été respecté et adoré de tous les potentats; à la première querelle que le prince des *assassins* eût voulu lui susciter, cette bienveillance universelle ne pouvait le sauver, et le genre humain était privé de ses *délices*. Qu'on ne me dise point que ces coups extraordinaires ne sont permis qu'en faveur du bon droit : tous prétendent, dans leurs guerres, avoir la justice de leur côté. Quiconque par son exemple contribue à l'introduction d'un usage si funeste, se déclare donc l'ennemi du genre humain, et mérite l'exécration de tous les siècles (*). L'assassinat de Guillaume, prince d'Orange, fut généralement détesté, quoique les Espagnols traitassent ce prince de rebelle. Et ces mêmes Espagnols se défendirent, comme d'une calomnie atroce, d'avoir eu la moindre part à celui de Henri-le-Grand, qui se préparait à leur faire une guerre capable d'ébranler leur monarchie.

Le poison donné en trahison a quelque chose de plus odieux encore que l'assassinat; l'effet en serait plus inévitable, et l'usage, plus terrible : aussi a-t-il été plus généralement détesté. On peut voir les témoignages recueillis par Grotius (a). Les consuls C. Fabricius et Q. Æmilius rejetèrent avec horreur la pro-

---

(*) Voyez le dialogue entre *J. César et Cicéron*, dans les *Mélanges de littérature et de poésies* de Vattel.

Farrudge, sultan d'Egypte, envoya à Timur-Bec un ambassadeur accompagné de deux scélérats qui devaient assassiner ce conquérant pendant l'audience. Ce dessein infâme ayant été découvert, Timur dit : *Ce n'est point la maxime des rois de tuer les ambassadeurs ; mais celui-ci, qui, revêtu d'un habit de religieux, est un monstre de corruption et de perfidie, ce serait un crime de le laisser vivre lui et ses camarades.* Il ordonna donc que, suivant le passage de l'Alcoran, qui dit que la trahison retombe sur le traître, il fût expédié avec le même poignard dont il voulait faire son abominable action. On brûla ensuite son infâme cadavre, pour donner exemple aux autres. On se contenta de couper le nez et les oreilles aux deux assassins, et on ne les fit pas mourir, parce qu'on voulut les renvoyer avec une lettre au sultan d'Egypte. *Histoire de* Timur-Bec, liv. V, chap. XXIV.

(a) Liv. III, chap. IV, § XV.

position du médecin de PYRRHUS, qui offrait d'empoisonner son maître, et même ils avertirent ce prince d'être en garde contre le traître, ajoutant fièrement : *Ce n'est point pour vous faire la cour que nous vous donnons cet avis, mais pour ne pas nous couvrir nous-mêmes d'infamie (a).* Et ils disent fort bien, dans la même lettre, qu'il est de l'intérêt commun des Nations qu'on ne donne point de pareils exemples (b). Le sénat romain tenait pour maxime, que *la guerre devait se faire avec les armes et non par le poison (c).* Sous TIBÈRE même, on rejeta l'offre que faisait le prince des Cattes, d'empoisonner ARMINIUS, si on voulait lui envoyer du poison, et on lui répondit : *Que le peuple romain se vengeait de ses ennemis à force ouverte, et non pas par de mauvaises pratiques et de secrètes machinations (d);* TIBÈRE se glorifiant d'imiter ainsi la vertu des anciens capitaines romains. Cet exemple est d'autant plus remarquable, qu'ARMINIUS avait fait périr par trahison VARUS avec trois légions romaines. Le sénat et TIBÈRE lui-même ne pensèrent pas qu'il fût permis d'employer le poison, même contre un perfide, et par une sorte de rétorsion ou de représailles.

L'assassinat et l'empoisonnement sont donc contraires aux lois de la guerre; également proscrits par la loi naturelle et par le consentement des peuples civilisés. Le souverain qui met en usage ces moyens exécrables, doit être regardé comme l'ennemi du genre humain; et toutes les Nations sont appelées, pour le salut commun des hommes, à se réunir contre lui, à

(a) Οὐδὲ γὰρ ταῦτα σῇ χάριτι μηνύομεν, ἀλλ' ὅπως μὴ τὸ σὸν πάθος ἡμῖν διαβολὴν ἐνέγκη, etc. PLUTARC., *in vit. Pyrrh.*

(b) *Sed communis exempli et fidei ergo visum est, uti te salvum velimus; ut esset, quem armis vincere possemus.* Apud AUL. GELL., Noct. Attic., lib. III, cap. VIII.

(c) *Armis belàl, non venenis, geri debere.* VALER. MAX., l. VI, cap. V, num. 1.

(d) *Non fraude, neque occultis, sed palàm et armatum populum Romanum hostes suos ulcisci.* TACIT., Annal., l. II, c. 88.

joindre leurs forces, pour le châtier. Sa conduite autorise en particulier l'ennemi attaqué par des voies si
odieuses, à ne lui faire aucun quartier. ALEXANDRE-LE-
GRAND déclara, «qu'il était résolu de poursuivre
«DARIUS à outrance, non plus comme un ennemi de
«bonne guerre, mais comme un empoisonneur et un
«assassin (a). »

L'intérêt et la sûreté de ceux qui commandent exigent qu'ils apportent tous leurs soins à empêcher l'introduction de semblables pratiques, bien loin de l'autoriser. EUMÈNES disait sagement : « qu'il ne croyait
«pas qu'aucun général d'armée voulût se procurer la
« victoire en donnant un exemple pernicieux, qui pour-
«rait retomber sur lui-même (b). » Et c'est sur le
même principe, qu'Alexandre jugea de l'action de
BESSUS, qui avait assassiné DARIUS (c).

§ 156. — Si l'on peut se servir d'armes empoisonnées.

Il y a un peu plus de couleur à excuser, ou à défendre
l'usage des armes empoisonnées. Au moins n'y a-t-il
point là de trahison, de voie secrète. Mais cet usage
n'en est pas moins interdit par la loi naturelle, qui ne
permet point d'étendre à l'infini les maux de la guerre.
Il faut bien que vous frappiez votre ennemi, pour surmonter ses efforts; mais s'il est une fois mis hors de
combat, est-il besoin qu'il meure inévitablement de ses
blessures? D'ailleurs, si vous empoisonnez vos armes,
l'ennemi vous imitera; et sans gagner aucun avantage
pour la décision de la querelle, vous aurez seulement
rendu la guerre plus cruelle et plus affreuse. La guerre
n'est permise aux Nations que par nécessité; toutes

(a) QUINT. CURT., lib. IV, cap. XI, num. 18.
(b) *Nec Antigonum, nec quemquam ducum, sic velle vincere,
ut ipse in se exemplum pessimum statuat.* JUSTIN., liv. XIV, c. I,
num. 12.
(c) *Quem quidem (Bessum) cruci adfixum videre festino omnibus regibus gentibusque fidei, quam violavit, meritas pœnas
solventem.* QUINT. CURT., lib. VI, c. III, num. 14.

doivent s'abstenir de ce qui ne tend qu'à la rendre plus funeste; et même elles sont obligées de s'y opposer. C'est donc avec raison, et conformément à leur devoir, que les peuples civilisés ont mis au nombre des lois de la guerre, la maxime qui défend d'empoisonner les armes (*a*); et tous sont autorisés, par l'intérêt de leur salut commun, à réprimer et à punir les premiers qui voudraient enfreindre cette loi.

§ 157. — *Et empoisonner les fontaines.*

On s'accorde plus généralement encore à condamner l'empoisonnement des eaux, des fontaines, et des puits, parce que, disent quelques auteurs, par là on peut donner la mort à des innocents, à d'autres qu'aux ennemis. C'est une raison de plus; mais ce n'est ni la seule, ni même la véritable : car on ne laisse pas de tirer sur un vaisseau ennemi, quoiqu'il ait à bord des passagers neutres. Mais si l'on doit s'abstenir d'employer le poison, il est très permis de détourner l'eau, de couper les sources, ou de les rendre inutiles de quelque autre manière, pour forcer l'ennemi à se rendre (*b*). C'est une voie plus douce que celle des armes.

§ 158. — *Dispositions qu'il faut conserver envers l'ennemi.*

Ne quittons point cette matière, de ce qu'on est en droit de faire contre la personne de l'ennemi, sans dire un mot des dispositions que l'on doit conserver envers lui. On peut déjà les déduire de ce que nous avons dit jusqu'ici, et surtout au chapitre I du livre II. N'oublions jamais que nos ennemis sont hommes. Réduits à la fâcheuse nécessité de poursuivre notre droit par la force des armes, ne dépouillons point la charité qui nous lie à tout le genre humain. De cette manière nous défendrons courageusement les droits de la patrie, sans blesser ceux de l'humanité (*). Que notre valeur

---

(*a*) Voyez GROTIUS, liv. III, chap. IV, § XVI.
(*b*) GROTIUS, *ibid.*, § XVII.
(*) Les lois de la justice et de l'équité ne doivent pas moins

se préserve d'une tache de cruauté ; et l'éclat de la victoire ne sera point terni par des actions inhumaines et brutales. On déteste aujourd'hui Marius, Attila ; on ne peut s'empêcher d'admirer et d'aimer César : peu s'en faut qu'il ne rachète par sa générosité, par sa clémence, l'injustice de son entreprise. La modération, la générosité du vainqueur, lui est plus glorieuse que son courage ; elle annonce plus sûrement une grande âme. Outre la gloire qui suit infailliblement cette vertu, on a vu souvent des fruits présents et réels de l'humanité envers un ennemi. Léopold, duc d'Autriche, assiégeant Soleure en l'année 1318, jeta un pont sur l'Aar, et y plaça un gros corps de troupes ; la rivière enflée extraordinairement (*), emporta le pont et ceux qui étaient dessus. Les assiégés vinrent au secours de ces malheureux, et en sauvèrent la plus grande partie. Léopold, vaincu par ce trait de générosité, leva le siége, et fit la paix avec la ville (*a*). Le duc de Cumberland, après la victoire de *Dettingue* (*b*), me paraît plus grand encore que dans la mêlée. Comme il était

---

être respectées, même en temps de guerre. J'en citerai cet exemple remarquable : Alcibiade, général des Athéniens assiégeait Byzance, qui était occupée par les Lacédémoniens, et, voyant qu'il ne pouvait emporter la ville de force, il pratiqua des intelligences qui la lui livrèrent. Anaxilaüs, citoyen de Byzance, était un de ceux qui y avaient eu part. Il fut dans la suite accusé pour ce fait à Lacédémone ; mais il représenta que, s'il avait livré la ville aux Athéniens, ce n'était ni par haine pour les Lacédémoniens, ni qu'il eût été corrompu par argent, mais pour sauver les femmes et les enfants qu'il voyait mourir de faim. En effet, le commandant avait donné aux soldats tout le blé qui était dans la place. Les Lacédémoniens, par un trait d'équité admirable et bien rare en pareilles occasions, le déclarèrent absous, disant qu'il n'avait pas trahi la ville, mais qu'il l'avait sauvée ; et surtout faisant attention que cet homme était de Byzance, et non pas de Lacédémone. Xénophon, *Hist. Græc.*, lib. I, pag. 340.

(*) Par les grandes pluies. — (*a*) A.-L. de Wattewille, *Hist. de la Confédérat. helvétique,* t. 1, p. 126, 127.

(*b*) En 1743.

à se faire panser d'une blessure, on apporta un officier français, blessé beaucoup plus dangereusement que lui. Le prince ordonna aussitôt à son chirurgien de le quitter, pour secourir cet officier ennemi. Si les grands savaient combien de pareilles actions les font respecter et chérir, ils chercheraient à les imiter, lors même que l'élévation de leurs sentiments ne les y porterait pas. Aujourd'hui les Nations de l'Europe font presque toujours la guerre avec beaucoup de modération et de générosité. De ces dispositions naissent plusieurs usages louables, et qui vont même souvent jusqu'à une extrême politesse (*). On enverra quelquefois des rafraîchissements à un gouverneur assiégé. On s'abstient pour l'ordinaire de tirer sur le quartier du roi ou du général. Il n'y a qu'à gagner dans cette modération, quand on a à faire à un ennemi généreux. Mais elle n'est obligatoire qu'autant qu'elle ne peut nuire à la cause que l'on défend, et l'on voit assez qu'un général sage se réglera à cet égard sur les conjonctures, et sur ce qu'exige la sûreté de l'armée et de l'Etat, sur la grandeur du péril, sur le caractère et la conduite de l'ennemi. Si une Nation faible, une ville, se voit attaquée par un conquérant furieux, qui menace de la détruire, s'abstiendra-t-elle de tirer sur son quartier? C'est là, au contraire, s'il était possible, qu'il faudrait adresser tous les coups.

(*) Timur-Bec fit la guerre à Joseph Sofy, roi de Carezem, et conquit son royaume. Dans cette guerre, ce grand homme fit voir qu'il possédait, même au milieu des combats, cette modération, cette politesse, que l'on croit particulières à nos guerriers modernes. Comme il assiégeait Joseph dans la ville d'Eskiskus, on lui apporta des melons; il résolut d'en envoyer à son ennemi, supposant *que ce serait manquer à la civilité de ne pas partager avec ce prince ces fruits nouveaux, étant si proche de lui, et il ordonna qu'on les mît dans un bassin d'or, et qu'on les lui portât.* Le roi de Carezem reçut brutalement cette galanterie; il fit jeter les melons dans le fossé, et donna le bassin au portier de la ville. LA CROIX, *Hist. de Timur-Bec*, liv. V, chap. XXVII.

§ 159. — *Des ménagements pour la personne d'un roi ennemi.*

Autrefois, celui qui pouvait tuer le roi ou le général ennemi était loué et récompensé. On sait quel honneur était attaché aux *dépouilles opimes*. Rien n'était plus naturel : les anciens combattaient presque toujours pour leur salut, et souvent la mort du chef mit fin à la guerre. Aujourd'hui, au moins pour l'ordinaire, un soldat n'oserait se vanter d'avoir ôté la vie au roi ennemi. Les souverains s'accordent ainsi tacitement à mettre leur personne en sûreté. Il faut avouer que dans une guerre peu échauffée, et où il ne s'agit pas du salut de l'Etat, il n'y a rien que de louable dans ce respect pour la majesté royale, rien même que de conforme aux devoirs mutuels des Nations. Dans une pareille guerre, ôter la vie au souverain de la Nation ennemie, quand on pourrait l'épargner, c'est faire peut-être à cette Nation plus de mal qu'il n'est nécessaire pour finir heureusement la querelle. Mais ce n'est point une loi de la guerre, d'épargner en toute rencontre la personne du roi ennemi; et on n'y est obligé, que quand on a la facilité de le faire prisonnier (*).

(*) Rapportons à ce sujet un trait de Charles XII, roi de Suède, également plein de raison et du plus noble courage. « Ce « prince assiégeait la ville de Thorn, en Pologne. Comme il se « promenait sans cesse autour de la place, il fut facilement « distingué par les canonniers, qui, dès qu'ils le voyaient pa- « raître, tiraient sur lui. Les principaux officiers de son armée, « à qui ce danger donnait une grande inquiétude, voulaient « faire déclarer au gouverneur, que si cela continuait il n'y « aurait point de quartier pour lui ni pour la garnison. Mais « le roi de Suède ne voulut jamais le permettre, disant à ses « officiers, que le commandant et les canonniers saxons avaient « raison, que c'était lui qui leur faisait la guerre; qu'elle serait « finie s'ils pouvaient le tuer; au lieu qu'ils ne retireraient qu'un « faible avantage, même en tuant les principaux officiers de son « armée. » *Hist. du Nord*, p. 26.

CHAPITRE IX.

Du droit de la guerre à l'égard des choses qui appartiennent à l'ennemi.

§ 160. — *Principes du droit sur les choses qui appartiennent à l'ennemi.*

L'État qui prend les armes pour un juste sujet, a un double droit contre son ennemi. 1° Le droit de se mettre en possession de ce qui lui appartient et que l'ennemi lui refuse; à quoi il faut ajouter les dépenses faites à cette fin, les frais de la guerre et la réparation des dommages : car s'il était obligé de supporter ces frais et ces pertes, il n'obtiendrait point en entier ce qui est à lui, ou ce qui lui est dû. 2° Il a le droit d'affaiblir l'ennemi, pour le mettre hors d'état de soutenir une injuste violence (§ 138), le droit de lui ôter les moyens de résister. De là naissent, comme de leur principe, tous les droits de la guerre sur les choses qui appartiennent à l'ennemi. Je parle des cas ordinaires, et de ce qui se rapporte particulièrement aux biens de l'ennemi. En certaines occasions, le droit de le punir produit de nouveaux droits sur les choses qui lui appartiennent, comme il en donne sur sa personne. Nous en parlerons tout à l'heure.

§ 161. — *Du droit de s'en emparer*

On est en droit de priver l'ennemi de ses biens, de tout ce qui peut augmenter ses forces et le mettre en état de faire la guerre. Chacun travaille à cette fin de la manière qui lui convient le mieux. On s'empare, quand on le peut, des biens de l'ennemi, on se les approprie, et par là, outre qu'on diminue les forces de son adversaire, on augmente les siennes propres, et l'on se procure, au moins en partie, un dédommagement, un équivalent, soit du sujet même de la guerre, soit des dépenses et des pertes qu'elle cause; on se fait justice soi-même.

§ 162. — *De ce qu'on ôte à l'ennemi par forme de peine.*

Le droit de sûreté autorise souvent à punir l'injustice, ou la violence(43). C'est un nouveau titre pour dépouiller un ennemi de quelque partie de ses biens. Il est plus humain de châtier une Nation de cette manière, que de faire tomber la peine sur la personne des citoyens. On peut lui enlever, dans cette vue, des choses précieuses, des droits, des villes, ou des provinces. Mais toutes les guerres ne donnent pas un juste sujet de punir. La Nation qui a soutenu de bonne foi et avec modération une mauvaise cause, mérite plus de compassion que de colère, de la part d'un vainqueur généreux. Et dans une cause douteuse, on doit présumer que l'ennemi est dans la bonne foi (*Prélim.*, § 21, *et liv. III*, § 40). Ce n'est donc que l'injustice manifeste, dénuée même de prétextes plausibles, ou d'odieux excès dans les procédés, qui donnent à un ennemi le droit de punir. Et dans toute occasion, il doit borner la peine à ce qu'exigent sa sûreté et celle des Nations. Tant que la prudence le permet, il est beau d'écouter la clémence. Cette aimable vertu est presque toujours plus utile à celui qui l'exerce, que l'inflexible rigueur. La clémence du grand HENRI seconda merveilleusement sa valeur, quand ce bon prince se vit forcé de faire la conquête de son royaume. Il n'eût soumis que des ennemis par ses armes; sa bonté lui gagna des sujets affectionnés.

---

(43) Le droit de sûreté n'est point le fondement des punitions. Voyez là-dessus toutes les remarques précédentes 12-42. Les docteurs en *droit des gens*, en vont souvent chercher les raisons dans la nature, comme les anciens jurisconsultes allaient chercher leurs étymologies dans la grammaire : si elles ne voulaient pas venir, ils les tiraient par les cheveux ; et les disciples répétaient cela, sans y regarder de plus près que leurs maîtres. *D.*

§ 103. — *De ce qu'on lui retient pour l'obliger à donner une juste satisfaction.*

Enfin, on s'empare de ce qui appartient à l'ennemi, de ses villes, de ses provinces, pour l'amener à des conditions raisonnables, pour le contraindre à accepter une paix équitable et solide. On lui prend ainsi beaucoup plus qu'il ne doit, plus que l'on ne prétend de lui; mais c'est dans le dessein de restituer le surplus par le traité de paix. Nous avons vu le roi de France déclarer, dans la dernière guerre, qu'il ne prétendait rien pour lui-même, et rendre en effet toutes ces conquêtes, au traité d'*Aix-la-Chapelle*.

§ 164. — *Du butin.*

Comme on appelle *conquêtes* les villes et les terres prises sur l'ennemi, toutes les choses mobiles qu'on lui enlève forment le *butin*. Naturellement ce butin n'appartient pas moins que les conquêtes au souverain qui fait la guerre; car lui seul a des prétentions à la charge de l'ennemi, qui l'autorisent à s'emparer de ses biens et à se les approprier. Ses soldats, et même les auxiliaires, ne sont que des instruments dans sa main pour faire valoir son droit. Il les entretient et les soudoie; tout ce qu'ils font, ils le font en son nom et pour lui. S'ils ne sont pas associés dans la guerre, elle ne se fait point pour eux; ils n'ont pas plus de droit au butin qu'aux conquêtes. Mais le souverain peut faire aux troupes telle part qu'il lui plaît du butin. Aujourd'hui on leur abandonne, chez la plupart des Nations, tout celui qu'elles peuvent faire en certaines occasions où le général permet le pillage; la dépouille des ennemis restés sur le champ de bataille, le pillage d'un camp forcé, quelquefois celui d'une ville qui se laisse prendre d'assaut. Le soldat acquiert encore dans plusieurs services tout ce qu'il peut enlever aux troupes ennemies quand il va en parti, ou en détachement, à l'exception de l'artillerie, des munitions de guerre, des magasins et convois de provisions de bouche et de fourrages, que

l'on applique aux besoins et à l'usage de l'armée. Et
dès que la coutume est reçue dans une armée, ce serait
une injure que d'exclure les auxiliaires du droit qu'elle
donne aux troupes. Chez les Romains, le soldat était
obligé de rapporter à la masse tout le butin qu'il avait
fait. Le général faisait vendre ce butin, il en distribuait
quelque partie aux soldats, à chacun selon son rang, et
portait le reste au trésor public.

§ 165. — *Des contributions.*

Au pillage de la campagne et des lieux sans défense,
on a substitué un usage en même temps plus humain
et plus avantageux au souverain qui fait la guerre ; c'est
celui des *contributions*. Quiconque fait une guerre
juste, est en droit de faire contribuer le pays ennemi
à l'entretien de son armée, à tous les frais de la guerre.
Il obtient ainsi une partie de ce qui lui est dû ; et les
sujets de l'ennmi se soumettant à cette imposition,
leurs biens sont garantis du pillage, le pays est conservé. Mais si un général veut jouir d'une réputation
sans tache, il doit modérer les contributions, et les
proportionner aux facultés de ceux à qui il les impose.
L'excès en cette matière n'échappe point au reproche
de dûreté et d'inhumanité. S'il montre moins de férocité
que le ravage et la destruction, il annonce plus d'avarice et de cupidité. Les exemples d'humanité et de sagesse ne peuvent être trop souvent allégués. On en
vit un bien louable dans ces longues guerres que la
France a soutenues sous le règne de Louis XIV. Les
souverains, obligés et respectivement intéressés à conserver le pays, faisaient, à l'entrée de la guerre, des
traités pour régler les contributions sur un pied supportable ; on convenait, et de l'étendue de pays ennemi
dans laquelle chacun pourrait en exiger, et de la force
de ces impositions, et de la manière dont les partis envoyés pour les lever auraient à se comporter. Il était
porté dans ces traités qu'aucune troupe au-dessous
d'un certain nombre, ne pourrait pénétrer dans le pays

ennemi au-delà des bornes convenues, à peine d'être traitée en *parti bleu.* C'était prévenir une multitude d'excès et de désordres qui désolent les peuples, et presque toujours à pure perte pour les souverains qui font la guerre. Pourquoi un si bel exemple n'est-il pas généralement suivi?

§ 166. — *Du dégât.*

S'il est permis d'enlever les biens d'un injuste ennemi pour l'affaiblir (§ 161), ou pour le punir (§ 162), les mêmes raisons autorisent à détruire ce qu'on ne peut commodément emporter. C'est ainsi que l'on fait le dégât dans un pays, qu'on y détruit les vivres et les fourrages, afin que l'ennemi n'y puisse subsister : on coule à fond ses vaisseaux, quand on ne peut les prendre ou les emmener. Tout cela va au but de la guerre ; mais on ne doit user de ces moyens qu'avec modération, et suivant le besoin. Ceux qui arrachent les vignes et coupent les arbres fruitiers, si ce n'est pour punir l'ennemi de quelque attentat contre le droit des gens, sont regardés comme des barbares : ils désolent un pays pour bien des années, et au-delà de ce qu'exige leur propre sûreté. Une pareille conduite est moins dictée par la prudence que par la haine et la fureur.

§ 167. — *Des ravages et des incendies.*

Cependant on va plus loin encore en certaines occasions: on ravage entièrement un pays, on saccage les villes et les villages, on y porte le fer et le feu. Terribles extrémités, quand on y est forcé! excès barbares et monstrueux, quand on s'y abandonne sans nécessité! Deux raisons cependant peuvent les autoriser : 1° la nécessité de châtier une Nation injuste et féroce, de réprimer sa brutalité et de se garantir de ses brigandages. Qui doutera que le roi d'Espagne et les puissances d'Italie ne fussent très fondés à détruire jusques aux fondements, ces villes maritimes de l'Afrique, ces repaires de pirates, qui troublent sans cesse leur commerce et désolent leurs sujets? Mais qui se portera à ces extrémités, en vue de punir seulement le souverain ? Celui-ci ne sentira la peine qu'indirectement. Qu'il est cruel de la faire parvenir jusqu'à lui par la désolation d'un peuple innocent! Le même prince, dont on loua la fermeté et le juste ressentiment dans le bombardement d'Alger, fut accusé d'orgueil et d'inhumanité après celui de Gênes. 2° On ravage un pays, on le rend inhabitable, pour s'en faire une barrière, pour couvrir sa frontière contre un ennemi que l'on ne se sent pas capable d'arrêter autrement. Le moyen est dur, il est vrai; mais pourquoi n'en pourrait-on pas user aux dépens de l'ennemi, puisqu'on se détermine bien, dans les mêmes vues, à ruiner ses propres provinces ? Le tzar PIERRE-LE-GRAND, fuyant devant le terrible CHARLES XII, ravagea plus de quatre-vingts lieues de pays dans son propre empire, pour arrêter l'impétuosité d'un torrent devant lequel il ne pouvait tenir. La disette et les fatigues affaiblirent enfin les Suédois, et le monarque russe recueillit à Pultawa les fruits de sa circonspection et de ses sacrifices. Mais les remèdes violents ne doivent pas être prodigués : il faut, pour en justifier l'usage, des raisons d'une importance proportionnée. Un prince qui, sans nécessité, imiterait la conduite du tzar, serait coupable envers son peuple; celui qui en fait autant en pays ennemi quand rien ne l'y oblige, ou sur de faibles raisons, se rend le fléau de l'humanité. Les Français ravagèrent et brulèrent le Palatinat dans le siècle passé (a). Il s'éleva un cri universel contre cette manière de faire la guerre. En vain la cour s'autorisa du dessein de mettre à couvert ses frontières : le Palatinat saccagé faisait peu à cette fin ; on n'y vit que la vengeance et la cruauté d'un ministre dur et hautain.

(a) En 1674, et une seconde fois, d'une manière beaucoup plus terrible, en 1689.

§ 168. — *Quelles choses on doit épargner.*

Pour quelque sujet que l'on ravage un pays, on doit épargner les édifices qui font honneur à l'humanité, et qui ne contribuent point à rendre l'ennemi plus puissant, les temples, les tombeaux, les bâtiments publics, tous les ouvrages respectables par leur beauté. Que gagne-t-on à les détruire? C'est se déclarer ennemi du genre humain, que de le priver, de gaîté de cœur, de ces monuments des arts, de ces modèles du goût, comme BÉLISAIRE le représentait à TOTILA, roi des Goths (*a*). Nous détestons encore aujourd'hui ces barbares, qui détruisirent tant de merveilles quand ils inondèrent l'empire romain. De quelque juste ressentiment que le grand GUSTAVE fût animé contre MAXIMILIEN, duc de Bavière, il rejeta avec indignation le conseil de ceux qui voulaient détruire le magnifique palais de Munich, et il prit soin de conserver cet édifice.

Cependant, s'il est nécessaire de détruire des édifices de cette nature, pour les opérations de la guerre, pour pousser les travaux d'un siége, on en a le droit sans doute. Le souverain du pays, ou son général, les détruit bien lui-même, quand les besoins ou les maximes de la guerre l'y invitent. Le gouverneur d'une ville assiégée en brûle les faubourgs, pour empêcher que les assiégeants ne s'y logent. Personne ne s'avise de blâmer celui qui dévaste des jardins, des vignes, des vergers, pour y asseoir son camp et s'y retrancher. Si par là il détruit quelque beau monument, c'est un accident, une suite malheureuse de la guerre; il ne sera condamné que dans le seul cas où il pût camper ailleurs sans le moindre inconvénient.

§ 169. — *Du bombardement des villes.*

Il est difficile d'épargner les plus beaux édifices, quand on bombarde une ville. Communément on se borne aujourd'hui à foudroyer les remparts, et tout ce qui ap-

(*a*) Voyez sa lettre dans PROCOPE. Elle est rapportée par GROTIUS, liv. III, chap. XII, § II, not. 11.

partient à la défense de la place : détruire une ville
par les bombes et les boulets rouges, est une extrémité
à laquelle on ne se porte pas sans de grandes raisons.
Mais elle est autorisée cependant par les lois de la
guerre, lorsqu'on n'est pas en état de réduire autrement une place importante, de laquelle peut dépendre
le succès de la guerre, ou qui sert à nous porter des
coups dangereux. Enfin, on en vient là quelquefois,
quand on n'a pas d'autre moyen de forcer un ennemi
à faire la guerre avec humanité, ou de le punir de quelque autre excès. Mais les bons princes n'usent qu'à
l'extrémité, et avec répugnance, d'un droit si rigoureux.
En l'année 1694, les Anglais bombardèrent plusieurs
places maritimes de France, dont les armateurs portaient des coups sensibles au commerce de la Grande-
Bretagne. La vertueuse et digne épouse de GUILLAUME
III n'apprit point ses exploits de la flotte avec une vraie
satisfaction : elle témoigna de la douleur de ce que la
guerre rendait de telles hostilités nécessaires, ajoutant
qu'elle espérait que ces sortes d'opérations deviendraient si odieuses, qu'à l'avenir on y renoncerait de
part et d'autre (a).

§ 170. — *Démolition des forteresses.*

Les forteresses, les remparts, toute espèce de fortifications, appartiennent uniquement à la guerre. Rien
de plus naturel, ni de plus légitime, dans une guerre
juste, que de raser celles qu'on ne se propose pas de
garder. On affaiblit d'autant son ennemi, et on n'enve-
loppe point des innocents dans les pertes qu'on lui
cause. C'est le grand parti que la France a tiré de ses
victoires, dans une guerre où elle ne prétendait pas faire
des conquêtes.

§ 171. — *Des sauvegardes.*

On donne des sauvegardes aux terres et aux maisons
que l'on veut épargner, soit par une faveur, soit à la

(a) *Histoire de Guillaume III*, liv. VI, t. II, p. 66.

charge d'une contribution. Ce sont des soldats qui les protégent contre les partis, en signifiant les ordres du général. Ces soldats sont sacrés pour l'ennemi; il ne peut les traiter hostilement, puisqu'ils sont là comme bienfaiteurs, et pour le salut de ses sujets. On doit les respecter, de même que l'on respecte l'escorte donnée à une garnison, ou à des prisonniers de guerre pour les conduire chez eux.

§ 172. — *Règle générale de modération sur le mal que l'on peut faire à l'ennemi.*

En voilà assez pour donner une idée de la modération avec laquelle on doit user, dans la guerre la plus juste, du droit de piller et de ravager le pays ennemi. Otez le cas où il s'agit de punir un ennemi, tout revient à cette règle générale: Tout le mal que l'on fait à l'ennemi sans nécessité, toute hostilité qui ne tend point à amener la victoire et la fin de la guerre, est une licence que la loi naturelle condamne.

§ 173. — *Règle du droit des gens volontaire, sur le même sujet*

Mais cette licence est nécessairement impunie et tolérée jusqu'à un certain point, entre les Nations. Comment déterminer avec précision, dans les cas particuliers, jusqu'où il était nécessaire de porter des hostilités pour parvenir à une heureuse fin de la guerre? Et quand on pourrait le marquer exactement, les Nations ne reconnaissent point de juge commun; chacune juge de ce qu'elle a à faire pour remplir ses devoirs. Donnez lieu à de continuelles accusations d'excès dans les hostilités, vous ne ferez que multiplier les plaintes, aigrir de plus en plus les esprits; de nouvelles injures renaîtront continuellement, et l'on ne posera point les armes, jusqu'à ce que l'un des partis soit détruit. Il faut donc s'en tenir, de Nation à Nation, à des règles générales, indépendantes des circonstances, d'une application sûre et aisée. Or, ces règles ne peuvent être telles, si l'on n'y considère pas les choses dans un sens absolu, en elles-mêmes et dans leur nature. De même donc que, à l'égard des hostilités contre la personne de l'ennemi, le droit des gens volontaire se borne à proscrire les moyens illicites et odieux en eux-mêmes, tels que le poison, l'assassinat, la trahison, le massacre d'un ennemi rendu et de qui on n'a rien à craindre ; ce même droit, dans la matière que nous traitons ici, condamne toute hostilité qui, de sa nature et indépendamment des circonstances, ne fait rien au succès de nos armes, n'augmente point nos forces, et n'affaiblit point l'ennemi. Au contraire, il permet ou tolère tout acte qui, en soi-même et de sa nature, est propre au but de la guerre, sans s'arrêter à considérer si telle hostilité était peu nécessaire, inutile, ou superflue dans le cas particulier, à moins que l'exception qu'il y avait à faire dans ce cas-là ne fût de la dernière évidence : car là où l'évidence règne, la liberté des jugements ne subsiste plus. Ainsi il n'est pas en général contre les lois de la guerre, de brûler et de saccager un pays. Mais si un ennemi très supérieur en forces traite de cette manière une ville, une province, qu'il peut facilement garder pour se procurer une paix équitable et avantageuse, il est généralement accusé de faire la guerre en barbare et en furieux. La destruction volontaire des monuments publics, des temples, des tombeaux, des statues, des tableaux, etc., est donc condamnée absolument, même par le droit des gens volontaire, comme toujours inutile au but légitime de la guerre. Le sac et la destruction des villes, la désolation des campagnes, les ravages, les incendies, ne sont pas moins odieux et détestés, dans toutes les occasions où l'on s'y porte évidemment sans nécessité, ou sans de grandes raisons.

Mais comme on pourrait excuser tous ces excès, sous prétexte du châtiment que mérite l'ennemi, ajoutons ici que, par le droit des gens naturel et volontaire, on ne peut punir de cette manière que des attentats énormes contre le droit des gens. Encore est-il toujours beau d'écouter la voix de l'humanité et de la clémence, lorsque la rigueur n'est pas d'une absolue nécessité. Cicéron blâme la destruction de Corinthe, qui avait indignement traité les ambassadeurs romains. C'est que Rome était en état de faire respecter ses ministres, sans en venir à ces voies d'une extrême rigueur.

~~~~~~

CHAPITRE X.

De la foi entre ennemis ; des stratagèmes, des ruses de guerre, des espions, et de quelques autres pratiques.

---

§ 174. — *Que la foi doit être sacrée entre ennemis.*

La foi des promesses et des traités est la base de la tranquillité des Nations, comme nous l'avons fait voir dans un chapitre exprès (*liv. II, chap. XV*). Elle est sacrée parmi les hommes, et absolument essentielle à leur salut commun. En sera-t-on dispensé envers un ennemi ? Ce serait une erreur également funeste et grossière, de s'imaginer que tout devoir cesse, que tout lien d'humanité est rompu entre deux Nations qui se font la guerre. Réduits à la nécessité de prendre les armes pour leur défense et pour le maintien de leurs droits, les hommes ne cessent pas pour cela d'être hommes ; les mêmes lois de la nature règnent encore sur eux. Si cela n'était pas, il n'y aurait point de lois de la guerre. Celui-là même qui nous fait une guerre injuste est homme encore, nous lui devons tout ce qu'exige de nous cette qualité. Mais il s'élève un conflit entre nos devoirs envers nous-mêmes et ceux qui nous lient aux autres hommes ; le droit de sûreté nous autorise à faire contre cet injuste ennemi tout ce qui est nécessaire pour le repousser ou pour le mettre à la raison. Mais tous les devoirs dont ce conflit ne suspend pas nécessairement l'exercice subsistent dans leur entier, ils nous obligent et envers l'ennemi et envers tous les autres hommes. Or, tant s'en faut que l'obligation de

garder la foi puisse cesser pendant la guerre, en vertu
de la préférence que méritent les devoirs envers soi-
même, elle devient plus nécessaire que jamais. Il est
mille occasions, dans le cours même de la guerre,
où, pour mettre des bornes à ses fureurs, aux calamités qu'elle traîne à sa suite, l'intérêt commun, le
salut des deux ennemis exige qu'ils puissent convenir
ensemble de certaines choses. Que deviendraient les
prisonniers de guerre, les garnisons qui capitulent,
les villes qui se rendent, si l'on ne pouvait compter
sur la parole d'un ennemi ? La guerre dégénérerait
en une licence effrénée et cruelle, ses maux n'auraient
plus de bornes. Et comment enfin pourrait-on la terminer et rétablir la paix ? S'il n'y a plus de foi entre
ennemis, la guerre ne finira avec quelque sûreté que
par la destruction entière de l'un des partis. Le plus
léger différend, la moindre querelle produira une guerre
semblable à celle qu'HANNIBAL fit aux Romains, dans
laquelle on combattit, non pour quelque province, non
pour l'empire ou pour la gloire, mais pour le salut même
de la Nation (a). Il demeure donc constant que la foi
des promesses et des traités doit être sacrée, en guerre
comme en paix, entre ennemis aussi bien qu'entre Nations amies.

§ 175. — *Quels sont les traités qu'il faut observer entre ennemis.*

Les conventions, les traités faits avec une Nation
sont rompus ou annulés par la guerre qui s'élève entre les contractants, soit parce qu'ils supposent tacitement l'état de paix, soit parce que chacun pouvant
dépouiller son ennemi de ce qui lui appartient, lui
ôte les droits qu'il lui avait donnés par des traités. Cependant il faut excepter les traités où l'on stipule certaines choses en cas de rupture, par exemple, le temps
qui sera donné aux sujets, de part et d'autre, pour
se retirer ; la neutralité assurée d'un commun consen-

(a) *De salute certatum est.*

tement à une ville ou à une province, etc. Puisque, par des traités de cette nature, on veut pourvoir à ce qui devra s'observer en cas de rupture, on renonce au droit de les annuler par la déclaration de guerre.

Par la même raison, on est tenu à l'observation de tout ce qu'on promet à l'ennemi dans le cours de la guerre; car dès que l'on traite avec lui pendant que l'on a les armes à la main, on renonce tacitement, mais nécessairement, au pouvoir de rompre la convention, par forme de compensation et à raison de la guerre, comme on rompt les traités précédents; autrement ce serait ne rien faire, et il serait absurde de traiter avec l'ennemi.

§ 176. — *En quelles occasions on peut les rompre.*

Mais il en est des conventions faites pendant la guerre, comme de tous les autres pactes et traités dont l'observation réciproque est une condition tacite (*liv. II*, § 202); on n'est plus tenu à les observer envers un ennemi qui les a enfreints le premier. Et même, quand il s'agit de deux conventions séparées, qui n'ont point de liaison entre elles, bien qu'il ne soit jamais permis d'être perfide par la raison qu'on a affaire à un ennemi qui, dans une autre occasion, a manqué à sa parole, on peut néanmoins suspendre l'effet d'une promesse pour l'obliger à réparer son manque de foi, et retenir ce qu'on lui a promis, par forme de gage, jusqu'à ce qu'il ait réparé sa perfidie. C'est ainsi qu'à la prise de Namur, en 1695, le roi d'Angleterre fit arrêter le maréchal de BOUFFLERS et le retint prisonnier, malgré la capitulation, pour obliger la France à réparer les infractions faites aux capitulations de Diximude et de Deinze (*a*).

§ 177. — *Du mensonge.*

La foi ne consiste pas seulement à tenir ses promesses, mais encore à ne point tromper dans les occa-

_____

(*a*) *Histoire de Guillaume III*, t. II, p. 148.

sions où l'on se trouve obligé, de quelque manière que ce soit, à dire la vérité. Nous touchons ici une question vivement agitée autrefois, et qui a paru embarrassante, tant que l'on a eu des notions peu justes ou peu distinctes du *mensonge*. Plusieurs, et surtout des théologiens, se sont représenté la vérité comme une espèce de divinité, à laquelle on doit je ne sais quel respect inviolable, pour elle-même et indépendamment de ses effets; ils ont condamné absolument tout discours contraire à la pensée de celui qui parle; ils ont prononcé qu'il faut, en toute rencontre, parler selon la vérité connue si l'on ne peut se taire, et offrir comme en sacrifice à leur divinité les intérêts les plus précieux, plutôt que de lui manquer de respect. Mais des philosophes plus exacts et plus profonds ont débrouillé cette idée si confuse et si fausse dans ses conséquences. On a reconnu que la vérité doit être respectée en général, parce qu'elle est l'âme de la société humaine, le fondement de la confiance dans le commerce mutuel des hommes, et que par conséquent un homme ne doit pas mentir, même dans les choses indifférentes, crainte d'affaiblir le respect dû en général à la vérité, et de se nuire à soi-même, en rendant sa parole suspecte lors même qu'il parle sérieusement. Mais en fondant ainsi le respect qui est dû à la vérité sur ses effets, on est entré dans la vraie route, et dès-lors il a été facile de distinguer entre les occasions où l'on est obligé de dire la vérité ou de manifester sa pensée, et celles où l'on n'y est point tenu. On n'appelle *mensonges* que les discours qu'un homme tient contre sa pensée, dans les occasions où il est obligé de dire la vérité; et on réserve un autre nom, en latin *falsiloquium*, pour les discours faux, tenus à gens qui, dans le cas particulier, n'ont aucun droit d'exiger qu'on leur dise la vérité.

Ces principes posés, il n'est pas difficile de marquer quel doit être, dans les occasions, le légitime usage de la vérité ou du discours faux, à l'égard d'un ennemi.

Toutes les fois qu'on s'est engagé, expressément ou tacitement, à lui parler vrai, on y est indispensablement obligé par sa foi, dont nous venons d'établir l'inviolabilité. Tel est le cas des conventions, des traités : l'engagement tacite d'y parler vrai est de toute nécessité. Car il serait absurde de dire que l'on ne s'engage pas à ne point tromper l'ennemi sous couleur de traiter avec lui : ce serait se jouer et ne rien faire. On doit encore dire la vérité à l'ennemi dans toutes occasions où l'on s'y trouve naturellement obligé par les lois de l'humanité, c'est-à-dire, lorsque le succès de nos armes et nos devoirs envers nous-mêmes ne sont point en conflit avec les devoirs communs de l'humanité, et n'en suspendent pas la force et l'exercice dans le cas présent. Ainsi, quand on renvoie des prisonniers rachetés, ou échangés, ce serait une infamie de leur indiquer le plus mauvais chemin, ou une route dangereuse; quand le prince ou le général ennemi demande des nouvelles d'une femme ou d'un enfant qui lui est cher, il serait honteux de le tromper.

§ 178. — *Des stratagèmes et ruses de guerre.*

Mais lorsqu'en faisant tomber l'ennemi dans l'erreur, soit par un discours dans lequel on n'est point engagé à dire la vérité, soit par quelque démarche simulée, on peut se procurer un avantage dans la guerre, lequel il serait permis de chercher à force ouverte, il n'y a nul doute que cette voie ne soit permise. Disons plus; comme l'humanité nous oblige à préférer les moyens les plus doux dans la poursuite de nos droits, si par une ruse de guerre, une feinte exempte de perfidie, on peut s'emparer d'une place forte, surprendre l'ennemi et le réduire, il vaut mieux, il est réellement plus louable, de réussir de cette manière que par un siége meurtrier ou par une bataille sanglante (*). Mais cette

---

(*) Il y a eu un temps où l'on a condammé au supplice ceux qui étaient saisis en voulant surprendre une place. En 1597, le

épargne du sang humain ne va jamais jusqu'à autoriser la perfidie, dont l'introduction aurait des suites trop funestes, et ôterait aux souverains, une fois en guerre, tout moyen de traiter ensemble et de rétablir la paix. (§ 174.)

Les tromperies faites à l'ennemi sans perfidie, soit par des paroles, soit par des actions, les piéges qu'on lui tend en usant des droits de la guerre, sont des *stratagémes* dont l'usage a toujours été reconnu pour légitime, et a fait souvent la gloire des plus grands capitaines. Le roi d'Angleterre GUILLAUME III ayant découvert que l'un de ses secrétaires donnait avis de tout au général ennemi, fit arrêter secrètement le traître, et le força d'écrire au duc DE LUXEMBOURG, que le lendemain les alliés feraient un fourrage général, soutenu d'un gros corps d'infanterie avec du canon, et se servit de cette ruse pour surprendre l'armée française à Steinkerque. Mais par l'activité du général français, et par la valeur de ses troupes, le succès ne répondit pas à des mesures si habilement concertées (*a*).

Il faut resp..cter, dans l'usage des stratagêmes, non-

---

prince Maurice voulut surprendre Venlo. L'entreprise manqua, et quelques-uns de ses gens ayant été pris, *ils furent condamnés à la mort; le consentement des parties ayant introduit ce nouvel usage de droit, pour obvier à ces sortes de dangers.* GROTIUS, *Hist. des troubles des Pays-Bas*, liv. VI. Dès-lors l'usage a changé. Les gens de guerre qui tentent de surprendre une place en temps de guerre ouverte, ne sont point traités, s'ils sont surpris, différemment des autres prisonniers: et cela est plus humain et plus raisonnable. Cependant s'ils étaient déguisés, ou s'ils avaient usé de quelque trahison, ils seraient traités en espions; et c'est peut-être ce que veut dire GROTIUS; car je ne vois pas ailleurs que l'on ait traité avec cette rigueur des troupes venues simplement dans le silence de la nuit, pour surprendre une place. Ce serait tout autre chose, si l'on tentait une telle surprise en pleine paix; et les Savoyards qui furent pris lors de l'escalade de Genève, méritaient la mort qu'on leur fit subir.

(*a*) *Mémoires de* FEUQUIÈRES, tom. III, p. 87 et suiv.

seulement la foi qui est due à l'ennemi, mais encore
les droits de l'humanité, et prendre garde de ne point
faire des choses dont l'introduction serait préjudiciable
au genre humain. Depuis que les hostilités ont commencé entre la France et l'Angleterre (44), on dit
qu'une frégate anglaise s'étant approchée à la vue de
Calais, fit les signaux de détresse pour attirer quelque
bâtiment, et se saisit d'une chaloupe et des matelots
qui venaient généreusement à son secours. Si le fait est
tel, cet indigne stratagème mérite une punition sévère :
il tend à empêcher l'effet d'une charité secourable, si
sacrée au genre humain, et si recommandable même
entre ennemis. D'ailleurs, faire les signaux de détresse,
c'est demander du secours, et promettre par cela
même toute sûreté à ceux qui le donneront. Il y a donc
une odieuse perfidie dans l'action attribuée à cette
frégate.

On a vu des peuples, et les Romains eux-mêmes,
pendant long-temps, faire profession de mépriser à la
guerre toute espèce de surprise, de ruse, de strata-
gême; et d'autres qui allaient jusqu'à marquer le temps
et le lieu où ils se proposaient de donner bataille (a).
Il y avait plus de générosité que de sagesse dans une
pareille conduite. Elle serait très louable sans doute,
si, comme dans la manie des duels, il n'était question
que de faire preuve de courage. Mais à la guerre il
s'agit de défendre la patrie, de poursuivre, par la
force, des droits qu'on nous refuse injustement; et les

---

(44) L'auteur écrivait avant l'année 1758.
(a) C'était la manière des anciens Gaulois. Voyez TITE-LIVE.
On a dit d'ACHILLE, qu'il ne voulait combattre qu'à découvert, et qu'il n'était pas homme à s'enfermer dans le fameux
cheval de bois qui fut fatal aux Troyens.

> Ille non inclusus equo, Minervæ
> Sacra mentito, malè feriatos
> Troas, et lætam Priami choreis
> Falleret aulam :
> Sed palam captis gravis.....
>   HORAT., lib. IV, o. 1. VI.

moyens les plus sûrs sont aussi les plus louables, pourvu qu'ils n'aient rien d'illicite et d'odieux en eux-mêmes. *Dolus an virtus, quis in hoste requirat* (*a*). Le mépris des ruses de guerre, des stratagèmes, des surprises, vient souvent, comme dans Achille, d'une noble confiance dans sa valeur et dans ses propres forces, et il faut avouer que, quand on peut vaincre un ennemi à force ouverte, en bataille rangée, on doit se flatter bien plus sûrement de l'avoir dompté et réduit à demander la paix, que si on a obtenu l'avantage par surprise, comme le disent dans Tite-Live ces généreux sénateurs qui n'approuvaient pas la conduite peu sincère que l'on avait tenue avec Persée (*b*). Lors donc que la valeur simple et ouverte peut assurer la victoire, il est des occasions où elle est préférable à la ruse, parce qu'elle procure à l'Etat un avantage plus grand et plus durable.

§ 179. — *Des espions.*

L'usage des *espions* est une espèce de tromperie à la guerre, ou de pratique secrète. Ce sont des gens qui s'introduisent chez l'ennemi pour découvrir l'état de ses affaires, pénétrer ses desseins, et en avertir celui qui les emploie. On punit communément les espions du dernier supplice, et cela avec justice, puisque l'on n'a guère d'autre moyen de se garantir du mal qu'ils peuvent faire (§ 155). Pour cette raison un homme d'honneur, qui ne veut pas s'exposer à périr par la main d'un bourreau, ne fait point le métier d'espion; et d'ailleurs il le juge indigne de lui, parce que ce métier ne peut guère s'exercer sans quelque espèce de trahison. Le souverain n'est donc pas en droit d'exiger un pareil service de ses sujets, si ce n'est peut-être dans quelque cas singulier, et de la plus grande importance. Il y invite, par l'appât du gain, les âmes mercenaires. Si ceux qu'il emploie viennent s'offrir

---

(*a*) Virgil., *Æneid.*, lib. II, v. 390.
(*b*) Tit. Liv., lib. XLII, cap. 47.

d'eux-mêmes, ou s'il n'y engage que des gens qui ne sont point sujets de l'ennemi, et qui ne tiennent à lui par aucun lien, il n'est pas douteux qu'il ne puisse légitimement et sans honte profiter de leurs services. Mais est-il permis, est-il honnête de solliciter les sujets de l'ennemi à le trahir, pour nous servir d'espions? Nous répondrons à cette question dans le paragraphe suivant.

§ 180. — *Des pratiques pour séduire les gens de l'ennemi.*

On demande en général s'il est permis de séduire les gens de l'ennemi, pour les engager à blesser leur devoir par une honteuse trahison? Ici il faut distinguer entre ce qui est dû à l'ennemi malgré l'état de guerre, et ce qu'exigent les lois intérieures de la conscience, les règles de l'honnêteté. Nous pouvons travailler à affaiblir l'ennemi par tous les moyens possibles (§ 138), pourvu qu'ils ne blessent pas le salut commun de la société humaine, comme font le poison et l'assassinat (§ 155). Or, la séduction d'un sujet pour servir d'espion, celle d'un commandant pour livrer sa place, n'attaquent point les fondements du salut commun des hommes, de leur sûreté. Des sujets, espions de l'ennemi, ne font pas un mal mortel et inévitable, on peut se garder d'eux jusqu'à un certain point; et quant à la sûreté des places fortes, c'est au souverain de bien choisir ceux à qui il les confie. Ces moyens ne sont donc pas contraires au droit des gens externe dans la guerre; et l'ennemi n'est point fondé à s'en plaindre, comme d'un attentat odieux. Aussi se pratiquent-ils dans toutes les guerres. Mais sont-ils honnêtes et compatibles avec les lois d'une conscience pure? Non, sans doute; et les généraux le sentent eux-mêmes, puisqu'ils ne se vantent jamais de les avoir mis en usage. Engager un sujet à trahir sa patrie, suborner un traître pour mettre le feu à un magasin, tenter la fidélité d'un commandent, le séduire, le porter à livrer la place qui lui est confiée, c'est pousser ces gens-là à commettre des crimes abominables. Est-il honnête de corrompre, d'inviter au crime son plus mortel ennemi? Tout au plus pourrait-on excuser ces pratiques dans une guerre très juste, quand il s'agirait de sauver la patrie de la ruine dont elle serait menacée par un injuste conquérant. Il semble qu'alors le sujet ou le général, qui trahirait son prince dans une cause manifestement injuste, ne commettrait pas une faute si odieuse. Celui qui ne respecte lui-même ni la justice ni l'honnêteté, mérite d'éprouver à son tour les effets de la méchanceté et de la perfidie. Et si jamais il est pardonnable de sortir des règles sévères de l'honnêteté, c'est contre un ennemi de ce caractère, et dans une extrémité pareille. Les Romains, dont les idées étaient pour l'ordinaire si pures et si nobles sur les droits de la guerre, n'approuvaient point ces sourdes pratiques (*). Ils n'estimèrent pas la victoire du consul SERVILIUS CÆPIO sur VIRIATUS, parce qu'elle avait été achetée. VALÈRE-MAXIME dit qu'elle fut souillée d'une double perfidie (a); et un autre historien écrit que le sénat ne l'approuva point (b).

(*) Xénophon exprime très bien les raisons qui rendent la trahison odieuse, et qui autorisent à la réprimer d'une autre manière que par la force ouverte. «La trahison, dit-il, est «une offense bien plus grande que la guerre ouverte; d'au-«tant qu'il est bien plus difficile de se garder des entreprises «sourdes que d'une attaque ouverte; et elle est d'autant «plus odieuse, que les ennemis peuvent enfin traiter ensem-«ble et se réconcilier de bonne foi, au lieu qu'on ne peut ni «traiter avec un homme une fois reconnu pour traître, ni se «fier à lui. » XENOPH. *Hist. Græc.*, lib. II.

(a) *Viriati etiam cædes duplicem perfidiæ accusationem recepit : in amicis, quod corum manibus interemptus est : in Q. Servilio Cæpione consule, quia is sceleris hujus auctor, impunitate promissa, fuit; victoriamque non meruit, sed emit.* Lib. IX, cap. VI, num. 4. Quoique cet exemple semble appartenir à une autre matière (à celle de l'assassinat), je ne laisse pas de le placer ici; parce que si l'on consulte les autres auteurs, il ne paraît pas que CÆPIO eût engagé les soldats de VIRIATUS à l'assassiner. Voyez entre autres EUTROPE, liv. IV, cap. 8.

(b) *Quæ victoria, quia empta erat, à senatu non probata.* Auct. de Viris illust., chap. LXXI.

§ 181. — *Si l'on peut accepter les offres d'un traître.*

Autre chose est d'accepter seulement les offres d'un traître. On ne le séduit point, et l'on peut profiter de son crime en le détestant. Les transfuges, les déserteurs, commettent un crime contre leur souverain; on les reçoit cependant *par le droit de la guerre*, comme le disent les jurisconsultes romains (*a*). Si un gouverneur se vend lui-même, et offre de livrer sa place pour de l'argent, se fera-t-on scrupule de profiter de son crime pour obtenir sans péril ce qu'on est en droit de prendre par force? Mais quand on se sent en état de réussir sans le secours des traîtres, il est beau de témoigner, en rejetant leurs offres, toute l'horreur qu'ils inspirent. Les Romains, dans leurs siècles héroïques, dans ces temps où ils donnaient de si beaux exemples de grandeur d'âme et de vertu, rejetèrent toujours avec indignation les avantages que leur présentait la trahison de quelque sujet des ennemis. Non-seulement ils avertirent PYRRHUS du dessein horrible de son médecin, ils refusèrent de profiter d'un crime moins atroce, et renvoyèrent lié et garrotté aux *Falisques* un traître qui avait voulu livrer les enfants du roi (*b*).

Mais lorsqu'il y a de la division chez l'ennemi, on peut sans scrupule entretenir des intelligences avec l'un des partis, et profiter du droit qu'il croit avoir de nuire au parti opposé. On avance ainsi ses propres affaires, sans séduire personne, sans participer en aucune façon au crime d'autrui. Si l'on profite de son erreur, cela est permis, sans doute, contre un ennemi.

§ 182. — *Des intelligences doubles.*

On appelle intelligence double, celle d'un homme

(*a*) *Transfugam jure belli recipimus.* DIGEST., lib. XLI, tit. I. *De Adquir. rerum domin.*, leg. LI.

(*b*) *Eadem fide indicatum Pyrrho regi medicum, vitæ ejus insidiantem : eadem Falicis vinctum traditum proditorem liberorum regis.* TIT. LIV., lib. XLII, cap. 47.

qui fait semblant de trahir son parti, pour attirer l'ennemi dans le piége. C'est une trahison et un métier infâme, quand on le fait de propos délibéré et en s'offrant le premier. Mais un officier, un commandant de place, sollicité par l'ennemi, peut légitimement, en certaines occasions, feindre de prêter l'oreille à la séduction pour attraper le suborneur. Celui-ci lui fait injure en tentant sa fidélité, il se venge justement, en le faisant tomber dans le piége; et par cette conduite il ne nuit point à la foi des promesses, au bonheur du genre humain. Car des engagements criminels sont absolument nuls; ils ne doivent jamais être remplis, et il serait avantageux que personne ne pût compter sur les promesses des traîtres, qu'elles fussent de toutes parts environnées d'incertitudes et de dangers. C'est pourquoi un supérieur, s'il apprend que l'ennemi tente la fidélité de quelqu'un de ses officiers ou soldats, ne se fait point scrupule d'ordonner à ce subalterne de feindre qu'il se laisse gagner, et d'ajuster sa prétendue trahison de manière à attirer l'ennemi dans une embuscade. Le subalterne est obligé d'obéir. Mais quand la séduction s'adresse directement au commandant en chef, pour l'ordinaire un homme d'honneur préfère et doit préférer le parti de rejeter hautement et avec indignation une proposition injurieuse (*).

(*) Lorsque le duc de Parme assiégeait Berg-op-zoom, deux prisonniers espagnols, qui étaient gardés dans un fort près de la ville, tentèrent de corrompre un maître de taverne et un soldat anglais, pour livrer ce fort au duc; ceux-ci en ayant averti le gouverneur, il leur ordonna de feindre de se laisser gagner; et leurs arrangements faits avec le duc de Parme pour la surprise du fort, ils informèrent du tout le gouverneur. Celui-ci se tint prêt à bien recevoir les Espagnols, qui donnèrent dans le piége, et perdirent près de 3000 hommes. GROTIUS, *Annales*, ou *Hist. des troubles des Pays-Bas*, liv. I.

CHAPITRE XI.

Du souverain qui fait une guerre injuste.

---

§ 183. — *Une guerre injuste ne donne aucun droit.*

Tout le droit de celui qui fait la guerre vient de
la justice de sa cause. L'injuste qui l'attaque ou le menace, qui lui refuse ce qui lui appartient, en un mot
qui lui fait injure, le met dans la nécessité de se défendre, ou de se faire justice les armes à la main; il
l'autorise à tous les actes d'hostilité nécessaires pour
se procurer une satisfaction complète.

§ 184. — *Combien est coupable le souverain qui l'entreprend.*

Quiconque prend les armes sans sujet légitime,
n'a donc absolument aucun droit; toutes les hostilités
qu'il commet sont injustes. Il est chargé de tous les
maux, de toutes les horreurs de la guerre; le sang
versé, la désolation des familles, les rapines, les violences, les ravages, les incendies, sont ses œuvres et
ses crimes; coupable envers l'ennemi qu'il attaque,
qu'il opprime, qu'il massacre sans sujet; coupable envers son peuple, qu'il entraîne dans l'injustice, qu'il
expose sans nécessité, sans raison; envers ceux de
ses sujets que la guerre accable ou met en souf-
france, qui y perdent la vie, les biens, ou la santé; coupable enfin envers le genre humain entier, dont il trouble le repos, et auquel il donne un pernicieux exemple. Quel effrayant tableau de misères et de crimes!
Quel compte à rendre au roi des rois, au père commun
des hommes! Puisse cette légère esquisse frapper les
yeux des conducteurs des Nations, des princes et de
leurs ministres! Pourquoi n'en attendrions-nous pas
quelque fruit? Les grands auraient-ils perdu tout sentiment d'honneur, d'humanité, de devoir, et de religion? Et si notre faible voix pouvait, dans toute la

suite des siècles, prévenir seulement une guerre, quelle récompense plus glorieuse de nos veilles et de notre travail?

§ 185. — *A quoi il est tenu.*

Celui qui fait injure est tenu à la réparation du dommage, ou à une juste satisfaction, si le mal est irréparable; et même à la peine (45), si la peine est nécessaire pour l'exemple, pour la sûreté de l'offensé, et pour celle de la société humaine. C'est le cas du prince auteur d'une guerre injuste. Il doit restituer tout ce qu'il a pris, renvoyer à ses frais les prisonniers; il doit dédommager l'ennemi des maux qu'il lui a fait souffrir, des pertes qu'il lui a causées; relever les familles désolées, réparer, s'il était possible, la perte d'un père, d'un fils, d'un époux.

§ 186. — *Difficulté de réparer les maux qu'il a faits.*

Mais comment réparer tant de maux? Plusieurs sont irréparables de leur nature. Et quant à ceux qui peuvent être compensés par un équivalent, où puisera le guerrier injuste, pour racheter ses violences? Les biens particuliers du prince n'y pourraient suffire. Don-

---

(45) J'ai laissé passer plusieurs de ces endroits, où il est parlé de peine comme d'un surplus de mal à faire à l'agresseur, après l'avoir forcé par les armes à la réparation, satisfaction, et caution; après l'avoir affaibli, lui avoir ôté, tant qu'on a pu, les moyens de nuire, et où le but de ce surplus de mal doit être de faire une plus profonde impression sur lui, de l'effrayer et d'effrayer les autres, c'est-à-dire, de servir d'exemple. Mon silence ne doit pas faire conclure que j'approuve ces passages. Je ne me suis tu que pour ne pas me répéter sans cesse. Certes, si tous les maux qu'a soufferts l'injuste assaillant, nécessairement, par la nature des choses, avant d'avoir pu être réduit à tout réparer et satisfaire, ne l'ont pas effrayé, ni lui ni tout méchant qui lui ressemble, je dis qu'il ne s'effraiera pas de celui qu'on lui infligera de plus par forme de peine, et qu'il sera incorrigible tant qu'il sera libre. En ce cas il ne faut donc pas l'abandonner à lui-même; il faut le retenir, pour notre sûreté, sous notre pouvoir, et le punir, pour son bien, tant qu'il voudra mal faire. *D.*

nera-t-il ceux de ses sujets? Ils ne lui appartiennent pas. Sacrifiera-t-il les terres de la Nation, une partie de l'Etat? Mais l'Etat n'est pas son patrimoine (*liv. I*, § 61); il ne peut en disposer à son gré. Et bien que la Nation soit tenue, jusqu'à un certain point, des faits de son conducteur, outre qu'il serait injuste de la punir directement pour des fautes dont elle n'est pas coupable, si elle est tenue des faits du souverain, c'est seulement envers les autres Nations, qui ont leur recours contre elle (liv. I, § 40, et liv. II, §§ 81 et 82); le souverain ne peut lui renvoyer la peine de ses injustices, ni la dépouiller pour les réparer. Et quand il le pourrait, sera-t-il lavé de tout, et pur dans sa conscience? Acquitté envers l'ennemi, le sera-t-il auprès de son peuple? C'est une étrange justice que celle d'un homme qui répare ses torts aux dépens d'un tiers: il ne fait que changer l'objet de son injustice. Pesez toutes ces choses, ô conducteurs des Nations! et quand vous aurez vu clairement qu'une guerre injuste vous entraîne dans une multitude d'iniquités dont la réparation est au-dessus de toute votre puissance, peut-être serez-vous moins prompt à l'entreprendre.

§ 187. — *Si la Nation et les gens de guerre sont tenus à quelque chose.*

La restitution des conquêtes, des prisonniers, et des effets qui peuvent se retrouver en nature, ne souffre point de difficulté quand l'injustice de la guerre est reconnue. La Nation en corps, et les particuliers, connaissant l'injustice de leur possession, doivent se dessaisir, et restituer tout ce qui est mal acquis. Mais quant à la réparation du dommage, les gens de guerre, généraux, officiers, et soldats, sont-ils obligés en conscience à réparer des maux qu'ils ont faits, non par leur volonté propre, mais comme des instruments dans la main du souverain? Je suis surpris que le judicieux Grotius prenne sans distinction l'affirmative (*a*). Cette

_____

(*a*) *Droit de la guerre et de la paix*, liv. III, chap. X.

décision ne peut se soutenir que dans le cas d'une guerre si manifestement et si indubitablement injuste, qu'on ne puisse y supposer aucune raison d'Etat secrète et capable de la justifier; cas presque impossible en politique. Dans toutes les occasions susceptibles de doute, la Nation entière, les particuliers, et singulièrement les gens de guerre, doivent s'en rapporter à ceux qui gouvernent, au souverain. Ils y sont obligés par les principes essentiels de la société politique, du gouvernement. Où en serait-on si à chaque démarche du souverain les sujets pouvaient peser la justice de ses raisons; s'ils pouvaient refuser de marcher pour une guerre qui ne leur paraîtrait pas juste? Souvent même la prudence ne permet pas au souverain de publier toutes ses raisons. Le devoir des sujets est de les présumer justes et sages, tant que l'évidence pleine et absolue ne leur dit pas le contraire. Lors donc que dans cet esprit, ils ont prêté leur bras pour une guerre qui se trouve ensuite injuste, le souverain seul est coupable, lui seul est tenu à réparer ses torts. Les sujets, et en particulier les gens de guerre, sont innocents; ils n'ont agi que par une obéissance nécessaire. Ils doivent seulement vider leurs mains de ce qu'ils ont acquis dans une pareille guerre, parce qu'ils le possèderaient sans titre légitime. C'est là, je crois, le sentiment presque unanime des gens de bien, la façon de penser des guerriers les plus remplis d'honneur et de probité. Leur cas est ici celui de tous ceux qui sont les ministres des ordres souverains. Le gouvernement devient impossible, si chacun de ses ministres veut peser et connaître à fond la justice des commandements, avant que de les exécuter. Mais s'ils doivent, pour le salut de l'Etat, présumer justes les ordres du souverain, ils n'en sont pas responsables.

‹‹

CHAPITRE XII.

Du droit des gens volontaire, par rapport aux effets de la guerre en forme, indépendamment de la justice de la cause.

§ 188. — *Que les Nations ne peuvent presser entre elles la rigueur du droit naturel.*

Tout ce que nous venons de dire dans le chapitre précédent, est une conséquence évidente des vrais principes, des règles éternelles de la justice : ce sont les dispositions de cette loi sacrée que la nature, ou son divin auteur, impose aux Nations. Celui-là seul est en droit de faire la guerre, celui-là seul peut attaquer son ennemi, lui ôter la vie, lui enlever ses biens et ses possessions, à qui la justice et la nécessité ont mis les armes à la main. Telle est la décision du *droit des gens nécessaire*, ou de la loi naturelle, à l'observation de laquelle les Nations sont étroitement obligées (*Prélim.*, § 7). C'est la règle inviolable que chacune doit suivre en sa conscience. Mais comment faire valoir cette règle dans les démêlés des peuples et des souverains, qui vivent ensemble dans l'état de nature? ils ne reconnaissent point de supérieur. Qui jugera entre eux, pour marquer à chacun ses droits et ses obligations; pour dire à celui-ci, vous avez droit de prendre les armes, d'assaillir votre ennemi, de le réduire par la force; et à celui-là, vous ne pouvez commettre que d'injustes hostilités, vos victoires sont des meurtres, vos conquêtes, des rapines et des brigandages? Il appartient à tout Etat libre et souverain de juger en sa conscience de ce que ses devoirs exigent de lui, de ce qu'il peut ou ne peut pas faire avec justice (*Prélim.*, § 16). Si les autres entreprennent de le juger, ils donnent atteinte à sa liberté, ils le blessent dans ses droits les plus précieux (*Prélim.* § 15). Et puis, chacun tirant la justice de son côté, s'attribuera tous les droits de la guerre, et prétendra que son ennemi n'en a aucun, que ses hostilités sont autant de brigandages, autant d'infractions au droit des gens, dignes d'être punies par toutes les Nations. La décision du droit, de la controverse, n'en sera pas plus avancée; et la querelle en deviendra plus cruelle, plus funeste dans ces effets, plus difficile à terminer. Ce n'est pas tout encore : les Nations neutres elles-mêmes seront entraînées dans la difficulté, impliquées dans la querelle. Si une guerre injuste ne peut opérer aucun effet de droit parmi les hommes, tant qu'un juge reconnu (et il n'y en a point entre les Nations) n'aura pas définitivement prononcé sur la justice des armes, on ne pourra acquérir avec sûreté aucune des choses prises en guerre; elles demeureront toujours sujettes à la revendication, comme les effets enlevés par des brigands.

§ 189. — *Pourquoi elles doivent admettre les règles du droit des gens volontaire.*

Laissons donc la rigueur du droit naturel et nécessaire à la conscience des souverains; il ne leur est sans doute jamais permis de s'en écarter. Mais par rapport aux effets extérieurs du droit parmi les hommes, il faut nécessairement recourir à des règles d'une application plus sûre et plus aisée; et cela pour le salut même et l'avantage de la grande société du genre humain. Ces règles sont celles du droit des gens *volontaire* (*Prélim.*, § 21). La loi naturelle, qui veille au plus grand bien de la société humaine, qui protége la liberté de chaque Nation et qui veut que les affaires des souverains puissent avoir une issue, que leurs querelles se terminent et tendent à une prompte fin; cette loi, dis-je, recommande l'observation du droit des gens volontaire, pour l'avantage commun des Nations; tout comme elle approuve les changements que le droit civil fait aux règles du droit naturel, dans la vue de les rendre plus convenables à l'état de la société politique, d'une application plus aisée et plus sûre. Appliquons donc au sujet particulier de la guerre l'observation générale que nous avons faite dans nos Préliminaires (§ 28). Une Nation, un souverain, quand il délibère sur le parti qu'il a à prendre pour satisfaire à son devoir, ne doit jamais perdre de vue le droit *nécessaire*, toujours obligatoire dans la conscience ; mais lorsqu'il s'agit d'examiner ce qu'il peut exiger des autres États, il doit respecter le droit des gens *volontaire*, et restreindre même ses justes prétentions sur les règles d'un droit dont les maximes sont consacrées au salut et à l'avantage de la société universelle des Nations. Que le droit *nécessaire* soit la règle qu'il prendra constamment pour lui-même. Il doit souffrir que les autres se prévalent du droit des gens *volontaire*.

§ 190. — *La guerre en forme doit être regardée, quant aux effets, comme juste de part et d'autre.*

La première règle de ce droit, dans la matière dont nous traitons, est que *la guerre en forme, quant à ses effets, doit être regardée comme juste de part et d'autre.* Cela est absolument nécessaire, comme nous venons de le faire voir, si l'on veut apporter quelque ordre, quelque règle, dans un moyen aussi violent que celui des armes, mettre des bornes aux calamités qu'il produit, et laisser une porte toujours ouverte au retour de la paix. Il est même impraticable d'agir autrement de Nation à Nation, puisqu'elles ne reconnaissent point de juge.

Ainsi les droits fondés sur l'état de guerre, la légitimité de ses effets, la validité des acquisitions faites par les armes, ne dépendent point, extérieurement et parmi les hommes, de la justice de la cause, mais de la légitimité des moyens en eux-mêmes ; c'est-à-dire, de tout ce qui est requis pour constituer une guerre en forme. Si l'ennemi observe toutes les règles de la guerre en forme (*voyez le chap. IV de ce livre*), nous ne sommes point reçus à nous plaindre de lui, comme d'un infracteur du droit des gens : il a les mêmes prétentions que nous au bon droit, et toute notre ressource est dans la victoire, ou dans un accommodement.

§ 191. — *Tout ce qui est permis à l'un est permis à l'autre.*

Deuxième règle. Le droit étant réputé égal entre deux ennemis, *tout ce qui est permis à l'un, en vertu de l'état de guerre, est aussi permis à l'autre.* En effet, on ne voit point qu'une Nation, sous prétexte que la justice est de son côté, se plaigne des hostilités de son ennemi, tant qu'elles demeurent dans les termes prescrits par les lois communes de la guerre. Nous avons traité, dans les chapitres précédents, de ce qui est permis dans une guerre juste. C'est cela précisément, et pas davantage, que le droit volontaire autorise également dans les deux partis. Ce droit rend les choses égales de part et d'autre; mais il ne permet à personne ce qui est illicite en soi; il ne peut avouer une licence effrénée. Si donc les Nations sortent de ces limites, si elles portent les hostilités au-delà de ce que permet en général le droit interne et nécessaire pour le soutien d'une cause juste, gardons-nous de rapporter ces excès au droit des gens volontaire : il faut les attribuer uniquement aux mœurs corrompues, qui produisent une coutume injuste et barbare. Telles sont ces horreurs, auxquelles le soldat s'abandonne quelquefois dans une ville prise d'assaut.

§ 192. — *Le droit des gens volontaire ne donne que l'impunité à celui dont les armes sont injustes.*

Troisièmement, il ne faut jamais oublier que *ce droit des gens volontaire,* admis par nécessité et pour éviter de plus grands maux (§§ 188 et 189), *ne donne point à celui dont les armes sont injustes un véritable droit, capable de justifier sa conduite et de rassurer sa conscience, mais seulement l'effet extérieur du droit, et l'impunité parmi les hommes.* Cela paraît assez par la manière dont nous avons établi le droit des gens volontaire. Le souverain dont les armes ne sont pas autorisées par la justice, n'en est donc pas moins injuste, pas moins coupable contre la loi sacrée de la nature quoique, pour ne point aigrir les maux de la société humaine en voulant les prévenir, la loi naturelle elle-même exige qu'on lui abandonne les mêmes droits externes, qui appartiennent très justement à son ennemi. C'est ainsi que par les lois civiles un débiteur peut refuser le paiement de sa dette lorsqu'il y a prescription; mais il pèche alors contre son devoir : il profite d'une loi établie pour prévenir une multitude de procès, mais il agit sans aucun droit véritable.

Les Nations s'accordant en effet à observer les règles que nous rapportons au droit des gens volontaire, Grotius les fonde sur un consentement de fait de la part des peuples, et les rapporte au droit des gens arbitraire. Mais outre qu'un pareil engagement serait bien souvent difficile à prouver, il n'aurait de force que contre ceux qui y seraient formellement entrés. Si cet engagement existait, il se rapporterait au droit des gens conventionnel, lequel s'établit par l'histoire, et non par le raisonnement; il se fonde sur des faits, et non pas sur des principes. Dans cet ouvrage nous posons les principes naturels du droit des gens; nous les déduisons de la nature elle-même, et ce que nous appelons droit des gens volontaire, consiste dans des règles de conduite, de droit externe, auxquelles la loi naturelle oblige les Nations de consentir; en sorte qu'on présume de droit leur consentement, sans le chercher dans les annales du monde; parce que, si même elles ne l'avaient pas donné, la loi de la nature le supplée et le donne pour elles. Les peuples ne sont point libres ici dans leur consentement; et celui qui le refuserait, blesserait les droits communs des Nations. (Voyez *Prélim.*, § 21.)

Ce droit des gens volontaire, ainsi établi, est d'un usage très étendu; et ce n'est point du tout une chimère, une fiction arbitraire, dénuée de fondement. Il découle de la même source; il est fondé sur les mêmes principes que le droit *naturel* ou *nécessaire*. Pourquoi la nature impose-t-elle aux hommes telles ou telles règles de conduite, si ce n'est parce que ces règles sont nécessaires au salut et au bonheur du genre humain ? Mais les maximes du droit des gens *nécessaire* sont fondées immédiatement sur la nature des choses, en particulier sur celle de l'homme et de la société politique : le droit des gens *volontaire* suppose un principe de plus, la nature de la grande société des Nations et du commerce qu'elles ont ensemble. Le premier prescrit aux Nations ce qui est absolument nécessaire, et ce qui tend naturellement à leur perfection et à leur commun bonheur : le second tolère ce qu'il est impossible d'éviter sans introduire de plus grands maux.

CHAPITRE XIII.

De l'acquisition par guerre, et principalement de la conquête.

§ 193. — *Comment la guerre est un moyen d'acquérir.*

S'il est permis d'enlever les choses qui appartiennent à l'ennemi, dans la vue de l'affaiblir (§ 160), et quelquefois dans celle de le punir (§ 162), il ne l'est pas moins, dans une guerre juste, de s'approprier ces choses-là par une espèce de *compensation*, que les jurisconsultes appellent *expletio juris* (§ 161) : on les retient en équivalent de ce qui dû par l'ennemi, des dépenses et des dommages qu'il a causés; et même, lorsqu'il y a sujet de le punir, pour tenir lieu de la peine qu'il a méritée. Car lorsque je ne puis me procurer la chose même qui m'appartient ou qui m'est due, j'ai droit à un équivalent, lequel, dans les règles de la *justice ex-*

plétrice, et suivant l'estimation morale, est regardé comme la chose même. La guerre fondée sur la justice est donc un moyen légitime d'acquérir suivant la loi naturelle, qui fait le droit des gens *nécessaire*.

§ 194. — *Mesure du droit qu'elle donne.*

Mais cette loi sacrée n'autorise l'acquisition faite par de justes armes, que dans les termes de la justice; c'est-à-dire, jusqu'au point d'une satisfaction complète, dans la mesure nécessaire pour remplir les fins légitimes dont nous venons de parler. Un vainqueur équitable, rejetant les conseils de l'ambition et de l'avarice, fera une juste estimation de ce qui lui est dû; savoir : de la chose même qui a fait le sujet de la querelle, s'il ne peut l'avoir en nature, des dommages et des frais de la guerre; et ne retiendra des biens de l'ennemi, que précisément autant qu'il en faudra pour former l'équivalent. Mais s'il a affaire à un ennemi perfide, inquiet, et dangereux, il lui ôtera, par forme de peine, quelques-unes de ses places ou de ses provinces, et les retiendra (46) pour s'en faire une barrière. Rien de plus juste que d'affaiblir un ennemi qui s'est rendu suspect et formidable. La fin légitime de la peine est la sûreté pour l'avenir. Telles sont les conditions qui rendent l'acquisition faite par les armes, juste et irréprochable devant Dieu et dans la conscience; le bon droit dans la cause, et la mesure équitable dans la satisfaction.

§ 195. — *Dispositions du droit des gens volontaire.*

Mais les Nations ne peuvent insister entre elles sur cette rigueur de la justice. Par les dispositions du droit des gens *volontaire*, toute guerre en forme, quant à ses effets, est regardée comme juste de part et d'autre (§ 190), et personne n'est en droit de juger une Nation

_____

(46) Il n'a pas besoin pour cela de la *forme de peine*; la raison de sa sûreté suffit, et la fin légitime de la peine n'est pas notre sûreté, mais l'amendement du coupable. *D.*

sur l'excès de ses prétentions, ou sur ce qu'elle croit nécessaire à sa sûreté. (*Prélim.*, § 21.) Toute acquisition faite dans une guerre en forme, est donc valide, suivant le droit des gens *volontaire*, indépendamment de la justice de la cause, et des raisons sur lesquelles le vainqueur a pu se fonder pour s'attribuer la propriété de ce qu'il a pris. Aussi la conquête a-t-elle été constamment regardée comme un titre légitime entre les Nations; et l'on n'a guère vu contester ce titre, à moins qu'il ne fût dû à une guerre, non-seulement injuste, mais destituée même de prétextes.

§ 196. — *Acquisition des choses mobilières.*

La propriété des choses mobilières est acquise à l'ennemi du moment qu'elles sont en sa puissance; et s'il les vend chez les Nations neutres, le premier propriétaire n'est point en droit de les revendiquer. Mais il faut que ces choses-là soient véritablement au pouvoir de l'ennemi, et conduites en lieu de sûreté. Supposez qu'un étranger, passant dans notre pays, achète quelque partie du butin que vient d'y faire un parti ennemi; ceux des nôtres qui sont à la poursuite de ce parti, reprendront avec justice le butin que cet étranger s'est pressé d'acheter. Sur cette matière, GROTIUS rapporte, d'après DE THOU, l'exemple de la ville de Lierre, en Brabant, laquelle ayant été prise et reprise en un même jour, le butin fait sur les habitants leur fut rendu, parce qu'il n'avait pas été pendant vingt-quatre heures entre les mains de l'ennemi (a). Ce terme de vingt-quatre heures, aussi bien que ce qui s'observe sur mer (b), est une institution du droit des gens *pactice*, ou de coutume, ou enfin une loi civile de quelques Etats. La raison naturelle de ce qui fut observé en faveur des habitants de Lierre, est que l'ennemi étant pris, pour ainsi dire, sur le fait, et avant qu'il eût em-

---

(a) *Droit de la guerre et de la paix*, liv. III, chap. VI, § III, not. 7.

(b) Voyez GROTIUS, *ibid.* et dans le texte.

porté le butin, on ne regarda pas ce butin comme passé absolument sous sa propriété, et perdu pour les habitants. De même sur mer, un vaisseau pris par l'ennemi, tant qu'il n'a pas été conduit dans quelque port, ou au milieu d'une flotte, peut être repris et délivré par d'autres vaisseaux du même parti; son sort n'est pas décidé, ni la propriété du maître perdue sans retour, jusqu'à ce que le vaisseau soit en lieu de sûreté pour l'ennemi qui l'a pris, et entièrement en sa puissance. Mais les ordonnances de chaque État peuvent en disposer autrement entre les citoyens (a), soit pour éviter les contestations, soit pour encourager les vaisseaux armés à reprendre les navires marchands que l'ennemi a enlevés.

On ne fait point ici attention à la justice ou à l'injustice de la cause. Il n'y aurait rien de stable parmi les hommes, nulle sûreté à commercer avec les Nations qui sont en guerre, si l'on pouvait distinguer entre une guerre juste et une guerre injuste, pour attribuer à l'une les effets de droit que l'on refuserait à l'autre; ce serait ouvrir la porte à une infinité de discussions et de querelles. Cette raison est si puissante, qu'elle a fait attribuer, au moins par rapport aux biens mobiliers, les effets d'une guerre publique à des expéditions qui ne méritaient que le nom de brigandages, mais qui étaient faites par des armées en forme. Lorsque les *grandes compagnies*, après les guerres des Anglais en France, couraient l'Europe et la pillaient, personne ne s'avisa de revendiquer le butin qu'elles avaient enlevé et vendu. Aujourd'hui on ne serait point reçu à réclamer un vaisseau pris par les corsaires de Barbarie, et vendu à un tiers, ou repris sur eux, quoique les pirateries de ces barbares ne puissent que très improprement être considérées comme des actes d'une guerre en forme. Nous parlons ici du droit externe; le droit interne et la conscience obligent sans doute à rendre à

_____

(a) GROTIUS, *ubi supra.*

un tiers les choses que l'on reprend sur un ennemi qui les lui avait ravies dans une guerre injuste, s'il peut reconnaître ces choses-là, et s'il paie les frais que l'on a faits pour les recouvrer. GROTIUS (a) rapporte un grand nombre d'exemples de souverains et de généraux qui ont rendu généreusement un pareil butin, même sans rien exiger pour leurs frais ou pour leurs peines. Mais on n'en use ainsi qu'à l'égard d'un butin nouvellement enlevé. Il serait peu praticable de rechercher scrupuleusement les propriétaires de ce qui a été pris long-temps auparavant, et d'ailleurs ils ont sans doute abandonné tout leur droit à des choses qu'ils n'espéraient plus de recouvrer. C'est la commune façon de penser sur ce qui se perd à la guerre : on l'abandonne bientôt, comme perdu sans ressource.

§ 197. — *De l'acquisition des immeubles, ou de la conquête.*

Les immeubles, les terres, les villes, les provinces, passent sous la puissance de l'ennemi qui s'en empare, mais l'acquisition ne se consomme, la propriété ne devient stable et parfaite que par le traité de paix, ou par l'entière soumission et l'extinction de l'Etat auquel ces villes et provinces appartenaient.

§ 198. — *Comment on peut en disposer validement.*

Un tiers ne peut donc acquérir avec sûreté une place ou une province conquise, jusqu'à ce que le souverain qui l'a perdue y ait renoncé par le traité de paix, ou que, soumis sans retour, il ait perdu sa souveraineté. Car tant que la guerre continue, tandis que le souverain conserve l'espérance de recouvrer ses possessions par les armes, un prince neutre viendra-t-il lui en ôter la liberté, en achetant cette place, ou cette province, du conquérant? Le premier maître ne peut perdre ses droits par le fait d'un tiers; et si l'acquéreur veut conserver son acquisition, il se trouvera impliqué

(a) Liv. III, chap. 16.

dans la guerre. C'est ainsi que le roi de Prusse se mit au nombre des ennemis de la Suède, en recevant Stettin des mains du roi de Pologne et du tzar, sous le nom de séquestre (*a*). Mais aussitôt qu'un souverain, par le traité définitif de paix, a cédé un pays au conquérant, il a abandonné tout le droit qu'il y avait, et il serait absurde qu'il pût redemander ce pays à un nouveau conquérant qui l'arrache au premier, ou à tout autre prince qui l'aura acquis à prix d'argent, par échange, et à quelque titre que ce soit.

§ 109. — *Des conditions auxquelles on acquiert une ville conquise.*

Le conquérant qui enlève une ville ou une province à son ennemi, ne peut y acquérir justement que les mêmes droits qu'y possédait le souverain contre lequel il a pris les armes. La guerre l'autorise à s'emparer de ce qui appartient à son ennemi; s'il lui ôte la souveraineté de cette ville ou de cette province, il l'acquiert telle qu'elle est, avec ses limitations et ses modifications quelconques. Aussi a-t-on soin, pour l'ordinaire, soit dans les capitulations particulières, soit dans les traités de paix, de stipuler que les villes et pays cédés conserveront tous leurs priviléges, libertés, et immunités. Et pourquoi le conquérant les en priverait-il à cause des démêlés qu'il a avec leur souverain? Cependant, si les habitants se sont rendus personnellement coupables envers lui par quelque attentat, il peut, en forme de peine (47), les priver de leurs droits et de leurs franchises. Il le peut encore si ces mêmes habitants ont pris les armes contre lui, et se sont ainsi rendus directement ses ennemis. Il ne leur doit alors autre chose que ce qu'un vainqueur humain et équitable doit à des ennemis soumis. S'il les unit et

---

(*a*) Par le traité de *Schwedt*, du 6 octobre 1713.

(47) Il n'était pas leur supérieur quand ils l'ont offensé : ainsi c'est en forme de réparation ou de satisfaction, et non *en forme de peine*, qu'il les privera de leurs droits. *D.*

les incorpore purement et simplement à ses anciens États, ils n'auront pas lieu de se plaindre.

Jusqu'ici je parle, comme on voit, d'une ville ou d'un pays qui ne fait pas simplement corps avec une Nation, ou qui n'appartient pas pleinement à un souverain, mais sur lequel cette Nation ou ce prince ont seulement certains droits. Si la ville ou la province conquise était pleinement et parfaitement du domaine d'une Nation ou d'un souverain, elle passe sur le même pied au pouvoir du vainqueur. Unie désormais au nouvel État auquel elle appartient, si elle perd à ce changement, c'est un malheur dont elle ne doit accuser que le sort des armes. Ainsi une ville qui faisait partie d'une république ou d'une monarchie limitée, qui avait droit de députer au conseil souverain ou à l'assemblée des États, si elle est justement conquise par un monarque absolu, elle ne peut plus penser à des droits de cette nature : la constitution du nouvel État, dont elle dépend, ne le souffre pas.

§ 200. — *Des terres des particuliers.*

Autrefois les particuliers mêmes perdaient leurs terres par la conquête. Et il n'est point surprenant que telle fût la coutume dans les premiers siècles de Rome. C'étaient des républiques populaires, des communautés qui se faisaient la guerre ; l'État possédait peu de chose, et la querelle était véritablement la cause commune de tous les citoyens. Mais aujourd'hui la guerre est moins terrible pour les sujets ; les choses se passent avec plus d'humanité : un souverain fait la guerre à un autre souverain, et non point au peuple désarmé. Le vainqueur s'empare des biens de l'État, des biens publics, et les particuliers conservent les leurs. Ils ne souffrent de la guerre qu'indirectement, et la conquête les fait seulement changer de maître.

§ 201. — *De la conquête de l'État entier.*

Mais si l'État entier est conquis, si la Nation est subjuguée, quel traitement pourra lui faire le vainqueur

sans sortir des bornes de la justice? Quels seront ses
droits sur sa conquête? Quelques-uns ont osé avancer
ce principe monstrueux, que le conquérant est maître
absolu de sa conquête, qu'il peut en disposer comme
de son propre, la traiter comme il lui plaît, suivant
l'expression commune, *traiter un Etat en pays conquis;* et de là ils tirent une des sources du gouvernement *despotique.* Laissons des gens qui traitent les
hommes comme des effets commerçables ou comme
des bêtes de charge, qui les livrent à la propriété, au
domaine d'un autre homme; raisonnons sur des principes avoués de la raison, et convenables à l'humanité.

Tout le droit du conquérant vient de la juste défense de soi-même (§§ 3, 26, et 29), laquelle comprend
le maintien et la poursuite de ses droits. Lors donc
qu'il a entièrement vaincu une Nation ennemie, il peut
sans doute premièrement se faire justice sur ce qui a
donné lieu à la guerre, et se payer des dépenses et
des dommages qu'elle lui a causés; il peut, selon l'exigence du cas, lui imposer des peines pour l'exemple (48);

---

(48) Ce n'est ni pour soi ni pour les autres qu'on doit punir
quelqu'un, c'est pour lui-même, pour son bien. C'est ainsi que
le médecin soumet le débauché, infecté d'un mal destructeur,
aux opérations douloureuses dont il a besoin, non pour le faire
servir d'exemple aux autres, mais pour le sauver. Cela n'empêche pas les témoins des souffrances de celui-ci, d'apprendre
par son exemple ce qu'il en coûte pour n'être pas sage. L'exemple, dans le moral comme dans le physique, pris pour principe
du remède, conduirait à ces conclusions choquantes et absur-
des, que plus on tourmente les uns, plus on fait de bien aux
autres; qu'il est bon qu'il y ait des malades et des méchants,
et que plus il y aura de martyrs et de victimes, plus il y aura
de gens saints et justes. Ce n'est qu'en partant de ce principe,
et de celui de la vengeance, qui ne connaît point de bornes,
qu'on en est venu aux potences, aux roues, et aux autres supplices exterminateurs. «S'il est important que les hommes
«aient souvent sous les yeux les effets du pouvoir des lois, il
«est nécessaire qu'il y ait souvent des criminels punis du der-
«nier supplice. Ainsi la peine de mort suppose des crimes
«fréquents; c'est-à-dire, pour être utile, il faut qu'elle ne

il peut même, si la prudence l'y oblige, la mettre hors d'état de nuire si aisément dans la suite. Mais, pour remplir toutes ces vues, il doit préférer les moyens les plus doux, et se souvenir que la loi naturelle ne permet les maux que l'on fait à un ennemi, que précisément dans la mesure nécessaire à une juste défense et à une sûreté raisonnable pour l'avenir. Quelques princes se sont contentés d'imposer un tribut à la Nation vaincue; d'autres, de la priver de quelques droits, de lui ôter une province, ou de la brider par des forteresses. D'autres, n'en voulant qu'au souverain seul, ont laissé la Nation dans tous ses droits, se bornant à lui donner un maître de leur main.

Mais si le vainqueur juge à propos de retenir la souveraineté de l'Etat conquis, et se trouve en droit de le faire, la manière dont il doit traiter cet Etat découle encore des mêmes principes. S'il n'a à se plaindre que du souverain, la raison nous démontre qu'il n'acquiert par sa conquête que les droits qui appartenaient réellement à ce souverain dépossédé; et aussitôt que le peuple se soumet, il doit le gouverner suivant les lois de l'Etat. Si le peuple ne se soumet pas volontairement, l'état de guerre subsiste.

Un conquérant, qui a pris les armes, non pas seulement contre le souverain, mais contre la Nation elle-même, qui a voulu dompter un peuple féroce, et réduire une fois pour toutes un ennemi opiniâtre, ce conquérant peut avec justice imposer des charges aux vaincus, pour se dédommager des frais de la guerre et pour les punir (49); il peut, selon le degré de leur indocilité, les régir avec un sceptre plus ferme et capable de les mater, les tenir quelque temps, s'il est nécessaire, dans une espèce de servitude. Mais cet

---

« fasse pas toute l'impression qu'elle devrait faire. » *Traité des délits et des peines*, § 16 de la trad. de l'abbé Morellet. *D.*

(49) Oui, si l'on entend par punir *corriger*. En ce cas nonseulement il le peut, mais il le doit, puisqu'il est devenu leur maître. *D.*

état forcé doit finir dès que le danger cesse, dès que les vaincus sont devenus citoyens; car alors le droit du vainqueur expire quant à ces voies de rigueur, puisque sa défense et sa sûreté n'exigent plus de précautions extraordinaires. Tout doit être enfin ramené aux règles d'un sage gouvernement, aux devoirs d'un bon prince.

Lorsqu'un souverain, se prétendant le maître absolu de la destinée d'un peuple qu'il a vaincu, veut le réduire en esclavage, il fait subsister l'état de guerre entre ce peuple et lui. Les Scythes disaient à ALEXANDRE-LE-GRAND : « Il n'y a jamais d'amitié entre le maître « et l'esclave; au milieu de la paix, le droit de la « guerre subsiste toujours (a). » Si quelqu'un dit qu'il peut y avoir la paix dans ce cas - là, et une espèce de contrat par lequel le vainqueur accorde la vie à condition que l'on se reconnaisse pour ses esclaves, il ignore que la guerre ne donne point le droit d'ôter la vie à un ennemi désarmé et soumis (§ 140). Mais ne contestons point : qu'il prenne pour lui cette jurisprudence; il est digne de s'y soumettre. Les gens de cœur qui comptent la vie pour rien, et pour moins que rien, si elle n'est accompagnée de la liberté, se croiront toujours en guerre avec cet oppresseur, quoique de leur part les actes en soient suspendus par impuissance. Disons donc encore que si la conquête doit être véritablement soumise au conquérant, comme à son souverain légitime, il faut qu'il le gouverne selon les vues pour lesquelles le gouvernement civil a été établi. Le prince seul, pour l'ordinaire, donne lieu à la guerre, et par conséquent à la conquête. C'est bien assez qu'un peuple innocent souffre les calamités de la guerre; faudra-t-il que la paix même lui devienne funeste? Un vainqueur généreux s'appliquera à soulager ses nouveaux sujets, à adoucir leur sort; il s'y croira

---

(a) *Inter dominum et servum nulla amicitia est; etiam in pace belli tamen jura servantur.* QUINT. CURT., lib. VII, cap. 8.

indispensablement obligé : *la conquête*, suivant l'expression d'un excellent homme, *laisse toujours à payer une dette immense pour s'acquitter envers la nature humaine (a)*.

Heureusement la bonne politique se trouve ici et partout ailleurs parfaitement d'accord avec l'humanité. Quelle fidélité, quels secours pouvez-vous attendre d'un peuple opprimé? Voulez-vous que votre conquête augmente véritablement vos forces, qu'elle vous soit attachée? Traitez-la en père, en véritable souverain. J'admire la généreuse réponse de cet ambassadeur des *Privernes*. Introduit devant le sénat romain, et le consul lui disant : « Si nous usons de clé- « mence, quel fond pourrons-nous faire sur la paix « que vous venez nous demander? » l'ambassadeur répondit : « Si vous nous l'accordez à des conditions « raisonnables, elle sera sûre et éternelle, sinon elle ne « durera pas long-temps. » Quelques-uns s'offensèrent d'un discours si hardi, mais la plus saine partie du sénat trouva que le *Privernate* avait parlé en homme et en homme libre. « Peut-on espérer, disaient « ces sages sénateurs, qu'aucun peuple ou aucun homme « demeure dans une condition dont il n'est pas con- « tent, dès que la nécessité qui l'y retenait viendra à « cesser? Comptez sur la paix, quand ceux à qui vous « la donnez la reçoivent volontiers. Quelle fidélité pou- « vez-vous attendre de ceux que vous voulez réduire à « l'esclavage (b)? La domination la plus assurée, disait

---

(a) Le président de Montesquieu, dans l'*Esprit des lois*.
(b) Quid, si pœnam, *inquit (consul)*, remittimus vobis, qualem nos pacem vobiscum habituros speremus? Si bonam dederitis, *inquit*, et fidam, et perpetuam : si malam, haud diuturnam. *Tum verò minari, nec id ambiguè Privernatem quidam, et illis vocibus ad rebellandum incitari pacatos populos. Pars melior senatûs ad meliora responsa trahere, et dicere,* viri, et liberi vocem auditam : an credi posse ullum populum, aut hominem denique in ea conditione, cujus eum pœniteat, diutiùs quàm necesse sit mansurum? Ibi pacem esse fidam, ubi

« CAMILLE, est celle qui est agréable à ceux-là même
« sur qui on l'exerce (a). »

Tels sont les droits que la loi naturelle assigne au
conquérant et les devoirs qu'elle lui impose. La ma-
inère de faire valoir les uns et de remplir les autres
varie selon les circonstances. En général, il doit consulter les véritables intérêts de son Etat, et par une
sage politique les concilier, autant qu'il est possible,
avec ceux de sa conquête. Il peut, à l'exemple des
rois de France, l'incorporer à son Etat. C'est ainsi
qu'en usaient les Romains. Mais ils y procédèrent différemment, selon les cas et les conjonctures. Dans
un temps où Rome avait besoin d'accroissement, elle
détruisit la ville d'Albe, qu'elle craignait d'avoir pour
rivale; mais elle en reçut les habitants dans son sein,
et s'en fit autant de citoyens. Dans la suite, en laissant
subsister les villes conquises, elle donna le droit de
bourgeoisie romaine aux vaincus. La victoire n'eût pas
été autant avantageuse à ces peuples que le fut leur
défaite.

Le vainqueur peut encore se mettre simplement à la
place du souverain qu'il a dépossédé. C'est ainsi qu'en
ont usé les Tartares à la Chine : l'empire a subsisté tel
qu'il était, il a seulement été gouverné par une nouvelle
race de souverains.

Enfin le conquérant peut gouverner sa conquête
comme un Etat à part, en y laissant subsister la forme
du gouvernement. Mais cette méthode est dangereuse;
elle ne produit pas une véritable union de forces : elle
affaiblit la conquête sans fortifier beaucoup l'Etat conquérant.

§ 202. — A qui appartient la conquête.

On demande à qui appartient la conquête, au prince

---

voluntarii pacati sint : neque eo loco, ubi servitutem esse ve-
lint, fidem sperandam esse. TIT.-LIV., lib VIII, cap. 21.

(a) Certe id firmissimum longe imperium est, quo obedientes
gaudent. TIT.-LIV., lib. VIII, cap. 13.

qui l'a faite ou à son Etat? C'est une question qui n'aurait jamais dû naître. Le souverain peut-il agir, en cette qualité, pour quelque autre fin que pour le bien de l'Etat? A qui sont les forces qu'il emploie dans ses guerres? Quand il aurait fait la conquête à ses propres frais, des deniers de son épargne, de ses biens particuliers et patrimoniaux, n'y emploie-t-il pas le bras de ses sujets? n'y verse-t-il pas leur sang? Mais supposez encore qu'il se fût servi de troupes étrangères et mercenaires, n'expose-t-il pas sa Nation au ressentiment de l'ennemi? Ne l'entraîne-t-il pas dans la guerre? Et le fruit en sera pour lui seul! N'est-ce pas pour la cause de l'Etat, de la Nation, qu'il prend les armes? Tous les droits qui en naissent sont donc pour la Nation.

Si le souverain fait la guerre pour un sujet qui lui est personnel, pour faire valoir, par exemple, un droit de succession à une souveraineté étrangère, la question change. Cette affaire n'est plus celle de l'Etat. Mais alors la Nation doit être en liberté de ne s'en point mêler si elle veut, ou de secourir son prince. S'il a le pouvoir d'employer les forces de la Nation à soutenir ses droits personnels, il ne doit plus distinguer ces droits de ceux de l'Etat. La loi de France, qui réunit à la couronne toutes les acquisitions des rois, devrait être la loi de tous les royaumes.

§ 203. — *Si l'on doit remettre en liberté un peuple que l'ennemi avait injustement conquis.*

Nous avons vu (§ 196) comment on peut être obligé, non extérieurement, mais en conscience et par les lois de l'équité, à rendre à un tiers le butin repris sur l'ennemi, qui le lui avait enlevé dans une guerre injuste. L'obligation est plus certaine et plus étendue à l'égard d'un peuple que notre ennemi avait injustement opprimé. Car un peuple, ainsi dépouillé de sa liberté, ne renonce jamais à l'espérance de la recouvrer. S'il ne s'est pas volontairement incorporé dans l'Etat qui l'a conquis, s'il ne l'a pas librement aidé contre nous dans la guerre, nous devons certainement user de notre victoire, non pour lui faire changer seulement de maître, mais pour rompre ses fers. C'est un beau fruit de la victoire, que de délivrer un peuple opprimé; et c'est un grand gain que de s'acquérir ainsi un ami fidèle. Le canton de Schweitz ayant enlevé le pays de Glaris à la maison d'Autriche, rendit aux habitants leur première liberté. « Glaris fut reçu dans la confédération des Suisses et forma le sixième canton (*a*). »

CHAPITRE XIV.

Du droit de Postliminie.

§ 204. — *Définition du droit de postliminie.*

Le droit de *postliminie* est ce droit en vertu duquel les personnes et les choses, prises par l'ennemi, sont rendues à leur premier état, quand elles reviennent sous la puissance de la Nation à laquelle elles appartenaient.

§ 205. — *Fondement de ce droit.*

Le souverain est obligé de protéger la personne et les biens de ses sujets, de les défendre contre l'ennemi. Lors donc qu'un sujet, ou quelque partie de ses biens, sont tombés entre les mains de l'ennemi, si quelque heureux événement les remet en la puissance du souverain, il n'y a nul doute qu'il ne doive les rendre à leur premier état, rétablir les personnes dans tous leurs droits et dans toutes leurs obligations, rendre les biens aux propriétaires, en un mot remettre toutes choses commes elles étaient avant que l'ennemi s'en fût rendu maître.

(*a*) *Histoire de la Confédération helvétique*, par A.-L. de WAT-TEWILLE, liv. III, pag. 145, année 1351.

La justice ou l'injustice de la guerre n'apporte ici aucune différence ; non-seulement parce que, suivant le droit des gens volontaire, la guerre, quant à ses effets, est réputée juste de part et d'autre, mais encore parce que la guerre, juste ou non, est la cause de la Nation; et si les sujets qui combattent, ou qui souffrent pour elle, après être tombés, eux ou leurs biens, entre les mains de l'ennemi, se retrouvent par un heureux accident sous la puissance de leur Nation, il n'y a aucune raison de ne pas les rétablir dans leur premier état : c'est comme s'ils n'eussent point été pris. Si la guerre est juste, ils avaient été pris injustement; rien de plus naturel que de les rétablir dès qu'on le peut ; si la guerre est injuste, ils ne sont pas plus obligés d'en porter la peine, que le reste de la Nation. La fortune fait tomber le mal sur eux, quand ils sont pris ; elle les en délivre lorsqu'ils échappent : c'est encore comme s'ils n'eussent point été pris. Ni leur souverain ni l'ennemi n'ont aucun droit particulier sur eux; l'ennemi a perdu par un accident ce qu'il avait gagné par un autre.

§ 206. — *Comment il a lieu.*

Les personnes retournent, les choses se recouvrent, par droit de *postliminie*, lorsqu'ayant été prises par l'ennemi, elles retombent sous la puissance de leur Nation (§ 204). Ce droit a donc lieu aussitôt que ces personnes ou ces choses prises par l'ennemi tombent entre les mains des soldats de la même Nation, ou se retrouvent dans l'armée, dans le camp, dans les terres de leur souverain, dans les lieux où il commande.

§ 207. — *S'il a lieu chez les alliés.*

Ceux qui se joignent à nous pour faire la guerre, ne font avec nous qu'un même parti; la cause est commune, le droit est un; ils sont considérés comme ne faisant qu'un avec nous. Lors donc que les personnes ou les choses, prises par l'ennemi, sont reprises par nos auxiliaires, ou retombent de quelque autre manière entre leurs mains, c'est précisément la même chose, quant à l'effet de droit, que si elles se retrouvaient immédiatement en notre puissance; la puissance de nos alliés et la nôtre n'étant qu'une dans cette cause. Le droit de *postliminie* a donc lieu dans les mains de ceux qui font la guerre avec nous; les personnes et les choses, qu'ils délivrent des mains de l'ennemi, doivent être remises dans leur premier état.

Mais ce droit a-t-il lieu dans les terres de nos alliés ? Il faut distinguer. Si ces alliés font cause commune avec nous, s'ils sont associés dans la guerre, le droit de *postliminie* a nécessairement lieu pour nous dans les terres de leur obéissance, tout comme dans les nôtres. Car leur Etat est uni au nôtre, et ne fait qu'un même parti dans cette guerre. Mais si, comme cela se pratique souvent aujourd'hui, un allié se borne à nous fournir les secours stipulés dans les traités, sans rompre luimême avec notre ennemi, leurs deux Etats continuant à observer la paix dans leurs relations immédiates, alors les auxiliaires seuls qu'il nous envoie sont participants et associés à la guerre; ses Etats gardent la neutralité.

§ 208. — *Il n'a pas lieu chez les peuples neutres.*

Or, le droit de *postliminie* n'a point lieu chez les peuples neutres. Car quiconque veut demeurer neutre dans une guerre est obligé de la considérer, quant à ses effets, comme également juste de part et d'autre, et par conséquent de regarder comme bien acquis tout ce qui est pris par l'un ou l'autre parti. Accorder à l'un le droit de revendiquer les choses enlevées par l'autre, ou le droit de *postliminie* dans ses terres, ce serait se déclarer pour lui, et quitter l'état de neutralité.

§ 209. — *Quelles choses se recouvrent par ce droit.*

Naturellement toutes sortes de biens pourraient se recouvrer par droit de *postliminie*, et pourvu qu'on les reconnaisse certainement, il n'y a aucune raison intrinsèque d'en excepter les biens mobiliers. Aussi voyons-nous que les anciens ont souvent rendu à leurs premiers maîtres ces sortes de choses reprises sur l'ennemi (*a*). Mais la difficulté de reconnaître les biens de cette nature, et les différends sans nombre qui naîtraient de leur revendication, ont fait établir généralement un usage contraire. Joignez à cela que le peu d'espérance qui reste de recouvrer des effets pris par l'ennemi, et une fois conduits en lieu de sûreté, fait raisonnablement présumer qu'ils sont abandonnés par les anciens propriétaires. C'est donc avec raison que l'on excepte du droit de *postliminie* les choses mobilières, ou le butin, à moins qu'il ne soit repris tout de suite à l'ennemi qui venait de s'en saisir; auquel cas il n'est difficile à reconnaître, ni présumé abandonné par le propriétaire. Or, la coutume étant une fois reçue et bien établie, il serait injuste d'y donner atteinte. (*Prélim.*, § 26.) Il est vrai que les esclaves chez les Romains n'étaient pas traités comme les autres biens mobiliers; on les rendait à leurs maîtres, par droit de *postliminie*, lors même qu'on ne rendait pas le reste du butin. La raison en est claire; comme il est toujours aisé de reconnaître un esclave et de savoir à qui il a appartenu, le maître, conservant l'espérance de le recouvrer, n'était pas présumé avoir abandonné son droit.

§ 210. — *De ceux qui ne peuvent retourner par droit de postliminie.*

Les prisonniers de guerre qui ont donné leur parole, les peuples et les villes qui se sont soumis à l'ennemi, qui lui ont promis ou juré fidélité, ne peuvent d'eux-mêmes retourner à leur premier état par droit de *postliminie;* car la foi doit être gardée, même aux ennemis (§ 174).

§ 211. — *Ils jouissent de ce droit quand ils sont repris.*

Mais si le souverain reprend ces villes, ces pays,

(*a*) Voyez-en plusieurs exemples dans GROTIUS, liv. III, chap. XVI, § 2.

ou ces prisonniers, qui s'étaient rendus à l'ennemi, il recouvre tous les droits qu'il avait sur eux, et il doit les rétablir dans leur premier état (§ 205). Alors ils jouissent du droit de *postliminie*, sans manquer à leur parole, sans violer leur foi donnée. L'ennemi perd par les armes le droit qu'il avait acquis par les armes. Mais il y a une distinction à faire au sujet des prisonniers de guerre : s'ils étaient entièrement libres sur leur parole, ils ne sont point délivrés par cela seul qu'ils tombent sous la puissance de leur Nation, puisqu'ils pouvaient même aller chez eux sans cesser d'être prisonniers; la volonté seule de celui qui les a pris, ou sa soumission entière, peut les dégager. Mais s'ils ont seulement promis de ne pas s'enfuir, promesse qu'ils font souvent pour éviter les incommodités d'une prison, ils ne sont tenus qu'à ne pas sortir d'eux-mêmes des terres de l'ennemi, ou de la place qui leur est assignée pour demeure; et si les troupes de leur parti viennent à s'emparer du lieu où ils habitent, ils sont remis en liberté, rendus à leur Nation et à leur premier état par le droit des armes.

§ 212. — *Si ce droit s'étend à leurs biens aliénés par l'ennemi.*

Quand une ville soumise par les armes de l'ennemi est reprise par celles de son souverain, elle est rétablie dans son premier état, comme nous venons de le voir, et par conséquent dans tous ses droits. On demande si elle recouvre de cette manière ceux de ses biens que l'ennemi avait aliénés lorsqu'il était le maître? Il faut d'abord distinguer entre les biens mobiliers, qui ne se recouvrent point par droit de *postliminie* (§ 209), et les immeubles. Les premiers appartiennent à l'ennemi qui s'en empare, et il peut les aliéner sans retour. Quant aux immeubles, il faut se souvenir que l'acquisition d'une ville, prise dans la guerre, n'est pleine et consommée que par le traité de paix, ou par la soumission entière, par la destruction de l'Etat auquel elle appartenait (§ 197). Jusque-là il reste au

souverain de cette ville l'espérance de la reprendre ou
de la recouvrer par la paix; et du moment qu'elle retourne en sa puissance, il la rétablit dans tous ses droits
(§ 205); par conséquent elle recouvre tous ses biens,
autant que de leur nature ils peuvent être recouvrés. Elle
reprendra donc ses immeubles des mains de ceux qui se
sont trop pressés de les acquérir. Ils ont fait un marché
hasardeux, en les achetant de celui qui n'y avait pas un
droit absolu; et s'ils font une perte, ils ont bien voulu
s'y exposer. Mais si cette ville avait été cédée à l'ennemi
par un traité de paix, ou si elle était tombée pleinement
en sa puissance par la soumission de l'Etat entier, le
droit de *postliminie* n'a plus lieu pour elle; et ses biens,
aliénés par le conquérant, le sont validement et sans
retour. Elle ne peut les réclamer, si dans la suite une
heureuse révolution la soustrait au joug du vainqueur.
Lorsque ALEXANDRE fit présent aux Thessaliens de la
somme qu'ils devaient aux Thébains (*voyez ci-dessus,*
§ 77), il était maître absolu de la république de Thèbes,
dont il détruisit la ville et fit vendre les habitants.

Les mêmes décisions ont lieu pour les immeubles
des particuliers, prisonniers ou non, aliénés par l'ennemi pendant qu'il était maître du pays. GROTIUS propose la question (*a*) à l'égard des biens immeubles,
possédés en pays neutre par un prisonnier de guerre.
Mais cette question est nulle dans nos principes; car
le souverain, qui fait un prisonnier à la guerre, n'a
d'autre droit que celui de le retenir jusqu'à la fin de la
guerre, ou jusqu'à ce qu'il soit racheté (§§ 148 *et
suiv.*), et il n'en acquiert aucun sur ses biens, sinon
en tant qu'il peut s'en saisir. Il est impossible de trouver
aucune raison naturelle, pourquoi celui qui tient un
prisonnier aurait le droit de disposer de ses biens,
quand ce prisonnier ne les a pas auprès de lui.

_____

(*a*) Liv. III, chap. IX, § 6.

§ 213. — *Si une Nation qui a été entièrement conquise, peut jouir du droit de postliminie.*

Lorsqu'une Nation, un peuple, un Etat, a été subjugué tout entier, on demande si une révolution peut le faire jouir du droit de *postliminie?* Il faut encore distinguer les cas pour bien répondre à cette question; si cet Etat subjugué n'a point encore donné les mains à sa nouvelle sujétion, s'il ne s'est pas rendu volontairement, et s'il a seulement cessé de résister, par impuissance; si son vainqueur n'a point quitté l'épée de conquérant, pour prendre le sceptre d'un souverain équitable et pacifique, ce peuple n'est pas véritablement soumis, il est seulement vaincu et opprimé; et lorsque les armes d'un allié le délivrent, il retourne sans doute à son premier état (§ 207). Son allié ne peut devenir son conquérant; c'est un libérateur qu'il est seulement obligé de récompenser. Que si le dernier vainqueur, n'étant point allié de l'Etat dont nous parlons, prétend le retenir sous ses lois comme un prix de sa victoire, il se met à la place du premier conquérant, et devient l'ennemi de l'Etat opprimé par celui-ci; cet Etat peut lui résister légitimement, et profiter d'une occasion favorable pour recouvrer sa liberté. S'il avait été opprimé injustement, celui qui l'arrache au joug de l'oppresseur doit le rétablir généreusement dans tous ses droits (§ 203).

La question change à l'égard d'un Etat qui s'est rendu volontairement au vainqueur. Si les peuples, traités non plus en ennemis, mais en vrais sujets, se sont soumis à un gouvernement légitime, ils relèvent désormais d'un nouveau souverain, ou ils sont incorporés à l'Etat conquérant; ils en font partie, ils suivent sa destinée; leur ancien Etat est absolument détruit; toutes ses relations, toutes ses alliances expirent. (*Liv. II,* § 203.) Quel que soit donc le nouveau conquérant qui subjugue dans la suite l'Etat auquel ces peuples sont unis, ils subissent le sort de cet Etat, comme la partie suit le sort du tout. C'est ainsi que les Nations en ont usé dans tous les temps; je dis les Nations même justes et équitables, surtout à l'égard d'une conquête ancienne. Les plus modérés se bornent à remettre en liberté un peuple nouvellement soumis, qu'ils ne jugent pas encore parfaitement incorporé, ni bien uni d'inclination à l'Etat qu'ils ont vaincu.

Si ce peuple secoue le joug lui-même, et se remet en liberté, il rentre dans tous ses droits, il retourne à son premier état, et les Nations étrangères ne sont point en droit de juger s'il s'est soustrait à une autorité légitime, ou s'il a rompu ses fers. Ainsi le royaume de Portugal, qui avait été envahi par PHILIPPE II, roi d'Espagne, sous couleur d'un droit héréditaire, mais en effet par la force ou par la terreur des armes, rétablit sa couronne indépendante et rentra dans ses anciens droits, quand il chassa les Espagnols et mit sur le trône le duc DE BRAGANCE.

§ 214. — *Du droit de postliminie pour ce qui est rendu à la paix.*

Les provinces, les villes, et les terres que l'ennemi rend par le traité de paix, jouissent sans doute du droit de *postliminie;* car le souverain doit les rétablir dans leur premier état, dès qu'elles retournent en sa puissance (§ 205), de quelque façon qu'il les recouvre. Quand l'ennemi rend une ville à la paix, il renonce au droit que les armes lui avaient acquis; c'est comme s'il ne l'eût jamais prise. Il n'y a là aucune raison qui puisse dispenser le souverain de la remettre dans ses droits, dans son premier état.

§ 215. — *Et à l'égard de ce qui est cédé à l'ennemi.*

Mais tout ce qui est cédé à l'ennemi par le traité de paix, est véritablement et pleinement aliéné. Il n'a plus rien de commun avec le droit de *postliminie,* à moins que le traité de paix ne soit rompu et annulé.

§ 216. — *Le droit de postliminie n'a plus lieu après la paix.*

Et comme les choses dont le traité de paix ne dit rien restent dans l'état où elles se trouvent au moment que la paix est conclue, et sont tacitement cédées de part ou d'autre à celui qui les possède, disons en général que le droit de postliminie n'a plus lieu après la paix conclue. Ce droit est entièrement relatif à l'état de guerre.

§ 217. — *Pourquoi il a toujours lieu pour les prisonniers.*

Cependant, et par cette raison même, il y a ici une exception à faire en faveur des prisonniers de guerre. Leur souverain doit les délivrer à la paix (§ 154). S'il ne le peut, si le sort des armes le force à recevoir des conditions dures et iniques, l'ennemi, qui devrait relâcher les prisonniers lorsque la guerre est finie, lorsqu'il n'a plus rien à craindre d'eux (§§ 150 et 153), continue avec eux l'état de guerre s'il les retient en captivité, et surtout s'il les réduit en esclavage (§ 152). Ils sont donc en droit de se tirer de ses mains s'ils en ont les moyens, et de revenir dans leur patrie tout comme en temps de guerre, puisque la guerre continue à leur égard; et alors le souverain, qui doit les protéger, est obligé de les rétablir dans leur premier état (§ 205).

§ 218. — *Ils sont libres même, s'ils se sauvent dans un pays neutre.*

Disons plus : ces prisonniers, retenus après la paix sans raison légitime, sont libres dès qu'échappés de leur prison ils se trouvent en pays neutre. Car des ennemis ne peuvent être poursuivis et arrêtés en pays neutre (§ 132); et celui qui retient après la paix un prisonnier innocent persiste à être son ennemi. Cette règle doit avoir et a effectivement lieu entre les Nations, chez lesquelles l'esclavage des prisonniers de guerre n'est point reçu et autorisé.

§ 210. — *Comment les droits et les obligations des prisonniers subsistent.*

Il est assez clair, par tout ce que nous venons de dire, que les prisonniers de guerre doivent être considérés comme des citoyens qui peuvent revenir un jour dans la patrie; et lorsqu'ils reviennent, le souverain est obligé de les rétablir dans leur premier état. De là il suit évidemment que les droits de ces prisonniers, et les obligations auxquelles ils sont astreints, ou les droits d'autrui sur eux, subsistent dans leur entier, et demeurent seulement suspendus, pour la plupart, quant à leur exercice, pendant le temps de la prison.

§ 220. — *Du testament d'un prisonnier de guerre.*

Le prisonnier de guerre conserve donc le droit de disposer de ses biens, et en particulier d'en disposer à cause de mort; et comme il n'y a rien dans son état de captivité qui puisse lui ôter l'exercice de son droit à ce dernier égard, le testament d'un prisonnier de guerre doit valoir dans sa patrie, si aucun vice inhérent ne le rend caduc.

§ 221. — *Du mariage.*

Chez les Nations qui ont rendu le mariage indissoluble, ou qui l'établissent pour la vie, à moins qu'il ne soit dissous par le juge, le lien subsiste malgré la captivité de l'un des conjoints : et celui-ci, de retour chez lui, rentre dans tous ses droits matrimoniaux, par droit de *postliminie.*

§222. — *De ce qui est établi, par rapport au droit de postliminie, par les traités, ou par la coutume.*

Nous n'entrons point ici dans le détail de ce qui est établi, à l'égard du droit de *postliminie*, par les lois civiles de quelques peuples. Observons seulement que ces règlements particuliers n'obligent que les sujets de l'Etat, et n'ont aucune force contre les étrangers. Nous ne touchons pas non plus à ce qui est réglé dans les traités : ces conventions particulières établissent un droit pactice, qui ne regarde que les contractants. Les coutumes introduites par un long et constant usage lient les peuples qui y ont donné un consentement tacite, et doivent être respectées quand elles n'ont rien de contraire à la loi naturelle. Mais celles qui donnent atteinte à cette loi sacrée, sont vicieuses et sans force. Loin de se conformer à de pareilles coutumes, toute Nation est obligée de travailler à les faire abolir. Chez les Romains, le droit de *postliminie* avait lieu, même en pleine paix, à l'égard des peuples avec lesquels Rome n'avait *ni liaisons d'amitié*, *ni droit d'hospitalité*, *ni alliance* (*a*). C'est que ces peuples-là, ainsi que nous l'avons déjà observé, étaient regardés en quelque façon comme ennemis. Des mœurs plus douces ont aboli presque partout ce reste de barbarie.

CHAPITRE XV.

Du droit des particuliers dans la guerre.

§ 223. — *Les sujets ne peuvent commettre des hostilités sans ordre du souverain.*

Le droit de faire la guerre, comme nous l'avons montré dans le chapitre Ier de ce livre, appartient uniquement à la puissance souveraine. Non-seulement c'est à celle-ci de décider s'il convient d'entreprendre la guerre, et de la déclarer; il lui appartient encore d'en diriger toutes les opérations, comme des choses de la dernière importance pour le salut de l'Etat. Les sujets ne peuvent donc agir ici d'eux-mêmes, et il ne leur est pas permis de commettre aucune hostilité, sans ordre du souverain. Bien entendu que la défense de soi-même n'est pas comprise ici sous le terme d'hostilités. Un sujet peut bien repousser la violence même d'un concitoyen, quand le secours du magistrat lui manque; à plus forte raison pourra-t-il se défendre contre l'attaque inopinée des étrangers.

(*a*) Digest., lib. XLIX, *de capt. et postlim.*, Leg. V, § 2.

§ 224. — *Cet ordre peut être général ou particulier.*

L'ordre du souverain, qui commande les actes d'hostilité, et qui donne le droit de les commettre, est ou général, ou particulier. La déclaration de guerre, qui commande à tous les sujets *de courir sus aux sujets de l'ennemi*, porte un ordre général. Les généraux, les officiers, les soldats, les armateurs, et les partisans, qui ont des commissions du souverain, font la guerre en vertu d'un ordre particulier.

§ 225. — *Source de la nécessité d'un pareil ordre.*

Mais si les sujets ont besoin d'un ordre du souverain pour faire la guerre, c'est uniquement en vertu des lois essentielles à toute société politique, et non par l'effet de quelque obligation relative à l'ennemi. Car dès le moment qu'une Nation prend les armes contre une autre, elle se déclare ennemie de tous les individus qui composent celle-ci, et les autorise à la traiter comme telle. Quel droit aurait-elle de se plaindre des hostilités que des particuliers commettraient contre elle sans ordre de leur supérieur? La règle dont nous parlons se rapporte donc au droit public général plutôt qu'au droit des gens proprement dit, ou au principe des obligations réciproques des Nations.

§ 226. — *Pourquoi le droit des gens a dû adopter cette règle.*

A ne considérer que le droit des gens en lui-même, dès que deux Nations sont en guerre, tous les sujets de l'une peuvent agir hostilement contre l'autre, et lui faire tous les maux autorisés par l'état de guerre. Mais si deux Nations se choquaient ainsi de toute la masse de leurs forces, la guerre deviendrait beaucoup plus cruelle et plus destructive; il serait difficile qu'elle finît autrement que par la ruine entière de l'un des partis. Et l'exemple des guerres anciennes le prouve de reste : on peut se rappeler les premières guerres de Rome, contre les républiques populaires qui l'environnaient. C'est donc avec raison que l'usage contraire a passé en coutume chez les Nations de l'Europe, au moins chez celles qui entretiennent des troupes réglées ou des milices sur pied. Les troupes seules font la guerre, le reste du peuple demeure en repos. Et la nécessité d'un ordre particulier est si bien établie, que lors même que la guerre est déclarée entre deux Nations, si des paysans commettent d'eux-mêmes quelques hostilités, l'ennemi les traite sans ménagement, et les fait pendre, comme il ferait des voleurs ou des brigands. Il en est de même de ceux qui vont en course sur mer : une commission de leur prince, ou de l'amiral, peut seule les assurer, s'ils sont pris, d'être traité comme des prisonniers faits dans une guerre en forme.

§ 227. — *A quoi se réduit l'ordre général de* courir sus.

Cependant on voit encore dans les déclarations de guerre l'ancienne formule, qui ordonne à tous les sujets, non-seulement de rompre tout commerce avec les ennemis, mais de leur *courir sus.* L'usage interprète cet ordre général. Il autorise, à la vérité, il oblige même tous les sujets, de quelque qualité qu'ils soient, à arrêter les personnes et les choses appartenantes à l'ennemi, quand elles tombent entre leurs mains; mais il ne les invite point à entreprendre aucune expédition offensive, sans commission, ou sans ordre particulier.

§ 228 — *De ce que les particuliers peuvent entreprendre sur la présomption de la volonté du souverain.*

Néanmoins il est des occasions où les sujets peuvent présumer raisonnablement la volonté de leur souverain, et agir en conséquence de son commandement tacite. C'est ainsi que, malgré l'usage qui réserve communément aux troupes les opérations de la guerre, si la bourgeoisie d'une place forte prise par l'ennemi ne lui a point promis ou juré la soumission, et qu'elle trouve une occasion favorable de surprendre la garnison et de remettre la place sous les lois du souverain, elle peut hardiment présumer que le prince approuvera cette généreuse entreprise. Et qui osera la condamner? Il est vrai que si cette bourgeoisie manque son coup, l'ennemi la traitera avec beaucoup de rigueur. Mais cela ne prouve point que l'entreprise soit illégitime, ou contraire au droit de la guerre. L'ennemi use de son droit, du droit des armes (50), qui l'autorise à employer jusqu'à un certain point la terreur, pour empêcher que les sujets du souverain à qui il fait la guerre ne se hasardent facilement à tenter de ces coups hardis, dont le succès pourrait lui devenir funeste. Nous avons vu, dans la dernière guerre (51), le peuple de Gènes prendre tout-à-coup les armes de lui-même et chasser les Autrichiens de la ville. La république célèbre chaque année la mémoire d'un événement qui la remit en liberté.

§ 229. — *Des armateurs.*

Les armateurs, qui équipent à leurs frais des vaisseaux pour aller en course, acquièrent la propriété du butin, en récompense de leurs avances et des périls qu'ils courent; et ils l'acquièrent par la concession du souverain, qui leur délivre des commissions. Le souverain leur cède ou le butin entier, ou une partie; cela dépend de l'espèce de contrat qu'il fait avec eux.

Les sujets n'étant pas obligés de peser scrupuleusement la justice de la guerre, qu'ils ne sont pas toujours à portée de bien connaître, et sur laquelle, en cas de doute, ils doivent s'en rapporter au jugement du souverain (§ 187), il n'y a nul doute qu'ils ne puissent en bonne conscience servir leur patrie, en armant des vaisseaux pour la course, à moins que la guerre ne soit évidemment injuste. Mais, au contraire, c'est pour des étrangers un métier honteux, que celui de prendre des commissions d'un prince, pour pirater sur une Nation absolument innocente à leur égard. La soif de l'or est le seul motif qui les y invite; et la commission qu'ils reçoivent, en les assurant de l'impunité, ne peut laver

---

(50) Du droit du plus fort. *D.*
(51) En 1746 et 1747. *D.*

leur infamie. Ceux-là seuls sont excusables, qui assistent de cette manière une Nation dont la cause est indubitablement juste, qui n'a pris les armes que pour se garantir de l'oppression ; ils serait même louable, si la haine de l'oppression, si l'amour de la justice, plutôt que celui du gain, les excitait à de généreux efforts, à exposer aux hasards de la guerre leur vie, ou leur fortune.

§ 230. — *Des volontaires.*

Le noble but de s'instruire dans le métier de la guerre, et de se rendre ainsi plus capable de servir utilement la patrie, a établi l'usage de servir comme volontaire, même dans des armées étrangères; et une fin si louable justifie sans doute cet usage. Les volontaires sont traités aujourd'hui par l'ennemi qui les fait prisonniers, comme s'ils étaient attachés à l'armée dans laquelle ils combattent. Rien n'est plus juste. Ils s'unissent de fait à cette armée, ils soutiennent la même cause; peu importe que ce soit en vertu de quelque obligation, ou par l'effet d'une volonté libre.

§ 231. — *De ce que peuvent faire les soldats et les subalternes.*

Les soldats ne peuvent rien entreprendre sans le commandement, exprès ou tacite, de leurs officiers; car ils sont faits pour obéir et exécuter, et non pour agir de leur chef; ils ne sont que des instruments dans la main de leurs commandants. On se rappellera ici ce que nous entendons par un ordre tacite; c'est celui qui est nécessairement compris dans un ordre exprès, ou dans les fonctions commises par un supérieur. Ce qui est dit des soldats doit s'entendre à proportion des officiers et de tous ceux qui ont quelque commandement subalterne. On peut donc, à l'égard des choses dont le soin ne leur est point commis, comparer les uns et les autres aux simples particuliers, qui ne doivent rien entreprendre sans ordre. L'obligation des gens de guerre est même beaucoup plus étroite; car les lois militaires défendent expressément d'agir sans or-

dre, et cette discipline est si nécessaire, qu'elle ne laisse
presque aucun lieu à la présomption. A la guerre, une
entreprise qui paraîtra fort avantageuse, et d'un succès
presque certain, peut avoir des suites funestes; il serait
dangereux de s'en rapporter au jugement des subalternes, qui ne connaissent pas toutes les vues du général, et qui n'ont pas ses lumières; il n'est pas à présumer que son intention soit de les laisser agir d'eux-
mêmes. Combattre sans ordre, c'est presque toujours,
pour un homme de guerre, combattre contre l'ordre
exprès, ou contre la défense. Il ne reste donc guère
que le cas de la défense de soi-même, où les soldats
et subalternes puissent agir sans ordre. Dans ce cas,
l'ordre se présume avec sûreté; ou plutôt le droit de
défendre sa personne de toute violence appartient
naturellement à chacun, et n'a besoin d'aucune permission. Pendant le siége de Prague (52), dans la dernière guerre, des grenadiers français, sans ordre et
sans officiers, firent une sortie, s'emparèrent d'une bat-
terie, enclouèrent une partie du canon, et emmenè-
rent l'autre dans la place. La sévérité romaine les eût
punis de mort. On connaît le fameux exemple du
consul MANLIUS (a), qui fit mourir son propre fils vic-
torieux, parce qu'il avait combattu sans ordre. Mais la
différence des temps et des mœurs oblige un général à
tempérer cette sévérité. Le maréchal DE BELLE-ISLE
réprimanda en public ses braves grenadiers; mais il
leur fit distribuer sous main de l'argent, en récompense de leur courage et de leur bonne volonté. Dans
un autre siége fameux de la même guerre, au siége
de Coni (53), les soldats de quelques bataillons logés
dans les fossés, firent d'eux-mêmes, en l'absence des
officiers, une sortie vigoureuse, qui leur réussit. Le
baron DE LEUTRUM fut obligé de pardonner cette faute,

---

(52) En 1742.
(a) TIT.-LIV., lib. VIII, cap. 7.
(53) En 1744.

pour ne pas éteindre une ardeur qui faisait toute la sûreté de sa place. Cependant il faut, autant qu'il est
possible, réprimer cette impétuosité désordonnée ;
elle peut devenir funeste. Avidius-Cassius punit de
mort quelques officiers de son armée, qui étaient allés
sans ordre, avec une poignée de monde, surprendre
un corps de 3000 hommes, et l'avaient taillé en pièces.
Il justifia cette rigueur en disant, *qu'il pouvait se faire
qu'il y eût une ambuscade :* dicens *evenire potuisse ut essent insidiæ (a).*

§ 232. — *Si l'État doit dédommager les sujets des pertes qu'ils ont souffertes par la guerre.*

L'Etat doit-il dédommager les particuliers des pertes
qu'ils ont souffertes dans la guerre ? On peut voir dans
Grotius (*b*), que les auteurs se sont partagés sur cette
question. Il faut distinguer ici deux sortes de dommages, ceux que cause l'État, ou le souverain lui-même,
et ceux que fait l'ennemi. De la première espèce, les
uns sont causés librement et par précaution, comme
quand on prend le champ, la maison, ou le jardin
d'un particulier, pour y construire le rempart d'une
ville, ou quelque autre pièce de fortification ; quand
on détruit ses moissons, ou ses magasins, dans la crainte
que l'ennemi n'en profite. L'Etat doit payer ces sortes
de dommages au particulier, qui n'en doit supporter
que sa *quote-part*. Mais d'autres dommages ont causés
par une nécessité inévitable : tels sont, par exemple,
les ravages de l'artillerie, dans une ville que l'o reprend
sur l'ennemi. Ceux-ci sont des accidents, des maux de
la fortune, pour les propriétaires sur qui ils tombent.
Le souverain doit équitablement y avoir égard, si l'état
de ses affaires le lui permet ; mais on n'a point d'action
contre l'Etat pour des malheurs de cette nature, pour

(*a*) Vulcatius Gallican, cité par Grotius, liv. III, ch. XV ¶;
§ I, not. 6.
(*b*) Liv. III, ch. XX, § 8.

des pertes qu'il n'a point causées librement, mais par nécessité et par accident, en usant de ses droits. J'en dis autant des dommages causés par l'ennemi. Tous les sujets sont exposés à ces dommages ; malheur à celui sur qui ils tombent! On peut bien, dans une société, courir ce risque pour les biens, puisqu'on le court pour la vie. Si l'Etat devait à la rigueur dédommager tous ceux qui perdent de cette manière, les finances publiques seraient bientôt épuisées; il faudrait que chacun contribuât du sien, dans une juste proportion ; ce qui serait impraticable. D'ailleurs ces dédommagements seraient sujets à mille abus, et d'un détail effrayant. Il est donc à présumer que ce n'a jamais été l'intention de ceux qui se sont unis en société.

Mais il est très conforme aux devoirs de l'Etat et du souverain, et très équitable par conséquent, très juste même, de soulager autant qu'il se peut les infortunés que les ravages de la guerre ont ruinés, de même que de prendre soin d'une famille dont le chef et le soutien a perdu la vie pour le service de l'Etat. Il est bien des dettes sacrées pour qui connaît ses devoirs, quoiqu'elles ne donnent point d'action contre lui (*).

(*) C'est en général un devoir indispensable pour tout souverain, de prendre les mesures les plus efficaces pour empêcher que ses sujets qui sont en guerre n'en souffrent que le moins possible, bien loin de les exposer volontairement à de plus grands maux. Pendant les guerres des Pays-Bas, Philippe II défendit de rendre ou d'échanger les prisonniers de guerre. Il défendit aux paysans, sous peine de mort, de payer des contributions pour se racheter de l'incendie et du pillage, et il interdit sous les même peines les sauvegardes. Les Etats-Généraux opposèrent de très sages mesures à cette barbare ordonnance. Ils publièrent un édit dans lequel, après avoir représenté les suites funestes de la barbarie espagnole, ils exhortaient les Flamands à penser à leur conservation, et menaçaient d'user de représailles contre ceux qui obéiraient au cruel édit de Philippe. Par là ils mirent fin aux herreurs qu'il avait causées.

CHAPITRE XVI.

De diverses conventions qui se font dans le cours de la guerre.

§ 233. — *De la trève et de la suspension d'armes.*

La guerre deviendrait trop cruelle et trop funeste, si tout commerce était absolument rompu entre ennemis. Il reste encore, suivant la remarque de GROTIUS (*a*), des *commerces de guerre*, comme VIRGILE (*b*) et TACITE (*c*) les appellent. Les occurrences, les événements de la guerre, obligent les ennemis à faire entre eux diverses conventions. Comme nous avons traité en général de la foi qui doit être gardée entre ennemis, nous sommes dispensés de prouver ici l'obligation de remplir avec fidélité ces conventions, faites pendant la guerre ; il nous reste à en expliquer la nature. On convient quelquefois de suspendre les hostilités pour un certain temps ; si cette convention est faite seulement pour un terme fort court, et pour quelque lieu en particulier, on l'appelle *cessation d'hostilités* ou *suspension d'armes*. Telles sont celles qui se font pour enterrer les morts après un assaut ou après un combat, et pour un pourparler, pour une conférence entre les chefs ennemis. Si l'accord est pour un temps plus considérable, et surtout s'il est général, on l'appelle plus particulièrement *trève* ou *armistice*. Plusieurs se servent indifféremment de l'une ou de l'autre de ces expressions.

(*a*) Liv. III, chap. XXI, § 1.
(*b*) ——— *Belli commercia Turnus.*
  Sustulit ista prior. ——— Æneid., X, v 532.
(*c*) *Annal.*, lib. XIV, cap. 33.

§ 234. — *Elle ne finit point la guerre.*

La *trève*, ou la *suspension d'armes*, ne termine point la guerre; elle en suspend seulement les actes.

§ 235. — *La trève est particulière ou générale.*

La trève est particulière ou générale. Dans la première, les hostilités cessent seulement en certains lieux, comme entre une place et l'armée qui en fait le siége. La seconde les fait cesser généralement et en tous lieux, entre les deux puissances qui sont en guerre. On pourrait encore distinguer des trèves particulières, par rapport aux actes d'hostilité, ou aux personnes; c'est-à-dire, que l'on peut convenir des'abstenir pour un temps de certaine espèce d'hostilités, ou que deux corps d'armée peuvent arrêter entre eux une trève ou suspension d'armes, sans rapport à aucun lieu.

§ 236. — *Trève générale et à longues années.*

Quand une trève générale est à longues années, elle ne diffère guère de la paix, sinon en ce qu'elle laisse indécise la question qui fait le sujet de la guerre. Lorsque deux Nations sont lasses de la guerre, sans pouvoir convenir sur ce qui forme leurs différends, elles ont recours à cette espèce d'accord. C'est ainsi qu'il ne s'est fait communément, au lieu de paix, que des trèves, à longues années entre les chrétiens et les Turcs; tantôt par un faux esprit de religion, tantôt parce que ni les uns ni les autres n'ont voulu se reconnaître réciproquement pour maîtres légitimes de leurs possessions respectives.

§ 237. — *Par qui ces accords peuvent être conclus.*

Pour qu'un accord soit valide, il faut qu'il soit fait avec un pouvoir suffisant. Tout ce qui se fait à la guerre est fait en l'autorité de la puissance souveraine, qui seule a le droit et d'entreprendre la guerre et d'en diriger les opérations (§§ 4 et 223). Mais il est impossible qu'elle exécute tout par elle-même; il faut nécessairement qu'elle communique une partie de son pouvoir à ses ministres et officiers. Il s'agit de savoir quelles sont les choses dont le souverain se réserve la disposition, et quelles on présume naturellement qu'il confie aux ministres de ses volontés, aux généraux et autres officiers à la guerre. Nous avons établi et expliqué ci-dessus (*liv. II*, § 207) le principe qui doit servir ici de règle générale. S'il n'y a point de mandement spécial du souverain, celui qui commande en son nom est censé revêtu de tous les pouvoirs nécessaires pour l'exercice raisonnable et salutaire de ses fonctions, pour tout ce qui est une suite naturelle de sa commission; le reste est réservé au souverain, qu'on ne présume point avoir communiqué de son pouvoir, au-delà de ce qui est nécessaire pour le bien des affaires. Suivant cette règle, la trêve générale ne peut être conclue et arrêtée que par le souverain lui-même, ou par celui à qui il en a expressément donné le pouvoir. Car il n'est point nécessaire, pour le succès des opérations, qu'un général soit revêtu d'une autorité si étendue. Elle passerait les termes de ses fonctions, qui sont de diriger les opérations de la guerre là où il commande, et non de régler les intérêts généraux de l'Etat. La conclusion d'une trêve générale est une chose si importante, que le souverain est toujours censé se l'être réservée. Un pouvoir si étendu ne convient qu'au gouverneur ou vice-roi d'un pays éloigné, pour les États qu'il gouverne; encore, si la trêve est à longues années, est-il naturel de présumer qu'elle a besoin de la ratification du souverain. Les consuls et autres généraux romains pouvaient accorder des trêves générales pour le temps de leur commandement; mais si ce temps était considérable, ou s'ils étendaient la trêve plus loin, la ratification du sénat et du peuple y était nécessaire. Une trêve même particulière, mais pour un long temps, semble encore passer le pouvoir ordinaire d'un général; il ne peut la conclure que sous réserve de la ratification.

Mais pour ce qui est des trêves particulières pour un

terme court, il est souvent nécessaire, presque toujours convenable, que le général ait le pouvoir de les conclure; nécessaire, toutes les fois qu'on ne peut attendre le consentement du prince; convenable, dans les occasions où la trève ne tend qu'à épargner le sang, et ne peut tourner qu'au commun avantage des contractants. On présume donc naturellement que le général, ou le commandant en chef, est revêtu de ce pouvoir. Ainsi le gouverneur d'une place et le général assiégeant peuvent arrêter des cessations d'armes pour enterrer les morts, pour entrer en pourparler; ils peuvent même convenir d'une trève de quelques mois, à condition que la place se rendra, si elle n'est pas secourue dans ce terme, etc. De pareilles conventions ne tendent qu'à adoucir les maux de la guerre, et ne peuvent probablement causer de préjudice à personne.

§ 238. — *Ils engagent la foi du souverain.*

Toutes ces trèves et suspensions d'armes se concluent par l'autorité du souverain, qui consent aux unes immédiatement, et aux autres par le ministère de ses généraux et officiers; elles engagent sa foi, et il doit veiller à leur observation.

§ 239. — *Quand la trève commence à obliger.*

La trève oblige les parties contractantes, dès le moment qu'elle est conclue. Mais elle ne peut avoir force de loi, à l'égard des sujets de part et d'autre, que quand elle a été solennellement publiée; et comme une loi inconnue ne saurait imposer d'obligation, la trève ne lie les sujets qu'à mesure qu'elle leur est dûment notifiée. De sorte que, si avant qu'ils aient pu en avoir une connaissance certaine, ils commettent quelque chose de contraire, quelque hostilité, on ne peut les punir. Mais comme le souverain doit remplir ses promesses, il est obligé de faire restituer les prises faites depuis le moment où la trève a dû commencer. Les sujets qui ne l'ont pas observée faute de la connaître, ne sont tenus à aucun dédommagement, non plus que leur souverain, qui n'a pu la leur notifier plus tôt. C'est un accident où il n'y a ni de sa faute ni de la leur. Un vaisseau se trouvant en pleine mer lors de la publication d'une trève, rencontre un vaisseau ennemi et le coule à fond ; comme il n'est coupable de rien, il ne peut être tenu du dommage. S'il a pris ce vaisseau, il est seulement obligé à le rendre, ne pouvant le retenir contre la trève. Mais ceux qui, par leur faute, ignoreraient la publication de la trève, seraient tenus à réparer le dommage qu'ils auraient causé contre sa teneur. La faute simple, et surtout la faute légère, peut bien éviter, jusqu'à un certain point, la punition ; et certainement elle ne mérite pas la même peine que le dol ; mais elle ne dispense point de la réparation du dommage. Afin d'éviter autant qu'il se peut toute difficulté, les souverains ont coutume, dans les trèves, comme dans les traités de paix, de fixer des termes différents, suivant la situation et la distance des lieux, pour la cessation des hostilités.

§ 240. — *Publication de la trève.*

Puisque la trève ne peut obliger les sujets si elle ne leur est connue, elle doit être solennellement publiée dans tous les lieux où l'on veut qu'elle soit observée.

§ 241. — *Des actions des sujets contre la trève.*

Si des sujets, gens de guerre, ou simples particuliers, donnent atteinte à la trève, la foi publique n'est point violée, ni la trève rompue pour cela. Mais les coupables doivent être contraints à la réparation complète du dommage, et punis sévèrement. Le souverain, refusant de faire justice sur les plaintes de l'offensé, prendrait part lui-même à la faute, et violerait la trève.

§ 242. — *Violation de la trève.*

Or, si l'un de ces contractants, ou quelqu'un par son ordre, ou seulement avec son consentement, vient à commettre quelque acte contraire à la trève, il fait injure à l'autre partie contractante; la trève est rompue, et la partie lésée peut courir incessamment aux armes, non-seulement pour reprendre les opérations de la guerre, mais encore pour venger (54) la nouvelle injure qu'elle vient de recevoir.

§ 243. — *Des cas où l'on est convenu d'une peine pour l'infracteur.*

Cependant on convient quelquefois d'une peine que subira l'infracteur de la trève, et alors la trève n'est pas rompue tout de suite à la première infraction. Si la partie coupable se soumet à la peine et répare le dommage, la trève subsiste : l'offensé n'a rien à prétendre de plus. Mais si l'on est convenu d'une alternative, savoir, qu'en cas d'infraction le coupable subira une certaine peine, ou que la trève sera rompue, c'est à la partie lésée de choisir si elle veut exiger la peine, ou profiter du droit de reprendre les armes. Car si l'infracteur avait le choix, la stipulation de l'alternative serait vaine, puisqu'en refusant de subir la peine stipulée simplement, il romprait l'accord et donnerait par là à l'offensé le droit de reprendre les armes. D'ailleurs, dans des clauses de sûreté comme celle-là, on ne présume point que l'alternative soit mise en faveur de celui qui manque à ses engagements; et il serait même ridicule de supposer qu'il se réserve l'avantage de rompre par son infraction, plutôt que de subir la peine; il n'a qu'à rompre tout simplement. La clause pénale n'est destinée qu'à éviter que la trève ne soit rompue si facilement, et elle ne peut être mise avec l'alternative que pour ménager à la partie lésée le droit de rompre, si elle le juge à propos, un accord où la conduite de son ennemi lui montre peu de sûreté.

_____

(54) Pour *obtenir satisfaction* de la nouvelle injure, etc. De même on fera mieux de substituer le mot *satisfaction* à celui de *peine* dans le paragraphe suivant. Moyennant quoi l'on évitera tout abus et ambiguïté. *D.*

§ 244. — *Du temps de la trève.*

Il est nécessaire de bien déterminer le temps de la trève, afin qu'il n'y ait ni doute ni contestation sur le moment où elle commence et celui où elle finit. La langue française, extrêmement claire et précise pour qui sait la parler, offre des expressions à l'épreuve de la chicane la plus raffinée. Avec les mots *inclusivement* et *exclusivement,* on évite toute l'ambiguité qui peut se trouver dans la convention à l'égard des deux termes de la trève, de son commencement et de sa fin. Par exemple, si l'on dit que la trève durera depuis le premier de mars inclusivement, jusqu'au 15 d'avril aussi inclusivement, il ne reste aucun doute ; au lieu que si l'on eût dit simplement, du premier mars au 15 d'avril, il y aurait lieu de disputer si ces deux jours, qui servent de termes, sont compris ou non dans la trève. En effet, les auteurs se partagent sur cette question. A l'égard du premier de ces deux jours, il paraît indubitable qu'il est compris dans la trève ; car si l'on convient qu'il y aura trève depuis le premier mars, cela veut dire naturellement, que les hostilités cesseront le premier de mars. Il y a un peu plus de doute à l'égard du dernier jour ; l'expression *jusque* semblant le séparer du temps de l'armistice. Cependant, comme on dit souvent, *jusques et compris* un tel jour, le mot *jusque* n'est pas nécessairement exclusif, suivant le génie de la langue ; et comme la trève, qui épargne le sang humain, est sans doute une matière favorable, le plus sûr est peut-être d'y comprendre le jour même du terme. Les circonstances peuvent aussi servir à déterminer le sens. Mais on a grand tort de ne pas ôter toute équivoque, quand il n'en coûte pour cela qu'un mot de plus.

Le mot de *jour* doit s'entendre d'un jour naturel dans les conventions de Nation à Nation ; car c'est en ce sens que le *jour* leur sert de commune mesure : la manière de compter par jours civils vient du droit civil de chaque peuple, et varie selon les pays. Le jour naturel commence au lever du soleil, et sa durée est de vingt-quatre heures, ou d'une révolution diurne du soleil. Si donc l'on convient d'une trève de cent jours, à commencer au premier de mars, la trève commence au lever du soleil le premier de mars, et elle doit durer cent jours de vingt-quatre heures chacun. Mais comme le soleil ne se lève pas toute l'année à la même heure, pour ne pas donner dans la minutie et dans une chicane indigne de la bonne foi qui doit régner dans ces sortes de conventions, il faut sans doute entendre que la trève finit au lever du soleil, comme elle a commencé. Le terme d'un jour s'entend d'un soleil à l'autre, sans chicaner sur quelques moments dont son lever avance ou retarde. Celui qui, ayant fait une trève de cent jours, à commencer au 21 de juin, où le soleil se lève environ à quatre heures, prendrait les armes à cette même heure le jour que la trève doit finir, et surprendrait ainsi son ennemi avant le lever du soleil, serait sans doute regardé comme un chicaneur sans foi.

Si l'on n'a point marqué de terme pour le commencement de la trève, comme elle oblige les contractants aussitôt qu'elle est conclue (§ 239), ils doivent la faire incessamment publier, pour qu'elle soit observée. Car elle n'oblige les sujets que du moment qu'elle est dûment publiée relativement à eux (*ibid.*), et elle ne commence à courir que du moment de la première publication, à moins qu'on ne soit autrement convenu.

§ 245.—*Des effets de la trève, de ce qui est permis, ou non, pendant sa durée. Première règle : Chacun peut faire chez soi ce qu'il a droit de faire en pleine paix.*

L'effet général de la trève est de faire cesser absolument toute hostilité; et, pour éviter toute dispute sur les actes qui méritent ce nom, la règle générale est que chacun, pendant la trève, peut faire chez soi, dans les lieux dont il est maître, tout ce qu'il serait en droit de faire en pleine paix. Ainsi la trève n'empêche point qu'un prince ne puisse lever des soldats, assembler une armée dans ses États, y faire marcher des troupes, y appeler même des auxiliaires, réparer les fortifications d'une place qui n'est point actuellement assiégée. Puisqu'il est en droit de faire toutes ces choses chez lui en temps de paix, la trève ne peut lui en ôter la liberté. Aurait-il prétendu, par cet accord, se lier les mains sur des choses que la continuation des hostilités ne pouvait l'empêcher de faire?

§ 246.—Deuxième règle: *On ne peut profiter de la trève pour faire ce que les hostilités ne laissaient pas le pouvoir d'exécuter.*

Mais profiter de la cessation d'armes pour exécuter sans périls des choses qui portent préjudice à l'ennemi, et que l'on n'aurait pu entreprendre avec sûreté au milieu des hostilités, c'est vouloir surprendre et tromper l'ennemi avec qui l'on contracte, c'est rompre la trève. Cette seconde règle générale nous servira à résoudre divers cas particuliers.

§ 247. — *Par exemple, continuer les travaux d'un siége, ou réparer les brèches.*

La trève conclue entre le gouverneur d'une place et le général qui l'assiége, ôte à l'un et à l'autre la liberté de continuer les travaux. Cela est manifeste pour le dernier, car ses travaux sont des actes d'hostilité. Mais le gouverneur, de son côté, ne peut profiter de la suspension d'armes pour réparer les brèches, ou pour élever de nouvelles fortifications. L'artillerie des assiégeants ne lui permet point de travailler impunément à de pareils ouvrages pendant le cours des hostilités; ce serait donc au préjudice de ceux-ci qu'il y emploierait le temps de la trève, et ils ne sont pas obligés d'être dupes à ce point; ils regarderont avec raison l'entreprise comme une infraction à la trève. Mais la cessation d'armes n'empêche point le gouverneur de continuer, dans l'intérieur de sa place, des travaux auxquels les attaques et le feu de l'ennemi n'étaient pas un obstacle. Au dernier siége de Tournay (55), on convint d'un armistice après la reddition de la ville; pendant sa durée, le gouverneur souffrit que les Français fissent toutes leurs dispositions contre la citadelle, qu'ils poussassent leurs travaux, dressassent leurs batteries, parce que de son côté il débarrassait l'intérieur des décombres dont un magasin sauté en l'air l'avait rempli, et établissait des batteries sur le rempart. Mais il pouvait travailler presque sans danger à tout cela, quand même les opérations du siége auraient commencé; au lieu que les Français n'eussent pu pousser leurs travaux avec tant de diligence, ni faire leurs approches et établir leurs batteries, sans perdre beaucoup de monde. Il n'y avait donc nulle égalité; et la trève ne tournait, sur ce pied-là, qu'au seul avantage des assiégeants. La prise de la citadelle en fut avanceé peut-être de quinze jours.

§ 248. — *Ou faire entrer du secours.*

Si la trève est conclue ou pour régler les conditions de la capitulation, ou pour attendre les ordres des souverains respectifs, le gouverneur assiégé ne peut en profiter pour faire entrer du secours ou des munitions dans sa place : car ce serait abuser de la trève pour surprendre l'ennemi; ce qui est contraire à la bonne foi. L'esprit d'un pareil accord est manifestement, que toutes choses doivent demeurer en état, comme elles sont au moment qu'on le conclut.

§ 249. — *Distinction d'un cas particulier.*

Mais il ne faut point étendre ceci à une cessation d'armes convenue pour quelque sujet particulier; pour enterrer les morts, par exemple. Celle-ci s'interprète relativement à son objet. Ainsi on cesse de tirer, ou partout, ou seulement à une attaque, suivant que l'on en est convenu, afin que chaque parti puisse librement retirer ses morts; et, tandis que le feu cesse, il

(55) En 1745.

n'est pas permis de pousser des travaux auxquels il s'opposait : ce serait rompre la trève, voulant en abuser. Mais rien n'empêche que pendant une suspension d'armes de cette nature, le gouverneur ne fasse entrer sans bruit quelque secours, par un endroit éloigné de l'attaque. Tant pis pour l'assiégeant, si, s'endormant sur un pareil armistice, il s'est relâché de sa vigilance. L'armistice, par lui-même, ne facilite point l'entrée de ce secours.

§ 250. — *D'une armée qui se retire pendant une suspension d'armes.*

De même si une armée engagée dans un mauvais pas, propose et conclut un armistice pour enterrer les morts après un combat, elle ne pourra, pendant la suspension d'armes, sortir de ses défilés à la vue de l'ennemi, et se retirer impunément. Ce serait vouloir profiter de l'accord, pour exécuter ce qu'elle n'eût pu faire sans cela : elle aurait tendu un piége, et les conventions ne peuvent être des piéges. L'ennemi la repoussera donc avec justice, dès qu'elle voudra sortir de son poste. Mais si cette armée défile sans bruit par ses derrières, et se met en lieu de sûreté, elle n'aura rien fait contre la parole donnée. Une suspension d'armes, pour enterrer les morts, n'emporte autre chose, sinon que de part et d'autre on ne s'attaquera point pendant que l'on vaquera à ce devoir d'humanité. L'ennemi ne pourra s'en prendre qu'à sa propre négligence : il devait stipuler que, pendant la cessation d'armes, chacun demeurerait dans son poste, ou bien il devait faire bonne garde, et, s'apercevant du dessein de cette armée, il lui était permis de s'y opposer. C'est un stratagème fort innocent, que de proposer une cessation d'armes pour un objet particulier, dans la vue d'endormir l'ennemi, et de couvrir un dessein de retraite.

Mais si la trève n'est pas faite seulement pour quelque objet particulier, c'est mauvaise foi que d'en profiter pour prendre quelque avantage; par exemple, pour occuper un poste important, pour s'avancer dans le pays ennemi; ou plutôt cette dernière démarche serait une violation de la trève : car avancer dans le pays ennemi, est un acte d'hostilité.

§ 251. — Troisième règle : *Ne rien entreprendre dans les lieux disputés, mais y laisser toutes choses en état.*

Or, puisque la trève suspend les hostilités sans mettre fin à la guerre, pendant sa durée il faut laisser toutes choses en état, comme elles se trouvent, dans les lieux dont la possession est disputée; et il n'est pas permis d'y rien entreprendre au préjudice de l'ennemi. C'est une troisième règle générale.

§ 252. — *Des lieux abandonnés par l'ennemi, et de ceux qu'il néglige de garder.*

Lorsque l'ennemi retire ses troupes d'un lieu, et l'abandonne absolument, c'est une marque qu'il ne veut plus le posséder; et en ce cas rien n'empêche qu'on ne puisse occuper ce lieu-là pendant la trève. Mais s'il paraît par quelque indice, qu'un poste, une ville ouverte, ou un village, n'est point abandonné par l'ennemi, qu'il y conserve ses droits, ou ses prétentions, quoiqu'il néglige de le garder, la trève ne permet point de s'en emparer. C'est une hostilité que d'enlever à l'ennemi ce qu'il prétend retenir.

§ 253. — *On ne peut recevoir pendant la trève les sujets qui veulent se révolter contre leur prince.*

C'est de même une hostilité, sans doute, que de recevoir les villes ou les provinces qui veulent se soustraire à l'empire d'un ennemi, et se donner à nous. On ne peut donc les recevoir pendant la trève, qui suspend tous les actes d'hostilité.

§ 254. — *Bien moins les inviter à la trahison.*

Bien moins est-il permis, dans ce temps-là, d'exciter les sujets de l'ennemi à la révolte, ou de tenter la fidélité de ses gouverneurs et de ses garnisons. Ce sont là non-seulement des actes d'hostilité, mais des hostilités odieuses (§ 180). Pour ce qui est des déser-

teurs et des transfuges, on peut les recevoir pendant
la trève, puisqu'on les reçoit, même en pleine paix,
quand on n'a point de traité qui le défende. Et si l'on
avait un pareil traité, l'effet en est annulé, ou au
moins suspendu, par la guerre qui est survenue.

§ 255. — *On ne peut saisir pendant la trève les personnes ou les biens des ennemis.*

Saisir les personnes, ou les choses qui appartiennent
à l'ennemi, sans qu'on y ait donné lieu par quelque
faute particulière, est un acte d'hostilité, et par conséquent il ne peut se faire pendant la trève.

§ 256. — *Du droit de postliminie pendant la trève.*

Et puisque le droit de *postliminie* n'est fondé que
sur l'état de guerre (*voyez le chap. XIV de ce livre*),
il ne peut s'exercer pendant la trève, qui suspend
tous les actes de la guerre, et qui laisse toutes choses en état (§ 251). Les prisonniers mêmes ne peuvent alors se soustraire au pouvoir de l'ennemi, pour
être rétablis dans leur premier état. Car l'ennemi est
en droit de les retenir pendant la guerre, et c'est seulement quand elle finit, que son droit sur leur liberté
expire. (§ 148.)

§ 257. — *On peut aller et venir pendant la trève.*

Naturellement il est permis aux ennemis d'aller et
de venir les uns chez les autres pendant la trève, surtout si elle est faite pour un temps considérable, tout
comme cela est permis en temps de paix, puisque les
hostilités sont suspendues. Mais il est libre à chaque
souverain, comme il le lui serait aussi en pleine paix,
de prendre des précautions pour empêcher que ces
allées et venues ne lui soient préjudiciables. Des gens,
avec qui il va bientôt rentrer en guerre, lui sont suspects à juste titre. Il peut même, en faisant la trève,
déclarer qu'il n'admettra aucun des ennemis dans les
lieux de son obéissance.

§ 258. — *De ceux qui sont retenus par un obstacle invincible, après l'expiration de la trève.*

Ceux qui étant venus dans les terres de l'ennemi pendant la trève, y sont retenus par une maladie, ou par quelque obstacle insurmontable, et s'y trouvent encore à la fin de la trève, peuvent à la rigueur être faits prisonniers. C'est un accident qu'ils pouvaient prévoir, et auquel ils ont bien voulu s'exposer. Mais l'humanité et la générosité demandent, pour l'ordinaire, qu'on leur donne un délai suffisant pour se retirer.

§ 259. — *Des conditions particulières ajoutées aux trèves.*

Si dans le traité d'une trève on retranche ou ajoute à tout ce qui vient d'être dit, c'est une convention particulière, qui oblige les contractants. Ils doivent tenir ce qu'ils ont validement promis; et les obligations qui en résultent forment un droit pactice, dont le détail n'entre point dans le plan de cet ouvrage.

§ 260. — *A l'expiration de la trève, la guerre recommence sans nouvelle déclaration.*

La trève ne faisant que suspendre les effets de la guerre (§ 233), au moment qu'elle expire, les hostilités recommencent, sans qu'il soit besoin d'une nouvelle déclaration de guerre. Car chacun sait d'avance que dès ce moment la guerre reprendra son cours; et les raisons qui en rendent la déclaration nécessaire (*voyez* le § 51) n'ont point lieu ici.

Cependant une trève à longues années ressemble fort à la paix, et elle en diffère seulement en ce qu'elle laisse subsister le sujet de la guerre. Or, comme il peut arriver que les circonstances et les dispositions aient fort changé de part et d'autre dans un long espace de temps, il est tout-à-fait convenable à l'amour de la paix, qui sied si bien aux souverains, au soin qu'ils doivent prendre d'épargner le sang de leurs sujets, et même celui des ennemis; il est, dis-je, tout-à-fait convenable à ces dispositions, de ne point reprendre les armes à la fin d'une trève qui en avait fait disparaître et oublier tout l'appareil, sans faire quelque déclaration qui puisse inviter l'ennemi à prévenir une nouvelle effusion de sang. Les Romains ont donné l'exemple d'une modération si louable. Ils n'avaient fait qu'une trève avec la ville de Veies, et même leurs ennemis n'en avaient pas attendu la fin pour recommencer les hostilités; cependant, la trève expirée, il fut décidé par le collége des *féciaux*, qu'on enverrait demander satisfaction avant que de reprendre les armes (a).

§ 261. — *Des capitulations, et par qui elles peuvent être conclues.*

Les capitulations des places qui se rendent, tiennent un des premiers rangs parmi les conventions qui se font entre ennemis dans le cours de la guerre. Elles sont arrêtées d'ordinaire entre le général assiégeant et le gouverneur de la place, agissant l'un et l'autre par l'autorité qui est attribuée à leur charge ou à leur commission. Nous avons exposé ailleurs (*liv. II, chap.* 14) les principes du pouvoir qui est confié aux puissances subalternes, avec les règles générales pour en juger; et tout cela vient d'être rappelé en peu de mots, et appliqué en particulier aux généraux et autres commandants en chef dans la guerre (§ 237). Puisqu'un général et un commandant de place doivent être naturellement revêtus de tous les pouvoirs nécessaires pour l'exercice de leurs fonctions, on est en droit de présumer qu'ils ont ces pouvoirs; et celui de conclure une capitulation est certainement de ce nombre, surtout lorsqu'on ne peut attendre les ordres du souverain. Le traité qu'ils auront fait à ce sujet sera donc valide, et il obligera les souverains, au nom et en l'autorité desquels les commandants respectifs ont agi.

§ 262. — *Des clauses qu'elles peuvent contenir.*

Mais il faut bien remarquer que si ces officiers ne veulent pas excéder leurs pouvoirs, ils doivent se tenir

(a) Tit.-Liv., lib. IV, cap. 30.

exactement dans les termes de leurs fonctions, et ne point toucher aux choses qui ne leur sont pas commises. Dans l'attaque et la défense, dans la prise ou dans la reddition d'une place, il s'agit uniquement de sa possession, et non de la propriété, ou du droit; il s'agit aussi du sort de la garnison. Ainsi, les commandants peuvent convenir de la manière dont la ville qui capitule sera possédée; le général assiégeant peut promettre la sûreté des habitants, la conservation de la religion, des franchises, des priviléges. Et quant à la garnison, il peut lui accorder de sortir avec armes et bagages, avec tous les honneurs de la guerre, d'être escortée et conduite en lieu de sûreté, etc. Le commandant de la place peut la remettre à discrétion, s'il y est contraint par l'état des choses; il peut se rendre lui et sa garnison prisonniers de guerre, ou s'engager qu'il ne porteront point les armes contre ce même ennemi et ses alliés jusqu'à un terme convenu, même jusqu'à la fin de la guerre, et il promet validement pour ceux qui sont sous ses ordres, obligés de lui obéir, tant qu'il demeure dans les termes de ses fonctions. (§ 23.)

Mais si le général assiégeant s'avisait de promettre que son maître ne pourra jamais s'approprier la place conquise, ou qu'il sera obligé de la rendre après un certain temps, il sortirait des bornes de ses pouvoirs, en contractant sur des choses dont le soin ne lui est pas commis. Et il faut en dire autant du commandant, qui, dans la capitulation, entreprendrait d'aliéner sa place pour toujours, d'ôter à son souverain le droit de la reprendre, ou qui promettrait que sa garnison ne portera jamais les armes, même dans une autre guerre. Ses fonctions ne lui donnent pas un pouvoir si étendu. S'il arrive donc que dans les conférences pour la capitulation, l'un des commandants ennemis insiste sur des conditions que l'autre ne se croit pas en pouvoir d'accorder, ils ont un parti à prendre; c'est de convenir d'une suspension d'armes, pendant laquelle toutes choses demeurent dans leur état, jusqu'à ce qu'on ait reçu des ordres supérieurs.

§ 203. — *Observation des capitulations et son utilité.*

On a dû voir dès l'entrée de ce chapitre, pourquoi nous nous dispensons de prouver ici que toutes ces conventions, faites pendant le cours de la guerre, doivent être observées avec fidélité. Contentons-nous donc de remarquer, au sujet des capitulations en particulier, que s'il est injuste et honteux de les violer, cette perfidie devient souvent préjudiciable à celui qui s'en rend coupable. Quelle confiance prendra-t-on désormais en lui? Les villes qu'il attaquera supporteront les plus cruelles extrémités, plutôt que de se fier à sa parole. Il fortifie ses ennemis, en les poussant à une défense désespérée; et tous les siéges qu'il lui faudra entreprendre deviendront terribles. Au contraire, la fidélité gagne la confiance et les cœurs, elle facilite les entreprises, lève les obstacles, et prépare de glorieux succès. L'histoire nous en fournit un bel exemple dans la conduite de GEORGE BASTE, général des impériaux, en 1602, contre BATTORY et les Turcs. Les révoltés du parti de Battory ayant emporté Bistrith, autrement Nissa, Baste reprit cette place par une capitulation, qui fut violée en son absence par quelques soldats allemands; ce qu'il n'eut pas sitôt appris à son retour, qu'il fit pendre tous ces soldats, et paya de ses deniers aux habitants le dommage qui leur avait été fait. Cette action toucha si fort les révoltés, qu'ils se soumirent tous à l'empereur, sans demander d'autre sûreté que la parole de Baste (a).

§ 204. — *Des promesses faites à l'ennemi par des particuliers.*

Les particuliers, gens de guerre ou autres, qui se trouvent seuls vis-à-vis de l'ennemi, sont, par cette nécessité, remis à leur propre conduite; ils peuvent

---

(a) *Mémoire de* SULLY, *rédigés par* l'abbé DE L'ÉCLUSE, tom. IV, p. 179 et 180.

faire, quant à leur personne, ce que ferait un commandant par rapport à lui-même et à sa troupe, en
sorte que s'ils font quelque promesse, à raison de l'état
où ils se trouvent, pourvu qu'elle ne touche point à
des choses qui ne peuvent jamais être de la compétence
d'un particulier, cette promesse est valide, comme faite
avec un pouvoir suffisant. Car lorsqu'un sujet ne peut
ni recevoir les ordres du souverain, ni jouir de sa protection, il rentre dans ses droits naturels, et doit pourvoir à sa sûreté par tous moyens justes et honnêtes.
Ainsi, quand ce particulier a promis une somme pour
sa rançon, loin que le souverain puisse le dégager de
sa promesse, il doit l'obliger à la tenir. Le bien de
l'Etat demande que la foi soit gardée, et que les sujets
aient ce moyen de sauver leur vie, ou de recouvrer
leur liberté.

C'est ainsi qu'un prisonnier relâché sur sa parole,
doit la tenir religieusement ; et son souverain n'est
point en droit de s'y opposer : car sans cette parole donnée, le prisonnier n'eût pas été relâché.

Ainsi encore, les habitants de la campagne, des villages, ou des villes sans défense, doivent payer les
contributions qu'ils ont promises pour se racheter du
pillage.

Bien plus, il serait même permis à un sujet de renoncer à sa patrie, si l'ennemi, maître de sa personne,
ne voulait lui accorder la vie qu'à cette condition : car
dès le moment que la société ne peut le protéger et
le défendre, il rentre dans ses droits naturels. Et d'ailleurs, s'il s'obstinait, que gagnerait l'Etat à sa mort ?
Certainement, tant qu'il reste quelque espérance, tant
qu'il y a moyen de servir la patrie, on doit s'exposer
pour elle, et braver tous les dangers. Je suppose qu'il
faille, ou renoncer à sa patrie, ou périr sans aucune
utilité pour elle. Si l'on peut la servir en mourant, il
est beau d'imiter la générosité héroïque des DECIUS. On
ne pourrait s'engager, même pour sauver sa vie, à ser-

vir contre sa patrie; un homme de cœur périra mille fois plutôt que de faire cette honteuse promesse.

Si un soldat, rencontrant un ennemi à l'écart, le fait prisonnier, en lui promettant la vie sauve, ou la liberté, moyennant une certaine rançon, cet accord doit être respecté par les supérieurs; car il paraît que le soldat, livré pour lors à lui-même, n'a rien fait qui passe son pouvoir. Il eût pu juger qu'il ne lui convenait pas d'attaquer cet ennemi, et le laisser aller. Sous ses chefs, il doit obéir; seul, il est remis à sa propre prudence. PROCOPE rapporte l'aventure de deux soldats, l'un Goth et l'autre Romain, qui, étant tombés dans une fosse, se promirent la vie l'un à l'autre : accord qui fut approuvé par les Goths (a).

CHAPITRE XVII.

Des saufs-conduits et des passe-ports : questions sur la rançon des prisonniers de guerre.

§ 265. — *Ce que c'est qu'un sauf-conduit et un passe-port.*

Le *sauf-conduit* et le *passe-port* sont une espèce de privilége, qui donne aux personnes le droit d'aller et de venir en sûreté, ou, pour certaines choses, celui de les transporter aussi en sûreté. Il paraît que, suivant l'usage et le génie de la langue, on se sert du terme de *passe-port*, dans les occasions ordinaires, pour les gens en qui il n'y a aucun empêchement particulier d'aller et de venir en sûreté, et à qui il sert pour plus grande assurance et pour éviter toute discussion, ou pour les dispenser de quelque défense générale; le *sauf-conduit* se donne à des gens qui, sans cela, ne pourraient aller en sûreté dans les lieux où celui qui

(a) PROCOP. *Goth.*, lib. II, c. 1, *apud* PUFFEND., lib. VIII, cap. 7, § 15.

l'accorde est le maître; à un accusé, par exemple, ou
à un ennemi. C'est de ce dernier que nous avons à
traiter ici.

§ 266. — *De quelle autorité le sauf-conduit émane.*

Tout sauf-conduit émane de l'autorité souveraine,
comme tout autre acte de suprême commandement.
Mais le prince peut commettre à ses officiers le pouvoir
de donner des saufs-conduits, et ils en sont revêtus, ou
par une attribution expresse, ou par une conséquence
de la nature de leurs fonctions. Un général d'armée,
par la nature même de sa charge, peut donner des
saufs-conduits. Et puisqu'ils émanent, quoique média-
tement, de l'autorité souveraine, les autres généraux ou
officiers du même prince doivent les respecter.

§ 267. — *Il ne peut se transporter d'une personne à l'autre.*

La personne nommée dans le sauf-conduit ne peut
transporter son privilége à une autre. Car elle ne sait
point s'il est indifférent à celui qui l'a donné que tout
autre en use à sa place; elle ne peut le présumer; elle
doit même présumer le contraire, à cause des abus qui
pourraient en naître; et elle ne peut s'attribuer plus
de droit qu'on ne lui en a voulu donner. Si le sauf-conduit est accordé, non pour des personnes, mais pour
certains effets, ces effets peuvent être conduits par
d'autres que le propriétaire; le choix de ceux qui les
transportent est indifférent, pourvu qu'il n'y ait rien
dans leur personne qui puisse les rendre justement
suspects à celui qui donne le sauf-conduit, ou leur
interdire l'entrée de ses terres.

§ 268. — *Étendue de la sûreté promise.*

Celui qui promet sûreté par un sauf-conduit, la promet partout où il est le maître; non pas seulement
dans ses terres, mais encore dans tous les lieux où il
pourrait avoir des troupes. Et non-seulement il doit
s'abstenir de violer lui-même, ou par ses gens, cette
sûreté; il doit de plus protéger et défendre celui à qui

il l'a promise, punir ceux de ses sujets qui lui auraient fait violence, et les obliger à réparer le dommage (*).

§ 269. — *Comment il faut juger du droit que donne un sauf-conduit.*

Le droit que donne un sauf-conduit venant entière-ment de la volonté de celui qui l'accorde, cette vo-lonté est la règle sur laquelle on doit en mesurer l'étendue; et la volonté se découvre par la fin pour la-quelle le sauf-conduit a été donné. Par conséquent, celui à qui on a permis de s'en aller, n'a pas le droit de revenir, et le sauf-conduit accordé simplement pour passer, ne peut servir pour repasser; celui qui est donné pour certaines affaires, doit valoir jusqu'à ce que ces affaires soient terminées et qu'on ait pu s'en aller. S'il est dit qu'on l'accorde *pour un voyage*, il servira aussi pour le retour, car le voyage comprend l'allée et le retour. Ce privilége consistant dans la liberté d'aller et de venir en sûreté, il diffère de la permission d'habiter quelque part, et par conséquent il ne peut donner le droit de s'arrêter en quelque lieu et d'y faire un long séjour, si ce n'est pour affaires en vue desquelles le sauf-conduit aurait été demandé et accordé.

§ 270. — *S'il comprend le bagage et les domestiques.*

Un sauf-conduit donné à un voyageur comprend na-turellement son bagage, ou les hardes et autres choses nécessaires en voyage, et même un ou deux domesti-ques, ou plus, selon la condition du voyageur. Mais à

(*) A la fameuse entrevue de Péronne, Charles, duc de Bourgogne, irrité de ce que Louis XI avait engagé les Liégeois à prendre les armes contre lui, ne respecta pas le sauf-con-duit qu'il avait donné à ce monarque. Si Louis XI eût tramé cette défection pendant qu'il était à Péronne, le duc pouvait n'avoir aucun égard pour un sauf-conduit dont on eût abusé. Mais le roi de France avait envoyé à Gand avant qu'il fût question de se rendre à Péronne pour l'entrevue, et Charles viola le droit des gens, aveuglé par la colère où le jeta une nouvelle désagréable et inattendue.

tous ces égards, comme aux autres que nous venons
de toucher, le plus sûr, surtout entre ennemis et autres personnes suspectes, est de spécifier toutes choses,
de les articuler exactement, pour éviter les difficultés.
C'est aussi ce qu'on observe aujourd'hui : on fait
mention, dans les saufs-conduits, et du bagage et des
domestiques.

§ 271. — *Le sauf-conduit accordé au père ne comprend pas sa
famille.*

Quoique la permission de s'établir quelque part,
accordée à un père de famille, comprenne naturellement sa femme et ses enfants, il n'en est pas ainsi du
sauf-conduit, parce qu'on ne s'établit guère dans un
lieu sans sa famille, et qu'on voyage le plus souvent
sans elle.

§ 272. — *D'un sauf-conduit donné en général pour quelqu'un et
sa suite.*

Le sauf-conduit accordé à quelqu'un, *pour lui et
les gens de sa suite,* ne peut lui donner le droit de
mener avec lui des personnes justement suspectes à
l'Etat, ou qui en seraient bannies ou fugitives pour
quelque crime, ni mettre ces personnes-là en sûreté.
Car le souverain qui accorde un sauf-conduit en ces
termes généraux, ne présume pas qu'on osera s'en servir pour mener chez lui des malfaiteurs, ou des gens
qui l'ont particulièrement offensé.

§ 273. — *Du terme du sauf-conduit.*

Le sauf-conduit, donné pour un temps marqué,
expire au bout du terme; et si le porteur ne s'est point
retiré avant ce temps-là, il peut être arrêté, et même
puni, selon les circonstances, surtout s'il paraît suspect
par un retardement affecté.

§ 274. — *Quand le porteur est retenu au-delà du terme, par une
force majeure.*

Mais si, retenu par une force majeure, par une maladie, il n'a pu s'en aller à temps, il faut lui donner un

délai convenable. Car on lui a promis sûreté; et bien qu'elle ne lui fût promise que pour un certain temps, ce n'est pas sa faute s'il n'a pu partir dans ce temps-là. Le cas est différent de celui d'un ennemi qui vient chez nous pendant la trève : nous n'avons fait à celui-ci aucune promesse particulière; il profite, à ses périls, d'une liberté générale, donnée par la suspension des hostilités. Nous avons uniquement promis à l'ennemi de nous abstenir de toute hostilité jusqu'à un certain temps; et le terme passé, il nous importe qu'elles puissent reprendre librement leur cours, sans qu'on ait à nous opposer une multitude d'excuses et de prétextes.

§ 275. — *Le sauf-conduit n'expire pas à la mort de celui qui l'a donné.*

Le sauf-conduit n'expire point à la mort de celui qui l'a donné, ou au moment de sa déposition; car il est donné en vertu de l'autorité souveraine, laquelle ne meurt point, et dont l'efficacité n'est point attachée à la personne qui l'exerce. Il en est de cet acte comme des autres dispositions du commandement public; leur validité, leur durée ne dépend point de la vie de celui qui les a faites, à moins que par leur nature même, ou par une déclaration expresse, elles ne lui soient personnelles.

§ 276. — *Comment il peut être révoqué.*

Cela n'empêche point que le successeur ne puisse révoquer un sauf-conduit, s'il en a de bonnes raisons. Celui-là même qui l'a donné, peut bien le révoquer en pareil cas, et il n'est pas toujours tenu de dire ses raisons. Tout privilége peut être révoqué quand il devient nuisible à l'État : le privilége gratuit, purement et simplement, et le privilége acquis à titre onéreux, en indemnisant les intéressés. Supposez qu'un prince, ou son général, se prépare à une expédition secrète; souffrira-t-il qu'au moyen d'un sauf-conduit obtenu précédemment on vienne épier ses préparatifs pour en rendre compte à l'ennemi? Mais le sauf-conduit ne peut devenir un piége; en le révoquant, il faut donner au porteur le temps et la liberté de se retirer en sûreté. Si on le retient quelque temps, comme on ferait à tout autre voyageur, pour empêcher qu'il ne porte des lumières à l'ennemi, ce doit être sans aucun mauvais traitement, et seulement jusqu'à ce que cette raison n'ait plus lieu.

§ 277. — *D'un sauf-conduit avec la clause, pour autant de temps qu'il nous plaira.*

Si le sauf-conduit porte cette clause, *pour autant de temps qu'il nous plaira*, il ne donne qu'un droit précaire, et peut être révoqué à tout moment. Tant qu'il ne l'est pas expressément, il demeure valable. Il tombe par la mort de celui qui l'a donné, lequel cesse dès-lors de vouloir la continuation du privilége. Mais il faut toujours entendre, que du moment que le sauf-conduit expire de cette manière, on doit donner au porteur le temps de se retirer en sûreté.

§ 278. — *Des conventions qui concernent le rachat des prisonniers.*

Après avoir traité du droit de faire des prisonniers de guerre, de l'obligation de les relâcher à la paix, par échange ou pour une rançon, et de celle où se trouve leur souverain de les délivrer, il nous reste à considérer la nature des conventions qui ont pour objet la délivrance de ces infortunés. Si les souverains qui se font la guerre sont convenus d'un cartel pour l'échange ou la rançon des prisonniers, ils doivent l'observer fidèlement, ainsi que toute autre convention. Mais si, comme cela s'est pratiqué souvent autrefois, l'Etat laisse à chaque prisonnier, au moins pendant le cours de la guerre, le soin de se racheter lui-même, il se présente, au sujet de ces conventions particulières, bien des questions dont nous toucherons seulement les principales.

§ 279. — *Le droit d'exiger une rançon peut se transférer.*

Quiconque a légitimement acquis le droit d'exiger

une rançon de son prisonnier, peut transférer son droit à un tiers. Cela s'est pratiqué dans les derniers siècles, on a vu souvent des guerriers céder leurs prisonniers à d'autres, et leur transférer tous les droits qu'ils avaient sur eux. Mais comme celui qui fait un prisonnier, est obligé de le traiter équitablement et avec humanité (§ 150), s'il veut se mettre à couvert de tout reproche, il ne doit point transférer son droit d'une manière illimitée à quelqu'un qui pourrait en abuser; lorsqu'il est convenu avec son prisonnier du prix de la rançon, il peut céder à qui il lui plaira le droit de l'exiger.

§ 280. — *De ce qui peut annuler la convention faite pour le prix de la rançon.*

Dès que l'accord fait avec un prisonnier pour le prix de sa rançon est conclu, c'est un contrat parfait; et on ne peut le rescinder sous prétexte que le prisonnier se trouve plus riche qu'on ne le croyait. Car il n'est point nécessaire que le prix de la rançon soit proportionné aux richesses du prisonnier; ce n'est point là-dessus que se mesure le droit de retenir un prisonnier de guerre. (*Voyez les* §§ 148 *et* 153.) Mais il est naturel de proportionner le prix de la rançon au rang que tient le prisonnier dans l'armée ennemie, parce que la liberté d'un officier de marque est d'une plus grande conséquence que celle d'un simple soldat ou d'un officier inférieur. Si le prisonnier a, non pas seulement célé, mais déguisé son rang, c'est une fraude qui donne le droit d'annuler la convention.

§ 281. — *D'un prisonnier mort avant d'avoir payé sa rançon.*

Si un prisonnier, qui est convenu de sa rançon, meurt avant que de l'avoir payée, on demande si ce prix est dû, et si les héritiers sont obligés de l'acquitter? Ils y sont obligés, sans doute, si le prisonnier est mort libre. Car du moment qu'il a reçu sa liberté, pour prix de laquelle il avait promis une somme, cette somme est due, et n'appartient point à ses héritiers. Mais s'il n'avait point encore reçu la liberté, ni lui ni ses héritiers n'en doivent le prix, à moins qu'il n'en fût autrement convenu; et il n'est censé l'avoir reçue que du moment qu'il lui est absolument permis de s'en aller libre, lorsque ni celui qui le tenait prisonnier, ni le souverain de celui-ci, ne s'opposent point à sa relaxation et à son départ.

Si on lui a seulement permis de faire un voyage pour disposer ses amis ou son souverain à lui fournir les moyens de se racheter, et qu'il meure avant que d'avoir reçu la liberté, avant qu'on l'ait dégagé de sa parole, il n'est rien dû pour sa rançon.

Si, étant convenu du prix, on le retient en prison jusqu'au moment du paiement, et qu'il meure auparavant, ses héritiers ne doivent point la rançon; un pareil accord n'étant, de la part de celui qui tenait le prisonnier, qu'une promesse de lui donner la liberté pour une certaine somme livrée comptant. Une promesse de vendre et d'acheter n'oblige point le prétendu acheteur à payer le prix de la chose, si elle vient à périr avant que la vente soit consommée. Mais si le contrat de vente est parfait, l'acheteur paiera le prix de la chose vendue, quand même elle viendrait à périr avant que d'être livrée, pourvu qu'il n'y ait ni faute ni retardement de la part du vendeur. Par cette raison, si le prisonnier a conclu absolument l'accord de sa rançon, se reconnaissant dès ce moment débiteur du prix, et demeure cependant, non plus comme prisonnier, mais pour sûreté du paiement, sa mort intervenant n'empêche point que le prix de la rançon ne soit dû.

Si la convention porte que la rançon sera payée un certain jour, et que le prisonnier vienne à mourir avant ce jour-là, les héritiers seront tenus de payer. Car la rançon était due, et ce jour marqué ne l'était que comme terme du paiement.

§ 282. — *D'un prisonnier relaxé à condition d'en faire délivrer un autre.*

Il suit, à la rigueur, des mêmes principes, qu'un prisonnier relaxé à condition d'en faire délivrer un autre, doit retourner en prison, au cas que celui-ci vienne à mourir avant qu'il ait pu lui procurer la liberté. Mais assurément ce malheureux mérite des égards, et l'équité semble demander qu'on laisse à ce prisonnier une liberté, laquelle on a bien voulu lui accorder, pourvu qu'il en paie un juste équivalent, ne pouvant plus en donner précisément le prix convenu.

§ 283. — *De celui qui est pris une seconde fois, avant qu'il ait payé sa première rançon.*

Le prisonnier pleinement remis en liberté, après avoir promis et non payé sa rançon, venant à être pris une seconde fois, il est aisé de voir que, sans être dispensé de payer sa première rançon, il aura à en donner une seconde s'il veut être libre.

§ 284. — *De celui qui est délivré avant qu'il ait reçu la liberté.*

Au contraire, quoique le prisonnier soit convenu du prix de sa rançon, si avant que l'accord soit exécuté, avant qu'on lui ait en effet rendu la liberté, il est repris et délivré par les siens, il ne doit rien. Je suppose, comme on voit, que le contrat de la rançon n'était pas passé, que le prisonnier ne s'était pas reconnu débiteur du prix de sa rançon. Celui qui le tenait lui avait seulement fait, pour ainsi dire, une promesse de vendre, et il avait promis d'acheter; mais ils n'avaient pas vendu et acheté en effet; la propriété n'était pas transportée.

§ 285. — *Si les choses que le prisonnier a pu conserver lui appartiennent.*

La propriété de ce qui appartient à quelqu'un ne passe point à celui qui le fait prisonnier, sinon en tant qu'il se saisit en même temps de ces choses-là. Il n'y a nul doute à cela, aujourd'hui que les prisonniers de guerre ne sont point réduits en esclavage. Et même, par le droit de nature, la propriété des biens d'un esclave ne passe point, sans autre raison, au maître de l'esclave : il n'y a rien dans l'esclavage qui puisse de soi-même opérer cet effet. De ce qu'un homme aura des droits sur la liberté d'un autre, s'ensuit-il qu'il en ait aussi sur ses biens ? Lors donc que l'ennemi n'a point dépouillé son prisonnier, ou que celui-ci a trouvé moyen de soustraire quelque chose à ses recherches, tout ce qu'il a conservé lui appartient, et il peut s'en servir pour le paiement de sa rançon. Aujourd'hui on ne dépouille pas même toujours les prisonniers; le soldat avide se le permet; mais un officier se croirait déshonoré s'il leur ôtait la moindre chose. De simples cavaliers français, qui, à la bataille de *Rocoux*, avaient pris un général anglais, ne s'attribuèrent de droit que les armes de leur prisonnier.

§ 286. — *De celui qui est donné en otage, pour la relaxation d'un prisonnier.*

La mort du prisonnier fait périr le droit de celui qui l'avait pris. C'est pourquoi, si quelqu'un est donné en otage pour faire relaxer un prisonnier, il doit être relâché du moment que ce prisonnier vient à mourir; de même que si l'otage meurt, le prisonnier n'est pas délivré par cette mort. Il faudrait dire tout le contraire, si l'un avait été substitué à l'autre, au lieu d'être seulement en otage pour lui.

CHAPITRE XVIII.

De la guerre civile.

§ 287. — *Fondement des droits du souverain contre les rebelles.*

C'est une question fort agitée, de savoir si le souverain doit observer les lois ordinaires de la guerre envers des sujets rebelles, qui ont pris ouvertement les armes contre lui. Un flatteur ou un dominateur cruel, a bientôt dit que les lois de la guerre ne sont pas faites pour des rebelles dignes des derniers supplices. Allons plus doucement, et raisonnons d'après les principes incontestables que nous avons posés ci-dessus. Pour voir clairement quelle est la conduite que le souverain doit tenir envers des sujets soulevés, il faut premièrement se souvenir que tous les droits du souverain viennent des droits mêmes de l'Etat ou de la société civile, des soins qui lui sont commis, de l'obligation où il est de veiller au salut de la Nation, de procurer son plus grand bonheur, d'y maintenir l'ordre, la justice, et la paix (*voyez liv. I, chap. IV*). Il faut, après cela, distinguer la nature et le degré des divers désordres qui peuvent troubler l'Etat, obliger le souverain à s'armer, ou substituer les voies de la force à celles de l'autorité.

§ 288. — *Qui sont les rebelles.*

On appelle *rebelles* tous sujets qui prennent injustement les armes contre le conducteur de la société, soit qu'ils prétendent le dépouiller de l'autorité suprême, soit qu'ils se proposent de résister à ses ordres dans quelque affaire particulière, et de lui imposer des conditions.

§ 289. — *Émotion populaire, soulèvement, sédition.*

L'*émotion populaire* est un concours du peuple qui s'assemble tumultuairement et n'écoute plus la voix des supérieurs, soit qu'il en veuille à ces supérieurs eux-mêmes, ou seulement à quelques particuliers. On voit de ces mouvements violents, quand le peuple se croit vexé; et nul ordre n'y donne si souvent occasion, que les exacteurs des impôts. Si les mécontents en veulent particulièrement aux magistrats, ou autres dépositaires de l'autorité publique, et en viennent jusqu'à une désobéissance formelle, ou aux voies de fait, cela s'appelle une *sédition*. Et lorsque le mal s'étend, gagne le grand nombre dans la ville ou dans la province, et se soutient, en sorte que le souverain même n'est plus obéi, l'usage donne plus particulièrement à ce désordre le nom de *soulèvement.*

§ 200. — *Comment le souverain doit les réprimer.*

Toutes ces violences troublent l'ordre public et sont des crimes d'Etat, lors même qu'elles sont causées par de justes sujets de plainte; car les voies de fait sont interdites dans la société civile : ceux à qui l'on fait tort doivent s'adresser aux magistrats; et s'ils n'en obtiennent pas justice, ils peuvent porter leurs plaintes au pied du trône. Tout citoyen doit même souffrir patiemment des maux supportables, plutôt que de troubler la paix publique. Il n'y a qu'un déni de justice de la part du souverain, ou des délais affectés, qui puissent excuser l'emportement d'un peuple poussé à bout, le justifier même, si les maux sont intolérables, l'oppression grande et manifeste. Mais quelle conduite le souverain tiendra-t-il envers les révoltés? Je réponds, en général, celle qui sera en même temps la plus conforme à la justice et la plus salutaire à l'Etat. S'il doit réprimer ceux qui troublent sans nécessité la paix publique, il doit user de clémence envers des malheureux à qui on a donné de justes sujets de plainte, et qui ne sont coupables que pour avoir entrepris de se faire justice eux-mêmes; ils ont manqué de patience, plutôt que de fidélité. Les sujets qui se soulèvent sans raison contre leur prince méritent des peines sévères. Mais ici encore, le nombre des coupables oblige le souverain à la clémence. Dépeuplera-t-il une ville ou une province, pour châtier sa rebellion? La punition la plus juste en elle-même devient cruauté, dès qu'elle s'étend à un trop grand nombre de gens. Quand les peuples des *Pays-Bas* se seraient soulevés sans sujet contre l'Espagne, on détesterait encore la mémoire du duc d'ALBE, qui se vantait d'avoir fait tomber vingt mille têtes par la main des bourreaux. Que ses sanguinaires imitateurs n'espèrent pas de justifier leurs excès par la nécessité. Qui fut jamais plus indignement outragé de ses sujets que le grand HENRI ? Il vainquit et pardonna toujours, et cet excellent prince obtint enfin un succès digne de lui; il gagna des sujets fidèles : le duc D'ALBE fit perdre à son maître les Provinces-Unies. Les fautes communes à plusieurs se punissent par des peines qui sont communes aux coupables; le souverain peut ôter à une ville ses priviléges, au moins jusqu'à ce qu'elle ait pleinement reconnu sa faute; et il réservera les supplices pour les auteurs des troubles, pour ces boute-feu qui incitent le peuple à la révolte. Mais les tyrans seuls traiteront de séditieux ces citoyens courageux et fermes, qui exhortent le peuple à se garantir de l'oppression, à maintenir ses droits et ses priviléges: un bon prince louera ces vertueux patriotes, pourvu que leur zèle soit tempéré par la modération et la prudence. S'il aime la justice et son devoir, s'il aspire à la gloire immortelle et si pure d'être le père de son peuple, qu'il se défie des suggestions intéressées d'un ministre qui lui peint comme des rebelles tous les citoyens qui ne tendent pas les mains à l'esclavage, qui refusent de plier sans murmure sous les coups d'un pouvoir arbitraire.

§ 201. — *Il doit tenir ce qu'il a promis aux rebelles.*

Le plus sûr moyen d'apaiser bien des séditions, et en même temps le plus juste, c'est de donner satisfaction aux peuples. Et s'ils se sont soulevés sans sujet, ce qui n'arrive peut-être jamais, il faut bien encore, comme nous venons de le dire, accorder une amnistie au grand nombre. Dès que l'amnistie est publiée et acceptée, tout le passé doit être mis en oubli; personne ne peut être recherché pour ce qui s'est fait à l'occasion des troubles. Et en général, le prince, religieux observateur de sa parole, doit garder fidèlement tout ce qu'il a promis aux rebelles même, j'entends à ceux de ses sujets qui se sont révoltés sans raison ou sans nécessité. Si ses promesses ne sont pas inviolables, il n'y aura plus de sûreté pour les rebelles à traiter avec lui; dès qu'ils auront tiré l'épée, il faudra qu'ils en jettent le fourreau, comme l'a dit un ancien : le prince manquera le plus doux et le plus salutaire moyen d'apaiser la révolte; il ne lui restera, pour l'étouffer, que d'exterminer les révoltés. Le désespoir les rendra formidables; la compassion leur attirera des secours, grossira leur parti, et l'Etat se trouvera en danger. Que serait devenue la France si les *Ligueurs* n'avaient pu se fier aux promesses de Henri-le-Grand? Les mêmes raisons qui doivent rendre la foi des promesses inviolable et sacrée (*liv. II*, §§ 163, 218, *et suiv.; et liv. III*, § 174) de particulier à particulier, de souverain à souverain, d'ennemi à ennemi, subsistent donc dans toute leur force entre le souverain et ses sujets soulevés ou rebelles. Cependant, s'ils lui ont extorqué des conditions odieuses, contraires au bonheur de la Nation, au salut de l'Etat, comme il n'est pas en droit de rien faire, de rien accorder, contre cette grande règle de sa conduite et de son pouvoir, il révoquera justement des concessions pernicieuses, en s'autorisant de l'aveu de la Nation, dont il prendra l'avis, de la manière et dans les formes qui lui seront marquées par la constitution de l'Etat. Mais il faut user sobrement de ce remède, et seulement pour des choses de grande importance, afin de ne pas donner atteinte à la foi des promesses (*).

§ 202. — *De la guerre civile.*

Lorsqu'il se forme dans l'Etat un parti qui n'obéit plus au souverain, et se trouve assez fort pour lui faire tête; ou, dans une république, quand la Nation se divise en deux factions opposées, et que de part et d'autre on en vient aux armes, c'est une *guerre civile*. Quel-

---

(*) On en trouve un exemple dans ce qui s'est passé après le soulèvement de Madrid en 1766. A la réquisition des corps, le roi a révoqué ce qu'il avait été obligé d'accorder à la populace soulevée ; mais il a laissé subsister l'amnistie.

ques-uns réservent ce terme aux justes armes que les sujets opposent au souverain, pour distinguer cette résistance légitime de la *rebellion*, qui est une résistance ouverte et injuste. Mais comment nommeront-ils la guerre qui s'élève dans une république déchirée par deux factions, ou dans une monarchie entre deux prétendants à la couronne? L'usage affecte le terme de guerre civile à toute guerre qui se fait entre les membres d'une même société politique : si c'est entre une partie des citoyens d'un côté, et le souverain avec ceux qui lui obéissent de l'autre, il suffit que les mécontents aient quelque raison de prendre les armes, pour que ce désordre soit appelé *guerre civile*, et non pas *rebellion*. Cette dernière qualification n'est donnée qu'à un soulèvement contre l'autorité légitime, destitué de toute apparence de justice. Le prince ne manque pas d'appeler *rebelles* tous sujets qui lui résistent ouvertement; mais quand ceux-ci deviennent assez forts pour lui faire tête, pour l'obliger à leur faire la guerre régulièrement, il faut bien qu'il se résolve à souffrir le mot de guerre civile.

§ 293. — *La guerre civile fait naître deux partis indépendants.*

Il n'est pas ici question de peser les raisons qui peuvent fonder et justifier la guerre civile : nous avons traité ailleurs des cas dans lesquels les sujets peuvent résister au souverain (*liv. I, chap. IV*). Mettant donc à part la justice de la cause, il nous reste à considérer les maximes que l'on doit garder dans la guerre civile, à voir si le souverain en particulier est obligé d'y observer les lois communes de la guerre.

La guerre civile rompt les liens de la société et du gouvernement, ou elle en suspend au moins la force et l'effet, elle donne naissance, dans la Nation, à deux partis indépendants, qui se regardent comme ennemis, et ne reconnaissent aucun juge commun. Il faut donc de nécessité que ces deux partis soient considérés comme formant désormais, au moins pour un temps, deux corps séparés, deux peuples différents. Que l'un des deux ait eu tort de rompre l'unité de l'Etat, de résister à l'autorité légitime, ils n'en sont pas moins divisés de fait. D'ailleurs, qui les jugera, qui prononcera de quel côté se trouve le tort ou la justice? Ils n'ont point de supérieur commun sur la terre. Ils sont donc dans le cas de deux Nations qui entrent en contestation, et qui, ne pouvant s'accorder, ont recours aux armes.

§ 294. — *Il doivent observer les lois communes de la guerre.*

Cela étant ainsi, il est bien évident que les lois communes de la guerre, ces maximes d'humanité, de modération, de droiture, et d'honnêteté, que nous avons exposées ci-dessus, doivent être observées de part et d'autre dans les guerres civiles. Les mêmes raisons qui en fondent l'obligation d'Etat à Etat, les rendent autant et plus nécessaires, dans le cas malheureux ou deux partis obstinés déchirent leur commune patrie. Si le souverain se croit en droit de faire pendre les prisonniers comme rebelles, le parti opposé usera de représailles (*) : s'il n'observe pas religieusement les capitulations et toutes les conventions faites avec ses ennemis, ils ne se fieront plus à sa parole : s'il brûle et dévaste, ils en feront autant : la guerre deviendra cruelle, terrible, et toujours plus funeste à la Nation. On connaît les excès honteux et barbares du duc DE MONT-PENSIER contre les réformés de France : il livrait les

---

(*) Le prince de Condé, général des troupes de Louis XIII contre les réformés, ayant fait pendre soixante-quatre officiers qu'il avait faits prisonniers pendant la guerre civile, les réformés résolurent d'user de représailles ; et le duc de Rohan, qui les commandait, fit pendre un pareil nombre d'officiers catholiques. Voyez les *Mémoires du Duc de Rohan.*

Le duc d'Albe condamnait à mort tous les prisonniers qu'il pouvait faire sur les confédérés des Pays-Bas. Ceux-ci usèrent de représailles, et le contraignirent enfin à respecter à leur égard le droit des gens et les lois de la guerre. GROTIUS, *Ann. des Pays-Bas*, liv. II.

hommes au bourreau, et les femmes à la brutalité
d'un de ses officiers. Qu'arriva-t-il ? Les réformés s'ai-
grirent, ils tirèrent vengeance de ces traitements barbares, et la guerre, déjà cruelle à titre de guerre civile
et de guerre de religion, en devint encore plus funeste.
Qui lirait sans horreur les cruautés féroces du baron
DES ADRETS? Tour à tour catholique et protestant, il
signala ses fureurs dans l'un et l'autre parti. Enfin il
fallut perdre ces prétentions de juge, contre des gens
qui savaient se soutenir les armes à la main, et les
traiter, non en criminels, mais en ennemis. Les troupes mêmes ont souvent refusé de servir dans une guerre
où le prince les exposait à de cruelles représailles. Prêts
à verser leur sang pour son service les armes à la main,
des officiers pleins d'honneur ne se sont pas crus obligés de s'exposer à une mort ignominieuse. Toutes les
fois donc qu'un parti nombreux se croit en droit de
résister au souverain, et se voit en état d'en venir aux
armes, la guerre doit se faire entre eux de la même
manière qu'entre deux Nations différentes; et ils doivent se ménager les mêmes moyens d'en prévenir les
excès, et de rétablir la paix.

Quand le souverain a vaincu le parti opposé, quand
il l'a réduit à se soumettre, à demander la paix, il peut
excepter de l'amnistie les auteurs des troubles, les chefs
du parti, les faire juger suivant les lois, et les punir
s'ils sont trouvés coupables. Il peut surtout en user
ainsi à l'occasion de ces troubles où il s'agit moins des
intérêts des peuples que des vues particulières de quelques grands, et qui méritent plutôt le nom de *révolte*
que celui de *guerre civile*. Ce fut le cas de l'infortuné
duc DE MONTMORENCY. Il prit les armes contre le roi,
pour la querelle du duc D'ORLÉANS. Vaincu et fait prisonnier à la bataille de *Castelnaudary*, il perdit la vie
sur un échafaud par arrêt du parlement de Toulouse.
S'il fut plaint généralement des honnêtes gens, c'est
qu'on le considéra moins comme rebelle au roi que
comme opposé au trop grand pouvoir d'un ministre

impérieux, et que ses vertus héroïques semblaient répondre de la pureté de ses vues (*a*).

§ 295. — *Distinction des effets de la guerre civile, suivant les cas.*

Lorsque des sujets prennent les armes, sans cesser
de reconnaître le souverain, et seulement pour se procurer le redressement de leurs griefs, il y a deux raisons d'observer à leur égard les lois communes de la
guerre : 1° La crainte de rendre la guerre civile plus
cruelle et plus funeste, par les représailles que le parti
soulevé opposera, comme nous l'avons observé, aux
sévérités du prince. 2° Le danger de commettre de grandes injustices, en se hâtant de punir ceux que l'on
traite de rebelles. Le feu de la discorde et de la guerre
civile n'est pas favorable aux actes d'une justice pure
et sainte : il faut attendre des temps plus tranquilles.
Le prince fera sagement de garder ses prisonniers jusqu'à ce qu'ayant rétabli le calme, il soit en état de les
faire juger suivant les lois.

Pour ce qui est des autres effets que le droit des
gens attribue aux guerres publique (*voyez le chap. XII
de ce livre*), et particulièrement de l'acquisition des
choses prises à la guerre, des sujets qui prennent les
armes contre leur souverain sans cesser de le reconnaître, ne peuvent prétendre à ces effets ; le butin seul,
les biens mobiliers enlevés par l'ennemi, sont estimés
perdus pour les propriétaires, par la difficulté de les
reconnaître, et à cause des inconvénients sans nombre qui naîtraient de leur revendication. Tout cela est
réglé d'ordinaire dans l'édit de pacification ou d'amnistie.

Mais quand la Nation se divise en deux partis absolument indépendants, qui ne reconnaissent plus de supérieur commun, l'Etat est dissous, et la guerre entre
les deux partis retombe à tous égards dans le cas d'une
guerre publique entre deux Nations différentes. Qu'une

(*a*) Voyez les historiens du règne de Louis XIII.

république soit déchirée en deux partis, dont chacun prétendra former le corps de l'Etat, ou qu'un royaume se partage entre deux prétendants à la couronne, la Nation est divisée en deux partis, qui se traiteront réciproquement de rebelles; voilà deux corps qui se prétendent absolument indépendants, et qui n'ont point de juge (§ 293). Ils décident la querelle par des armes, comme feraient deux Nations différentes. L'obligation d'observer entre eux les lois communes de la guerre est donc absolue, indispensable pour les deux partis, et la même que la loi naturelle impose à toutes les Nations, d'Etat à Etat.

§ 296. — *Conduite que doivent tenir les Nations étrangères.*

Les Nations étrangères ne doivent pas s'ingérer dans le gouvernement intérieur d'un Etat indépendant *liv. II, § 54 et suiv.*). Ce n'est point à elles de juger entre les citoyens que la discorde fait courir aux armes, ni entre le prince et les sujets; les deux partis sont également étrangers pour elles, également indépendants de leur autorité. Il leur reste d'interposer leurs bons offices pour le rétablissement de la paix, et la loi naturelle les y invite (*voy. liv. II, ch.* 1). Mais si leurs soins sont infructueux, celles qui ne sont liées par aucun traité peuvent sans doute porter leur jugement pour leur propre conduite, sur le mérite de la cause, et assister le parti qui leur paraîtra avoir le bon droit de son côté, au cas que ce parti implore leur assistance, ou l'accepte; elles le peuvent, dis-je, tout comme il leur est libre d'épouser la querelle d'une Nation qui entre en guerre avec une autre, si elles la trouvent juste. Quant aux alliés de l'Etat déchiré par une guerre civile, ils trouveront dans la nature de leurs engagements, combinés avec les circonstances, la règle de la conduite qu'ils doivent tenir; nous en avons traité ailleurs. (*Voyez liv. II, chap.* 12, et particulièrement les §§ 196 et 197.)

LIVRE QUATRIÈME.

DU RÉTABLISSEMENT DE LA PAIX, ET DES AMBASSADES.

****

CHAPITRE PREMIER.

De la paix, et de l'obligation de la cultiver.

§ 1. ——— *Ce que c'est que la paix.*

La *paix* est opposée à la *guerre* : c'est cet état désirable dans lequel chacun jouit tranquillement de ses droits, ou les discute amiablement et par raison, s'ils sont controversés. Hobbes a osé dire que la guerre est l'état naturel de l'homme. Mais si, comme la raison le veut, on entend par l'*état naturel* de l'homme celui auquel il est destiné et appelé par sa nature, il faut dire plutôt que la paix est son état naturel. Car il est d'un être raisonnable de terminer ses différends par les voies de la raison; c'est le propre des bêtes de les vider par la force (*a*). L'homme, ainsi que nous l'avons déjà fait observer (*Prélim.*, § 10), seul, dénué de secours, ne pourrait être que très misérable; il a besoin du commerce et de l'assistance de ses semblables, pour jouir d'une vie douce, pour développer ses facultés, et vivre d'une manière convenable à sa nature; tout cela ne se trouve que dans la *paix*. C'est dans la paix que les hommes se respectent, qu'ils s'entre-secourent, qu'ils s'aiment. Ils ne sortiraient point de cet heureux état, s'ils n'étaient emportés par les passions, et aveuglés par les illusions grossières de l'amour-pro-

---

(*a*) *Nam cum sint duo genera decertandi, unum per disceptationem, alterum per vim, cumque illud proprium sit hominis, hoc belluarum, confugiendum est ad posterius, si uti non licet superiore.* Cicero, de Offic., lib. I, cap. II.

pre. Le peu que nous avons dit des effets de la guerre, suffit pour faire sentir combien elle est funeste. Il est triste pour l'humanité que l'injustice des méchants la rende si souvent inévitable.

§ 2. — *Obligation de la cultiver.*

Les Nations pénétrées des sentiments de l'humanité, sérieusement occupées de leurs devoirs, éclairées sur leurs véritables et solides intérêts, ne chercheront jamais leur avantage au préjudice d'autrui; soigneuses de leur propre bonheur, elles sauront l'allier avec celui des autres, et avec la justice et l'équité. Dans ces dispositions, elles ne pourront manquer de cultiver la paix. Comment s'acquitter de ces devoirs mutuels et sacrés que la nature leur impose, si elles ne vivent ensemble en paix? Et cet état ne se trouve pas moins nécessaire à leur félicité, qu'à l'accomplissement de leurs devoirs. Ainsi la loi naturelle les oblige de toute manière à rechercher et à cultiver la paix. Cette loi divine n'a pour fin que le bonheur du genre humain : c'est là que tendent toutes ses règles, tous ses préceptes; on peut les déduire tous de ce principe, que les hommes doivent chercher leur propre félicité, et la morale n'est autre chose que l'art de se rendre heureux. Cela est vrai des particuliers; il ne l'est pas moins des Nations, comme on s'en convaincra sans peine, si l'on veut réfléchir seulement sur ce que nous avons dit de leurs devoirs communs et réciproques, dans le chapitre Ier du livre II.

§ 3. — *Obligation du souverain à ce même égard.*

Cette obligation de cultiver la paix lie le souverain par un double nœud. Il doit ce soin à son peuple, sur qui la guerre attire une foule de maux, et il le doit de la manière la plus étroite et la plus indispensable, puisque l'empire ne lui est confié que pour le salut et l'avantage de la Nation (*liv. I, § 39*). Il doit ce même soin aux Nations étrangères, dont la guerre trouble le bonheur. Nous venons d'exposer le devoir de la

Nation à cet égard; et le souverain, revêtu de l'autorité publique, est en même temps chargé de tous les
devoirs de la société du corps de la Nation. (*Liv. I*, § 41.)

§ 4. — *Étendue de ce devoir.*

Cette paix si salutaire au genre humain, non-seulement la Nation ou le souverain ne doit point la troubler
lui-même, il est de plus obligé à la procurer autant
que cela dépend de lui, à détourner les autres de la
rompre sans nécessité; à leur inspirer l'amour de la justice, de l'équité, de la tranquillité publique, l'amour de
la paix. C'est un des plus salutaires offices qu'il puisse
rendre aux Nations et à l'univers entier. Le glorieux et
aimable personnage que celui de pacificateur! Si un
grand prince en connaissait bien les avantage; s'il se
représentait la gloire si pure et si éclatante dont ce
précieux caractère peut le faire jouir, la reconnaissance, l'amour, la vénération, la confiance des peuples; s'il savait ce que c'est que régner sur les cœurs,
il voudrait être ainsi le bienfaiteur, l'ami, et le père du
genre humain; il y trouverait mille fois plus de charmes que dans les conquêtes les plus brillantes. Auguste
fermant le temple de *Janus*, donnant la paix à l'univers
accommodant les différends des rois et des peuples,
Auguste, en ce moment, paraît le plus grand des mor-
tels; c'est presque un dieu sur la terre.

§ 5. — *Des perturbateurs de la paix.*

Mais ces perturbateurs de la paix publique, ces
fléaux de la terre, qui, dévorés d'une ambition effrénée,
ou poussés par un caractère orgueilleux et féroce,
prennent les armes sans justice et sans raison, se jouent
du repos des hommes et du sang de leurs sujets, ces
héros monstrueux, presque déifiés par la sotte admi-
ration du vulgaire, sont les cruels ennemis du genre
humain, et ils devraient être traités comme tels. L'expérience nous montre assez combien la guerre cause de
maux, même aux peuples qui n'y sont point impliqués;
elle trouble le commerce, elle détruit la subsistance

des hommes, elle fait hausser le prix des choses les plus nécessaires, elle répand de justes alarmes, et oblige toutes les Nations à se mettre sur leurs gardes, à se tenir armées. Quiconque rompt la paix sans sujet, nuit donc nécessairement aux Nations même qui ne sont pas l'objet de ses armes; et il attaque essentiellement le bonheur et la sûreté de tous les peuples de la terre, par l'exemple pernicieux qu'il donne. Il les autorise à se réunir pour le réprimer, pour le châtier, et pour lui ôter une puissance dont il abuse. Quels maux ne fait-il pas à sa propre Nation, dont il prodigue indignement le sang pour assouvir ses passions déréglées, et qu'il expose sans nécessité au ressentiment d'une foule d'ennemis! Un ministre fameux du dernier siècle n'a mérité que l'indignation de sa Nation, qu'il entraînait dans des guerres continuelles, sans justice ou sans nécessité. Si par ses talents, par son travail infatigable, il lui procura des succès brillants dans le champ de Mars, il lui attira, au moins pour un temps, la haine de l'Europe entière.

§ 6. — *Jusqu'où on peut continuer la guerre.*

L'amour de la paix doit empêcher également et de commencer la guerre sans nécessité, et de la continuer lorsque cette nécessité vient à cesser. Quand un souverain a été réduit à prendre les armes pour un sujet juste et important, il peut pousser les opérations de la guerre jusqu'à ce qu'il en ait atteint le but légitime, qui est d'obtenir justice et sûreté. (*Liv. III*, § 28.)

Si la cause est douteuse, le juste but de la guerre ne peut être que d'amener l'ennemi à une transaction équitable (*liv. III*, § 38), et par conséquent elle ne peut être continuée que jusque-là. Aussitôt que l'ennemi offre ou accepte cette transaction, il faut poser les armes.

Mais si l'on a affaire à un ennemi perfide, il serait imprudent de se fier à sa parole et à ses serments. On peut très justement, et la prudence le demande, profiter d'une guerre heureuse, et pousser ses avantages jusqu'à ce qu'on ait brisé une puissance excessive et dangereuse, ou réduit cet ennemi à donner des sûretés suffisantes pour l'avenir.

Enfin, si l'ennemi s'opiniâtre à rejeter des conditions équitables, il nous contraint lui-même à pousser nos progrès jusqu'à la victoire entière et définitive, qui le réduit et le soumet. Nous avons vu ci-dessus (*liv. III, chap.* 8, 9, *et* 13) comment on doit user de la victoire.

§ 7. — *Paix, fin de la guerre.*

Lorsque l'un des partis est réduit à demander la paix, ou que tous les deux sont las de la guerre, on pense enfin à s'accommoder, l'on convient des conditions. La paix vient mettre fin à la guerre.

§ 8. — *Effets généraux de la paix.*

Les effets généraux et nécessaires de la paix sont de réconcilier les ennemis, et de faire cesser de part et d'autre toute hostilité. Elle remet les deux Nations dans leur état naturel.

CHAPITRE II.

Des traités de paix.

§ 9. — *Ce que c'est que le traité de paix.*

Quand les puissances qui étaient en guerre sont convenues de poser les armes, l'accord ou le contrat, dans lequel elles stipulent les conditions de la paix, et règlent la manière dont elle doit être rétablie et entretenue s'appelle le *traité de paix.*

§ 10. — *Par qui il peut être conclu.*

La même puissance qui a le droit de faire la guerre, de la résoudre, de la déclarer, et d'en diriger les

opérations, a naturellement aussi celui de faire la paix
et d'en conclure le traité. Ces deux pouvoirs sont liés
ensemble , et le second suit naturellement du premier.
Si le conducteur de l'Etat est autorisé à juger des causes et des raisons pour lesquelles on doit entreprendre
la guerre, du temps et des circonstances où il convient
de la commencer, de la manière dont elle doit être
soutenue et poussée, c'est donc à lui aussi d'en borner le cours, de marquer quand elle doit finir, de faire
la paix. Mais ce pouvoir ne comprend pas nécessairement celui d'accorder ou d'accepter, en vue de la paix ,
toutes sortes de conditions. Quoique l'Etat ait confié en
général à la prudence de son conducteur le soin de
résoudre la guerre et la paix , il peut avoir borné ses
pouvoirs sur bien des choses par les lois fondamentales. C'est ainsi que François Ier, roi de France, avait
la disposition absolue de la guerre et de la paix ; et
cependant l'assemblée de *Cognac* déclara qu'il ne pouvait aliéner par le traité de paix aucune partie du
royaume. (*Voyez liv. I*, § 265.)

La Nation qui dispose librement de ses affaires domestiques, de la forme de son gouvernement, peut
confier à une personne ou à une assemblée le pouvoir
de faire la paix, quoiqu'elle ne lui ait pas abandonné
celui de déclarer la guerre. Nous en avons un exemple
en Suède depuis la mort de Charles XII. Le roi ne
peut déclarer la guerre sans le consentement des Etats
assemblés en diète; il peut faire la paix de concert avec
le sénat. Il est moins dangereux à un peuple d'abandonner à ses conducteurs ce dernier pouvoir, que le
premier. Il peut raisonnablement espérer qu'ils ne
feront la paix que quand elle sera convenable aux intérêts de l'Etat. Mais leurs passions, leurs intérêts propres, leurs vues particulières, influent trop souvent dans
leurs résolutions , quand il s'agit d'entreprendre la
guerre. D'ailleurs, il faudrait qu'une paix fût bien misérable, si elle ne valait pas mieux que la guerre; au

contraire, on hasarde toujours beaucoup, lorsqu'on quitte le repos pour prendre les armes.

Quand une puissance limitée a le pouvoir de faire la paix, comme elle ne peut accorder d'elle-même toutes sortes de conditions, ceux qui voudront traiter sûrement avec elle, doivent exiger que le traité de paix soit approuvé par la Nation ou par la puissance qui peut en accomplir les conditions. Si quelqu'un, par exemple, traite de la paix avec la Suède, et demande pour condition une alliance défensive, une garantie, cette stipulation n'aura rien de solide, si elle n'est approuvée et acceptée par la diète, qui seule a le pouvoir de lui donner effet. Les rois d'Angleterre ont le droit de conclure des traités de paix et d'alliance; mais ils ne peuvent aliéner, par ces traités, aucune des possessions de la couronne, sans le consentement du parlement. Ils ne peuvent non plus, sans le concours du même corps, lever aucun argent dans le royaume. C'est pourquoi, quand ils concluent quelque traité de subsides, ils ont soin de le produire au parlement, pour s'assurer qu'il les mettra en état de le remplir. L'empereur CHARLES-QUINT, voulant exiger de FRANÇOIS Ier, son prisonnier, des conditions que ce roi ne pouvait accorder sans l'aveu de la Nation, devait le retenir jusqu'à ce que le traité de *Madrid* eût été approuvé par les états-généraux de France, et que la Bourgogne s'y fût soumise; il n'eût pas perdu le fruit de sa victoire, par une négligence fort surprenante dans un prince si habile.

§ 11. — *Des aliénations faites par le traité de paix.*

Nous ne répèterons point ici ce que nous avons dit plus haut de l'aliénation d'une partie de l'Etat (*liv. I*, §§ 263 *et suiv.*) ou de l'Etat entier (*ib.*, §§ 68 *et suiv.*). Remarquons seulement que, dans le cas d'une nécessité pressante, telle que l'imposent les événements d'une guerre malheureuse, les aliénations que fait le prince pour sauver le reste de l'Etat, sont censées approuvées et ratifiées par le seul silence de la Nation, lorsqu'elle n'a point conservé, dans la forme du gouvernement, quelque moyen aisé et ordinaire de donner son consentement exprès, et qu'elle a abandonné au prince une puissance absolue. Les états-généraux sont abolis en France par non-usage et par le consentement tacite de la Nation. Lors donc que ce royaume se trouve pressé, c'est au roi seul de juger des sacrifices qu'il peut faire pour acheter la paix; et ses ennemis traitent solidement avec lui. En vain les peuples diraient-ils qu'ils n'ont souffert que par crainte l'abolition des états-généraux. Ils l'ont soufferte enfin, et par là ils ont laissé passer entre les mains du roi tous les pouvoirs nécessaires pour contracter, au nom de la Nation, avec les Nations étrangères. Il faut nécessairement qu'il se trouve dans l'Etat une puissance avec laquelle ces Nations puissent traiter sûrement. Un historien (a) dit que *les lois fondamentales empêchent les rois de France de renoncer à aucun de leurs droits, au préjudice de leurs successeurs, par aucun traité, ni libre, ni forcé.* Les lois fondamentales peuvent bien refuser au roi le pouvoir d'aliéner ce qui appartient à l'Etat, sans le consentement de la Nation; mais elles ne peuvent rendre nulle une aliénation ou une renonciation, faite avec ce consentement (*). Et si la Nation a laissé venir les choses en tel état qu'elle n'a plus le moyen de déclarer expressément son consentement, son silence

---

(a) L'abbé DE CHOISY, *Histoire de Charles V*, p. 492.

(*) La renonciation d'Anne d'Autriche, épouse de Louis XIII, était bonne et valable, ayant été confirmée par l'assemblée générale des CORTÈS, et enregistrée dans tous les tribunaux. Il n'en était pas de même de celle de Marie-Thérèse, qui ne fut point revêtue de ces formalités, et n'avait pas par conséquent le sceau de l'approbation de la Nation, le caractère de loi de l'Etat. Les cardinaux qui examinèrent cette affaire par ordre du pape, que Charles II avait consulté, ne tinrent aucun compte de la renonciation de Marie-Thérèse, la jugeant incapable d'annuler les statuts de la patrie et la force de la coutume. *Mémoires de* SAINT-PHILIPPE, tom. I, pag. 29.

seul dans ces occasions est un vrai consentement tacite.
S'il en était autrement, personne ne pourrait traiter
sûrement avec un pareil Etat ; et infirmer ainsi d'avance
tous les traités futurs, ce serait agir contre le droit des
gens, qui prescrit aux Nations de conserver les moyens
de traiter ensemble (*liv. I*, § 262) et de garder leurs
traités. (*Liv. II*, §§ 163, 219 *et suiv.*)

Il faut observer enfin que quand nous examinons si
le consentement de la Nation est requis pour l'aliénation de quelque partie de l'Etat, nous entendons parler
des parties qui sont encore sous la puissance de la Nation, et non pas de celles qui sont tombées pendant
la guerre au pouvoir de l'ennemi. Car celles-ci n'étant
plus possédées par la Nation, c'est au souverain seul,
s'il a l'administration pleine et absolue du gouvernement, le pouvoir de la guerre et de la paix, c'est, dis-
je, à lui seul de juger s'il convient d'abandonner ces
parties de l'Etat, ou continuer la guerre pour les
recouvrer. Et quand même on voudrait prétendre
qu'il ne peut seul les aliéner validement, il est, dans
notre supposition, c'est-à-dire, s'il jouit de l'empire
plein et absolu, il est, dis-je, en droit de promettre
que jamais la Nation ne reprendra les armes pour recouvrer ces terres, villes, ou provinces qu'il abandonne ;
et cela suffit pour en assurer la possession tranquille
à l'ennemi qui les a conquises.

§ 12. — *Comment le souverain peut disposer dans le traité de ce
qui intéresse les particuliers.*

La nécessité de faire la paix autorise le souverain
à disposer, dans le traité, des choses mêmes qui appartiennent aux particuliers ; et le *domaine éminent*
lui en donne le droit (*liv. I*, § 244). Il peut même,
jusqu'à un certain point, disposer de leur personne,
en vertu de la puissance qu'il a sur tous ses sujets.
Mais l'Etat doit dédommager les citoyens qui souffrent
de ces dispositions, faites pour l'avantage commun.
(*Ibid.*)

§ 13. — *Si un roi prisonnier de guerre peut faire la paix.*

Tout empêchement, qui met le prince hors d'état d'administrer les affaires du gouvernement, lui ôte sans doute le pouvoir de faire la paix. Ainsi un roi en bas âge ou en démence ne peut traiter de la paix; cela n'a pas besoin de preuve. Mais on demande si un roi prisonnier de guerre peut faire la paix, en conclure validement le traité? Quelques auteurs célèbres (*a*) distinguent ici entre le roi dont le royaume est *patri-monial*, et celui qui n'en a que l'usufruit. Nous croyons avoir détruit cette idée fausse et dangereuse de royaume patrimonial (*liv.* I, §§ 68 *et suiv.*), et fait voir évidemment qu'elle doit se réduire au seul pouvoir confié au souverain, de désigner son successeur, de donner un autre prince à l'État, et d'en démembrer quelques parties, s'il le juge convenable; le tout constamment pour le bien de la Nation, en vue de son plus grand avantage. Tout gouvernement légitime, quel qu'il puisse être, est uniquement établi pour le bien et le salut de l'État. Ce principe incontestable une fois posé, la paix n'est plus l'affaire propre du roi, c'est celle de la Nation. Or, il est certain qu'un prince captif ne peut administrer l'empire, vaquer aux affaires du gouvernement. Celui qui n'est pas libre commandera-t-il à une Nation? Comment la gouvernerait-il au plus grand avantage du peuple, et pour le salut public? Il ne perd pas ses droits, il est vrai, mais sa captivité lui ôte sa faculté de les exercer, parce qu'il n'est pas en état d'en diriger l'usage à sa fin légitime; c'est le cas d'un roi mineur, ou de celui dont la raison est altérée. Il faut alors que celui ou ceux qui sont appelés à la régence par les lois de l'État, prennent les rênes du gouvernement. C'est à eux de traiter de la paix, d'en arrêter les conditions, et de la conclure suivant les lois.

Le souverain captif peut la négocier lui-même, et

(*a*) *Vide* WOLFF, *Jus gent.*, § 982.

promettre ce qui dépend de lui personnellement ; mais le traité ne devient obligatoire pour la Nation, que quand il est ratifié par elle-même, ou par ceux qui sont dépositaires de l'autorité publique pendant la captivité du prince, ou enfin par lui-même, après sa délivrance.

Au reste, si l'Etat doit, autant qu'il se peut, délivrer le moindre des citoyens qui a perdu sa liberté pour la cause publique, à plus forte raison est-il tenu de cette obligation envers son souverain, envers ce conducteur, dont les soins, les veilles, et les travaux, sont consacrés au bonheur et au salut commun. Le prince fait prisonnier à la guerre n'est tombé dans un état, qui est le comble de la misère pour un homme d'une condition si relevée, qu'en combattant pour son peuple; ce même peuple hésitera-t-il à le délivrer au prix des plus grands sacrifices? Rien, si ce n'est le salut même de l'Etat, ne doit être ménagé dans une si triste occasion. Mais le salut du peuple est, en toute rencontre, la loi suprême; et dans cette dure extrémité, un prince généreux imitera l'exemple de Régulus. Ce héros citoyen, renvoyé à Rome sur sa parole, dissuada les Romains de le délivrer par un traité honteux, quoiqu'il n'ignorât pas les supplices que lui réservait la cruauté des Carthaginois (a).

§ 14. — *Si l'on peut faire la paix avec un usurpateur.*

Lorsqu'un injuste conquérant, ou tout autre usurpateur, a envahi le royaume, dès que les peuples se sont soumis à lui, et par un hommage volontaire l'ont reconnu pour leur souverain, il est en possession de l'empire. Les autres Nations, qui n'ont aucun droit de s'ingérer dans les affaires domestiques de celle-ci, de se mêler de son gouvernement, doivent s'en tenir à son jugement et suivre la possession. Elles peuvent donc traiter de la paix avec l'usurpateur et conclure avec lui. Par là elles ne blessent point le droit du sou-

---

(a) Voyez Tit.-Liv., *Epitom.*, liv. XVIII, et les autres historiens.

verain légitime. Ce n'est point à elles d'examiner ce droit et d'en juger; elles le laissent pour ce qu'il est, et s'attachent uniquement à la possession, dans les affaires qu'elles ont avec ce royaume, suivant leur propre droit et celui de l'Etat dont la souveraineté est disputée. Mais cette règle n'empêche pas qu'elles ne puissent épouser la querelle du roi dépouillé si elles la trouvent juste, et lui donner du secours; alors elles se déclarent ennemies de la Nation qui a reconnu son rival, comme elles ont la liberté, quand deux peuples différents sont en guerre, d'assister celui qui leur paraît le mieux fondé.

§ 15. — *Alliés compris dans le traité de paix.*

La partie principale, le souverain, au nom de qui la guerre s'est faite, ne peut avec justice faire la paix sans y comprendre ses alliés; j'entends ceux qui lui ont donné du secours, sans prendre part directement à la guerre. C'est une précaution nécessaire pour les garantir du ressentiment de l'ennemi. Car bien que celui-ci ne doive pas s'offenser contre des alliés de son ennemi, qui, engagés seulement à la défensive, ne font autre chose que remplir fidèlement leurs traités (*liv. III,* § 181), il est trop ordinaire que les passions déterminent plutôt les démarches des hommes, que la justice et la raison. Si ces alliés ne le sont que depuis la guerre, et à l'occasion de cette même guerre, quoiqu'ils ne s'y engagent pas de toutes leurs forces, ni directement, comme parties principales, ils donnent cependant à celui contre qui ils s'allient un juste sujet de les traiter en ennemis. Celui qu'ils ont assisté ne peut négliger de les comprendre dans la paix.

Mais le traité de la partie principale n'oblige ses alliés qu'autant qu'ils veulent bien l'accepter, à moins qu'ils ne lui aient donné tout pouvoir de traiter pour eux. En les comprenant dans son traité, elle acquiert seulement contre son ennemi réconcilié le droit d'exiger qu'il n'attaque point ces alliés à raison des secours qu'ils ont donnés contre lui, qu'il ne les moleste point, et qu'il vive en paix avec eux, comme si rien n'était arrivé.

§ 16. — *Les associés doivent traiter chacun pour soi.*

Les souverains qui se sont associés pour la guerre, tous ceux qui y ont pris part directement, doivent faire leur traité de paix chacun pour soi. C'est ainsi que cela s'est pratiqué à *Nimègue*, à *Ryswysck*, à *Utrecht*. Mais l'alliance les oblige à traiter de concert. De savoir en quels cas un associé peut se détacher de l'alliance, et faire sa paix particulière, c'est une question que nous avons examinée en traitant des sociétés de guerre (*liv. III, chap.* 4) et des alliances en général (*liv. II, chap.* 12 et 15).

§ 17. — *De la médiation.*

Souvent deux Nations, également lasses de la guerre, ne laissent pas de la continuer, par la seule raison que chacune craint de faire des avances, qui pourraient être imputées à faiblesse; ou elles s'y opiniâtrent par animosité, et contre leurs véritables intérêts. Alors des amis communs interposent avec fruit leurs bons offices, en s'offrant pour médiateurs. C'est un office bien salutaire et bien digne d'un grand prince, que celui de réconcilier deux Nations ennemies, et d'arrêter l'effusion du sang humain; c'est un devoir sacré pour ceux qui ont les moyens d'y réussir. Nous nous bornons à cette seule réflexion sur une matière que nous avons déjà traitée. (*Liv. II*, § 328.)

§ 18. — *Sur quel pied la paix peut se conclure.*

Le traité de paix ne peut être qu'une transaction. Si l'on devait y observer les règles d'une justice exacte et rigoureuse, en sorte que chacun reçût précisément tout ce qui lui appartient, la paix deviendrait impossible. Premièrement, à l'égard du sujet même qui a donné lieu à la guerre, il faudrait que l'un des partis reconnût son tort et condamnât lui-même ses injustes prétentions; ce qu'il fera difficilement, tant qu'il ne sera pas réduit aux dernières extrémités. Mais s'il avoue l'injustice de sa cause, il doit passer condamnation sur tout ce qu'il a fait pour la soutenir; il faut qu'il rende ce qu'il a pris injustement, qu'il rembourse les frais de la guerre, qu'il répare les dommages. A quoi taxera-t-on le sang répandu, la perte d'un grand nombre de citoyens, la désolation des familles? Ce n'est pas tout encore. La justice rigoureuse exigerait de plus que l'auteur d'une guerre injuste fût soumis à une peine proportionnée aux injures, dont il doit une satisfaction (56), et capable de pourvoir à la sûreté future de celui qu'il a attaqué. Comment déterminer la nature de cette peine, en marquer précisément le degré? Enfin, celui même de qui les armes sont justes peut avoir passé les bornes d'une juste défense, porté à l'excès des hostilités dont le but était légitime; autant de torts, dont la justice rigoureuse demanderait la réparation. Il peut avoir fait des conquêtes et un butin qui excèdent la valeur de ce qu'il avait à prétendre. Qui en fera le calcul exact, la juste estimation? Puis donc qu'il serait affreux de perpétuer la guerre, de la pousser jusqu'à la ruine entière de l'un des partis, et que, dans la cause la plus juste, on doit penser enfin à rétablir la paix, et tendre constamment à cette fin salutaire, il ne reste d'autre moyen que de transiger sur toutes les prétentions, sur tous les griefs de part et d'autre, et d'anéantir tous les différends par une convention, la plus équitable qu'il soit possible. On n'y décide point la cause même de la guerre, ni les controverses que les divers actes d'hostilité pourraient exciter; ni l'une ni l'autre

---

(56) C'est donc cette satisfaction qu'il faut exiger de lui, et qu'il doit donner. C'est elle qui doit être proportionnée à l'injure. Quant à la peine proprement dite, qui ne peut avoir lieu que pour celui que l'on a en son pouvoir, elle doit être proportionnée, non à l'injure faite, mais au degré d'opiniâtreté de celui que l'on est chargé de corriger. *D.*

des parties n'y est condamnée comme injuste; il n'en est guère qui voulût le souffrir; mais on y convient de ce que chacun doit avoir, en extinction de toutes ses prétentions.

§ 19. — *Effet général du traité de paix.*

L'effet du traité de paix est de mettre fin à la guerre, et d'en abolir le sujet. Il ne laisse aux parties contractantes aucun droit de commettre des actes d'hostilité, soit pour le sujet même qui avait allumé la guerre, soit pour tout ce qui s'est passé dans son cours. Il n'est donc plus permis de reprendre les armes pour le même sujet. Aussi voyons-nous que dans ces traités on s'engage réciproquement à une *paix perpétuelle.* Ce qu'il ne faut pas entendre comme si les contractants promettaient de ne se faire jamais la guerre, pour quelque sujet que ce soit. La paix se rapporte à la guerre qu'elle termine; et cette paix est réellement perpétuelle, si elle ne permet pas de réveiller jamais la même guerre, en reprenant les armes pour la cause qui l'avait allumée.

Au reste, la transaction spéciale sur une cause n'éteint que le moyen seul auquel elle se rapporte, et elle n'empêcherait point qu'on ne pût dans la suite, sur d'autres fondements, former de nouvelles prétentions à la chose même. C'est pourquoi on a communément soin d'exiger une transaction générale, qui se rapporte à la chose même controversée, et non pas seulement à la controverse présente; on stipule une renonciation générale à toute prétention quelconque sur la chose dont il s'agit. Et alors, quand même, par de nouvelles raisons, celui qui a renoncé se verrait un jour en état de démontrer que cette chose-là lui appartenait, il ne serait plus reçu à la réclamer.

§ 20. — *De l'amnistie.*

L'*amnistie* est un oubli parfait du passé; et comme la paix est destinée à mettre à néant tous les sujets de discorde, ce doit être là le premier article du traité.

C'est aussi à quoi on ne manque pas aujourd'hui. Mais quand le traité n'en dirait pas un mot, l'*amnistie* y est nécessairement comprise, par la nature même de la paix.

§ 21. — *Des choses dont le traité ne dit rien.*

Chacune des puissances qui se font la guerre prétendant être fondée en justice, et personne ne pouvant juger de cette prétention (*liv.* III, § 188), l'état où les choses se trouvent au moment du traité doit passer pour légitime; et si l'on veut y apporter du changement, il faut que le traité en fasse une mention expresse. Par conséquent, toutes les choses dont le traité ne dit rien, doivent demeurer dans l'état où elle se trouvent lors de sa conclusion. C'est aussi une conséquence de l'amnistie promise. Tous les dommages causés pendant la guerre, sont pareillement mis en oubli, et l'on n'a aucune action pour ceux dont la réparation n'est pas stipulée dans le traité; ils sont regardés comme non avenus.

§ 22. — *Des choses qui ne sont pas comprises dans la transaction, ou dans l'amnistie.*

Mais on ne peut étendre l'effet de la transaction, ou de l'amnistie, à des choses qui n'ont aucun rapport à la guerre terminée par le traité. Ainsi des répétitions fondées sur une dette, ou sur une injure antérieure à la guerre, qui n'a eu aucune part aux raisons qui l'ont fait entreprendre, demeurent en leur entier, et ne sont point abolies par le traité; à moins qu'on ne l'ait expressément étendu à l'anéantissement de toute prétention quelconque. Il en est de même des dettes contractées pendant la guerre, mais pour des sujets qui n'y ont aucun rapport, ou des injures faites aussi pendant sa durée, mais sans relation à l'état de guerre.

Les dettes contractées envers des particuliers, ou les torts qu'ils peuvent avoir reçus d'ailleurs, sans relation à la guerre, ne sont point abolis non plus par la transaction et l'amnistie, qui se rapportent uniquement à leur objet, savoir à la guerre, à ses causes et à ses effets. Ainsi deux sujets de puissances ennemies contractant ensemble en pays neutre, ou l'un y recevant quelque tort de l'autre, l'accomplissement du contrat, ou la réparation de l'injure et du dommage, pourra être poursuivi après la conclusion du traité de paix.

Enfin, si le traité porte que toutes choses seront rétablies dans l'état où elles étaient avant la guerre, cette clause ne s'entend que des immeubles; et elle ne peut s'étendre aux choses mobilières, au butin, dont la propriété passe d'abord à ceux qui s'en emparent, et qui est censé abandonné par l'ancien maître, à cause de la difficulté de le reconnaître, et du peu d'espérance de le recouvrer.

§ 23. — *Les traités anciens, rappelés et confirmés dans le nouveau, en font partie.*

Les traités anciens, rappelés et confirmés dans le dernier, font partie de celui-ci, comme s'ils y étaient renfermés et transcrits de mot à mot ; et dans les nouveaux articles qui se rapportent aux anciennes conventions, l'interprétation doit se faire suivant les règles données ci-dessus, *liv. II, chap.* 17, et en particulier au § 286.

CHAPITRE III.

De l'exécution du traité de paix.

§ 24. — *Quand le traité commence à obliger.*

Le traité de paix oblige les parties contractantes du moment qu'il est conclu, aussitôt qu'il a reçu toute sa forme, et elles doivent en procurer incessamment l'exécution (*). Il faut que toutes les hostilités cessent

---

(*) Il est essentiel de ne négliger aucune des formalités qui peuvent assurer l'exécution d'un traité, et prévenir de nou-

dès-lors, à moins que l'on n'ait marqué un jour auquel la paix doit commencer. Mais ce traité n'oblige les sujets que du moment qu'il leur est notifié. Il en est ici comme de la trève (*Liv. III*, § 239). S'il arrive que des gens de guerre commettent, dans l'étendue de leurs fonctions et en suivant les règles de leurs devoirs, quelques hostilités, avant que le traité de paix soit dûment venu à leur connaissance, c'est un malheur dont ils ne peuvent être punis; mais le souverain, déjà obligé à la paix, doit faire restituer ce qui a été pris depuis qu'elle est conclue; il n'a aucun droit de le retenir.

§ 25. — *Publication de la paix.*

Et afin de prévenir ces funestes accidents, qui peuvent coûter la vie à plusieurs innocents, on doit publier la paix sans délai, au moins pour les gens de guerre. Mais aujourd'hui, que les peuples ne peuvent entreprendre d'eux-mêmes aucun acte d'hostilité, et qu'ils ne se mêlent pas de la guerre, la publication solennelle de la paix peut se différer, pourvu que l'on mette ordre à la cessation des hostilités; ce qui se fait aisément par le moyen des généraux, qui dirigent toutes les opérations, ou par un armistice publié à la tête des armées. La paix faite en 1735 entre l'empereur et la France, ne fut publiée que long-temps après. On attendit que le traité en fût digéré à loisir, les points

---

velles brouilleries. C'est ainsi qu'on doit le faire enregistrer partout où il convient. M. van Beuningen écrivait au grand pensionnaire de Witt, en 1662 : *Les articles et conditions de cette alliance contiennent plusieurs affaires de différente nature, dont la plupart sont du ressort du conseil du roi, plusieurs de celui de l'amirauté, et d'autres des tribunaux civils, des parlements, etc. Par exemple le droit d'aubaine, qui est du ressort de la chambre des comptes. Ainsi ce traité doit être enregistré dans tous ces endroits.* Cet avis fut suivi; et les états-généraux exigèrent que le traité de la même année fût vérifié dans tous les parlements du royaume. Voyez ce que répond le roi sur ce sujet dans sa lettre au comte d'Estrades, pag. 399.

les plus importants ayant été réglés dans les préliminaires. La publication de la paix remet les deux Nations dans l'état où elles se trouvaient avant la guerre : elle rouvre entre elles un libre commerce, et permet de nouveau aux sujets de part et d'autre ce qui leur était interdit par l'état de guerre. Le traité devient par la publication une loi pour les sujets, et ils sont obligés de se conformer désormais aux dispositions dont on y est convenu. Si, par exemple, le traité porte que l'une des deux Nations s'abstiendra d'un certain commerce, tous les membres de cette Nation seront obligés de renoncer à ce commerce, du moment que le traité sera publié.

§ 26. — *Du temps de l'exécution.*

Lorsqu'on n'a point marqué de terme pour l'accomplissement du traité, et pour l'exécution de chacun des articles, le bon sens dit que chaque point doit être exécuté aussitôt qu'il est possible; c'est sans doute ainsi qu'on l'a entendu. La foi des traités exclut également, dans leur exécution, toute négligence, toute lenteur, et tous délais affectés.

§ 27. — *Une excuse légitime doit être admise.*

Mais, en cette matière comme en toute autre, une excuse légitime, fondée sur un empêchement réel et insurmontable, doit être admise, car personne n'est tenu à l'impossible. L'empêchement, quand il n'y a point de la faute du promettant, anéantit une promesse qui ne peut être remplie par un équivalent, et dont l'exécution ne peut se remettre à un autre temps. Si la promesse peut être remplie en une autre occasion, il faut accorder un délai convenable. Supposons que, par le traité de paix, l'une des parties ait promis à l'autre un corps de troupes auxiliaires; elle ne sera point tenue à le fournir, s'il arrive qu'elle en ait un besoin pressant pour sa propre défense : qu'elle ait promis une certaine quantité de blés par année, on ne pourra l'exiger, lorsqu'elle souffre la disette; mais quand elle se trouvera dans l'abondance, elle devra livrer, si on l'exige, ce qui est demeuré en arrière.

§ 28. — *La promesse tombe quand l'acceptant en a lui-même empêché l'exécution.*

L'on tient encore pour maxime, que le promettant est dégagé de sa promesse, lorsque s'étant mis en devoir de la remplir, aux termes de son engagement, celui à qui elle était faite l'a empêché lui-même de l'accomplir. On est censé remettre une promesse, dont on empêche soi-même l'exécution. Disons donc encore, que si celui qui a promis une chose par le traité de paix, était prêt à l'effectuer dans le temps convenu, ou tout de suite et en temps convenable, s'il n'y a point de terme marqué, et que l'autre partie ne l'ait pas voulu, le promettant est quitte de sa promesse. Car l'acceptant ne s'étant pas réservé le droit d'en fixer l'exécution à sa volonté, il est censé y renoncer, lorsqu'il ne l'accepte pas dans le temps convenable, et pour lequel la promesse a été faite. S'il demande que la prestation soit remise à un autre temps, la bonne foi exige que le promettant consente au délai; à moins qu'il ne fasse voir, par de bonnes raisons, que la promesse lui deviendrait alors plus onéreuse.

§ 29. — *Cessation des contributions.*

Lever des contributions est un acte d'hostilité, qui doit cesser dès que la paix est conclue (§ 24). Celles qui sont déjà promises, et non encore payées, sont dues, et se peuvent exiger à titre de chose due. Mais pour éviter toute difficulté, il faut s'expliquer nettement et en détail sur ces sortes d'articles, et on a soin ordinairement de le faire.

§ 30. — *Des fruits de la chose restituée ou cédée.*

Les fruits des choses restituées à la paix sont dus dès l'instant marqué pour l'exécution; s'il n'y a point de terme fixé, les fruits sont dus dès le moment que la restitution des choses a été accordée; mais on ne

rend pas ceux qui étaient échus, ou cueillis, avant la
conclusion de la paix : car les fruits sont au maître du
fonds, et ici la possession est tenue pour un titre légitime. Par la même raison, en cédant un fonds, on ne
cède pas en même temps les fruits qui sont déjà dus.
C'est ce qu'Auguste soutint avec raison contre Sextus
Pompée, qui prétendait, lorsqu'on lui eut donné le
Péloponnèse, se faire payer les impôts des années précédentes (a).

§ 31. — *En quel état les choses doivent être rendues.*

Les choses dont la restitution est simplement stipulée
dans le traité de paix, sans autre explication, doivent
être rendues dans l'état où elles ont été prises; car le
terme de restitution signifie naturellement le rétablissement de toutes choses dans leur premier état. Ainsi,
en restituant une chose, on doit rendre en même temps
tous les droits qui y étaient attachés lorsqu'elle a été
prise. Mais il ne faut pas comprendre sous cette règle
les changements qui peuvent avoir été une suite naturelle, un effet de la guerre même et de ses opérations.
Une place sera rendue dans l'état où elle était quand
on l'a prise, autant qu'elle se trouvera encore dans ce
même état à la conclusion de la paix. Mais si la place
a été rasée ou démantelée pendant la guerre, elle l'a
été par le droit des armes, et l'amnistie met à néant
ce dommage. On n'est pas tenu à rétablir un pays ravagé que l'on rend à la paix : on le rend tel qu'il se
trouve. Mais comme ce serait une insigne perfidie que
de dévaster ce pays après la paix faite, et avant que
de le rendre, il en est de même d'une place dont la
guerre a épargné les fortifications : la démanteler, pour
la rendre, serait un trait de mauvaise foi. Si le vainqueur en a réparé les brèches, s'il l'a rétablie dans
l'état où elle était avant le siége, il doit la rendre dans

(a) Appian., *de Bell. civ.*, lib. V, — cité par Grotius, lib. II,
cap. 20, § 22.

ce même état. Mais s'il y a ajouté quelques ouvrages, il peut les démolir. Que s'il a rasé les anciennes fortifications pour en construire de nouvelles, il sera nécessaire de convenir sur cette amélioration, ou de marquer précisément en quel état la place doit être rendue. Il est bon même, pour prévenir toute chicane et difficulté, de ne jamais négliger cette dernière précaution. Dans un instrument destiné à rétablir la paix, on ne doit, s'il se peut, laisser aucune ambiguité, rien qui soit capable de rallumer la guerre. Ce n'est point là, je le sais, la méthode de ceux qui s'estiment aujourd'hui les plus habiles négociateurs. Ils s'étudient, au contraire, à glisser dans un traité de paix des clauses obscures, ou ambiguës, afin de réserver à leur maître un prétexte de brouiller de nouveau, et de reprendre les armes à la première occasion favorable. Nous avons déjà remarqué ci-dessus (*liv. II*, § 231), combien cette misérable finesse est contraire à la foi des traités. Elle est indigne de la candeur et de la noblesse qui doivent éclater dans toutes les actions d'un grand prince.

§ 32. — *De l'interprétation du traité de paix ; elle se fait contre celui qui a donné la loi.*

Mais comme il est bien difficile qu'il ne se trouve quelque ambiguité dans un traité, dressé même avec tout le soin et toute la bonne foi possible, ou qu'il ne survienne quelque difficulté dans l'application de ses clauses aux cas particuliers, il faudra souvent recourir aux règles d'interprétation. Nous avons consacré un chapitre entier à l'exposition de ces règles importantes (*a*), et nous ne nous jetterons point ici dans des répétitions ennuyeuses. Bornons-nous à quelques règles, qui conviennent plus particulièrement à l'espèce, aux traités de paix. 1° En cas de doute, l'interprétation se fait contre celui qui a donné la loi dans le traité. Car c'est lui, en quelque façon, qui l'a dicté : c'est sa

_____

(*a*) Liv. II, chap. 17.

faute s'il ne s'est pas énoncé plus clairement; et en
étendant ou resserrant la signification des termes dans
le sens qui lui est la moins favorable, ou on ne lui fait
aucun tort, ou on ne lui fait que celui auquel il a bien
voulu s'exposer; mais par une interprétation contraire, on risquerait de tourner des termes vagues, ou
ambigus, en piéges pour le plus faible contractant, qui
a été obligé de recevoir ce que le plus fort a dicté.

§ 33. — *Du nom des pays cédés.*

2° Le nom des pays cédés par le traité doit s'entendre suivant l'usage reçu alors par les personnes habiles et intelligentes : car on ne présume point que des
ignorants ou des sots soient chargés d'une chose aussi
importante que l'est un traité de paix ; et les dispositions d'un contrat doivent s'entendre de ce que les
contractants ont eu vraisenblablement dans l'esprit,
puisque c'est sur ce qu'ils ont dans l'esprit qu'ils contractent.

§ 34. — *La restitution ne s'entend pas de ceux qui se sont donnés volontairement.*

3° Le traité de paix ne se rapporte naturellement et
de lui-même qu'à la guerre, à laquelle il met fin. Ses
clauses vagues ne doivent donc s'entendre que dans
cette relation. Ainsi la simple stipulation du rétablissement des choses dans leur état, ne se rapporte point
à des changements qui n'ont pas été opérés par la guerre
même. Cette clause générale ne pourra donc obliger
l'une des parties à remettre en liberté un peuple libre,
qui se sera donné volontairement à elle pendant la
guerre. Et comme un peuple abandonné par son souverain devient libre, et maître de pourvoir à son salut
comme il l'entend (*liv. I*, § 202), si ce peuple, dans le
cours de la guerre, s'est donné et soumis volontairement à l'ennemi de son ancien souverain, sans y être
contraint par la force des armes, la promesse générale de rendre les conquêtes ne s'étendra point jusqu'à lui. En vain dira-t-on que celui qui demande le

rétablissement de toutes choses sur l'ancien pied peut avoir intérêt à la liberté du premier des peuples dont nous parlons, et qu'il en a visiblement un très grand à la restitution du second. S'il voulait des choses que la clause générale ne conprend point d'elle-même, il devait s'en expliquer clairement et spécialement. On peut insérer toutes sortes de conventions dans un traité de paix; mais si elles n'ont aucun rapport à la guerre qu'il s'agit de terminer, il faut les prononcer bien expressément, car le traité ne s'entend naturellement que de son objet.

CHAPITRE IV.

De l'observation et de la rupture du traité de paix.

§ 35. — *Le traité de paix oblige la Nation et les successeurs.*

Le traité de paix conclu par une puissance légitime est sans doute un traité public, qui oblige toute la Nation (*liv. II,* § 154). Il est encore, par sa nature, un traité réel; car s'il n'était fait que pour la vie du prince, ce serait un traité de trève, et non pas de paix. D'ailleurs tout traité qui, comme celui-ci, est fait en vue du bien public, est un traité réel (*liv. II,* § 189). Il oblige donc les successeurs aussi fortement que le prince même qui l'a signé, puisqu'il oblige l'Etat même, et que les successeurs ne peuvent jamais avoir, à cet égard, d'autres droits que ceux de l'Etat.

§ 36. — *Il doit être fidèlement observé.*

Après tout ce que nous avons dit de la foi des traités, de l'obligation indispensable qu'ils imposent, il serait surperflu de s'étendre à montrer en particulier, combien les souverains et les peuples doivent être religieux observateurs des traités de paix. Ces traités intéressent et obligent les Nations entières; ils sont de

la dernière importance, leur rupture rallume infailliblement la guerre; toutes raisons, qui donnent une
nouvelle force à l'obligation de garder la foi, de remplir
fidèlement ses promesses.

§ 37. — *L'exception prise de la crainte, ou de la force, ne peut
en dégager.*

On ne peut se dégager d'un traité de paix en alléguant qu'il a été extorqué par la crainte, ou arraché
de force. Premièrement, si cette exception était admise, elle saperait par les fondements toute la sûreté
des traités de paix; car il en est peu contre lesquels
on ne pût s'en servir pour couvrir la mauvaise foi.
Autoriser une pareille défaite, ce serait attaquer la sûreté commune et le salut des Nations; la maxime serait exécrable, par les mêmes raisons qui rendent la
foi des traités sacrée dans l'univers (*liv. II*, § 220).
D'ailleurs, il serait presque toujours honteux et ridicule d'alléguer une pareille exception. Il n'arrive guère
aujourd'hui que l'on attende les dernières extrémités
pour faire la paix : une Nation, bien que vaincue en
plusieurs batailles, peut encore se défendre; elle n'est
pas sans ressource, tant qu'il lui reste des hommes et
des armes. Si, par un traité désavantageux, elle trouve
à propos de se procurer une paix nécessaire, si elle
se rachète d'un danger éminent, d'une ruine entière,
par de grands sacrifices, ce qui lui reste est encore
un bien qu'elle doit à la paix ; elle s'est déterminée
librement à préférer une perte certaine et présente,
mais bornée, à l'attente d'un mal encore à venir, mais
trop probable et terrible.

Si jamais l'exception de la contrainte peut être alléguée, c'est contre un acte qui ne mérite pas le nom
de traité de paix, contre une soumission forcée à des
conditions qui blessent également la justice et tous les
devoirs de l'humanité. Qu'un avide et injuste conquérant subjugue une Nation, qu'il la force à accepter
des conditions dures, honteuses, insuportables, la né-

cessité la contraint à se soumettre. Mais ce repos apparent n'est pas une paix, c'est une oppression que l'on souffre tandis qu'on manque de moyens pour s'en délivrer, et contre laquelle des gens de cœur se soulèvent à la première occasion favorable. Lorsque FERNAND CORTEZ attaquait l'empire du Mexique sans aucune ombre de raison, sans le moindre prétexte apparent, si l'infortuné MONTEZUMA eût pu racheter sa liberté en se soumettant à des conditions également dures et injustes, à recevoir garnison dans ses places et dans sa capitale, à payer un tribut immense, à obéir aux ordres du roi d'Espagne; de bonne foi, dira-t-on qu'il n'eût pu avec justice saisir une occasion favorable pour rentrer dans ses droits et délivrer son peuple, pour chasser, pour exterminer des usurpateurs avides, insolents, et cruels? Non, non; on n'avancera pas sérieusement une si grande absurdité. Si la loi naturelle veille au salut et au repos des Nations, en recommandant la fidélité dans les promesses, elle ne favorise pas les oppresseurs. Toutes ses maximes vont au plus grand bien de l'humanité : c'est la grande fin des lois et du droit. Celui qui rompt lui-même tous les liens de la société humaine, pourra-t-il les réclamer? S'il arrive qu'un peuple abuse de cette maxime pour se soulever injustement et recommencer la guerre, il vaut mieux s'exposer à cet inconvénient, que de donner aux usurpateurs un moyen aisé d'éterniser leurs injustices, et d'asseoir leur usurpation sur un fondement solide. Mais quand vous voudriez prêcher une doctrine, qui s'oppose à tous les mouvements de la nature, à qui la persuaderez-vous?

§ 38. — *En combien de manières un traité de paix peut se rompre.*

Les accommodements équitables, ou au moins supportables, méritent donc seuls le nom de traités de paix : ce sont ceux-là où la foi publique est engagée, et que l'on doit garder fidèlement, bien qu'on les trouve durs et onéreux, à divers.égards. Puisque la Nation y a consenti, il faut qu'elle les ait regardés encore comme un bien, dans l'état où étaient les choses, et elle doit respecter sa parole. Si l'on pouvait défaire dans un temps ce que l'on a été bien aise de faire dans un autre, il n'y aurait rien de stable parmi les hommes.

Rompre le traité de paix, c'est en violer les engagements, soit en faisant ce qu'il défend, soit en ne faisant pas ce qu'il prescrit. Or, on peut manquer aux engagements du traité en trois manières différentes : ou par une conduite contraire à la nature et à l'essence de tout traité de paix en général, ou par des procédés incompatibles avec la nature particulière du traité, ou enfin en violant quelqu'un de ses articles exprès.

§ 39. — *1° Par une conduite contraire à la nature de tout traité de paix.*

On agit contre la nature et l'essence de tout traité de paix, contre la paix elle-même, quand on la trouble sans sujet, soit en prenant les armes et recommençant la guerre, quoiqu'on ne puisse alléguer même un prétexte tant soit peu plausible; soit en offensant de gaîté de cœur celui avec qui on a fait la paix, et en le traitant, lui ou ses sujets, d'une manière incompatible avec l'état de paix, et qu'il ne peut souffrir sans se manquer à soi-même. C'est encore agir contre la nature de tout traité de paix, que de reprendre les armes pour le même sujet qui avait allumé la guerre, ou par ressentiment de quelque chose qui s'est passé dans le cours des hostilités. Si l'on ne peut se couvrir au moins d'un prétexte spécieux, emprunté de quelque sujet nouveau, on ressuscite manifestement la guerre qui avait pris fin, et on rompt le traité de paix.

§ 40. — *Prendre les armes pour un sujet nouveau, ce n'est pas rompre le traité de paix.*

Mais prendre les armes pour un sujet nouveau, ce n'est pas rompre le traité de paix. Car bien que l'on ait promis de vivre en paix, on n'a pas promis pour cela de souffrir l'injure et toute sorte d'injustices, plutôt que de s'en faire raison par la voie des armes. La rupture vient de celui qui, par son injustice obstinée, rend cette voie nécessaire.

Mais il faut se souvenir ici de ce que nous avons fait observer plus d'une fois, savoir, que les Nations ne reconnaissent point de juge commun sur la terre, qu'elles ne peuvent se condamner mutuellement sans appel, et qu'elles sont enfin obligées d'agir dans leurs querelles comme si l'une et l'autre était également dans ses droits. Sur ce pied-là, que le sujet nouveau qui donne lieu à la guerre soit juste ou qu'il ne le soit pas, ni celui qui en prend occasion de courir aux armes, ni celui qui refuse satisfaction, n'est réputé rompre le traité de paix, pourvu que le sujet de plainte et le refus de satisfaction aient de part et d'autre au moins quelque couleur, en sorte que la question soit litigieuse. Il ne reste aux Nations d'autre voie que les armes, quand elles ne peuvent convenir de rien sur une question de cette nature. C'est alors une guerre nouvelle, qui ne touche point au traité.

§ 41. — *S'allier dans la suite avec un ennemi, ce n'est pas non plus rompre le traité.*

Et comme en faisant la paix on ne renonce point par cela même au droit de faire des alliances et d'assister ses amis, ce n'est pas non plus rompre le traité de paix que de s'allier dans la suite et de se joindre aux ennemis de celui avec qui on l'a conclu, d'épouser leur querelle et d'unir ses armes aux leurs, à moins que le traité de paix ne le défende expressément : c'est tout au plus commencer une guerre nouvelle pour la cause d'autrui.

Mais je suppose que ces nouveaux alliés ont quelque sujet plausible de prendre les armes, et qu'on a de bonnes et justes raisons de les soutenir; car s'il en était autrement, s'allier avec eux justement lorsqu'ils vont entrer en guerre, ou lorsqu'ils l'ont commencée, ce serait manifestement chercher un prétexte pour éluder le traité de paix, ce serait le rompre avec une artificieuse perfidie.

§ 42. — *Pourquoi il faut distinguer entre une guerre nouvelle
et la rupture du traité.*

Il est très important de bien distinguer entre une guerre nouvelle et la rupture du traité de paix, parce que les droits acquis par ce traité subsistent malgré la guerre nouvelle ; au lieu qu'ils sont éteints par la rupture du traité sur lequel ils étaient fondés. Il est vrai que celui qui avait accordé ces droits, en suspend sans doute l'exercice pendant la guerre autant qu'il est en son pouvoir, et peut même en dépouiller entièrement son ennemi par le droit de la guerre, comme il peut lui ôter ses autres biens; mais alors il tient ces droits comme choses prises sur l'ennemi, et celui-ci peut en presser la restitution au nouveau traité de paix. Il y a bien de la différence, dans ces sortes de négociations, entre exiger la restitution de ce qu'on possédait avant la guerre, et demander des concessions nouvelles : un peu d'égalité dans les succès suffit pour insister sur le premier ; le second ne s'obtient que par une supériorité décidée. Il arrive souvent, quand les armes sont à peu près égales, que l'on convient de rendre les conquêtes et de rétablir toutes choses dans leur état, et alors, si la guerre était nouvelle, les anciens traités subsistent ; mais s'ils ont été rompus par la reprise d'armes, et la première guerre ressuscitée, ces traités demeurent anéantis, et si l'on veut qu'ils règnent encore, il faut que le nouveau traité les rappelle et les rétablisse expressément.

La question dont nous traitons est encore très importante par rapport aux autres Nations, qui peuvent être intéressées au traité, invitées par leurs propres affaires à en maintenir l'observation. Elle est essentielle pour les garants du traité, s'il y en a, et pour des alliés, qui ont à reconnaître le cas où ils doivent des secours. Enfin celui qui rompt un traité solennel, est beaucoup plus odieux que cet autre, qui forme et soutient par les armes une prétention mal fondée. Le premier ajoute à l'injustice la perfidie : il attaque le fondement de la tranquillité publique ; et, blessant par là toutes les Nations, il leur donne sujet de se réunir contre lui pour le réprimer. C'est pourquoi, comme on doit être réservé à imputer ce qui est plus odieux, GROTIUS fait observer avec raison qu'en cas de doute, et lorsque la prise d'armes peut s'appuyer de quelque prétexte plausible, fondé sur une cause nouvelle, *il vaut mieux présumer, dans le fait de celui qui reprend les armes, de l'injustice sans perfidie, que le regarder comme coupable en même temps de mauvaise foi et d'injustice* (a).

§ 43. — *La juste défense de soi-même ne rompt point le traité de paix.*

La juste défense de soi-même ne rompt point le traité de paix. C'est un droit naturel auquel on ne peut renoncer, et en promettant de vivre en paix, on promet seulement de ne point attaquer sans sujet, de s'abstenir d'injure et de violence. Mais il y a deux manières de se défendre soi-même, ou ses biens ; quelquefois la violence ne permet d'autre remède que la force, et alors on en fait usage très légitimement. En d'autres occasions, il y a des moyens plus doux d'obtenir la réparation du dommage et de l'injure ; il faut toujours préférer ces derniers moyens. Telle est la règle de la conduite, que doivent tenir deux Nations soigneuses de conserver la paix, quand il arrive que les sujets, de part ou d'autre, s'emportent à quelque violence. La force présente se repousse et se réprime par la force ; mais s'il est question de poursuivre la réparation du dommage et une juste satisfaction, il faut s'adresser au souverain des coupables ; on ne peut les aller chercher dans ses terres, et recourir aux armes, que dans le cas d'un déni de justice. Si l'on a lieu de craindre que les coupables n'échappent ; si, par exem-

---

(a) Liv. III, chap. 20, § 28.

ple, des inconnus d'un pays voisin ont fait irruption sur nos terres, nous sommes en droit de les poursuivre chez eux à main armée, jusqu'à ce qu'ils soient saisis; et leur souverain ne pourra regarder notre action que comme une juste et légitime défense, pourvu que nous ne commettions aucune hostilité contre des innocents.

§ 44. — *Des sujets de rupture qui ont pour objet des alliés.*

Quand la principale partie contractante a compris ses alliés dans son traité, leur clause lui est commune à cet égard, et ces alliés doivent jouir comme elle de toutes les conditions essentielles à un traité de paix; en sorte que tout ce qui est capable de rompre le traité étant commis contre elle-même, ne le rompt pas moins, s'il a pour objet les alliés qu'elle a fait comprendre dans son traité. Si l'injure est faite à un allié nouveau, ou non compris dans le traité, elle peut bien fournir un nouveau sujet de guerre, mais elle ne donne pas atteinte au traité de paix.

§ 45. — 2° *Le traité se rompt par ce qui est opposé à sa nature particulière.*

La seconde manière de rompre un traité de paix, est de faire quelque chose de contraire à ce que demande la nature particulière du traité. Ainsi tout procédé contraire à l'amitié rompt un traité de paix fait sous la condition expresse de vivre désormais en bons amis. Favoriser les ennemis d'une Nation, traiter durement ses sujets, la gêner sans raison dans son commerce, lui préférer, aussi sans raison, une autre Nation, lui refuser des secours de vivres qu'elle veut payer et dont on a le reste, protéger ses sujets factieux ou rebelles, leur donner retraite, ce sont là tout autant de procédés évidemment contraires à l'amitié. On peut, selon les circonstances, y joindre les suivants: construire des forteresses sur les frontières d'un Etat, lui témoigner de la défiance, faire des levées de troupes sans vouloir lui en déclarer le sujet, etc. Mais donner retraite aux exilés, recevoir des sujets, qui

veulent quitter leur patrie sans prétendre lui nuire
par leur départ, mais seulement pour le bien de leurs
affaires particulières, accueillir charitablement des
émigrants, qui sortent de leur pays pour se procurer
la liberté de conscience, il n'y a rien dans tout cela
qui soit incompatible avec la qualité d'ami. Les lois
particulières de l'amitié ne nous dispensent point, selon
le caprice de nos amis, des devoirs communs de l'humanité envers le reste des hommes.

§ 46. — 3° *Par la violation de quelque article.*

Enfin, la paix se rompt par la violation de quelqu'un
des articles exprès du traité. Cette troisième manière
de la rompre est la plus expresse, la moins susceptible d'évasions et de chicanes. Quiconque manque à ses
engagements, annule le contrat autant qu'il est en lui;
cela n'est pas douteux.

§ 47. — *La violation d'un seul article rompt le traité entier.*

Mais on demande si la violation d'un seul article
du traité peut en opérer la rupture entière? Quelques-
uns (a) distinguent ici entre les articles qui sont liés
ensemble (*connexi*), et les articles divers (*diversi*), et
prononcent que si le traité est violé dans les articles
divers, la paix subsiste à l'égard des autres. Mais le
sentiment de Grotius me paraît évidemment fondé
sur la nature et l'esprit des traités de paix. Ce grand
homme dit, que « tous les articles d'un seul et même
« traité sont renfermés l'un dans l'autre, en forme de
« condition, comme si l'on avait dit formellement :
« Je ferai telle ou telle chose, pourvu que de votre côté
« vous fassiez ceci ou cela (b). » Et il ajoute avec raison,
« que quand on veut empêcher que l'engagement ne
« demeure par là sans effet, on ajoute cette clause ex-
« presse : Qu'encore qu'on vienne à enfreindre quel-
« qu'un des articles du traité, les autres ne laisseront

(a) *Vide* Wolff. *Jus gent.*, §§ 1022, 1023.
(b) Liv. III, chap. 19, § 14.

« pas de subsister dans toute leur force. » On peut sans doute convenir de cette manière; on peut encore convenir que la violation d'un article ne pourra opérer que la nullité de ceux qui y répondent, et qui en font comme l'équivalent. Mais si cette clause ne se trouve pas expressément dans le traité de paix, un seul article violé donne atteinte au traité entier; comme nous l'avons prouvé ci-dessus, en parlant des traités en général (*liv. II*, § 202).

§ 48. — *Si l'on peut distinguer à cet égard entre les articles plus ou moins importants.*

Il n'est pas moins inutile de vouloir distinguer ici entre les articles de grande importance, et ceux qui sont de peu d'importance. A rigueur de droit, la violation du moindre article dispense la partie lésée de l'observation des autres, puisque tous, comme nous venons de le voir, sont liés les uns aux autres en forme de conditions. D'ailleurs, quelle source de disputes qu'une pareille distinction! Qui décidera de l'importance de cet article violé? Mais il est très vrai qu'il ne convient nullement aux devoirs mutuels des Nations, à la charité, à l'amour de la paix qui doit les animer, de rompre toujours un traité pour le moindre sujet de plainte.

§ 49. — *De la peine attachée à la violation d'un article.*

Dans la vue de prévenir un si fâcheux inconvénient, on convient sagement d'une peine (57) que devra subir l'infracteur de quelqu'un de ces articles de moindre importance; et alors, en satisfaisant à la peine, le traité subsiste dans toute sa force. On peut de même attacher à la violation de chaque article une peine proportionnée à son importance. — Nous avons traité cette matière en parlant de la trève (*liv. III*, § 243); on peut recourir à ce paragraphe.

─────────────

(57) Pour prévenir l'équivoque du mot *peine*, il faudrait mieux dire, *d'une satisfaction que devra donner l'infracteur, et alors, en satisfaisant, le traité subsiste*; et ainsi de suite. D.

§ 50. — *Des délais affectés.*

Les délais affectés sont équivalents à un refus exprès, et ils n'en diffèrent que par l'artifice avec lequel celui qui en use voudrait couvrir sa mauvaise foi. Il joint la fraude à la perfidie, et viole réellement l'article qu'il doit accomplir.

§ 51. — *Des empêchements insurmontables.*

Mais si l'empêchement est réel, il faut donner du temps, car nul n'est tenu à l'impossible. Et par cette même raison, si quelque obstacle insurmontable rend l'exécution d'un article non-seulement impraticable pour le présent, mais impossible à jamais, celui qui s'y était engagé n'est point coupable, et l'autre partie ne peut prendre occasion de son impuissance, pour rompre le traité; mais elle doit accepter un dédommagement, s'il y a lieu à dédommagement, et s'il est praticable. Toutefois, si la chose qui devait se faire en vertu de l'article en question, est de telle nature que le traité paraisse évidemment n'avoir été fait qu'en vue de cette même chose, et non d'aucun équivalent, l'impossibilité survenue annule sans doute le traité. C'est ainsi qu'un traité de protection devient nul, quand le protecteur se trouve hors d'état d'effectuer la protection, quoiqu'il s'en trouve incapable sans qu'il y ait de sa faute. De même, quelque chose qu'un souverain ait pu promettre, à condition qu'on lui procurera la restitution d'une place importante, si on ne peut le faire rentrer en possession de cette place, il est quitte de tout ce qu'il avait promis pour la ravoir. Telle est la règle invariable du droit. Mais le droit rigoureux ne doit pas toujours être pressé: la paix est une matière si favorable, les Nations sont si étroitement obligées à la cultiver, à la procurer, à la rétablir, quand elle est troublée, que si de pareils obstacles se rencontrent dans l'exécution d'un traité de paix, il faut se prêter de bonne foi à tous les expédients raisonnables, accepter des équivalents, des dédommagements, plutôt que de rompre une paix déjà arrêtée et de reprendre les armes.

§ 52. — *Des atteintes données au traité de paix par les sujets.*

Nous avons recherché ci-dessus, dans un chapitre exprès (*liv. II, chap.* 6), comment et en quelles occasions, les actions des sujets peuvent être imputées au souverain et à la Nation. C'est là-dessus qu'il faut se régler, pour voir comment les faits des sujets peuvent rompre un traité de paix. Ils ne sauraient produire cet effet, qu'autant qu'on peut les imputer au souverain. Celui qui est lésé par les sujets d'autrui, s'en fait raison lui-même quand il attrape les coupables dans ses terres, ou en lieu libre, en pleine mer par exemple; ou s'il l'aime mieux, il demande justice à leur souverain. Si les coupables sont des sujets désobéissants, on ne peut rien demander à leur souverain, mais quiconque vient à les saisir, même en lieu libre (*), en fait justice lui-même. C'est ainsi qu'on en use à l'égard des pirates. Et pour éviter toute difficulté, on est convenu de traiter de même tous particuliers qui commettent des actes d'hostilité, sans pouvoir montrer une commission de leur souverain.

§ 53. — *Ou par des alliés.*

Les actions de nos alliés peuvent encore moins nous être imputées, que celles de nos sujets. Les atteintes données au traité de paix par des alliés, même par ceux qui y ont été compris, ou qui y sont entrés comme parties principales contractantes, ne peuvent donc en opérer la rupture que par rapport à eux-mêmes, et point du tout en ce qui touche leur allié, lorsque de son côté il observe religieusement ses engagements. Le traité subsiste pour lui dans toute sa force, pourvu qu'il n'entreprenne point de soutenir la cause de ces alliés perfides. S'il leur donne un secours qu'il

---

(*) Il faudrait, ce semble, *neutre* au lieu de *libre*.

ne peut leur devoir en pareille occassion, il épouse leur querelle et prend part à leur manque de foi. Mais s'il est intéressé à prévenir leur ruine, il peut intervenir, et en les obligeant à toutes les réparations convenables, les garantir d'une oppression dont il sentirait le contre-coup. Leur défense devient même juste contre un ennemi implacable, qui ne veut pas se contenter d'une juste satisfaction.

§ 54. — *Droits de la partie lésée contre celle qui a violé le traité.*

Quand le traité de paix est violé par l'un des contractants, l'autre est le maître de déclarer le traité rompu, ou de le laisser subsister. Car il ne peut être lié par un contrat, qui contient des engagements réciproques, envers celui qui ne respecte pas ce même contrat. Mais s'il aime mieux ne pas rompre, le traité demeure valide et obligatoire. Il serait absurde que celui qui l'a violé, le prétendît annulé par sa propre infidélité; moyen facile de se débarrasser de ses engagements, et qui réduirait tous les traités à de vaines formalités. Si la partie lésée veut laisser subsister le traité, elle peut pardonner l'atteinte qui y a été donnée, ou exiger un dédommagement, une juste satisfaction, ou se libérer elle-même des engagements qui répondent à l'article violé, de ce qu'elle avait promis en considération d'une chose que l'on n'a point accomplie. Que si elle se détermine à demander un juste dédommagement, et que la partie coupable le refuse, le traité se rompt alors de nécessité, et le contractant lésé a un très juste sujet de reprendre les armes. C'est aussi ce qui arrive le plus souvent; car il ne se trouve guère que le coupable veuille reconnaître sa faute, en accordant une réparation.

CHAPITRE V.

*Du droit d'ambassade, ou du droit d'envoyer et de rece-
voir des ministres publics.*

---

§ 55. — *Il est nécessaire que les Nations puissent traiter
et communiquer ensemble.*

Il est nécessaire que les Nations traitent et commu-
niquent ensemble, pour le bien de leurs affaires, pour
éviter de se nuire réciproquement, pour ajuster et terminer leurs différends. Et comme toutes sont dans l'o-
bligation indispensable de se prêter et de concourir à
ce qui est du bien et du salut commun (*Prélim.*, §13),
de se ménager les moyens d'accommoder et de terminer leurs différends (*liv. II*, §§ 323 *et suiv.*), et que
chacune a droit à tout ce qu'exige sa conservation
(*liv. I*, § 18), à tout ce qui peut contribuer à sa perfection, sans faire tort aux autres (*ibid.*, § 23), de
même qu'aux moyens nécessaires pour remplir ses devoirs, il résulte de tout cela, que chaque Nation réunit en elle le droit de traiter et de communiquer avec
les autres, et l'obligation réciproque de se prêter à
cette communication autant que l'état de ses affaires
peut le lui permettre.

§ 56. — *Elles le font par le moyen de ministres publics.*

Mais les Nations ou États souverains ne traitent point
ensemble immédiatement; et leurs conducteurs, ou
les souverains, ne peuvent guère s'aboucher eux-mêmes
pour traiter ensemble de leurs affaires. Souvent ces
entrevues seraient impraticables; et, sans compter les
longueurs, les embarras, la dépense, et tant d'autres
inconvénients, rarement, suivant la remarque de Philippe de Commines, pourrait-on s'en promettre un bon
effet. Il ne reste donc aux Nations et aux souverains,
que de communiquer et traiter ensemble par l'entre-

mise de procureurs ou mandataires, de délégués, chargés de leurs ordres et munis de leurs pouvoirs, c'est-
à-dire, de *ministres publics.* Ce terme, dans sa plus
grande généralité, désigne toute personne chargée
des affaires publiques; on l'entend plus particulièrement de celle qui en est chargée auprès d'une puissance étrangère.

On connaît aujourd'hui divers ordres de ministres
publics; et nous en parlerons ci-après. Mais quelque
différence que l'usage ait introduite entre eux, le caractère essentiel leur est commun à tous; c'est celui
de *ministre,* et en quelque façon de *représentant* d'une
puissance étrangère, de personne chargée de ses affaires et de ses ordres; et cette qualité nous suffit ici.

§ 57. — *Tout État souverain est en droit d'envoyer et de recevoir
des ministres publics.*

Tout Etat souverain est donc en droit d'envoyer et
de recevoir des ministres publics. Car ils sont les instruments nécessaires des affaires que les souverains ont
entre eux, et de la correspondance qu'ils sont en droit
d'entretenir. On peut voir dans le premier chapitre de
cet ouvrage, quels sont les souverains et les Etats indépendants qui figurent ensemble dans la grande société
des Nations. Ce sont là les puissances qui ont le droit
d'ambassade.

§ 58. — *L'alliance inégale, ni le traité de protection, n'ôtent pas
ce droit.*

Une alliance inégale, ni même un traité de protection, n'étant pas incompatibles avec la souveraineté,
(*liv. I,* §§ 5 *et* 6), ces sortes de traités ne dépouillent
point par eux-mêmes un Etat, du droit d'envoyer et
de recevoir des ministres publics. Si l'allié inégal, ou
le protégé, n'a pas renoncé expressément au droit
d'entretenir des relations et de traiter avec d'autres
puissances, il conserve nécessairement celui de leur
envoyer des ministres et d'en recevoir de leur part. Il

en faut dire autant des vassaux et des tributaires qui ne sont point sujets. (*Voyez liv. I,* §§ 7 *et* 8.)

§ 59. — *Du droit des princes et États de l'empire à cet égard.*

Bien plus : ce droit peut se trouver même chez des princes ou des communautés qui ne sont pas souverains. Car les droits, dont l'ensemble constitue la pleine souveraineté, ne sont pas indivisibles; et si, par la constitution de l'Etat, par la concession du souverain, ou par les réserves que les sujets ont faites avec lui, un prince ou une communauté se trouve en possession de quelqu'un de ces droits qui appartiennent ordinairement au souverain seul, il peut l'exercer et le faire valoir dans tous ses effets et dans toutes ses conséquences naturelles ou nécessaires, à moins qu'elles n'aient été formellement exceptées. Quoique les princes et Etats de l'empire relèvent de l'empereur et de l'empire, ils sont souverains à bien des égards; et puisque les constitutions de l'empire leur assurent le droit de traiter avec les puissances étrangères et de contracter avec elles des alliances, ils ont incontestablement celui d'envoyer et de recevoir des ministres publics. Les empereurs le leur ont quelquefois contesté, quand ils se sont vus en état de porter fort haut leurs prétentions, ou du moins ils ont voulu en soumettre l'exercice à leur autorité suprême, prétendant que leur permission devait y intervenir. Mais depuis la paix de *Westphalie*, et par le moyen des capitulations impériales, les princes et Etats d'Allemagne ont su se maintenir dans la possession de ce droit, et ils s'en sont assurés tant d'autres, que l'empire est considéré aujourd'hui comme une république de souverains.

§ 60. — *Des villes qui ont le droit de bannière.*

Il est même des villes sujettes, et qui se reconnaissent pour telles, qui ont droit de recevoir les ministres des puissances étrangères, et de leur envoyer des députés, puisqu'elles ont droit de traiter avec elles. C'est de là que dépend toute la question : car celui qui a droit à la fin, a droit aux moyens. Il serait absurde de reconnaître le droit de négocier et de traiter, et d'en contester les moyens nécessaires. Les villes de Suisse, telles que Neuchatel et Bienne, qui jouissent du *droit de bannière*, ont par là le droit de traiter avec les puissances étrangères, quoique ces villes soient sous la domination d'un prince. Car le droit de *bannière* ou des armes, comprend celui d'accorder des secours de troupes (*a*), pourvu que ce ne soit pas contre le service du prince. Si ces villes peuvent accorder des troupes, elles peuvent écouter la demande que leur en fait une puissance étrangère, et traiter des conditions. Elles peuvent donc encore lui députer quelqu'un dans cette vue, ou recevoir ses ministres; et comme elles ont en même temps l'exercice de la police, elles sont en état de faire respecter les ministres étrangers qui viennent auprès d'elles. Un ancien et constant usage confirme ce que nous disons des droits de ces villes-là. Quelque éminents et extraordinaires que soient de pareils droits, on ne les trouvera pas étranges, si l'on considère que ces mêmes villes possédaient déjà de grands priviléges dans le temps que leurs princes relevaient eux-mêmes des empereurs, ou d'autres seigneurs vassaux immédiats de l'empire. Lorsqu'ils secouèrent le joug et se mirent dans une parfaite indépendance, les villes considérables de leur territoire firent leurs conditions; et loin d'empirer leur état, il était bien naturel qu'elles profitassent des conjonctures, pour le rendre plus libre encore et plus heureux. Les souverains ne pourraient aujourd'hui réclamer contre des conditions auxquelles ces villes ont bien voulu suivre leur fortune et les reconnaître pour leurs seuls supérieurs.

§ 61. — *Ministres des vice-rois.*

Les vice-rois et les gouverneurs en chef d'une sou-

___

(*a*) Voyez l'*Histoire de la Confédération helvétique*, par A.-L. DE WATTEVILLE.

veraineté ou d'une province éloignée, ont souvent le droit d'envoyer et de recevoir des ministres publics, agissant en cela au nom et par l'autorité du souverain qu'ils représentent, et dont ils exercent les droits. Cela dépend entièrement de la volonté du maître qui les établit. Les vice-rois de Naples, les gouverneurs de Milan, les gouverneurs généraux des-Pays-Bas pour l'Espagne, étaient revêtus de ce pouvoir.

§ 62. — *Ministres de la Nation, ou des régents, dans l'interrègne.*

Le droit d'ambassade, ainsi que tous les autres droits de la souveraineté, réside originairement dans la Nation comme dans son sujet principal et primitif. Dans l'interrègne, l'exercice de ce droit retombe à la Nation, ou il est dévolu à ceux à qui les lois ont commis la régence de l'Etat. Ils peuvent envoyer des ministres, tout comme le souverain avait accoutumé de faire, et ces ministres ont les mêmes droits qu'avaient ceux du souverain. Quand le trône est vacant, la république de Pologne envoie des ambassadeurs, et elle ne souffrirait pas qu'ils fussent moins considérés que ne le sont ceux qui s'envoient quand elle a un roi. Cromwell sut maintenir les ambassadeurs d'Angleterre dans la même considération où ils étaient sous l'autorité des rois.

§ 63. — *De celui qui trouble un autre dans l'exercice du droit d'ambassade.*

Tels étant les droits des Nations, le souverain qui entreprend d'empêcher qu'un autre ne puisse envoyer et recevoir des ministres publics, lui fait injure et blesse le droit des gens. C'est attaquer une Nation dans un de ses droits les plus précieux, et lui disputer ce que la nature elle-même donne à toute société indépendante; c'est rompre les liens qui unissent les peuples, et les offenser tous.

§ 64. — *De ce qui est permis à cet égard en temps de guerre.*

Mais cela ne doit s'entendre que d'un temps de paix; la guerre donne lieu à d'autres droits. Elle permet d'ôter à l'ennemi toutes ses ressources, d'empêcher qu'il ne puisse envoyer ses ministres pour solliciter des secours (*). Il est même des occasions où l'on peut refuser le passage aux ministres des Nations neutres qui voudraient aller chez l'ennemi. On n'est point obligé de souffrir qu'ils lui portent peut-être des avis salutaires, qu'ils aillent concerter avec lui les moyens de l'assister, etc. Cela ne souffre nul doute, par exemple, dans le cas d'une ville assiégée. Aucun droit ne peut autoriser le ministre d'une puissance neutre, ni qui que ce soit, à y entrer malgré l'assiégeant. Mais pour ne point offenser les souverains, il faut leur donner de bonnes raisons du refus que l'on fait de laisser passer leurs ministres, et ils doivent s'en contenter, s'ils prétendent demeurer neutres. On refuse même quelquefois le passage à des ministres suspects, dans des temps soupçonneux et critiques, quoiqu'il n'y ait point de guerre ouverte. Mais la démarche est délicate, et si on ne la justifie pas par des raisons tout-à-fait satisfaisantes, elle produit une aigreur qui dégénère aisément en rupture ouverte.

§ 65. — *On doit recevoir le ministre d'une puissance amie.*

Puisque les Nations sont obligées de communiquer ensemble, d'écouter les propositions et les demandes qui leur sont faites, de maintenir un moyen libre et sûr de s'entendre et de se concilier dans leurs différends, un souverain ne peut, sans des raisons très particulières, refuser d'admettre et d'entendre le ministre d'une puissance amie, ou avec laquelle il est en paix. Mais s'il a des raisons de ne point le recevoir dans l'intérieur du pays, il peut lui marquer un lieu sur la frontière, où il enverra pour entendre ses propositions; et le ministre étranger doit s'y arrêter : il suffit qu'on l'entende, c'est tout ce qu'il peut prétendre.

(*) Voyez, ci-après, § 85, ce qui arriva au maréchal de BELLE-ISLE en se rendant à Berlin.

§ 66. — *Des ministres résidents.*

L'obligation ne va point jusqu'à souffrir en tout temps des ministres perpétuels, qui veulent résider auprès du souverain, bien qu'ils n'aient rien à négocier. Il est naturel, à la vérité, et très conforme aux sentiments que se doivent mutuellement les Nations, de recevoir avec amitié ces ministres résidents, lorsqu'on n'a rien à craindre de leur séjour. Mais si quelque raison solide s'y oppose, le bien de l'Etat prévaut sans difficulté; et le souverain étranger ne peut s'offenser, si l'on prie son ministre de se retirer quand il a terminé les affaires qui l'avaient amené, ou lorsqu'il n'en a aucune à traiter. La coutume d'entretenir partout des ministres continuellement résidents, est aujourd'hui si bien établie, qu'il faut alléguer de très bonnes raisons pour refuser de s'y prêter sans offenser personne. Ces raisons peuvent être fournies par des conjonctures particulières; mais il y en a aussi d'ordinaires, qui subsistent toujours, et qui se rapportent à la constitution du gouvernement, à l'état d'une Nation. Les républiques en auraient souvent de très bonnes de cette dernière espèce, pour se dispenser de souffrir continuellement chez elles des ministres étrangers qui corrompent les citoyens, qui les attachent à leurs maîtres au grand préjudice de la république, qui y forment et y fomentent des partis, etc. Et quand ils ne feraient que répandre chez une Nation, anciennement simple, frugale, et vertueuse, le goût du luxe, la soif de l'or, les mœurs des cours, en voilà de reste pour autoriser un magistrat sage et prévoyant à les congédier. La Nation polonaise ne souffre pas volontiers les ministres résidents, et leurs pratiques auprès des membres qui composent la diète n'ont fourni que trop de raisons de les éloigner. En 1666, un nonce se plaignit en pleine diète de ce que l'ambassadeur de France prolongeait sans nécessité son séjour en Pologne, et dit qu'il fallait le regarder comme un espion. D'autres, en 1668, firent instance à ce qu'on réglât par une loi le temps du séjour que les ambassadeurs pourraient faire dans le royaume (a).

§ 67. — *Comment on doit admettre les ministres d'un ennemi.*

Plus la guerre est un fléau terrible, et plus les Nations sont obligées de se réserver des moyens pour y mettre fin. Il est donc nécessaire qu'elles puissent s'envoyer des ministres, au milieu même des hostilités, pour faire quelques ouvertures de paix, ou quelques propositions tendantes à adoucir la fureur des armes. Il est vrai que le ministre d'un ennemi ne peut venir sans permission; aussi fait-on demander pour lui un passe-port ou sauf-conduit, soit par un ami commun, soit par un de ces messagers privilégiés par les lois de la guerre, et dont nous parlerons plus bas, je veux dire, par un trompette ou un tambour. Il est vrai encore que l'on peut refuser le sauf-conduit, et ne point admettre le ministre. Mais cette liberté, fondée sur le soin que chaque Nation doit à sa propre sûreté, n'empêche point que l'on ne puisse poser comme une maxime générale, qu'on ne doit pas refuser d'admettre et d'entendre le ministre d'un ennemi. C'est-à-dire, que la guerre seule, et par elle-même, n'est pas une raison suffisante pour refuser d'entendre toute proposition venant d'un ennemi; il faut que l'on y soit autorisé par quelque raison particulière et bien fondée. Telle serait, par exemple une crainte raisonnable et justifiée par la conduite même d'un ennemi artificieux, qu'il ne pense à envoyer ses ministres, à faire des propositions, que dans la vue de désunir des alliés, de les endormir par des apparences de paix, de les surprendre.

§ 68. — *Si l'on peut recevoir les ministres d'un usurpateur, et lui en envoyer.*

Avant que de finir ce chapitre, nous devons examiner une question célèbre et souvent agitée; on de-

---

(a) Vicquefort, *de l'Ambassadeur*, liv. I, sect. I, à la fin.

mande si les Nations étrangères peuvent recevoir les ambassadeurs et autres ministres d'un usurpateur, et lui envoyer les leurs? Les puissances étrangères suivent ici la possession, si le bien de leurs affaires les y convie. Il n'y a point de règle plus sûre, plus conforme au droit des gens et à l'indépendance des Nations. Puisque les étrangers ne sont pas en droit de se mêler des affaires domestiques d'un peuple, ils ne sont pas obligés d'examiner et d'approfondir sa conduite dans ces mêmes affaires, pour en peser la justice ou l'injustice; ils peuvent, s'ils le jugent à propos, supposer que le droit est joint à la possession. Lorsqu'une Nation a chassé son souverain, les puissances qui ne veulent pas se déclarer contre elle et s'attirer ses armes ou son inimitié, la considèrent désormais comme un État libre et souverain, sans prendre sur elles de juger si c'est avec justice qu'elle s'est soustraite à l'empire du prince qui la gouvernait. Le cardinal MAZARIN fit recevoir LOCCARD, envoyé par CROMWELL, comme ambassadeur de la république d'Angleterre, et ne voulut voir ni le roi CHARLES II, ni ses ministres. Si la Nation, après avoir chassé son prince, se soumet à un autre, si elle change l'ordre de la succession, et reconnaît un souverain, au préjudice de l'héritier naturel et désigné, les puissances étrangères sont encore fondées à tenir pour légitime ce qui s'est fait : ce n'est pas leur querelle ni leur affaire. Au commencement du siècle dernier, CHARLES, duc de Sudermanie, s'étant fait couronner roi de Suède, au préjudice de SIGISMOND, roi de Pologne, son neveu, il fut bientôt reconnu par la plupart des souverains. VILLEROY, ministre de HENRI IV, roi de France, disait nettement au président JEANNIN dans une dépêche du 8 avril 1608 : *Toutes ces raisons et considérations n'empêcheront point le roi de traiter avec CHARLES, s'il y trouve son intérêt et celui de son royaume.* Ce discours était censé. Le roi de France n'était ni le juge ni le tuteur de la Nation suédoise, pour refuser, contre le bien de son royaume, de reconnaître le roi qu'elle s'était choisi, sous prétexte qu'un compétiteur traitait Charles d'usurpateur. Fût-ce même avec raison, les étrangers ne sont pas appelés à en juger.

Lors donc que des puissances étrangères ont admis les ministres d'un usurpateur, et lui ont envoyé les leurs, le prince légitime venant à remonter sur le trône, ne peut se plaindre de ces démarches comme d'une injure, ni en faire un juste sujet de guerre, pourvu que ces puissances ne soient pas allées plus avant, et n'aient point donné de secours contre lui. Mais reconnaître le prince détrôné ou son héritier, après qu'on a solennellement reconnu celui qui l'a remplacé, c'est faire injure à ce dernier et se déclarer ennemi de la Nation qui l'a choisi. Le roi Guillaume III et la Nation anglaise firent d'une pareille démarche, hasardée en faveur du fils de Jacques II, un des principaux sujets de la guerre, que l'Angleterre déclara bientôt après à la France. Tous les ménagements, toutes les protestations de Louis XIV, n'empêchèrent pas que la reconnaissance du prince Stuart, en qualité de roi d'Angleterre, d'Ecosse, et d'Irlande, sous le nom de Jacques III, ne fût regardée en Angleterre comme une injure faite au roi et à la Nation.

~~~~~~

CHAPITRE VI.

Des divers ordres de ministres publics, du caractère représentatif, et des honneurs qui sont dus aux ministres.

————

§ 69. — *Origine des divers ordres de ministres publics.*

Anciennement on ne connaissait guère qu'un seul ordre de ministres publics, en latin *legati;* mot que l'on traduit en français par celui d'ambassadeurs. Mais depuis que l'on fut devenu plus fastueux, en même temps plus difficile sur le cérémonial, et surtout depuis que l'on se fut avisé d'étendre la représentation du ministre jusqu'à la dignité de son maître, on imagina, pour éviter les difficultés, l'embarras, et la dépense, d'employer, en certaines occasions, des commissionnaires moins relevés. Louis XI, roi de France, est peut-être celui qui en a donné l'exemple. Et en établissant ainsi divers ordres de ministres, on attacha plus ou moins de dignité à leur caractère, et on exigea pour eux des honneurs proportionnés.

§ 70. — *Du caractère représentatif.*

Tout ministre représente en quelque façon son maître, comme tout procureur ou mandataire représente son constituant. Mais cette représentation est relative aux affaires; le ministre représente le sujet dans lequel résident les droits qu'il doit manier, conserver et faire valoir, les droits dont il doit traiter, en tenant la place du maître. Dans la généralité, et pour l'essentiel des affaires, en admettant cette représentation, on fait abstraction de la dignité du constituant. Les souverains ont voulu ensuite se faire représenter, non-seulement dans leurs droits et pour leurs affaires, mais encore dans leur dignité, leur grandeur et leur prééminence; et sans doute que ces occasions d'Etat, ces cérémonies, pour lesquelles on envoie des ambassadeurs, les mariages, par exemple, ont donné naissance à cet usage. Mais un si haut degré de dignité dans le ministre est fort incommode dans les affaires, et il en naît souvent, outre l'embarras, des difficultés et des contestations. De là sont nés les divers ordres de ministres publics, les différents degrés de représentation. L'usage a établi trois degrés principaux. Ce qu'on appelle le *caractère représentatif* par excellence, est la faculté qu'a le ministre de représenter son maître, quant à sa personne même et à sa dignité.

§ 71. — *De l'Ambassadeur.*

Le caractère représentatif, ainsi dit par excellence, ou en opposition avec les autres sortes de représentations, constitue le ministre du premier ordre, l'*Ambassadeur;* il le tire du pair d'avec tous les autres ministres qui ne sont pas revêtus du même caractère, et ne permet point à ceux-ci d'entrer en concurrence avec l'ambassadeur. Il y a aujourd'hui des *Ambassadeurs ordinaires* et des *Ambassadeurs extraordinaires.* Mais ce n'est qu'une distinction accidentelle et relative au sujet de leur mission. Cependant on met presque partout quelque différence dans le traitement que l'on fait à ces divers ambassadeurs. Cela est purement d'usage.

§ 72. — *Des Envoyés.*

Les *Envoyés* ne sont point revêtus du caractère représentatif proprement dit, ou au premier degré. Ce sont des ministres du second ordre, que leur maître a voulu décorer d'un degré de dignité et de considération, lequel, sans faire comparaison avec le caractère d'ambassadeur, le suit immédiatement et ne cède à aucun autre. Il y a aussi des Envoyés *ordinaires* et *extraordinaires,* et il paraît que l'intention des princes est de rendre ceux-ci plus considérables. C'est encore une affaire d'usage.

§ 73. — *Des Résidents.*

Le terme de *résident* ne se rapportait autrefois qu'à la continuité du séjour d'un ministre; et l'on voit dans l'histoire, des ambassadeurs ordinaires désignés par le titre seul de Résidents. Mais depuis que l'usage des différents ordres de ministres s'est généralement établi, le nom de *résident* est demeuré à des ministres d'un troisième ordre, au caractère desquels on attache, par un usage généralement reçu, un moindre degré de considération. Le Résident ne représente pas la personne du prince dans sa dignité, mais seulement dans ses affaires. Au fond, sa représentation est de la même nature que celle de l'Envoyé; c'est pourquoi on le dit souvent ministre du second ordre, comme l'Envoyé, ne distinguant ainsi que deux ordres de ministres publics, les Ambassadeurs qui ont le caractère représentatif par ex-

cellence, et tous les ministres qui ne sont pas revêtus
de ce caractère éminent. C'est la distinction la plus nécessaire, et la seule essentielle.

§ 74. — *Des ministres.*

Enfin, un usage encore plus moderne a établi une
nouvelle espèce de ministres publics, qui n'ont aucune
détermination particulière de caractère. On les appelle
simplement *ministres,* pour marquer qu'ils sont revêtus de la qualité générale de mandataires d'un souverain, sans aucune attribution particulière de rang et
de caractère. C'est encore le cérémonial pointilleux qui
a donné lieu à cette nouveauté. L'usage avait établi
des traitements particuliers pour l'Ambassadeur, pour
l'Envoyé, et pour le Résident; il naissait souvent des
difficultés à ce sujet, et surtout pour le rang, entre
les ministres des différents princes. Pour éviter tout
embarras, en certaines occasions où on aurait lieu de
le craindre, on s'est avisé d'envoyer des ministres,
sans leur donner aucun des trois caractères connus.
Dès-lors ils ne sont assujettis à aucun cérémonial réglé;
et ils n'ont à prétendre aucun traitement particulier.
Le *ministre* représente son maître d'une manière vague et indéterminée, qui ne peut aller jusqu'au premier
degré, et par conséquent il cède sans difficulté à l'ambassadeur. Il doit jouir en général de la considération
que mérite une personne de confiance, à qui un souverain commet le soin de ses affaires; et il a tous les
droits essentiels au caractère de ministre public. Cette
qualité indéterminée est telle, que le souverain peut
la donner à tel de ses serviteurs qu'il ne voudrait
pas revêtir du caractère d'ambassadeur; et que, d'un
autre côté, elle peut être acceptée par un homme de
condition, qui ne voudrait pas se contenter de l'état de
résident et du traitement destiné aujourd'hui à cet état.
Il y a aussi des *ministres plénipotentiaires,* beaucoup
plus distingués que les simples *ministres.* Ils n'ont pas
non plus aucune attribution particulière de rang et de

caractère; mais l'usage paraît désormais les placer immédiatement après l'ambassadeur, ou avec l'envoyé extraordinaire.

§ 75. — *Des Consuls, Agents, Députés, Commissaires, etc.*

Nous avons parlé des *Consuls*, en traitant du commerce (*liv. II*, § 34). Autrefois ces *Agents* étaient une espèce de ministres publics; mais aujourd'hui, que les titres sont multipliés et prodigués, celui-ci est donné à de simples commissionnaires des princes, pour leurs affaires particulières. Souvent même ce sont des sujets du pays où ils résident. Ils ne sont pas ministres publics, ni par conséquent sous la protection du droit des gens. Mais on leur doit une protection plus particulière qu'à d'autres étrangers ou citoyens, et quelques égards en considération du prince qu'ils servent. Si ce prince envoie un *Agent* avec des lettres de créances et pour affaires publiques, l'agent est dès-lors ministre public : le titre n'y fait rien. Il faut en dire autant des Députés, Commissaires, et autres, chargés d'affaires publiques.

§ 76. — *Des lettres de créance.*

Entre les divers caractères établis par l'usage, le souverain peut choisir celui dont il veut revêtir son ministre, et il déclare le caractère du ministre, dans les *lettres de créance* qu'il lui remet pour le souverain à qui il l'envoie. Les *lettres de créance* sont l'instrument qui autorise et constitue le ministre dans son caractère auprès du prince à qui elles sont adressées. Si ce prince reçoit le minisitre, il ne peut le recevoir que dans la qualité que lui donnent ses lettres de créance. Elles sont comme sa procuration générale, son *mandement ouvert*, *mandatum manisfestum*.

§ 77. — *Des instructions.*

Les *instructions* données au ministre contiennent le *mandement secret* du maître, les ordres auxquels le ministre aura soin de se conformer, et qui limitent ses pouvoirs. On pourrait appliquer ici toutes les règles du droit naturel sur la matière de la procuration, ou du mandement, tant ouvert que secret. Mais outre que cela regarde plus particulièrement la matière des traités, nous pouvons d'autant mieux nous dispenser de ces détails dans cet ouvrage, que par un usage sagement établi, les engagements dans lesquels un ministre peut entrer, n'ont aujourd'hui aucune force entre les souverains, s'ils ne sont ratifiés par son principal.

§ 78. — *Du droit d'envoyer des ambassadeurs.*

Nous avons vu ci-dessus que tout souverain, et même tout corps, toute personne qui a le droit de traiter d'affaires publiques avec des puissances étrangères, a aussi celui d'envoyer des ministres publics (*voyez le chapitre précédent*). Il n'y a pas de difficulté pour ce qui est des simples ministres, ou des mandataires, considérés en général comme chargés des affaires et munis des pouvoirs de ceux qui ont droit de traiter. On accorde encore sans difficulté aux ministres de tous les souverains, les droits et les prérogatives des ministres du second ordre. Mais les grands monarques refusent à quelques petits Etats le droit d'envoyer des ambassadeurs. Voyons si c'est avec raison. Suivant l'usage généralement reçu, l'ambassadeur est un ministre public qui représente la personne et la dignité d'un souverain, et comme ce caractère représentatif lui attire des honneurs particuliers, c'est la raison pourquoi les grands princes ont peine à admettre l'ambassadeur d'un petit Etat, se sentant de la répugnance à lui accorder des honneurs si distingués. Mais il est manifeste que tout souverain a un droit égal de se faire représenter, aussi bien au premier degré qu'au second et au troisième; et la dignité souveraine mérite, dans la société des Nations, une considération distinguée. Nous avons fait voir (*liv. II, chap.* 3) que la dignité des Nations indépendantes est essentiellement la même, qu'un prince faible, mais souverain, est aussi bien souverain et indépendant que le plus grand monarque; comme un nain n'est pas moins un homme qu'un géant, quoique, à la vérité, le géant politique fasse une plus grande figure que le nain dans la société générale, et s'attire par là plus de respect et des honneurs plus recherchés. Il est donc évident que tout prince, tout Etat véritablement souverain, a le droit d'envoyer des ambassadeurs, et que lui contester ce droit, c'est lui faire une très grande injure, c'est lui contester sa dignité souveraine. Et s'il a ce droit, on ne peut refuser à ses ambassadeurs les égards et les honneurs, que l'usage attribue particulièrement au caractère qui porte la représentation d'un souverain. Le roi de France n'admet point d'ambassadeurs de la part des princes d'Allemagne, refusant à leurs ministres les honneurs affectés au premier degré de la représentation, et cependant il reçoit les ambassadeurs des princes d'Italie. C'est qu'il prétend que ces derniers sont plus parfaitement souverains que les autres, ne relevant pas de même de l'autorité de l'empereur et de l'empire, bien qu'ils en soient feudataires. Les empereurs, cependant, affectent sur les princes d'Italie les mêmes droits qu'ils peuvent avoir sur ceux d'Allemagne. Mais la France voyant que ceux-là ne font pas corps avec l'Allemagne, et n'assistent point aux diètes, les sépare de l'empire autant qu'elle peut, en favorisant leur indépendance absolue.

§ 70. — *Des honneurs qui sont dus aux ambassadeurs.*

Je n'entrerai point ici dans le détail des honneurs qui sont dus, et qui se rendent en effet aux ambassadeurs : ce sont des choses de pure institution et de coutume. Je dirai seulement en général, qu'on leur doit les civilités et les distinctions que l'usage et les mœurs destinent à marquer la considération convenable au représentant d'un souverain. Et il faut observer ici, au sujet des choses d'institution et d'usage, que quand une coutume est tellement établie, qu'elle donne une valeur réelle à des choses indifférentes de leur nature, et une signification constante suivant les mœurs et les usages, le droit des gens naturel et nécessaire oblige d'avoir égard à cette institution, et de se conduire, par rapport à ces choses-là, comme si elles avaient d'elles-mêmes la valeur que les hommes y ont attachée. C'est, par exemple, dans les mœurs de toute l'Europe, une prérogative propre à l'ambassadeur, que le droit de se couvrir devant le prince à qui il est envoyé. Ce droit marque qu'on le reconnaît pour le représentant d'un souverain. Le refuser à l'ambassadeur d'un Etat véritablement indépendant, c'est donc faire injure à cet Etat, et le dégrader en quelque sorte. Les Suisses, autrefois plus instruits dans la guerre que dans les manières des cours, et peu jaloux de ce qui n'est que cérémonie, se sont laissé traiter en quelques occasions sur un pied peu convenable à la dignité de la Nation. Leurs ambassadeurs, en 1663, souffrirent que le roi de France et les seigneurs de sa cour leur refusassent des honneurs que l'usage a rendus essentiels aux ambassadeurs des souverains, et particulièrement celui de se couvrir à l'audience du roi (a). Quelques-uns, mieux instruits de ce qu'ils devaient à la gloire de leur république, insistèrent fortement sur cet honneur essentiel et distinctif; mais la pluralité l'emporta, et tous cédèrent enfin, sur ce qu'on les assura que les ambassadeurs de la Nation ne s'étaient point couverts devant HENRI IV. Supposé que le fait fût vrai, la raison n'était point sans réplique. Les Suisses pouvaient répondre que du temps de Henri leur Nation n'avait pas été solennellement reconnue pour libre et indépendante de l'empire, comme elle venait de l'être en 1648, dans

---

(a) On peut voir dans WICQUEFORT le détail de ce qui se passa en cette occasion. Cet auteur a raison de témoigner une sorte d'indignation contre les ambassadeurs suisses. Mais il ne devait pas insulter la Nation entière, en disant brutalement qu'elle *préfère l'argent à l'honneur. Ambassad.*, liv. I, sect. XIX. Voyez aussi la sect. XVIII.

le traité de *Westphalie*. Ils pouvaient dire que si leurs devanciers avaient failli et mal soutenu la dignité de leurs souverains, cette faute grossière ne pouvait imposer à des successeurs l'obligation d'en commettre une pareille. Aujourd'hui la Nation, plus éclairée et plus attentive à ces sortes de choses, saura mieux maintenir sa dignité; tous les honneurs extraordinaires, que l'on rend d'ailleurs à ses ambassadeurs, ne pourront l'aveugler désormais jusqu'à lui faire négliger celui que l'usage a rendu essentiel. Lorsque Louis XV vint en Alsace, en 1744, elle ne voulut point lui envoyer des ambassadeurs pour le complimenter suivant la coutume, sans savoir si on leur permettrait de se couvrir. Et une si juste demande ayant été refusée, le Corps Helvétique n'envoya personne. On doit espérer en Suisse que le roi très chrétien n'insistera pas davantage sur une prétention très inutile à l'éclat de sa couronne, et qui ne pourrait servir qu'à dégrader d'anciens et fidèles alliés.

CHAPITRE VII.

Des droits, priviléges et immunités des ambassadeurs et autres ministres publics.

§ 80.— *Respect dû aux ministres publics.*

Le respect qui est dû aux souverains doit rejaillir sur leurs représentants, et principalement sur l'ambassadeur, qui représente la personne de son maître au premier degré. Celui qui offense et insulte un ministre public, commet un crime d'autant plus digne d'une peine sévère, qu'il pourrait attirer par là de fâcheuses affaires à son souverain et à sa patrie. Il est juste qu'il porte la peine de sa faute, et que l'Etat donne, aux dépens du coupable, une pleine satisfaction au souverain offensé dans la personne de son ministre.

Si le ministre étranger offense lui-même un citoyen, celui-ci peut le réprimer sans sortir du respect qui est dû au caractère, et lui donner une leçon, également propre à laver l'offense et à en faire rougir l'auteur. L'offensé peut encore porter sa plainte à son souverain, qui demandera pour lui une juste satisfaction au maître du ministre. Les grands intérêts de l'Etat ne permettent point au citoyen d'écouter, en pareille rencontre, les idées de vengeance que pourrait lui donner le point d'honneur, quand on les jugerait permises d'ailleurs. Un gentilhomme, même suivant les maximes du siècle, n'est point flétri par une offense dont il n'est pas en son pouvoir de tirer satisfaction par lui-même.

§ 81. — *Leur personne est sacrée et inviolable.*

La nécessité et le droit des ambassades une fois établis (*voyez le chap. V de ce livre*), la sûreté parfaite, l'inviolabilité des ambassadeurs et autres ministres, en est une conséquence certaine. Car si leur personne n'est pas à couvert de toute violence, le droit des ambassades devient précaire, et leur succès très incertain. Le droit à la fin, est inséparable du droit aux moyens nécessaires. Les ambassades étant donc d'une si grande importance dans la société universelle des Nations, si nécessaires à leur salut commun; la personne des ministres chargés de ces ambassades doit être *sacrée* et *inviolable* chez tous les peuples (*voyez liv. II*, § 218). Quiconque fait violence à un ambassadeur, ou à tout autre ministre public, ne fait pas seulement injure au souverain que ce ministre représente; il blesse la sûreté commune et le salut des Nations; il se rend coupable d'un crime atroce envers tous les peuples (*).

(*) Un attentat énorme contre le droit des gens causa la ruine du puissant empire de Khovarezm, ou Karezm, et donna occasion aux Tartares de subjuguer presque toute l'Asie. Le fameux Gengis-kan voulant établir le commerce de ses Etats avec la Perse et les autres provinces soumises à Mohamed Cotbeddin, sultan de Khovarezm, envoya à ce prince un ambas-

Cette sûreté est particulièrement due au ministre, de la part du souverain à qui il est envoyé.

§ 82. — *Protection particulière qui leur est due.*

Admettre un ministre, le reconnaître en cette qualité, c'est s'engager à lui accorder la protection la plus particulière, à le faire jouir de toute la sûreté possible. Il est vrai que le souverain doit protéger tout homme qui se trouve dans ses Etats, citoyen ou étranger, et le mettre à couvert de la violence; mais cette attention est due au ministre étranger dans un plus haut degré. La violence faite à un particulier, est un délit commun, que le prince peut pardonner, selon les circonstances. A-t-elle pour objet un ministre public? C'est un crime d'Etat, et un attentat contre le droit des gens; le pardon ne dépend pas du prince chez qui le crime a été commis, mais de celui qui a été offensé dans la personne de son représentant. Cependant si le ministre a été insulté par des gens qui ne connaissaient pas son caractère, la faute n'intéresse plus le droit des gens, elle retombe dans le cas des délits communs. De jeunes débauchés, dans une ville de Suisse, ayant insulté pendant la nuit l'hôtel du ministre d'Angleterre, sans savoir qui y logeait, le magistrat fit demander à ce ministre quelle satisfaction il désirait? Il répondit sagement que c'était au magistrat de pourvoir comme il

---

sadeur, accompagné d'une caravane de marchands. Cette caravane étant arrivée à Otrav, le gouverneur la fit arrêter, de même que l'ambassadeur, et écrivit au sultan que c'étaient tout autant d'espions. Mohamed lui ordonna de faire périr ses prisonniers. Gengis-kan lui demanda raison de cet affreux massacre, et sur les délais affectés du sultan il prit les armes. Tout l'empire de Khovarezm fut bientôt conquis, et Mohamed fugitif mourut de douleur dans une île déserte de la mer Caspienne.

Cansou, dernier sultan des Mammeluks, ayant fait tuer les ambassadeurs de Sélim I, sultan des Turcs, celui-ci en tira une terrible vengeance; il conquit tous les Etats de Canson, et l'ayant vaincu et fait prisonnier auprès du Caire, il le fit pendre à une des portes de la ville. MARIGNY, *Hist. des Arabes*, tom. II, pag. 105 et 427.

l'entendrait à la sûreté publique; mais que quant à lui en particulier, il ne demandait rien, ne se tenant point pour offensé par des gens qui ne pouvaient l'avoir eu en vue, puisqu'ils ne connaissaient pas sa maison. Il y a encore ceci de particulier dans la protection qui est due au ministre étranger, dans les funestes maximes introduites par un faux point d'honneur, un souverain est dans la nécessité d'user d'indulgence envers un homme d'épée, qui se venge sur-le-champ d'un affront que lui fait un particulier; mais les voies de fait ne peuvent être permises ou excusées contre un ministre public, que dans le cas où celui-ci, usant le premier de violence, mettrait quelqu'un dans la nécessité de se défendre.

§ 83. — *Du temps où elle commence.*

Quoique le caractère du ministre ne se développe dans toute son étendue, et ne lui assure ainsi la jouissance de tous ses droits, que dans le moment où il est reconnu et admis par le souverain à qui il remet ses lettres de créances, dès qu'il est entré dans le pays où il est envoyé, et qu'il se fait connaître, il est sous la protection du droit des gens; autrement sa venue ne serait pas sûre. On doit, jusqu'à son arrivée auprès du prince, le regarder comme ministre sur sa parole; et d'ailleurs, outre les avis qu'on en a ordinairement par lettres, en cas de doute le ministre est pourvu de passe-port, qui font foi de son caractère.

§ 84. — *De ce qui leur est dû dans les pays où ils passent.*

Ces passe-port lui deviennent quelquefois nécessaires dans les pays étrangers où il passe pour se rendre au lieu de sa destination. Il les montre, au besoin, pour se faire rendre ce qui lui est dû (*). A la vérité, le prince seul, à qui le ministre est envoyé, se trouve obligé et particulièrement engagé à le faire jouir de tous les droits attachés à son caractère; mais les autres, sur les terres de qui il passe, ne peuvent lui refuser les égards que mérite le ministre du souverain, et

---

(*) En fait d'égards.

que les Nations se doivent réciproquement. Ils lui
doivent surtout une entière sûreté. L'insulter, ce serait faire injure à son maître et à toute la Nation;
l'arrêter et lui faire violence, ce serait blesser le
droit d'ambassade qui appartient à tous les souverains
(§§ 77 *et* 63). FRANÇOIS Ier, roi de France, était donc
très fondé à se plaindre de l'assassinat de ses ambassadeurs RINÇON et FRÉGOSE, comme d'un horrible attentat contre la foi et le droit des gens. Ces deux ministres, destinés, l'un pour Constantinople, et l'autre
pour Venise, s'étant embarqués sur le Pô, furent arrêtés et assassinés , selon toute apparence, par les ordres de DUGAST, gouverneur du Milanez (*a*). L'empereur
CHARLES V ne s'étant point mis en peine de faire rechercher les auteurs du meurtre, donna lieu de croire
qu'il l'avait commandé, ou au moins qu'il l'approuvait
secrètement et après coup. Et comme il n'en donna
point de satisfaction convenable, FRANÇOIS Ier avait un
très juste sujet de lui déclarer la guerre, et même de
demander l'assistance de toutes les Nations. Car une
affaire de cette nature n'est point un différent particulier, une question litigieuse, dans laquelle chaque partie tire le droit de son côté; c'est la querelle de toutes
les Nations, intéressées à maintenir comme sacrés le
droit et les moyens qu'elles ont de communiquer ensemble et de traiter de leurs affaires. Si le passage innocent est dû, même avec une entière sûreté, à un
simple particulier, à plus forte raison le doit-on au
ministre d'un souverain, qui va exécuter les ordres de
son maître, et qui voyage pour les affaires d'une Nation. Je dis le passage innocent; car si le voyage du
ministre est justement suspect, si un souverain a lieu
de craindre qu'il n'abuse de la liberté d'entrer dans ses
terres, pour y tramer quelque chose contre son service, ou qu'il n'aille pour donner certains avis à ses
ennemis, ou pour lui en susciter de nouveaux, nous

(*a*) Voyez le Présid. HÉNAULT et les *Mémoires de* DU BELLAY,
liv. IX.

avons déjà dit (§ 64) qu'il peut lui refuser le passage. Mais il ne doit pas le maltraiter, ni souffrir qu'on attente à sa personne. S'il n'a pas des raisons assez fortes pour lui refuser le passage, il peut prendre des précautions contre l'abus que le ministre en pourrait faire. Les Espagnols trouvèrent ces maximes établies dans le Mexique et dans les provinces voisines. Les ambassadeurs y étaient respectés dans toute leur route; mais ils ne pouvaient s'écarter des grands chemins sans perdre leurs droits (*a*). Réserve sagement établie, et ainsi réglée, pour empêcher qu'on n'envoyât des espions sous le nom d'ambassadeurs. C'est ainsi que la paix se traitant aux fameux congrès de *Westphalie* parmi les dangers et le bruit des armes, les courriers que les plénipotentiaires recevaient et dépêchaient, avaient leur route marquée, hors de laquelle leurs passe-port ne pouvaient leur servir (*b*).

§ 85. — *Ambassadeurs passant en pays ennemi.*

Ce que nous venons de dire, regarde les Nations qui ont la paix entre elles. Dès que l'on est en guerre, on n'est plus obligé de laisser à l'ennemi la libre jouissance de ses droits; au contraire, on est fondé à l'en priver, pour l'affaiblir et le réduire à accepter des conditions équitables. On peut encore attaquer et arrêter ses gens, partout où on a la liberté d'exercer des actes d'hostilité. Non-seulement donc on peut justement refuser le passage aux ministres qu'un ennemi envoie à d'autres souverains; on les arrête même, s'ils entreprennent de passer secrètement et sans permission dans les lieux dont on est maître. La dernière guerre nous en fournit un grand exemple. Un ambassadeur de France (*), allant à Berlin, passa, par l'imprudence de ses guides, dans un village de l'électorat de Hanover,

---

(*a*) Solis, *Histoire de la conquête du Mexique.*
(*b*) Wicquefort; *Ambassadeur*, liv. I, sect. XVII.
(*) Le maréchal de Belle-Isle.

dont le souverain, roi d'Angleterre, était en guerre avec la France. Il y fut arrêté, et ensuite transféré en Angleterre. Ni la cour de France, ni celle de Prusse, ne se plaignirent de S. M. Britannique, qui n'avait fait qu'user des droits de la guerre.

§ 80. — *Ambassades entre ennemis.*

Les raisons qui rendent les ambassades nécessaires, et les ambassadeurs sacrés et inviolables, n'ont pas moins de force en temps de guerre qu'en pleine paix. Au contraire, la nécessité et le devoir indispensable de conserver quelque moyen de se rapprocher et de rétablir la paix, est une nouvelle raison, qui rend la personne des ministres, instruments des pourparlers et de la réconciliation, plus sacrée encore et plus inviolable. *Nomen legati*, dit Cicéron, *ejusmodi esse debet, quod non modo inter sociorum jura, sed etiam inter hostium tela incolume versetur* (a). Aussi la sûreté de ceux qui apportent les messages, ou les propositions de l'ennemi, est-elle une des lois les plus sacrées de la guerre. Il est vrai que l'ambassadeur d'un ennemi ne peut venir sans permission; et comme il n'aurait pas toujours la commodité de la faire demander par des personnes neutres, on y a suppléé par l'établissement de certains messagers privilégiés, pour faire des propositions en toute sûreté, d'ennemi à ennemi. Je veux parler des *hérauts*, des *trompettes*, et des *tambours*, qui, par les lois de la guerre et le droit des gens, sont sacrés et inviolables dès qu'il se font connaître, en tant qu'ils se tiennent dans les termes de leurs commissions, dans les fonctions de leur emploi. Cela doit être ainsi nécessairement : car sans compter ce que nous venons de dire, qu'il faut se réserver des moyens de ramener la paix, il est, dans le cours même de la guerre, mille occasions où le salut commun et l'avantage des deux partis exigent qu'ils puissent se faire porter des messages et des propositions.

(a) *In Verrem*, lib. I.

§ 87. — *Des hérauts, trompettes et tambours.*

Les *hérauts* avaient succédé aux *féciales* des Romains; aujourd'hui ils ne sont plus guère en usage; on envoie des *tambours*, ou des *trompettes*, et ensuite, selon les occasions, des ministres, ou des officiers munis de pouvoirs. Les tambours et trompettes sont sacrés et inviolables; mais ils doivent se faire connaître par les marques qui leur sont propres. MAURICE, prince d'Orange, témoigna un vif ressentiment contre la garnison d'Yssendyck, qui avait tiré sur son trompette (*a*). Il disait à cette occasion, qu'on ne saurait punir trop sévèrement ceux qui violent le droit des gens. On peut voir d'autres exemples dans WICQUEFORT, et en particulier la réparation que le duc de Savoie, commandant l'armée de CHARLES-QUINT, fit faire à un trompette français, qui avait été démonté et dépouillé par quelques soldats allemands (*b*).

§ 88. — *Les ministres, les trompettes, etc., doivent être respectés, même dans une guerre civile.*

Dans les guerres des *Pays-Bas*, le duc d'ALBE fit pendre un trompette du prince d'Orange, disant qu'il n'était pas obligé de donner sûreté à un trompette que lui envoyait le chef des rebelles (*c*). Ce général sanguinaire viola certainement, en cette occasion comme en bien d'autres, les lois de la guerre, qui doivent être observées même dans les guerres civiles, comme nous l'avons prouvé ci-dessus (*liv. III, chap. XVIII*). Et comment viendra-t-on à parler de paix dans ces occasions malheureuses, par quel moyen ménagera-t-on un accommodement salutaire, si les deux partis ne peuvent se faire porter des messages et s'envoyer réciproquement des personnes de confiance en toute sûreté? Le même duc d'ALBE, dans la guerre que les Espagnols firent ensuite aux Portugais, qu'ils traitaient aussi

---

(*a*) WICQUEFORT, liv. I, sect. III.
(*b*) *Id. Ibid.*
(*c*) *Id. Ibid.*

de rebelles, fit pendre le gouverneur de Cascaïs, parce qu'il avait fait tirer sur le trompette qui venait sommer la place (*a*). Dans une guerre civile, ou lorsqu'un prince prend les armes pour soumettre un peuple qui se croit dispensé de lui obéir, prétendre forcer les ennemis à respecter les lois de la guerre, dans le temps qu'on s'en dispense à leur égard, c'est vouloir porter ces guerres aux derniers excès de la cruauté; c'est les faire dégénérer en massacres sans règle et sans mesure, par un enchaînement de représailles réciproques.

§ 89. — *On peut quelquefois refuser de les admettre.*

Mais de même qu'un prince, s'il en a de bonnes raisons, peut se dispenser d'admettre et d'écouter des ambassadeurs, un général d'armée, ou tout autre commandant, n'est pas toujours obligé de laisser approcher et d'écouter un trompette, ou un tambour. Si un gouverneur de place, par exemple, craint qu'une sommation n'intimide sa garnison et ne fasse naître des idées de capituler avant le temps, il peut sans doute envoyer au devant du trompette qui s'approche, lui ordonner de se retirer, et déclarer que, s'il revient pour le même sujet et sans permission, il fera tirer sur lui. Cette conduite n'est pas une violation des lois de la guerre; mais il ne faut y venir que sur des raisons pressantes, parce qu'elle expose, en irritant l'ennemi, à en être traité à toute rigueur et sans ménagement. Refuser d'écouter un trompette, sans en donner une bonne raison, c'est déclarer qu'on veut faire la guerre à outrance.

§ 90. — *Il faut éviter à leur égard tout ce qui sent l'insulte.*

Soit qu'on admette un héraut ou un trompette, soit qu'on refuse de l'entendre, il faut éviter à son égard tout ce qui peut sentir l'insulte. Non-seulement ce respect est dû au droit des gens, c'est encore une maxime de prudence. En 1744, le bailli DE GIVRY envoya un

---

(*a*) WICQUEFORT, même livre et même section.

trompette avec un officier, pour sommer la redoute
de Pierre-Longe en Piémont. L'officier savoyard, qui
commandait dans la redoute, brave homme, mais brus-
que et emporté, indigné de se voir sommé dans un
poste qu'il croyait bon, fit une réponse injurieuse au
général français. L'officier, en homme d'esprit, la
rendit au bailli DE GIVRY, en présence des troupes
françaises; elles en furent enflammées de colère, et
l'ardeur de venger un affront se joignant à leur valeur
naturelle, rien ne fut capable de les arrêter : les pertes
qu'elles souffrirent dans une attaque très sanglante,
ne firent que les animer; elles emportèrent enfin la
redoute, et l'imprudent commandant contribua ainsi
à sa perte et à celle de ses gens et de son poste.

§ 91. — *Par qui et à qui ils peuvent être envoyés.*

Le prince, le général de l'armée, et chaque commandant en chef, dans son département, ont seuls le
droit d'envoyer un trompette ou tambour, et ils ne
peuvent l'envoyer aussi qu'au commandant en chef.
Si le général qui assiége une ville entreprenait d'envoyer un trompette à quelque subalterne, au magistrat, ou à la bourgeoisie, le gouverneur de la place
pourrait avec justice traiter ce trompette en espion.
FRANÇOIS Ier, roi de France, étant en guerre avec
CHARLES-QUINT, envoya un trompette à la diète de l'empire assemblée à Spire en 1544. L'empereur fit arrêter le trompette, et menaça de le faire pendre, parce
qu'il ne lui était pas adressé (*a*); mais il n'osa pas exécuter sa menace, sans doute parce qu'il sentait bien,
malgré ses plaintes, que la diète était en droit, même
sans son aveu, d'écouter un trompette. D'un autre
côté, on dédaigne de recevoir un tambour ou trompette de la part d'un subalterne, à moins que ce ne
soit pour quelque objet particulier, et dépendant de
l'autorité présente de ce subalterne dans ses fonc-

(*a*) WICQUEFORT, liv. I, sect. III.

tions. Au siége de Rhinberg, en 1598, un mestre-de-
camp d'un régiment espagnol s'étant avisé de faire
sommer la place, le gouverneur fit dire au tambour
qu'il eût à se retirer, et que si quelque autre tambour
ou trompette était assez hardi pour y revenir de la
part d'un subalterne, il le ferait pendre (a).

§ 92. — *Indépendance des ministres étrangers.*

L'inviolabilité du ministre public, ou la sûreté qui
lui est due plus saintement et plus particulièrement
qu'à tout autre étranger ou citoyen, n'est pas son seul
privilége : l'usage universel des Nations lui attribue de
plus une entière indépendance de la juridiction et de
l'autorité de l'État où il réside. Quelques auteurs (b)
prétendent que cette indépendance est de pure institution entre les Nations, et veulent qu'on la rapporte
au droit des gens arbitraire, qui vient des mœurs,
de la coutume, ou des conventions particulières ; ils
nient qu'elle soit de droit des gens naturel. Il est vrai
que la loi naturelle donne aux hommes le droit de
réprimer et de punir ceux qui leur font injure, par
conséquent elle donne aux souverains celui de punir
un étranger qui trouble l'ordre public, qui les offense eux-mêmes, ou qui maltraite leurs sujets ; elle
les autorise à obliger cet étranger de se conformer
aux lois, et de remplir fidèlement ce qu'il doit aux
citoyens. Mais il n'est pas moins vrai, que la même
loi naturelle impose à tous les souverains l'obligation
de consentir aux choses sans lesquelles les Nations ne
pourraient cultiver la société que la nature a établie
entre elles, correspondre ensemble, traiter de leurs
affaires, ajuster leurs différends. Or, les ambassadeurs
et autres ministres publics sont des instruments nécessaires à l'entretien de cette société générale, de
cette correspondance mutuelle des Nations. Mais leur

(a) WICQUEFORT, liv. I, sect. III.
(b) *Vide* WOLFF, *Jus gent.*, § 1059.

ministère ne peut atteindre la fin à laquelle il est destiné, s'il n'est muni de toutes les prérogatives capables d'en assurer le succès légitime, de le faire exercer en toute sûreté, librement et fidèlement. Le même
droit des gens, qui oblige les Nations à admettre les
ministres étrangers, les oblige donc aussi manifestement à recevoir ces ministres avec tous les droits qui
leur sont nécessaires, tous les priviléges qui assurent
l'exercice de leurs fonctions. Il est aisé de comprendre que l'indépendance doit être un de ces priviléges.
Sans elle la sûreté, si nécessaire au ministre public,
ne sera que précaire : on pourra l'inquiéter, le persé-
cuter, le maltraiter, sous mille prétextes. Souvent le
ministre est chargé de commissions désagréables au
prince à qui il est envoyé; si ce prince a quelque
pouvoir sur lui, et particulièrement une autorité souveraine, comment espérer que le ministre exécutera
les ordres de son maître avec la fidélité, la fermeté,
la liberté d'esprit nécessaires? Il importe qu'il n'ait
point de piéges à redouter, qu'il ne puisse être dis-
trait de ses fonctions par aucune chicane; il importe
qu'il n'ait rien à espérer, ni rien à craindre du souverain à qui il est envoyé. Il faut donc, pour assurer
le succès de son ministère, qu'il soit indépendant de
l'autorité souveraine de la juridiction du pays, tant
pour le civil que pour le criminel. Ajoutons que les
seigneurs de la cour, les personnes les plus considérables, ne se chargeraient qu'avec répugnance d'une
ambassade, si cette commission devait les soumettre
à une autorité étrangère, souvent chez des Nations
peu amies de la leur, où ils auront à soutenir des prétentions désagréables, à entrer dans des discussions
où l'aigreur se mêle aisément. Enfin, si l'ambassadeur
peut être accusé pour délits communs, poursuivi cri-
minellement, arrêté, puni; s'il peut être cité en justice pour affaires civiles, il arrivera souvent qu'il ne
lui restera ni le pouvoir, ni le loisir, ni la liberté
d'esprit que demandent les affaires de son maître. Et

la dignité de la représentation, comment se maintiendra-t-elle dans cet assujettissement? Pour toutes ces raisons, il est impossible de concevoir que l'intention du prince qui envoie un ambassadeur, ou tout autre ministre, soit de le soumettre à l'autorité d'une puissance étrangère. C'est ici une nouvelle raison, qui achève d'établir l'indépendance du ministre public. Si l'on ne peut raisonnablement présumer que son maître veuille le soumettre à l'autorité du souverain à qui il l'envoie, ce souverain, en recevant le ministre, consent de l'admettre sur ce pied d'indépendance, et voilà, entre les deux princes, une convention tacite, qui donne une nouvelle force à l'obligation naturelle.

L'usage est entièrement conforme à nos principes. Tous les souverains prétendent une parfaite indépendance pour leurs ambassadeurs et ministres. S'il est vrai qu'il se soit trouvé un roi d'Espagne qui, désirant de s'attribuer une juridiction sur les ministres étrangers résidants à sa cour, ait écrit à tous les princes chrétiens que si ses ambassadeurs venaient à commettre quelque crime dans le lieu de leur résidence, il voulait qu'ils fussent déchus de leurs priviléges, et jugés suivant les lois du pays (a), un exemple unique ne fait rien en pareille matière, et la couronne d'Espagne n'a point adopté cette façon de penser.

§ 93. — *Conduite que doit tenir le ministre étranger.*

Cette indépendance du ministre étranger ne doit pas être convertie en licence : elle ne le dispense point de se conformer dans ses actes extérieurs aux usages et aux lois du pays, dans tout ce qui est étranger à l'objet de son caractère; il est indépendant, mais il n'a pas droit de faire tout ce qu'il lui plaît. Ainsi, par exem-

---

(a) Le fait est avancé par ANTOINE DE VERA, dans son *Idée du parfait ambassadeur*. Mais ce récit paraît suspect à WICQUE-FORT, parce qu'il ne l'a trouvé, dit-il, dans aucun autre écrivain. *Ambass.*, liv. I, sect. XXIX, init.

ple, s'il est défendu généralement à tout le monde de passer en carrosse auprès d'un magasin à poudre ou sur un pont, de visiter et examiner les fortifications d'une place, etc., l'ambassadeur doit respecter de pareilles défenses (*). S'il oublie ses devoirs, s'il devient insolent, s'il commet des fautes et des crimes, il y a divers moyens de le réprimer, selon l'importance et la nature de ses fautes; et nous allons en parler, après que nous aurons dit deux mots de la conduite que le ministre public doit tenir dans le lieu de sa résidence. Il ne peut se prévaloir de son indépendance, pour choquer les lois et les usages ; mais plutôt il doit s'y conformer, autant que ces lois et ces usages peuvent le concerner, quoique le magistrat n'ait pas le pouvoir de l'y contraindre; surtout il est obligé d'observer religieusement les règles universelles de la justice envers tous ceux qui ont affaire à lui. A l'égard du prince à qui il est envoyé, l'ambassadeur doit se souvenir que son ministère est un ministère de paix , et qu'il n'est reçu que sur ce pied-là. Cette raison lui interdit toute mauvaise pratique. Qu'il serve son maître, sans faire

---

(*) Le roi d'Angleterre, informé que les ambassadeurs de France et d'Espagne avaient ramassé un grand nombre de gens armés pour soutenir, dans une occasion solennelle, leurs prétentions respectives touchant la préséance, avait fait prier tous les ambassadeurs de ne point envoyer leurs carrosses à l'entrée de l'ambassadeur de Venise. Le comte d'Estrades, alors ambassadeur de France, souscrivit à cette réquisition. Louis XIV témoigna son mécontentement de ce qu'il avait déféré à ce que le roi d'Angleterre lui avait fait dire : « N'ayant même été qu'une « prière de sa part de n'envoyer pas des carrosses, vu que quand « même ç'aurait été un ordre exprès, comme il lui est permis « de les donner tels qu'il veut dans ses États, vous auriez dû « lui répondre que vous n'en recevez que de moi; et s'il eût « voulu après cela user de violence, le parti que vous aviez à « prendre était de vous retirer de sa cour. » Il me semble que ce monarque était dans l'erreur, chaque souverain étant sans doute en droit de défendre à tous ministres étrangers de faire dans son pays des choses dont il peut résulter du désordre, et qui d'ailleurs ne sont point nécessaires à l'exercice de leurs fonctions.

tort au prince qui le reçoit. C'est une lâche trahison que d'abuser d'un caractère sacré, pour tramer sans crainte la perte de ceux qui respectent ce caractère, pour leur tendre des embûches, pour leur nuire sourdement, pour brouiller et ruiner leurs affaires. Ce qui serait infâme et abominable dans un hôte particulier, deviendra-t-il donc honnête et permis au représentant d'un souverain ?

Il se présente ici une question intéressante. Il n'est que trop ordinaire aux ambassadeurs, de travailler à corrompre la fidélité des ministres de la cour où ils résident, celle des secrétaires et autres employés dans les bureaux. Que doit-on penser de cette pratique ? Corrompre quelqu'un, le séduire, l'engager par l'attrait puissant de l'or, à trahir son prince et son devoir, c'est incontestablement une mauvaise action, selon tous les principes certains de la morale. Comment se la permet-on si aisément dans les affaires publiques ? Un sage et vertueux politique (*a*) donne assez à entendre qu'il condamne absolument cette indigne ressource ; mais pour ne pas *se faire lapider dans le monde politique,* il se borne à conseiller de n'y avoir recours qu'au défaut de tout autre moyen. Pour nous, qui écrivons sur les principes sacrés et invariables du droit, disons hardiment, pour n'être pas infidèles au monde moral, que la corruption est un moyen contraire à toutes les règles de la vertu et de l'honnêteté, qu'elle blesse évidemment la loi naturelle. On ne peut rien concevoir de plus deshonnête, de plus opposé aux devoirs mutuels des hommes, que d'induire quelqu'un à faire le mal. Le corrupteur pèche certainement envers le misérable qu'il séduit. Et pour ce qui concerne le souverain, dont on découvre les secrets de cette manière, n'est-ce pas l'offenser, lui faire injure, que de profiter de l'accès favorable qu'il donne à sa cour, pour corrompre la fidélité de ses serviteurs ? Il est en droit de

---

(*a*) *Discours sur l'art de négocier* (par PECQUET), p. 91, 92.

chasser le corrupteur, et de demander justice à celui qui l'a envoyé.

Si jamais la corruption est excusable, c'est lorsqu'elle se trouve l'unique moyen de découvrir pleinement et de déconcerter une trame odieuse, capable de ruiner, ou de mettre en grand'péril l'État que l'on sert. Celui qui trahit un pareil secret, peut, selon les circonstances, n'être pas condamnable : le grand et légitime avantage qui découle de l'action qu'on lui fait faire, la nécessité d'y avoir recours, peuvent nous dispenser de nous arrêter trop scrupuleusement sur ce qu'elle peut avoir d'équivoque de sa part. Le gagner est un acte de simple et juste défense. Tous les jours on se voit obligé, pour faire avorter les complots des méchants, de mettre en œuvres les dispositions vicieuses de leurs semblables. C'est sur ce pied-là que HENRI IV disait à l'ambassadeur d'Espagne, *qu'il est permis à l'ambassadeur d'employer la corruption, pour découvrir les intrigues qui se font contre le service de son maître* (a), ajoutant que les affaires de Marseille, de Metz, et plusieurs autres, faisaient assez voir qu'il avait raison de tâcher de pénétrer les desseins qu'on formait à Bruxelles contre le repos de son royaume. Ce grand prince ne jugeait pas sans doute, que la séduction fût toujours une pratique excusable dans un ministre étranger, puisqu'il fit arrêter BRUNEAU, secrétaire de l'ambassadeur d'Espagne, qui avait suborné MAIRARGUES pour faire livrer Marseille aux Espagnols.

Profiter simplement des offres d'un traître que l'on n'a point séduit, est moins contraire à la justice et à l'honnêteté. Mais les exemples des Romains, que nous avons rapportés ci-dessus (*liv.* III, §§ 155 *et* 181), où il s'agissait cependant d'ennemis déclarés; ces exemples, dis-je, font voir que la grandeur d'âme rejette même ce moyen, pour ne pas encourager l'infâme trahison. Un prince, un ministre, dont les sentiments

---

(a) Voyez les *Mémoires de* SULLY, et les historiens de France.

ne seront point inférieurs à ceux de ces anciens Romains, ne se permettra d'accepter les offres d'un traître, que quand une cruelle nécessité lui en fera la loi, et il regrettera de devoir son salut à cette indigne ressource.

Mais je ne prétends pas condamner ici les soins, ni même les présents et les promesses, qu'un ambassadeur met en usage pour acquérir des amis à son maître. Ce n'est pas séduire les gens et les pousser au crime, que de se concilier leur affection; et c'est à ces nouveaux amis à s'observer de façon, que leur inclination pour un prince étranger ne les détourne jamais de la fidélité qu'ils doivent à leur souverain.

§ 94. — *Comment on peut les réprimer:* 1° *à l'égard des délits communs.*

Si l'ambassadeur oublie les devoirs de son état, s'il se rend désagréable et dangereux, s'il forme des complots, des entreprises préjudiciables au repos des citoyens, à l'État ou au prince à qui il est envoyé, il est divers moyens de le réprimer, proportionnés à la nature et au degré de sa faute. S'il maltraite les sujets de l'État, s'il leur fait des injustices, s'il use contre eux de violence, les sujets offensés ne doivent point recourir aux magistrats ordinaires, de la juridiction desquels l'ambassadeur est indépendant; et par la même raison, ces magistrats ne peuvent agir directement contre lui. Il faut en pareilles occasions s'adresser au souverain, qui demande justice au maître de l'ambassadeur, et en cas de refus peut ordonner au ministre insolent de sortir de ses États.

§ 95. — 2° *Pour les fautes commises contre le prince.*

Si le ministre étranger offense le prince lui-même, s'il lui manque de respect, s'il brouille l'État et la cour par ses intrigues; le prince offensé, voulant garder des ménagements particuliers pour le maître, se borne quelquefois à demander le rappel du ministre; ou si la faute est plus considérable, il lui défend la cour en attendant la réponse du maître. Dans les cas graves, il va même jusqu'à le chasser de ses Etats.

§ 96. — *Droit de chasser un ambassadeur coupable, ou justement suspect.*

Tout souverain est sans doute en droit d'en user de la sorte, car il est maître chez lui; aucun étranger ne peut demeurer à sa cour, ou dans ses Etats, sans son aveu. Et si les souverains sont en général obligés d'écouter les propositions des puissances étrangères et d'admettre leurs ministres, cette obligation cesse entièrement à l'égard d'un ministre qui, manquant lui-même aux devoirs que lui impose son caractère, se rend dangereux ou justement suspect à celui auprès duquel il ne peut venir que comme ministre de paix. Un prince serait-il obligé de souffrir dans ses terres et à sa cour un ennemi secret, qui trouble l'Etat, ou qui en machine la perte? Ce fut une plaisante réponse que celle de Philippe II à la reine Elisabeth, qui le faisait prier de rappeler son ambassadeur, parce que celui-ci tramait contre elle des complots dangereux. Le roi d'Espagne refusa de le rappeler, disant «que la condition «des princes serait bien malheureuse, s'ils étaient «obligés de révoquer leur ministre, dès que sa con-«duite ne répondrait point à l'honneur ou à l'intérêt «de ceux avec qui il négocie (*a*). » Elle serait bien plus malheureuse, la condition des princes, s'ils étaient obligés de souffrir dans leurs Etats, et à la cour, un ministre désagréable, ou justement suspect, un brouillon, un ennemi masqué sous le caractère d'ambassadeur, qui se prévaudrait de son inviolabilité, pour tramer hardiment des entreprises pernicieuses. La reine, justement offensée du refus de Philippe, fit donner des gardes à l'ambassadeur (*b*).

(*a*) Wicquefort, *ubi suprà*, liv. I, sect. XXIX.
(*b*) *Idem, ibid.*

§ 97. — *Droit de le réprimer par la force, s'il agit en ennemi.*

Mais doit-on toujours se borner à chasser un ambassadeur, à quelque excès qu'il se soit porté? Quelques auteurs le prétendent, fondés sur la parfaite indépendance du ministre public. J'avoue qu'il est indépendant de la juridiction du pays, et j'ai déjà dit que, par cette raison, le magistrat ordinaire ne peut procéder contre lui. Je conviens encore, que pour toutes sortes de délits communs, pour les scandales et les désordres qui font tort aux citoyens et à la société sans mettre l'État et le souverain en péril, on doit ce ménagement à un caractère si nécessaire pour la correspondance des Nations, et à la dignité du prince représenté, de se plaindre à lui de la conduite de son ministre, et de lui en demander la réparation; et si on ne peut rien obtenir, de se borner à chasser ce ministre, au cas que la gravité de ses fautes exige absolument qu'on y mette ordre. Mais l'ambassadeur pourra-t-il impunément cabaler contre l'État où il réside, en machiner la perte, inciter les sujets à la révolte, et ourdir sans crainte les conspirations les plus dangereuses, lorsqu'il se tient assuré de l'aveu de son maître? S'il se comporte en ennemi, ne sera-t-il pas permis de le traiter comme tel? La chose est indubitable à l'égard d'un ambassadeur qui en vient aux voies de fait, qui prend les armes, qui use de violence. Ceux qu'il attaque peuvent le repousser; la défense de soi-même est de droit naturel. Ces ambassadeurs romains, envoyés aux Gaulois, et qui combattirent contre eux avec les peuples de Clusium, se dépouillèrent eux-mêmes de leur caractère (*a*). Qui pourrait penser que les Gaulois devaient les épargner dans la bataille?

(*a*) Tit. Liv., lib. V, cap. 26. — L'historien décide sans balancer, que ces ambassadeurs violèrent le droit des gens : *legati contra jus gentium arma capiunt.*

§ 98. — *De l'ambassadeur qui forme des conjurations et des complots dangereux.*

La question a plus de difficulté à l'égard d'un ambassadeur qui, sans en venir actuellement aux voies de fait, ourdit des trames dangereuses, incite par ses menées les sujets à la révolte, forme et anime des conspirations contre le souverain ou contre l'Etat. Ne pourra-t-on réprimer et punir exemplairement un traître qui abuse de son caractère, et qui viole le premier le droit des gens? Cette loi sacrée ne pourvoit pas moins à la sûreté du prince qui reçoit un ambassadeur, qu'à celle de l'ambassadeur lui-même. Mais d'un autre côté, si nous donnons au prince offensé le droit de punir en pareil cas un ministre étranger, il en résultera de fréquents sujets de contestation et de rupture entre les puissances, et il sera fort à craindre que le caractère d'ambassadeur ne soit privé de la sûreté qui lui est nécessaire. Il est certaines pratiques, tolérées dans les ministres étrangers, quoiqu'elles ne soient pas toujours fort honnêtes; il en est que l'on ne peut réprimer par des peines, mais seulement en ordonnant au ministre de se retirer; comment marquer toujours les limites de ces divers degrés de fautes? On chargera d'odieuses couleurs les intrigues d'un ministre que l'on voudra troubler, on calomniera ses intentions et ses démarches, par une interprétation sinistre; on lui suscitera même de fausses accusations. Enfin, les entreprises de cette nature se font d'ordinaire avec précaution, elles se ménagent dans le secret; la preuve complète en est difficile, et ne s'obtient guère que par les formalités de la justice. Or, on ne peut assujettir à ces formalités un ministre indépendant de la juridiction du pays.

En posant les fondements du droit des gens *volontaire* (*Prélim.*, § 21), nous avons vu que les Nations doivent quelquefois se priver nécessairement, en faveur du bien général, de certains droits, qui, pris en eux-mêmes et abstraction faite de toute autre considération, leur appartiendraient naturellement. Ainsi le souverain, dont la cause est juste, a seul véritablement tous les droits de la guerre (*liv.* III, § 188), et cependant il est obligé de considérer son ennemi comme ayant des droits égaux aux siens, et de le traiter en conséquence (*ibid.*, §§ 190 *et* 191). Les mêmes principes nous serviront ici de règle. Disons donc qu'en faveur de la grande utilité, de la nécessité même des ambassades, les souverains sont obligés de respecter l'inviolabilité de l'ambassadeur, tant qu'elle ne se trouve pas incompatible avec leur propre sûreté et le salut de leur Etat. Et par conséquent, quand les menées de l'ambassadeur sont dévoilées, ses complots découverts, quand le péril est passé, en sorte que pour s'en garantir, il n'est plus nécessaire de mettre la main sur lui, il faut, en considération du caractère, renoncer au droit général de punir un traître, un ennemi couvert, qui attente au salut de l'Etat, et se borner à chasser le ministre coupable, en demandant sa punition au souverain de qui il dépend.

C'est en effet de quoi la plupart des Nations, et surtout celles de l'Europe, sont tombées d'accord. On peut voir dans Wicquefort (*a*) plusieurs exemples des principaux souverains de l'Europe, qui se sont contentés de chasser des ambassadeurs coupables d'entreprises odieuses, quelquefois même sans en demander la punition aux maîtres, de qui ils n'espéraient pas de l'obtenir. Ajoutons à ces exemples celui du duc d'Orléans, régent de France : ce prince usa de ménagement envers le prince de Cellamare, ambassadeur d'Espagne, qui avait tramé contre lui une conspiration dangereuse, se bornant à lui donner des gardes, à saisir ses papiers, et à le faire conduire hors du royaume. L'histoire romaine fournit un exemple très ancien dans la personne des ambassadeurs de Tarquin. Venus à Rome, sous prétexte de réclamer les biens particuliers de leur maître qui avait été chassé, ils y

---

(*a*) *Ambassad.*, liv. I, sect. XXVII, XXIX, et XXXIII.

subornèrent une jeunesse corrompue, et l'engagèrent dans une horrible trahison contre la patrie. Quoique la conduite de ces ambassadeurs parût autoriser à les traiter en ennemis, les consuls et le sénat respectèrent en leur personne le droit des gens (*a*). Les ambassadeurs furent renvoyés, sans qu'on leur fît aucun mal ; mais il paraît, par le récit de TITE-LIVE, qu'on leur enleva les lettres des conjurés, dont ils étaient chargés pour TARQUIN.

§ 99. — *De ce qui est permis contre lui, selon l'exigence du cas.*

Cet exemple nous conduit à la véritable règle du droit des gens, dans les cas dont il est question. On ne peut punir l'ambassadeur, parce qu'il est indépendant ; et il ne convient pas, par les raisons que nous venons d'exposer, de le traiter en ennemi, tant qu'il n'en vient pas lui-même à la violence et aux voies de fait ; mais on peut contre lui tout ce qu'exige raisonnablement le soin de se garantir du mal qu'il a machiné, de faire avorter ses complots. S'il était nécessaire, pour déconcerter et prévenir une conjuration, d'arrêter, de faire périr même un ambassadeur qui l'anime et la dirige, je ne vois pas qu'il y eût à balancer, non-seulement parce que le salut de l'État est la loi suprême, mais encore parce que, indépendamment de cette maxime, on en a un droit parfait et particulier, produit par les propres faits de l'ambassadeur. Le ministre public est indépendant, il est vrai, et sa personne sacrée ; mais il est permis, sans doute, de repousser ses attaques sourdes et ouvertes, de se défendre contre lui dès qu'il agit en ennemi et en traître. Et si nous ne pouvons nous sauver sans qu'il lui en arrive du mal, c'est lui qui nous met dans la nécessité de ne pas l'épargner. Alors on peut dire avec raison que le ministre se prive lui-même de la protection du

---

(*a*) *Et quanquam visi sunt* (legati) *commisisse ut hostium loco essent, jus tamen gentium valuit.* TIT. LIV., lib. II, cap. 4.

droit des gens. Je suppose que le sénat de Venise, découvrant la conjuration du marquis DE BEDMAR (*a*), et convaincu que cet ambassadeur en était l'âme et le chef, n'eût pas eu d'ailleurs des lumières suffisantes pour étouffer cet horrible complot, qu'il eût été incertain sur le lieu où elle devait éclater, qu'il eût été en doute si on se proposait de faire révolter l'armée navale, ou les troupes de terre, de surprendre quelque place importante, aurait-il été obligé de laisser partir l'ambassadeur en liberté, et par là de lui donner moyen d'aller se mettre à la tête de ses complices et de faire réussir ses desseins ? On ne le dira pas sérieusement. Le sénat eût donc été en droit de faire arrêter le marquis et toute sa maison, de leur arracher même leur funeste secret. Mais ces prudents républicains, voyant le péril passé, et la conjuration entièrement étouffée, voulurent se ménager avec l'Espagne ; et, défendant d'accuser les Espagnols d'avoir eu part au complot, ils prièrent seulement l'ambassadeur de se retirer, pour se garantir de la fureur du peuple.

§ 100. — *D'un ambassadeur qui attente à la vie du prince.*

On doit suivre ici la même règle que nous avons donnée ci-dessus (*liv.* III, § 136), en traitant de ce qui est permis contre un ennemi : dès que l'ambassadeur agit en ennemi, on peut se permettre contre lui tout ce qui est nécessaire pour faire avorter ses mauvais desseins et pour se mettre en sûreté. C'est encore sur ce même principe, et sur cette idée, qui présente l'ambassadeur comme un ennemi public quand il en fait les actions, que nous déciderons son sort au cas qu'il porte ses attentats jusqu'au plus haut degré d'atrocité. Si l'ambassadeur commet de ces crimes atroces qui attaquent la sûreté du genre humain, s'il entreprend d'assassiner ou d'empoisonner le prince qui l'a reçu à sa cour, il mérite, sans difficulté, d'être puni comme

---

(*a*) Voyez l'Histoire de cette conjuration, par Sr. RÉAL.

un ennemi traître, empoisonneur ou assassin (*voyez livre* III, § 155). Son caractère, qu'il a si indignement souillé, ne peut le soustraire à la peine. Le droit des gens protègerait-il un criminel dont la sûreté de tous les princes et le salut du genre humain demandent le supplice? On doit peu s'attendre, il est vrai, qu'un ministre public se porte à de si horribles excès. Ce sont ordinairement des gens d'honneur que l'on décore de ce caractère, et quand il s'en trouverait, dans le nombre, de ceux qui ne font scrupule de rien, les difficultés, la grandeur du péril sont capables de les arrêter. Cependant ces attentats ne sont pas sans exemple dans l'histoire. J. de BARBEYRAC (*a*) rapporte celui d'un assassinat commis en la personne du seigneur de Sirmium, par un ambassadeur que lui envoya CONSTANTIN DIOGÈNE, gouverneur de la province voisine pour Basile II, empereur de Constantinople, et il cite l'historien CEDRENUS. Voici un fait qui se rapporte à la matière. CHARLES III, roi de Naples, ayant envoyé en 1382 à son compétiteur LOUIS, duc d'Anjou, un chevalier nommé MATHIEU SAUVAGE en qualité de héraut, pour le défier à un combat singulier, ce héraut fut soupçonné de porter une demi-lance, dont le fer était imbu d'un poison si subtil, que quiconque y arrêtait fixément la vue, ou en laissait toucher ses habits, tombait mort à l'instant. Le duc d'Anjou, averti, refusa de voir le héraut, et le fit arrêter; on l'interrogea, et sur sa propre confession il eut la tête tranchée. Charles se plaignit du supplice de son héraut, comme d'une infraction aux lois et aux usages de la guerre. Louis soutint dans sa réponse qu'il n'avait point violé les lois de la guerre à l'égard du chevalier Sauvage, condamné sur sa propre déclaration (*b*). Si le crime imputé au chevalier eût été bien avéré, ce héraut était

---

(*a*) Dans ses notes sur le traité du *Juge compétent des ambassadeurs,* par BIJNKERSHOEK, chap. 24, §. V, not. 2.

(*b*) *Histoire des rois des Deux-Siciles,* par D'EGLY.

un assassin qu'aucune loi ne pouvait protéger ; mais la nature seule de l'accusation en montre assez la fausseté.

§ 101. — *Deux exemples remarquables sur la question des immunités des ministres publics.*

La question que nous venons de traiter a été débattue en Angleterre et en France, en deux occasions célèbres. Elle le fut à l'occasion de JEAN LESLEY, évêque de Rosse, ambassadeur de MARIE (*), reine d'Ecosse. Ce ministre ne cessait de cabaler contre la reine ELISABETH et contre le repos de l'Etat : il formait des conjurations, il excitait les sujets à la révolte. Cinq des plus habiles avocats, consultés par le conseil privé, décidèrent *que l'ambassadeur qui excite une rebellion contre le prince auprès duquel il réside, est déchu des privilèges du caractère, et sujet aux peines de la loi.* Ils devaient dire plutôt qu'on peut le traiter en ennemi. Mais le conseil se contenta de faire arrêter l'évêque ; et après l'avoir détenu prisonnier à la cour pendant deux ans, on le mit en liberté quand on n'eut plus rien à craindre de ses intrigues, et on le fit sortir du royaume (a). Cet exemple peut confirmer les principes que nous avons établis. J'en dis autant du suivant : *Bruneau,* secrétaire de l'ambassadeur d'Espagne en France, fut surpris traitant avec *Mairargues,* en pleine paix, pour faire livrer Marseille aux Espagnols. On le mit en prison, et le parlement, qui fit le procès à Mairargues, interrogea Bruneau juridiquement. Mais il ne le condamna pas ; il le renvoya au roi, qui le rendit à son maître, à condition qu'il le ferait sortir incessamment du royaume. L'ambassadeur se plaignit vivement de la détention de son secrétaire ; mais HENRI IV lui répondit très judicieusement, *que le droit des gens n'empêche pas qu'on ne puisse arrêter un ministre public, pour lui ôter le moyen de faire du mal.* Le roi pouvait ajouter, qu'on a même le droit de mettre en usage contre le

---

(*) Stuart. — (a) CAMDEN, *Annal. Angl. ad ann.* 1571, 1573.

ministre tout ce qui est nécessaire pour se garantir du mal qu'il a voulu faire, pour déconcerter ses entreprises et en prévenir les suites. C'est ce qui autorisait le parlement à faire subir un interrogatoire à Bruneau, pour découvrir tous ceux qui avaient trempé dans un complot si dangereux. La question, si les ministres étrangers qui violent le droit des gens sont déchus de leur privilége, fut agitée fortement à Paris; mais le roi n'en attendit pas la décision pour rendre Bruneau à son maître (*).

§ 102. — *Si l'on peut user de représailles envers un ambassadeur.*

Il n'est pas permis de maltraiter un ambassadeur par représailles : car le prince qui use de violence contre un ministre public, commet un crime, et l'on ne doit pas s'en venger en l'imitant. On ne peut jamais, sous prétexte de représailles, commettre des actions illicites en elles-mêmes, et tels seraient sans doute de mauvais traitements faits à un ministre innocent, pour les

---

(*) Voyez cette discussion et les discours que HENRI IV tint à ce sujet à l'ambassadeur d'Espagne, dans les *Mémoires de* NEVERS, tom. II, p. 868 et suiv. ; dans MATTHIEU, tom. II, liv. III, et dans les autres historiens.

Joseph Sofi, roi de Caresem, ayant mis en prison un ambassadeur de Timur-Bec, le secrétaire d'Etat de Timur lui écrivit fortement sur cette violation du droit des gens, lui disant : «Que la maxime des rois était de tenir pour sacrée la «personne des ambassadeurs; ce qui faisait qu'ils étaient tou- «jours exempts de mort ou de prison, pour peu que le sou- «verain vers lequel on les envoyait eût de connaissance du «droit des gens, et que l'ambassadeur eût de prudence pour «ne point commettre de faute considérable, et pour se com- «porter en honnête homme. » Il ajouta , «qu'il est marqué dans «l'Alcoran que les ambassadeurs sont sacrés, et ne sont obli- «gés à rien qu'à exécuter les ordres de leur maître. » LA CROIX, *Hist.* de TIMUR-BEC, liv. II, chap. 26.

Le même historien rapportant l'histoire de Barcouc, sultan d'Egypte, qui fit mourir l'ambassadeur de Timur, dit «Que «ce fut une action infâme; qu'insulter un ambassadeur est «violer le droit des gens; et cela fait horreur à la nature «même.» *Ibid.*, liv. V, chap. 17.

fautes de son maître. S'il est indispensable d'observer généralement cette règle en fait de représailles, le respect qui est dû au caractère la rend plus particulièrement obligatoire envers l'ambassadeur. Les Carthaginois avaient violé le droit des gens envers les ambassadeurs de Rome, on amena à Scipion quelques ambassadeurs de ce peuple perfide, et on lui demanda ce qu'il voulait qu'on leur fît : *Rien*, dit-il, *de semblable à ce que les Carthaginois ont fait aux nôtres;* et il les renvoya en sûreté (*a*). Mais en même temps il se prépara à punir, par les armes, l'Etat qui avait violé le droit des gens (*b*). Voilà le vrai modèle de la conduite qu'un souverain doit tenir en pareille occasion. Si l'injure par laquelle on veut user de représailles ne regarde pas un ministre public, il est bien plus certain encore qu'on ne peut les exercer contre l'ambassadeur de la puissance dont on se plaint. La sûreté des ministres publics serait bien incertaine, si elle était dépendante de tous les différends qui peuvent survenir. Mais il est un cas où il paraît très permis d'arrêter un ambassadeur, pourvu qu'on ne lui fasse souffrir d'ailleurs aucun mauvais traitement : quand un prince, violant le droit des gens, a fait arrêter notre ambassadeur, nous pouvons arrêter et retenir le sien, afin d'assurer par ce gage la vie et la liberté du nôtre. Si ce moyen ne réussissait pas il faudrait relâcher l'ambassadeur innocent, et se faire justice par des voies plus efficaces. CHARLES-QUINT fit arrêter l'ambassadeur

---

(*a*) APPIEN, cité par GROTIUS, liv. II, chap. 28, § 7. Suivant DIODORE DE SICILE, SCIPION dit aux Romains : *Nimitez point ce que vous reprochez aux Carthaginois :* Σκίπιων, οὐκ, ἔφη, δεῖν πράττειν ὁ τοῖς Καρχηδονίοις ἐγκαλοῦσι. DIOD. SICUL. Excerpt. Peiresc., p. 200.

(*b*) TIT. LIV., lib. XXX, cap. 25. Cet historien fait dire à SCIPION: « Quoique les Carthaginois aient violé la foi de la trève et le « droit des gens en la personne de nos ambassadeurs, je ne ferai « rien contre les leurs qui soit indigne des maximes du peuple « romain et de mes principes. »

de France qui lui avait déclaré la guerre; sur quoi
François 1er fit arrêter Granvelle, ambassadeur de
l'empereur. On convint ensuite que les ambassadeurs
seraient conduits sur la frontière, et relaxé en même
temps (*a*).

§ 103. — *Consentement des Nations sur les priviléges des ambassadeurs.*

Nous avons déduit l'indépendance et l'inviolabilité
de l'ambassadeur, des principes naturels et nécessaires
du droit des gens. Ces prérogatives lui sont confirmées
par l'usage et le consentement général des Nations.
On a vu ci-dessus (§ 84), que les Espagnols trouvèrent le droit des ambassades établi et respecté au
Mexique. Il l'est même chez les peuples sauvages de
l'Amérique septentrionale. Passez à l'autre extrémité
de la terre, vous verrez les ambassadeurs très respectés à la Chine. Ils le sont aux Indes, moins religieusement à la vérité (*b*). Le roi de Ceylan a quelquefois
mis en prison les ambassadeurs de la compagnie hollandaise. Maître des lieux où croît la cannelle, il sait
que les Hollandais lui passeront bien des choses en faveur d'un riche commerce; et il s'en prévaut en barbare. L'Alcoran prescrit aux musulmans de respecter
le ministre public; et si les Turcs n'ont pas toujours
observé ce précepte, il faut en accuser la férocité de
quelques princes, plutôt que les principes de la Nation. Les droits des ambassadeurs étaient fort bien
connus des Arabes. Un auteur de cette Nation (*c*) rapporte le trait suivant : Khaled, général arabe, étant
venu comme ambassadeur à l'armée de l'empereur
Héraclius, parlait insolemment au général; sur quoi
celui-ci lui dit, *que la loi reçue chez toutes les Nations mettait les ambassadeurs à couvert de toute violence , et que c'était là apparemment ce qui l'avait en-*

(*a*) Mézeray, *Histoire de France*, tom. II, p. 470.
(*b*) *Histoire générale des voyages* , art. de la Chine et des Indes.
(*c*) Alvakédi, *Histoire de la conquête de la Syrie.*

hardi à lui parler d'une manière si indécente (*a*). Il serait fort inutile d'accumuler ici les exemples que pourrait fournir l'histoire des Nations européennes ; ils sont innombrables ; et les usages de l'Europe sont assez connus à cet égard. SAINT LOUIS étant à Acre, donna un exemple remarquable de la sûreté qui est due aux ministres publics. Un ambassadeur du *Vieil de la montagne*, ou prince des *assassins*, lui parlant avec insolence, les grands maîtres du temple et de l'hôpital dirent à ce ministre, *que sans le respect de son caractère ils le feraient jeter à la mer* (*b*). Le roi le renvoya sans permettre qu'il lui fût fait aucun mal. Cependant le prince des *assassins* violant lui-même les droits les plus sacrés des Nations, il semblerait qu'on ne devait aucune sûreté à son ambassadeur, si l'on ne faisait réflexion que cette sûreté étant fondée sur la nécessité de conserver aux souverains des moyens sûrs de se faire des propositions réciproques, et de traiter ensemble en paix et en guerre, elle doit s'étendre jusqu'aux envoyés des princes, qui, violant eux-mêmes le droit des gens, ne mériteraient d'ailleurs aucun égard.

§ 104. — *Du libre exercice de la religion.*

Il est des droits d'une autre nature, qui ne sont point si nécessairement attachés au caractère de ministre public, mais que la coutume lui attribue presque partout. Un des principaux est le libre exercice de sa religion. Il est à la vérité, très convenable que le ministre, et surtout le ministre résident, puisse exercer librement sa religion dans son hôtel, pour lui et les gens de sa suite ; mais on ne peut pas dire que ce droit soit, comme l'indépendance et l'inviolabilité, absolument nécessaire au juste succès de sa commission, particulièrement pour un ministre non-résident,

(*a*) *Histoire des Sarrasins*, par OCKLEY, tom. I, p. 204, de la traduction française.
(*b*) CHOISY, *Histoire de S. Louis.*

le seul que les Nations soient obligées d'admettre
(§ 66). Le ministre fera à cet égard ce qu'il voudra,
dans le secret de sa maison, où personne n'est en droit
de pénétrer. Mais si le souverain du pays où il réside,
fondé sur de bonnes raisons, ne voulait pas lui permettre d'exercer sa religion d'une manière qui transpirât
dans le public, on ne saurait condamner ce souverain, bien moins l'accuser de blesser le droit des
gens. Aujourd'hui ce libre exercice n'est refusé aux
ambassadeurs dans aucun pays civilisé : un privilége
fondé en raison ne peut être refusé quand il n'entraîne point d'inconvénient.

§ 105. — *Si l'ambassadeur est exempt de tous impôts.*

Parmi ces droits non nécessaires au succès des ambassades, il en est qui ne sont pas fondés non plus sur un
consentement aussi général des Nations, mais que l'u-
sage attribue cependant au caractère en plusieurs
pays. Telle est l'exemption des droits d'entrée et de
sortie, pour les choses qu'un ministre étranger fait
venir dans le pays, ou qu'il envoie dehors. Il n'y a
nulle nécessité qu'il soit distingué à cet égard, puisqu'en payant ces droits il n'en sera pas moins en état
de remplir ses fonctions. Si le souverain veut bien l'en
exempter, c'est une civilité à laquelle le ministre ne
pouvait prétendre de droit, non plus qu'à soustraire
ses bagages, ou les caisses qu'il fait venir de dehors,
à la visite des commis de la douane; cette visite étant
nécessairement liée avec le droit de lever un impôt
sur les marchandises qui entrent dans le pays. Thomas
Chaloner, ambassadeur d'Angleterre en Espagne, se
plaignit amèrement à la reine Élisabeth sa maîtresse,
de ce que les commis de la douane avaient ouvert ses
coffres pour les visiter. Mais la reine lui répondit, *que
l'ambassadeur était obligé de dissimuler tout ce qui n'of-
fensait pas directement la dignité de son souverain* (a).

(a) Wicquefort, *Ambassad.*, liv. I, sect. XXVIII, vers la fin.

L'indépendance de l'ambassadeur l'exempte, à la vérité, de toute imposition personnelle, capitation, ou autre redevance de cette nature, et en général il est à couvert de tout impôt relatif à la qualité de sujet de l'Etat. Mais pour ce qui est des droits imposés sur quelque espèce de marchandises ou de denrées, l'indépendance la plus absolue n'exempte pas de les payer; les souverains étrangers eux-mêmes y sont soumis. On suit cette règle en Hollande; les ambassadeurs y sont exempts des droits qui se lèvent sur la consommation, sans doute parce que ces droits ont un rapport plus direct à la personne; ils paient les droits d'entrée et de sortie.

A quelque point que s'étende leur exemption, il est bien manifeste qu'elle ne regarde que les choses véritablement à leur usage. S'ils en abusent pour en faire un honteux trafic en prêtant leur nom à des marchands, le souverain est incontestablement en droit de redresser et de prévenir la fraude, même par la suppression du privilége. C'est ce qui est arrivé en divers endroits: la sordide avarice de quelques ministres qui trafiquaient de leurs exemptions, a obligé le souverain à les leur ôter. Aujourd'hui les ministres étrangers à Pétersbourg sont soumis aux droits d'entrée; mais l'impératrice a la générosité de les dédommager de la perte d'un privilége qui ne leur était pas dû, et que les abus l'ont obligée d'abolir.

§ 100. — *De l'obligation fondée sur l'usage et la coutume.*

Mais on demande à ce sujet, si une Nation peut abolir ce qui se trouve établi par l'usage à l'égard des ministres étrangers? Voyons donc quelle obligation la coutume, l'usage reçu, peut imposer aux Nations, non-seulement en ce qui regarde les ministres, mais aussi en général sur tout autre sujet. Tous les usages, toutes les coutumes des autres Nations, ne peuvent obliger un Etat indépendant, sinon en tant qu'il y a donné son consentement, exprès ou tacite. Mais dès qu'une coutume indifférente en soi est une fois bien établie et reçue, elle oblige les Nations qui l'ont tacitement ou expressément adoptée. Cependant, si quelqu'une y découvre dans la suite des inconvénients, elle est libre de déclarer qu'elle ne veut plus s'y soumettre; et sa déclaration une fois donnée bien clairement, personne n'est en droit de se plaindre si elle n'a aucun égard à la coutume. Mais une pareille déclaration doit se faire d'avance; et lorsqu'elle n'intéresse personne en particulier, il est trop tard d'y venir lorsque le cas existe. C'est une maxime généralement reçue, que l'on ne change pas une loi dans le cas actuellement existant. Ainsi, dans le sujet particulier dont nous traitons, un souverain, en s'expliquant d'avance et ne recevant l'ambassadeur que sur ce pied-là, peut se dispenser de le laisser jouir de tous les priviléges, ou de lui déférer tous les honneurs que la coutume attribuait auparavant à son caractère, pourvu que ces priviléges et ces honneurs ne soient point essentiels à l'ambassade, et nécessaires à son légitime succès. Refuser des priviléges de cette dernière espèce, ce serait autant que refuser l'ambassade même; ce qu'un Etat ne peut faire généralement et toujours (§ 65), mais seulement lorsqu'il en a quelque bonne raison. Retrancher des honneurs consacrés, devenus en quelque façon essentiels, c'est marquer du mépris et faire une injure.

Il faut observer encore sur cette matière, que quand un souverain veut se dispenser de suivre désormais une coutume établie, la règle doit être générale. Refuser certains honneurs ou certains priviléges d'usage à l'ambassadeur d'une Nation, dans le temps que l'on continue à en laisser jouir ceux des autres, c'est faire affront à cette Nation, lui témoigner du mépris, ou au moins de la mauvaise volonté.

§ 107. — *Du ministre dont le caractère n'est pas public.*

Quelquefois les princes s'envoient les uns aux autres

des ministres secrets, dont le caractère n'est point
public. Si un pareil ministre est insulté par quelqu'un
qui ne connaît pas son caractère, le droit des gens
n'est point violé; mais le prince qui reçoit ce ministre
et qui le connaît pour ministre public, est lié des mêmes
obligations envers lui; il doit le protéger et le faire
jouir, autant qu'il est en son pouvoir, de toute la sûreté
et de l'indépendance que le droit des gens attribue au
caractère. L'action de FRANÇOIS SFORCE, duc de Milan,
qui fit mourir MARAVIGLIA (ou MERVEILLE), ministre
secret de FRANÇOIS Iᵉʳ, est inexcusable. Sforce avait
souvent traité avec cet agent secret; il l'avait reconnu
pour ministre du roi de France (a).

§ 108. — *D'un souverain qui se trouve en pays étranger.*

Nous ne pouvons mieux placer qu'ici une question
intéressante du droit des gens, qui a beaucoup de rapport au droit des ambassades. On demande quels sont
les droits d'un souverain qui se trouve en pays étranger, et de quelle façon le maître du pays doit en user
à son égard? Si ce prince est venu pour négocier, pour
traiter de quelque affaire publique, il doit jouir sans
contredit, et dans un degré plus éminent, de tous les
droits des ambassadeurs. S'il est venu en voyageur,
sa dignité seule, et ce qui est dû à la Nation qu'il représente et qu'il gouverne, le met à couvert de toute
insulte, lui assure des respects et toute sorte d'égards,
et l'exempte de toute juridiction. Il ne peut être traité
comme sujet aux lois communes, dès qu'il se fera
connaître; car on ne présume pas qu'il ait consenti à
s'y soumettre; et si on ne veut pas le souffrir sur ce
pied-là, il faut l'avertir. Mais si ce prince étranger
forme quelque entreprise contre la sûreté et le salut de
l'État, en un mot, s'il agit en ennemi, il peut très
justement être traité comme tel. Hors ce cas-là, on lui

(a) Voyez les *Mémoires de* MARTIN DU BELLAY, liv. IV, et
l'*Histoire de France du* P. DANIEL, tom. I, pag. 300 et suiv.

doit toute sûreté, puisqu'elle est due même à un particulier étranger.

Une idée ridicule a gagné l'esprit des gens mêmes qui ne se croient pas peuples; ils pensent qu'un souverain, qui entre dans un pays étranger sans permission, peut y être arrêté (*a*). Et sur quelle raison pourrait-on fonder une pareille violence? Cette absurdité se réfute d'elle-même. Il est vrai que le souverain étranger doit avertir de sa venue, s'il désire qu'on lui rende ce qui lui est dû. Il est vrai de même, qu'il sera prudent à lui demander des passe-port, pour ôter à sa mauvaise volonté tout prétexte et toute espérance de couvrir l'injustice et la violence sous quelques raisons spécieuses. Je conviens encore que la présence d'un souverain étranger pouvant tirer à conséquence dans certaines occasions, pour peu que les temps soient soupçonneux, et son voyage, suspect, le prince ne doit pas l'entreprendre sans avoir l'agrément de celui chez qui il veut aller. PIERRE-LE-GRAND voulant aller lui-même chercher dans les pays étrangers les arts et les sciences pour enrichir son empire, se mit à la suite de ses ambassadeurs.

Le prince étranger conserve sans doute tous ses droits sur son État et ses sujets, et il peut les exercer en tout ce qui n'intéresse point la souveraineté du territoire dans lequel il se trouve. C'est pourquoi il

---

(*a*) On est surpris de voir un grave historien donner dans cette pensée : voyez GRAMOND, *Hist. Gall.*, lib. XII. Le cardinal de RICHELIEU allégua aussi cette mauvaise raison, quand il fit arrêter le prince palatin CHARLES-LOUIS, qui avait entrepris de traverser la France *incognito :* il dit *qu'il n'était permis à aucun prince étranger de passer par le royaume sans passe-port.* Mais il ajouta de meilleures raisons, prises des desseins du prince Palatin sur Brisac et sur les autres places laissées par le duc BERNARD de Saxe-Weymar, et auxquelles la France prétendait avoir plus de droit que personne, parce que ces conquêtes avaient été faites avec son argent. Voyez l'*Histoire du traité de Westphalie*, par le P. BOUGEANT, tom. II, in-12, p. 88, et tom. 1er, pag. 378, de l'éd. in-4°.

paraît que l'on fut trop ombrageux en France, lorsqu'on ne voulut pas souffrir que l'empereur Sigismond, étant à Lyon, y créât duc le comte de Savoie, vassal de l'empire (*voyez ci-dessus, liv.* II, § 40). On n'eût pas été si difficile à l'égard d'un autre prince ; mais on était en garde jusqu'au scrupule contre les vieilles prétentions des empereurs. Au contraire, ce fut avec beaucoup de raison que l'on trouva mauvais, dans le même royaume, que la reine Christine y eût fait exécuter dans son hôtel un de ses domestiques ; car une exécution de cette nature est un acte de juridiction territoriale. Et d'ailleurs, Christine avait abdiqué la couronne ; toutes ces réserves, sa naissance, sa dignité, pouvaient bien lui assurer de grands honneurs, et tout au plus une entière indépendance, mais non pas tous les droits d'un souverain actuel. Le fameux exemple de Marie (Stuart), reine d'Écosse, que l'on voit si souvent allégué en cette matière, n'y vient pas fort à propos. Cette princesse ne possédait plus la couronne quand elle vint en Angleterre, et qu'elle y fut arrêtée, jugée, et condamnée.

§ 109. — *Des députés des États.*

Les députés aux assemblées des États d'un royaume ou d'une république, ne sont point des ministres publics comme ceux dont nous venons de parler, n'étant pas envoyés aux étrangers ; mais ils sont personnes publiques, et en cette qualité ils ont des priviléges que nous devons établir en peu de mots, avant que de quitter cette matière. Les États qui ont droit de s'assembler par député, pour délibérer sur les affaires publiques, sont fondés par cela même à exiger une entière sûreté pour leurs représentants, et toutes les exemptions nécessaires à la liberté de leurs fonctions. Si la personne des députés n'est pas inviolable, ceux qui les délèguent ne pourront s'assurer de leur fidélité à maintenir les droits de la Nation, à défendre courageusement le bien public. Et comment ces représentants pourront-ils s'acquitter dignement de leurs fonctions, s'il est permis de les inquiéter en les traînant en justice, soit pour dettes, soit pour délits communs? Il y a ici, de la Nation au souverain, les mêmes raisons qui établissent d'Etat à Etat les immunités des ambassadeurs. Disons donc que les droits de la Nation et la foi publique mettent ces députés à couvert de toute violence, et même de toute poursuite judiciaire, pendant le temps de leur ministère. C'est aussi ce qui s'observe en tout pays, particulièrement aux diètes de l'empire, aux parlements d'Angleterre, et aux *cortès* d'Espagne. HENRI III, roi de France, fit tuer aux Etats de Blois le duc et le cardinal de GUISE. La sûreté des Etats fut sans doute violée par cette action; mais ces princes étaient des rebelles qui portaient leurs vues audacieuses jusqu'à dépouiller leur souverain de sa couronne; et s'il était également certain que HENRI ne fût plus en état de les faire arrêter et punir suivant les lois, la nécessité d'une juste défense faisait le droit du roi et son apologie. C'est le malheur des princes faibles et malhabiles, qu'ils se laissent réduire à des extrémités d'où ils ne peuvent sortir sans violer toutes les règles. On dit que le pape SIXTE V, apprenant la mort du duc de Guise, loua cet acte de vigueur comme un coup d'Etat nécessaire, mais il entra en fureur quand on lui dit que le cardinal avait aussi été tué (*a*). C'était pousser bien loin d'orgueilleuses prétentions. Le pontife convenait que la nécessité pressante avait autorisé HENRI à violer la sûreté des Etats et toutes les formes de la justice; prétendait-il que ce prince mît au hasard sa couronne et sa vie, plutôt que de manquer de respect pour la pourpre romaine?

(*a*) Voyez les historiens de France.

CHAPITRE VIII.

Du juge de l'ambassadeur, en matière civile.

---

§ 110. — *L'ambassadeur est exempt de la juridiction civile du pays où il réside.*

Quelques auteurs veulent soumettre l'ambassadeur pour affaires civiles, à la juridiction du pays où il réside, au moins pour les affaires qui ont pris naissance pendant le temps de l'ambassade, ils allèguent, pour soutenir leur sentiment, que cette sujétion ne fait aucun tort au caractère : *quelque sacrée*, disent-ils, *que soit une personne, on ne donne aucune atteinte à son inviolabilité en l'appelant en justice pour cause civile*. Mais ce n'est pas parce que leur personne est *sacrée* que les ambassadeurs ne peuvent être appelés en justice, c'est par la raison qu'ils ne relèvent point de la juridiction du pays où ils sont envoyés; et l'on peut voir ci-dessus (§ 92) les raisons solides de cette indépendance. Ajoutons ici qu'il est tout-à-fait convenable, et même nécessaire, qu'un ambassadeur ne puisse être appelé en justice, même pour cause civile, afin qu'il ne soit point troublé dans l'exercice de ses fonctions. Par une raison semblable, il était défendu chez les Romains d'appeler en justice un pontife pendant qu'il vaquait à ses fonctions sacrées (*a*); mais on pouvait l'y appeler en d'autres temps. La raison sur laquelle nous nous fondons, est alléguée dans le droit romain : *Ideo enim non datur actio (adversus legatum) ne ab officio suscepto legationis avocetur (b)*,

---

(a) *Nec pontificem* (in jus vocari oportet) *dum sacra facit.* DIGEST., lib. II, tit. IV. *De in jus vocando*, leg. II.

(b) DIGEST, lib. V, tit. I. *De Judiciis, etc.* Leg. XXIV, § 2.

ne impediatur legatio (*a*). Mais il y avait une exception
au sujet des affaires contractées pendant l'ambassade.
Cela était raisonnable à l'égard de ses *legati*, ou ministres, dont parle ici le droit romain, lesquels n'étant
envoyés que par des peuples soumis à l'empire, ne
pouvaient prétendre à l'indépendance dont jouit un
ministre étranger. Le législateur pouvait ordonner ce
qui lui paraissait le plus convenable à l'égard des sujets
de l'Etat; mais il n'est pas de même du pouvoir d'un
souverain, de soumettre à sa juridiction le ministre
d'un autre souverain. Et quand il le pourrait par convention, ou autrement, cela ne serait point à propos.
L'ambassadeur pourrait être souvent troublé dans son
ministère sous ce prétexte, et l'Etat entraîné dans de
fâcheuses querelles, pour le mince intérêt de quelques
particuliers qui pouvaient et qui devaient prendre
mieux leurs sûretés. C'est donc très convenablement
aux devoirs des Nations, et conformément aux grands
principes du droit des gens, que, par l'usage et le
consentement de tous les peuples, l'ambassadeur ou ministre public est aujourd'hui absolument indépendant
de toute juridiction dans l'Etat où il réside, tant pour
le civil que pour le criminel. Je sais qu'on a vu quelques
exemples du contraire. Mais un petit nombre de faits
n'établit pas la coutume; au contraire, ceux-ci la con-
firment telle que nous la disons, par l'improbation
qu'ils ont reçue. En 1668, on vit à la Haye un résident de Portugal arrêté et mis en prison pour dettes,
par ordre de la cour de justice. Mais un illustre membre (*b*) de cette même cour, juge avec raison que cette
procédure était illégitime et contraire au droit des
gens. En l'année 1657, un résident de l'électeur de
Brandebourg fut arrêté aussi pour dettes en Angleterre.
Mais on le relâcha, comme n'ayant pu être arrêté

(*a*) Digest., *ubi supra*, leg. XXVI.
(*b*) Bijnkershoek, dans son *Traité du juge compétent des ambassadeurs*, chap. 13, § 1.

légitimement, et même les créanciers et les officiers de justice qui lui avaient fait cette insulte furent punis (*).

§ 111. — *Comment il peut s'y soumettre volontairement.*

Mais si l'ambassadeur veut renoncer en partie à son indépendance, et se soumettre à la juridiction du pays pour affaires civiles, il le peut sans doute, pourvu que ce soit avec le consentement de son maître. Sans ce consentement, l'ambassadeur n'est pas en droit de renoncer à des priviléges qui intéressent la dignité et le service de son souverain, qui sont fondés sur les droits du maître, faits pour son avantage et non pour celui du ministre. Il est vrai que, sans attendre la permission du maître, l'ambassadeur reconnaît la juridiction du pays lorsqu'il devient partie en justice. Mais cela est inévitable, et d'ailleurs il n'y a pas d'inconvénient en matière civile et d'intérêt, parce que l'ambassadeur est toujours le maître de ne point se rendre devant le juge, et qu'il peut, au besoin, charger un procureur ou un avocat de poursuivre sa cause.

Ajoutons ici en passant, qu'il ne doit jamais se rendre partie en justice pour cause criminelle ; s'il a été insulté, il porte ses plaintes au souverain ; et la partie publique doit poursuivre le coupable.

§ 112. — *D'un ministre sujet de l'État auprès duquel il est employé.*

Il peut arriver que le ministre d'une puissance étrangère soit en même temps sujet de l'Etat où il est accrédité ; et en ce cas, par sa qualité de sujet, il demeure incontestablement soumis à la juridiction du pays, dans tout ce qui n'appartient pas directement à son ministère. Mais il est question de connaître en quels

---

(*) Même ouvrage. — En 1771, le baron de Wrech, ministre plénipotentiaire du landgrave de Hesse-Cassel, à Paris, voulut partir sans avoir payé ses dettes ; mais le duc d'Aiguillon, ministre des affaires étrangères, à la sollicitation des créanciers de M. de Wrech, refusa à ce ministre les passe-port qu'il lui avait demandés

cas ces deux qualités de sujet et de ministre étranger se trouvent réunies dans la même personne. Il ne suffit pas pour cela que le ministre soit né sujet de l'Etat où il est envoyé; car à moins que les lois ne défendent expressément à tout citoyen de quitter sa patrie, il peut avoir renoncé légitimement à son pays pour se donner à un nouveau maître; il peut encore, sans renoncer pour toujours à sa patrie, en devenir indépendant pour tout le temps qu'il sera au service d'un prince étranger; et la présomption est certainement pour cette indépendance. Car l'Etat et les fonctions du ministre public exigent naturellement qu'il ne dépende que de son maître (§ 92), du prince dont il fait les affaires. Lors donc que rien ne décide ni n'indique le contraire, le ministre étranger, quoique auparavant sujet de l'Etat, en est réputé absolument indépendant, pendant tout le temps de sa commission. Si son premier souverain ne veut pas lui accorder cette indépendance dans son pays, il peut refuser de l'admettre en qualité de ministre étranger, comme cela se pratique en France, où, suivant M. de CALLIÈRES (a), le roi *ne reçoit plus de ses sujets en qualité de ministres des autres princes.*

Mais un sujet de l'Etat peut demeurer sujet, tout en acceptant la commission d'un prince étranger. Sa sujétion est expressément établie quand le souverain ne le reconnaît en qualité de ministre que sous la réserve qu'il demeurera sujet de l'Etat. Les états-généraux des Provinces-Unies, par une ordonnance du 19 juin 1681, déclarent : « Qu'aucun sujet de l'Etat « n'est reçu comme ambassadeur ou ministre d'une « autre puissance, qu'à condition qu'il ne dépouillera « point sa qualité de sujet, même à l'égard de la juri- « diction, tant pour les affaires civiles que pour les « criminelles; et que si quelqu'un, en se faisant recon- « naître pour ambassadeur ou ministre, n'a point fait

---

(a) *Manière de négocier avec les Souverains*, chap. 6, p. 90.

«mention de sa qualité de sujet de l'Etat, il ne jouira
«point des droits ou priviléges qui ne conviennent
«qu'aux ministres des puissances étrangères (a). »

Ce ministre peut encore garder *tacitement* sa première sujétion; et alors on connaît qu'il demeure sujet, par une conséquence naturelle, qui se tire de ses
actions, de son état, et de toute sa conduite. C'est ainsi
que, indépendamment même de la déclaration dont
nous venons de parler, ces marchands hollandais, qui
se procurent des titres de résidents de quelques princes
étrangers, et continuent cependant leur commerce,
indiquent assez par cela même qu'ils demeurent sujets.
Quels que puissent être les inconvénients de la sujétion d'un ministre au souverain auprès duquel il est
employé, si le prince étranger veut s'en contenter, et
avoir un ministre sur ce pied-là, c'est son affaire; il ne
pourra se plaindre quand son ministre sera traité
comme sujet.

Il peut arriver encore qu'un ministre étranger se
rende sujet de la puissance à laquelle il est envoyé,
en recevant d'elle un emploi; et en ce cas il ne peut
prétendre à l'indépendance que dans les choses seulement qui appartiennent directement à son ministère.
Le prince qui l'envoie lui permettant cet assujettissement volontaire, veut bien s'exposer aux inconvénients.
Ainsi on a vu dans le siècle dernier, le baron de CHAR-
NACÉ et le comte d'ESTRADES, ambassadeurs de France
auprès des états-généraux, et en même temps officiers
dans les troupes de leurs Hautes-Puissances.

§ 113. — *Comment l'exemption du ministre s'étend à ses biens.*

L'indépendance du ministre public est donc la vraie
raison qui le rend exempt de toute juridiction du pays
où il réside. On ne peut lui adresser directement aucun exploit juridique, parce qu'il ne relève point de
l'autorité du prince ou des magistrats. Mais cette

(a) BIJNKERSHOEK, *ubi supra*, chap. II, à la fin.

exemption de sa personne s'étend-elle indistinctement à tous ses biens? Pour résoudre cette question, il faut voir ce qui peut assujettir les biens à la juridiction d'un pays, et ce qui peut les en exempter. En général, tout ce qui se trouve dans l'étendue d'un pays est soumis à l'autorité du souverain et à sa juridiction (*liv. I*, § 205, *et liv. II*, §§ 83, 84) : s'il s'élève quelque contestation au sujet d'effets, de marchandises qui se trouvent dans le pays, ou qui y passent, c'est au juge du lieu qu'en appartient la décision. En vertu de cette dépendance, on a établi en bien des pays le moyen des *arrêts* ou *saisies*, pour obliger un étranger à venir dans le lieu où se fait arrêt, répondre à quelque demande qu'on a à lui faire, quoiqu'elle n'ait pas pour objet direct les effets saisis. Mais comme nous l'avons fait voir, le ministre étranger est indépendant de la juridiction du pays; et son indépendance personnelle, quant au civil, lui serait assez inutile, si elle ne s'étendait à tout ce qui lui est nécessaire pour vivre avec dignité et pour vaquer tranquillement à ses fonctions. D'ailleurs, tout ce qu'il a amené ou acquis pour son usage, comme ministre, est tellement attaché à sa personne, qu'il en doit suivre le sort. Le ministre venant comme indépendant, il n'a pu entendre soumettre à la juridiction du pays son train, ses bagages, tout ce qui sert à sa personne. Toutes les choses donc qui appartiennent directement à la personne du ministre, en sa qualité de ministre public, tout ce qui est à son usage, tout ce qui sert à son entretien et à celui de sa maison, tout cela, dis-je, participe à l'indépendance du ministre, et est absolument exempt de toute juridiction dans le pays. Ces choses-là sont considérées comme étant hors du territoire, avec la personne à qui elles appartiennent

§ 114. — *L'exemption ne peut s'étendre aux effets appartenants à quelque trafic que fera le ministre.*

Mais il n'en peut être de même des effets qui ap-

partiennent manifestement au ministre sous une autre
relation que celle de ministre. Ce qui n'a aucun rapport à ses fonctions et à son caractère, ne peut participer aux priviléges que ses fonctions et son caractère lui donnent. S'il arrive donc, comme on l'a vu
souvent, qu'un ministre fasse quelque trafic, tous les
effets, marchandises, argent, dettes actives et passives,
appartenants à son commerce, toutes les contestations
même et les procès qui en résultent, tout cela est soumis à la juridiction du pays. Et bien que, pour ces
procès, on ne puisse s'adresser directement à la personne du ministre à cause de son indépendance, on
l'oblige indirectement à répondre, par la saisie des
effets qui appartiennent à son commerce. Les abus
qui naîtraient d'un usage contraire sont manifestes.
Que serait-ce qu'un marchand privilégié pour commettre impunément dans un pays étranger toutes sortes
d'injustices? Il n'y a aucune raison d'étendre l'exemption du ministre jusqu'à des choses de cette nature.
Si le maître craint quelque inconvénient de la dépendance indirecte où son ministre se trouvera de cette
manière, il n'a qu'à lui défendre un négoce, lequel
aussi bien sied assez mal à la dignité du caractère.

Ajoutons deux éclaircissements à ce qui vient d'être
dit : 1° Dans le doute, le respect dû au caractère exige
que l'on explique toujours les choses à l'avantage de
ce même caractère. Je veux dire, que quand il y a
lieu de douter si une chose est véritablement destinée
à l'usage du ministre et de sa maison, ou si elle appartient à son commerce, il faut juger à l'avantage du
ministre; autrement on s'exposerait à violer ses priviléges. 2° Quand je dis qu'on peut saisir les effets du
ministre qui n'ont aucun rapport à son caractère, ceux
de son commerce en particulier, cela doit s'entendre
dans la supposition que ce ne soit point pour quelque
sujet provenant des affaires que peut avoir le ministre
dans sa qualité de ministre, pour fournitures faites à
sa maison, par exemple, pour loyer de son hôtel, etc.

Car les affaires que l'on a avec lui sous cette relation, ne peuvent être jugées dans le pays, ni par conséquent être soumises à la juridiction par la voie indirecte des arrêts.

§ 115. — *Non plus qu'aux immeubles qu'il possède dans le pays.*

Tous les fonds de terre, tous les biens immeubles relèvent de la juridiction du pays (*liv. I*, § 205, *et liv. II, §§ 83, 84*), quel qu'en soit le propriétaire. Pourrait-on les en soustraire par cela seul que le maître sera envoyé en qualité d'ambassadeur par une puissance étrangère? Il n'y aurait aucune raison à cela. L'ambassadeur ne possède pas ces biens-là comme ambassadeur; ils ne sont pas attachés à sa personne, de manière qu'ils puissent être réputés hors du territoire avec elle. Si le prince étranger craint les suites de cette dépendance où se trouvera son ministre par rapport à quelques-uns de ses biens, il peut en choisir un autre. Disons donc que les biens immeubles, possédés par un ministre étranger, ne changent point de nature par la qualité du propriétaire, et qu'ils demeurent sous la juridiction de l'Etat où ils sont situés. Toute difficulté, tout procès qui les concerne, doit être porté devant les tribunaux du pays; et les mêmes tribunaux en peuvent ordonner la saisie sur un titre légitime. Au reste, on comprendra aisément que si l'ambassadeur loge dans une maison qui lui appartient en propre, cette maison est exceptée de la règle, comme servant actuellement à son usage; excepté, dis-je, dans tout ce qui peut intéresser l'usage qu'en fait actuellement l'ambassadeur.

On peut voir dans le traité de Bijnkershoek (*a*) que la coutume est conforme aux principes établis ici et dans le paragraphe précédent. Lorsqu'on veut intenter action à un ambassadeur dans les deux cas dont nous venons de parler, c'est-à-dire, au sujet de

_____

(*a*) *Du juge compétent des ambassadeurs*, chap. 16, § 6.

quelque immeuble situé dans le pays, ou d'effets mobiliers qui n'ont aucun rapport à l'ambassade, on doit faire citer l'ambassadeur, comme on cite les absents, puisqu'il est censé hors du territoire, et que son indépendance ne permet point qu'on s'adresse à sa personne par une voie qui porte le caractère de l'autorité, comme serait le ministère d'un huissier.

§ 116.—*Comment on peut obtenir justice contre un ambassadeur.*

Quel est donc le moyen d'avoir raison d'un ambassadeur qui se refuse à la justice, dans les affaires que l'on peut avoir avec lui? Plusieurs disent qu'il faut l'attaquer devant le tribunal dont il était ressortissant avant son ambassade. Cela ne me paraît pas exact. Si la nécessité et l'importance de ses fonctions le mettent au-dessus de toute poursuite dans le pays étranger où il réside, sera-t-il permis de le troubler, en l'appelant devant les tribunaux de son domicile ordinaire? Le bien du service public s'y oppose. Il faut que le ministre dépende uniquement du souverain auquel il appartient d'une façon toute particulière. C'est un instrument dans la main du conducteur de la Nation, dont rien ne doit détourner ou empêcher le service. Il ne serait pas juste non plus que l'absence d'un homme chargé des intérêts du souverain et de la Nation, lui devînt préjudiciable dans ses affaires particulières. Partout, ceux qui sont absents pour le service de l'Etat ont des priviléges qui les mettent à couvert des inconvénients de l'absence. Mais il faut prévenir, autant qu'il est possible, que ces priviléges des ministres de l'Etat ne soient trop onéreu aux particuliers qui ont des affaires avec eux. Quel est donc le moyen de concilier des intérêts divers, le service de l'Etat, et le soin de la justice? Tous particuliers, citoyens ou étrangers, qui ont des prétentions à la charge d'un ministre, s'ils ne peuvent obtenir satisfaction de lui-même, doivent s'adresser au maître, lequel est obligé de rendre justice de la manière la plus com-

patible avec le service public. C'est au prince de voir
s'il convient de rappeler son ministre, ou de marquer
le tribunal devant lequel on pourrait l'appeler, d'ordonner des délais, etc. En un mot, le bien de l'Etat ne
souffre point que qui que ce soit puisse troubler le
ministre dans ses fonctions, ou l'en distraire, sans la
permission du souverain ; et le souverain, obligé de
rendre la justice à tout le monde, ne doit point autoriser son ministre à la refuser, ou à fatiguer ses adversaires par d'injustes délais.

CHAPITRE IX.

De la maison de l'ambassadeur, de son hôtel, et des gens de sa suite.

§ 117. — De l'hôtel de l'ambassadeur.

L'indépendance de l'ambassadeur serait fort impar-
faite, et sa sûreté mal établie, si la maison où il loge
ne jouissait d'une entière franchise, et si elle n'était
pas inaccessible aux ministres ordinaires de la justice.
L'ambassadeur pourrait être troublé sous mille prétextes, son secret découvert par la visite de ses papiers,
et sa personne exposée à des avanies. Toutes les raisons
qui établissent son indépendance et son inviolabilité
concourent donc aussi à assurer la franchise de son
hôtel. Ce droit du caractère est généralement reconnu
chez les nations policées. On considère au moins, dans
tous les cas ordinaires de la vie, l'hôtel d'un ambassadeur comme étant hors du territoire, aussi bien que
sa personne. On en a vu, il y a peu d'années, un
exemple remarquable à Pétersbourg. Trente soldats,
aux ordres d'un officier, entrèrent le 3 d'avril 1752,
dans l'hôtel du baron DE GREIFFENHEIM, ministre de
Suède, et enlevèrent deux de ses domestiques, qu'ils

conduisirent en prison, sous prétexte que ces deux hommes avaient vendu clandestinement des boissons que la ferme impériale a seule le privilége de débiter. La cour, indignée d'une pareille action, fit arrêter aussitôt les auteurs de cette violence; et l'impératrice ordonna de donner satisfaction au ministre offensé. Elle lui fit remettre, et aux autres ministres des puissances étrangères, une déclaration, dans laquelle cette souveraine témoignait son indignation et son déplaisir de ce qui s'était passé, et faisait part des ordres qu'elle avait donnés au sénat de faire le procès au chef du bureau établi pour empêcher la vente clandestine des liqueurs, qui était le principal coupable.

La maison d'un ambassadeur doit être à couvert de toute insulte, sous la protection particulière des lois et du droit des gens : l'insulter, c'est se rendre coupable envers l'Etat et envers toutes les Nations.

§ 118. — *Du droit d'asile.*

Mais l'immunité, la franchise de l'hôtel n'est établie qu'en faveur du ministre et de ses gens, comme on le voit évidemment par les raisons mêmes sur lesquelles elle est fondée. Pourra-t-il s'en prévaloir, pour faire de sa maison un asile dans lequel il retirera les ennemis du prince et de l'Etat, les malfaiteurs de toute espèce, et les soustraira aux peines qu'ils auront méritées? Une pareille conduite serait contraire à tous les devoirs d'un ambassadeur, à l'esprit qui doit l'animer, aux vues légitimes qui l'ont fait admettre; personne n'osera le nier ; mais nous allons plus loin, et nous posons comme une vérité certaine, qu'un souverain n'est point obligé de souffrir un abus si pernicieux à son Etat, si préjudiciable à la société. A la vérité, quand il s'agit de certains délits communs, de gens souvent plus malheureux que coupables, ou dont la punition n'est pas fort importante au repos de la société, l'hôtel d'un ambassadeur peut bien leur servir d'asile ; et il vaut mieux laisser échapper des coupa-

bles de cette espèce, que d'exposer le ministre à se voir souvent troublé sous prétexte de la recherche qu'on en pourrait faire, que de compromettre l'Etat dans les inconvénients qui en pourraient naître. Et comme l'hôtel d'un ambassadeur est indépendant de la juridiction ordinaire, il n'appartient en aucun cas aux magistrats, juges de police, ou autres subalternes, d'y entrer de leur autorité, ou d'y envoyer leurs gens, si ce n'est dans des occasions de nécessité pressante, où le bien public serait en danger et ne permettrait point de délai. Tout ce qui touche une matière si élevée et si délicate, tout ce qui intéresse les droits et la gloire d'une puissance étrangère, tout ce qui pourrait commettre l'Etat avec cette puissance, doit être porté immédiatement au souverain, et réglé par lui-même, ou sous ses ordres par un conseil d'Etat. C'est donc au souverain de décider, dans l'occasion, jusqu'à quel point on doit respecter le droit d'asile qu'un ambassadeur attribue à son hôtel; et, s'il s'agit d'un coupable, dont la détention ou le châtiment soit d'une grande importance à l'Etat, le prince ne peut être arrêté par la considération d'un privilége qui n'a jamais été donné pour tourner au dommage et à la ruine des Etats. En 1729, le fameux duc DE RIPPERDA s'étant réfugié chez mylord HARRINGTON, ambassadeur d'Angleterre, le conseil de Castille décida « qu'on pou-
« vait l'en faire enlever, même de force, puisque au-
« trement ce qui avait été réglé pour maintenir une
« plus grande correspondance entre les souverains,
« tournerait au contraire à la ruine et à la destruction
« de leur autorité; qu'étendre les priviléges accordés
« aux hôtels des ambassadeurs en faveur simplement
« des délits communs, jusqu'aux sujets dépositaires
« des finances, des forces, et des secrets d'un Etat,
« lorsqu'ils viennent à manquer aux devoirs de leur
« ministère, ce serait introduire la chose du monde la
« plus préjudiciable et la plus contraire à toutes les

« puissances de la terre, qui se verraient forcées, si
« jamais cette maxime avait lieu, non-seulement à souf-
« frir, mais même à voir soutenir dans leur cour tous
« ceux qui machineraient leur perte (a). » On ne peut
rien dire de plus vrai et de plus judicieux sur cette
matière.

L'abus de la franchise n'a été porté nulle part plus
loin qu'à Rome, où les ambassadeurs des couronnes la
prétendent pour tout le quartier dans lequel leur hôtel est situé. Les papes, autrefois si formidables aux
souverains, sont depuis plus de deux siècles dans la
nécessité de les ménager à leur tour. Ils ont fait de vains
efforts pour abolir, ou pour resserrer du moins dans
de justes bornes, un privilége abusif, que le plus ancien usage ne devrait pas soutenir contre la justice et
la raison.

§ 119. — *Franchise des carrosses de l'ambassadeur.*

Les carrosses, les équipages de l'ambassadeur, jouissent des mêmes priviléges que son hôtel, et par les
mêmes raisons, les insulter, c'est attaquer l'ambassadeur lui-même et le souverain qu'il représente. Ils sont
indépendants de toute autorité subalterne, des gardes,
des commis, des magistrats et de leurs suppôts, et ne
peuvent être arrêtés et visités, sans un ordre supérieur. Mais ici, comme à l'égard de l'hôtel, il faut éviter de confondre l'abus avec le droit. Il serait absurde
qu'un ministre étranger pût faire évader dans son
carrosse un criminel d'importance, un homme dont
il serait essentiel à l'état de s'assurer; et cela sous les
yeux d'un souverain qui se verrait ainsi bravé dans
son royaume et à sa cour. En est-il un qui le voulût
souffrir? Le marquis de FONTENAY, ambassadeur de
France à Rome, donnait retraite aux exilés et aux rebelles de Naples, et voulut enfin les faire sortir de

_____

(a) *Mémoires de M. l'abbé de* MONTGON, tom. I.

Rome dans ses carrosses ; mais en sortant de la ville, les carrosses furent arrêtés par des Corses de la garde du pape, et les Napolitains mis en prison. L'ambassadeur se plaignit vivement ; le pape lui répondit « qu'il avait voulu faire saisir des gens que l'ambassa- « deur avait fait évader de la prison ; que puisque « l'ambassadeur se donnait la liberté de protéger des « scélérats, et tout ce qu'il y avait de criminel dans « l'Etat de l'Eglise, il devait pour le moins être permis « à lui, qui en était le souverain, de les faire reprendre « partout où ils se rencontreraient ; le *droit et le privi-* « *lége des ambassadeurs ne devant pas s'étendre si loin.* » L'ambassadeur repartit « qu'il ne se trouverait point « qu'il eût donné retraite aux sujets du pape, mais « bien à quelques Napolitains, à qui il pouvait donner « sûreté contre les persécutions des Espagnols (*a*). » Ce ministre convenait tacitement par sa réponse, qu'il n'aurait pas été fondé à se plaindre de ce qu'on avait arrêté ses carrosses, s'il les eût fait servir à l'évasion de quelques sujets du pape, et à soustraire des crimi- nels à la justice.

§ 120. — *De la suite de l'ambassadeur.*

L'inviolabilité de l'ambassadeur se communique aux gens de sa suite, et son indépendance s'étend à tout ce qui forme sa maison. Toutes ces personnes lui sont tellement attachées, qu'elles suivent son sort ; elles dépendent de lui seul immédiatement, et sont exemptes de la juridiction du pays, où elles ne se trouvent qu'a- vec cette réserve. L'ambassadeur doit les protéger, et on ne peut les insulter sans l'insulter lui-même. Si les domestiques et toute la maison d'un ministre étranger ne dépendaient pas de lui uniquement, on sent avec quelle facilité il pourrait être molesté, inquiété, et troublé dans l'exercice de ses fonctions. Ces maximes

---

(*a*) WICQUEFORT, *Ambass.*, liv. I, sect. XXVIII, vers la fin.

sont reconnues partout aujourd'hui, et confirmées par l'usage.

§ 121. — *De l'épouse et de la famille de l'ambassadeur.*

L'épouse de l'ambassadeur lui est intimement unie, et lui appartient plus particulièrement que toute autre personne de sa maison. Aussi participe-t-elle à son indépendance et à son inviolabilité. On lui rend même des honneurs distingués, et qui ne pourraient lui être refusés à un certain point, sans faire affront à l'ambassadeur; le cérémonial en est réglé dans la plupart des cours. La considération qui est due à l'ambassadeur rejaillit encore sur ses enfants, qui participent aussi à ses immunités.

§ 122. — *Du secrétaire de l'ambassade.*

Le secrétaire de l'ambassadeur est au nombre de ses domestiques; mais le secrétaire de l'ambassade tient sa commission du souverain lui-même; ce qui en fait une espèce de ministre public, qui jouit pour lui-même de la protection du droit des gens et des immunités attachées à son état, indépendamment de l'ambassadeur, aux ordres duquel il n'est même soumis que fort imparfaitement, quelquefois point du tout, et toujours suivant que leur maître commun l'a réglé.

§ 123. — *Des courriers et des dépêches de l'ambassadeur.*

Les courriers qu'un ambassadeur dépêche ou reçoit, ses papiers, ses lettres et dépêches, sont autant de choses qui appartiennent essentiellement à l'ambassade, et qui doivent par conséquent être sacrées, puisque, si on ne les respectait pas, l'ambassade ne saurait obtenir sa fin légitime, ni l'ambassadeur remplir ses fonctions avec la sûreté convenable. Les Etats-Généraux des Provinces-Unies ont jugé, dans le temps que le président Jeannin était ambassadeur de France auprès d'eux, qu'ouvrir les lettres d'un ministre public, c'est violer le droit des gens (*a*). On peut voir d'autres exemples dans Wicquefort. Ce privilége n'empêche pas cependant que, dans les occasions importantes où l'ambassadeur a violé lui-même le droit des gens, en formant ou en favorisant des complots dangereux, des conspirations contre l'Etat, on ne puisse saisir ses papiers, pour découvrir toute la trame et les complices, puisqu'on peut bien, en pareil cas, l'arrêter et l'interroger lui-même. (§ 99.) On en usa ainsi à l'égard des lettres remises par des traîtres aux ambassadeurs de Tarquin. (§ 98.)

§ 124. — *Autorité de l'ambassadeur sur les gens de sa suite.*

Les gens de la suite du ministre étranger, étant indépendants de la juridiction du pays, ne peuvent être arrêtés ni punis sans son consentement. Mais il serait peu convenable qu'ils vécussent dans une entière indépendance, et qu'ils eussent la liberté de se livrer sans crainte à toute sorte de désordres. L'ambassadeur est nécessairement revêtu de toute l'autorité nécessaire pour les contenir (*). Quelques-uns veulent que cette autorité s'étende jusqu'au droit de vie et de mort. Le marquis de Rosny, depuis duc de Sully, étant ambassadeur extraordinaire de France en Angleterre, un gentilhomme de sa suite se rendit coupable d'un meurtre, ce qui excita une grande rumeur parmi le peuple

---

(*a*) Wicquefort, liv. I, sect. XXVII, vers la fin.

(*) Il doit veiller sur leur conduite, et user de cette autorité pour empêcher qu'ils ne sortent de leur caractère, et ne fassent des choses de nature à offenser légitimement le souverain chez qui il réside ; ce qui peut avoir quelquefois des suites fâcheuses et désagréables. Le comte d'Harcourt étant envoyé en Angleterre pour moyenner un accommodement entre Charles I et son parlement, plusieurs gentilshommes de sa suite se rendirent à l'armée du roi et combattirent contre les parlementaires. Dès ce moment le parlement ne voulut plus traiter avec le comte d'Harcourt. — *Hist. des conspirations,* par Du Port, tom. IV, p. 261.

de Londres. L'ambassadeur assembla quelques seigneurs français qui l'avaient accompagné, fit le procès au meurtrier, et le condamna à perdre la tête; après quoi il fit dire au maire de Londres qu'il avait jugé le criminel, et lui demanda des archers et un bourreau pour exécuter la sentence. Mais ensuite, il convint de livrer le coupable aux Anglais, pour en faire euxmêmes justice comme ils l'entendraient, et M. DE BEAUMONT, ambassadeur ordinaire de France, obtint du roi d'Angleterre la grâce du jeune homme, qui était son parent (a). Il dépend du souverain d'étendre jusqu'à ce point le pouvoir de son ambassadeur sur les gens de sa maison, et le marquis de ROSNY se tenait bien assuré de l'aveu de son maître, qui en effet approuva sa conduite. Mais en général, on doit présumer que l'ambassadeur est seulement revêtu d'un pouvoir coercitif, suffisant pour contenir ses gens par d'autres peines non capitales et point infamantes. Il peut châtier les fautes commises contre lui et contre le service du maître, ou renvoyer les coupables à leur souverain, pour être punis. Que si ces gens se rendent coupables envers la société, par des crimes dignes d'une peine sévère, l'ambassadeur doit distinguer entre les domestiques de sa Nation et ceux qui sont sujets du pays où il réside. Le plus court et le plus naturel est de chasser ces derniers de sa maison et de les livrer à la justice. Quant à ceux qui sont de sa Nation, s'ils ont offensé le souverain du pays, ou commis de ces crimes atroces dont la punition intéresse toutes les Nations, qu'il est d'usage, pour cette raison, de rendre d'un Etat à l'autre, pourquoi ne les livrerait-il pas à la Nation qui demande leur supplice? Si la faute est d'un autre genre, il les renverra à son souverain. Enfin, dans un cas douteux, l'ambassadeur doit tenir le criminel dans les fers, jusqu'à ce qu'il ait reçu les ordres

---

(a) *Mémoires de* SULLY, tom **VI**, chap. 1, édition in-**12**.

de sa cour. Mais s'il condamne le coupable à mort, je
ne pense pas qu'il puisse le faire exécuter dans son
hôtel. Car une exécution de cette nature est un acte
de supériorité territoriale, qui n'appartient qu'au souverain du pays. Et si l'ambassadeur est réputé hors du
territoire, aussi bien que sa maison et son hôtel, ce
n'est qu'une façon d'exprimer son indépendance et
tous les droits nécessaires au légitime succès de l'ambassade : cette fiction ne peut emporter des droits
réservés au souverain, trop délicats et trop importants
pour être communiqués à un étranger, et dont l'ambassadeur n'a pas besoin pour s'acquitter dignement
de ses fonctions. Si le coupable a péché contre l'ambassadeur, ou contre le service du maître, l'ambassadeur peut l'envoyer à son souverain ; si le crime intéresse l'Etat où le ministre réside, il peut juger le criminel, et le trouvant digne de mort, le livrer à la justice du pays, comme fit le marquis de Rosny.

§ 125. — *Quand finissent les droits de l'ambassadeur.*

Quand la commission d'un ambassadeur est finie,
lorsqu'il a terminé les affaires qui l'ont amené, lorsqu'il est rappelé ou congédié, en un mot, dès qu'il
est obligé de partir, par quelque raison que ce soit,
ses fonctions cessent; mais ses priviléges et ses droits
n'expirent point dès ce moment : il les conserve jusqu'à son retour auprès du maître à qui il doit rendre
compte de son ambassade (*). Sa sûreté, son indépendance, et son inviolabilité, ne sont pas moins nécessaires au succès de l'ambassade, dans le départ que
dans la venue. Aussi, lorsqu'un ambassadeur se retire,

(*) C'était la coutume, dit JOINVILLE, alors usitée en païennie
comme en chrétienté, que quand deux princes étaient en guerre,
si l'un d'eux venait à mourir, les ambassadeurs qu'ils s'étaient
envoyés réciproquement demeuraient prisonniers et esclaves.
Pag. 72 et 73.

à cause de la guerre qui s'allume entre son maître et le souverain auprès duquel il était employé, on lui laisse un temps suffisant pour sortir du pays en toute sûreté, et même, s'il s'en retournait par mer, et qu'il vînt à être pris dans le trajet, il serait relâché sans difficulté, comme ne pouvant être de bonne prise.

§ 126. — *Des cas où il faut de nouvelles lettres de créance.*

Les mêmes raisons font subsister les priviléges de l'ambassadeur, dans le cas où l'activité de son ministère se trouve en suspens, et où il a besoin de nouveaux pouvoirs. Ce cas arrive par la mort du prince que le ministre représente, ou par celle du souverain auprès duquel il réside. Dans l'une et l'autre occasion, il est nécessaire que le ministre soit muni de nouvelles lettres de créance; moins nécessaire cependant dans le dernier cas que dans le premier, surtout si le successeur du prince mort est successeur naturel et nécessaire, parce que l'autorité d'où est émané le pouvoir du ministre, subsistant, on présume aisément qu'il demeure en la même qualité auprès du nouveau souverain. Mais si le maître du ministre n'est plus, les pouvoirs expirent, et il lui faut absolument des lettres de créance du successeur, pour l'autoriser à parler et à agir en son nom. Cependant il demeure dans l'intervalle ministre de sa Nation, et il doit jouir à ce titre, des droits et des honneurs attachés au caractère.

§ 127. — *Conclusion.*

Me voici enfin parvenu au bout de la carrière que je m'étais proposée. Je ne me flatte point d'avoir donné un traité complet et parfaitement rempli du droit des gens : ce n'a pas été mon dessein; et ç'eût été trop présumer de mes forces dans une matière si vaste et si riche. Ce sera beaucoup pour moi, si mes principes sont trouvés solides, lumineux, et suffisants aux personnes intelligentes, pour donner la solution des questions de détails dans les cas particuliers. Heureux si mon travail peut être de quelque utilité aux gens en place qui aiment le genre humain et qui respectent la justice; s'il leur fournit des armes pour défendre le bon droit, et pour forcer au moins les injustes à garder quelque mesure, à se tenir dans les bornes de la décence!

FIN.

TABLE

SUITE DU LIVRE II.

CHAPITRE XVII.
De l'interprétation des traités.

LIVRE III.
De la guerre.

CHAPITRE Ier.

De la guerre et de ses différentes espèces, et du droit de faire la guerre.

CHAPITRE II.

De ce qui sert à faire la guerre, de la levée des troupes, etc., de leurs commandants, ou des puissances subalternes dans la guerre.

CHAPITRE III.

Des justes causes de la guerre.

CHAPITRE VII.

De la neutralité, et du passage des troupes en pays neutre.

CHAPITRE IX.

Du droit de la guerre à l'égard des choses qui appartiennent
à l'ennemi.

CHAPITRE X.

De la foi entre ennemis, des stratagèmes, des ruses de guerre,
des espions, et de quelques autres pratiques.

CHAPITRE XI.

Du souverain qui fait une guerre injuste.

CHAPITRE XVII.

Des saufs-conduits et des passe-port : question sur la rançon
des prisonniers de guerre.

CHAPITRE XVIII.

De la guerre civile.

‚‚

LIVRE IV.

Du rétablissement de la paix, et des ambassades.

CHAPITRE Iᵉʳ.

De la paix, et de l'obligation de la cultiver.

CHAPITRE II.

Des traités de paix.

CHAPITRE III.

De l'exécution du traité de paix.

CHAPITRE IV.

De l'observation et de la rupture du traité de paix.

CHAPITRE VIII.

Du juge de l'ambassadeur en matière civile.

CHAPITRE IX.

De la maison de l'ambassadeur, de son hôtel, et des gens de sa suite.

Fin de la table du quatrième et dernier livre.

BIBLIOGRAPHIE CHOISIE

ET

SYSTÉMATIQUE

DU DROIT DE LA NATURE ET DES GENS

(ET DU DROIT PUBLIC).

———

Pour plus de détails et de renseignements
on pourra consulter la Bibliographie
de notre édition
du *Guide Diplomatique.*

———

Nota. On pourra se procurer, au besoin,
la plupart des ouvrages mentionnés dans cette Bibliographie spéciale,
à la *Librairie diplomatique*, française et étrangère,
de M. J.-P. AILLAUD,
Quai Voltaire, 11, à Paris.

TABLE MÉTHODIQUE.

BIBLIOGRAPHIE CHOISIE

ET

SYSTÉMATIQUE

DU DROIT DE LA NATURE ET DES GENS

(ET DU DROIT PUBLIC).

———————

PREMIÈRE SECTION.

§ 1. — *Histoire du Droit de la Nature et des Gens.*

1. Marin, Historia del derecho natural y de gentes. *Madrid*, 1807, 2 vol. in-8°.

2. (Mart. Hubner), Essai sur l'histoire du Droit naturel. *Londres*, 1757-1758, 2 vol. in-12.

3. J. Barbeyrac, — La Préface qu'il a mise en tête de sa traduction du «Droit de la Nature et des Gens, de S. Puffendorff (98).»

4. R. Ward, Inquiry into the foundation and history of the law of Nations in Europe, from the time of the Greeks and Romans to the age of Grotius. *London*, 1795, 2 vol. in-8°.

5. C. H. L. Pölitz, Comment. literaria de Mutationibus, quas systema juris naturæ ac Gentium a Grotii temporibus huc-usque expertum fuerit. *Vitemb.* 1805, in-4°.

6. J. J. Burlamaqui, — l'Introduction historique et critique au droit naturel, qui se trouve en tête de ses «Principes du Droit de la Nature et des Gens,» édition du professeur Félice, réimprimée à *Paris* en 1820, sous les auspices de M. Dupin aîné, qui y a ajouté une excellente Table analytique des matières [5 vol. in-8°] (75).

§ 2. — *Littérature et Bibliographie.*

7. D. H. L. Frhrn. v. Ompteda, Literatur des gesammten, sowohl natürlichen als positiven Völkerrechts. *Regensb*, 1785, 2 Th. in-8°.

8. C. A. v. Kamptz, Neue Literatur des Völkerrechts seit dem Jahre 1784; als Ergänzung u. Fortsetzung des Werks des Gesandten v. Ompteda. *Berlin*, 1817, 1 Bd. in-8°.

9. C. D. Voss, Einleitung in die Geschichte u. Literatur der allgemeinen Staatswissenschaft. *Leipz.* 1800-1802, 2 Th. in-8°. — Cette Introduction forme aussi les 5e et 6e vol. de l'ouvrage intitulé: «Handbuch der allgemeinen Staatswissenschaft, von C. D. Voss.»

10. J. S. ERSCH, Literatur der Jurisprudenz und Politik, seit der Mitte des 18ten Jahrhunderts. Neue Ausgabe, bearbeitet von CH. KOPPE. *Leipz.* 1823 in-8°. — Cet ouvrage porte aussi le titre de «Handbuch der teutschen Literatur, seit der Mitte der 18ten Jahrhunderts, 2er Bd., 1e Abthl.»

11. G. de RÉAL, Examen des principaux ouvrages composés sur des matières de gouvernement, t. VIIIe de la «Science du gouvernement,» publiée à *Paris* en 1761-1764, 8 vol. in-4°.

12. G. PEIGNOT, Répertoire bibliographique universel, contenant la notice raisonnée des Bibliographies spéciales publiées jusqu'à ce jour. *Paris,* 1812, in-8°.

13. J. Ch. BRUNET, Manuel du libraire et de l'amateur de livres, etc. *Paris,* 1820, 3e édit., 4 vol. in-8°. — Consulter surtout la Table méthodique qui forme le 4e vol.

14. Les diverses Revues bibliographiques, françaises et étrangères, mais particulièrement la Bibliographie de la France, rédigée depuis sa création, en 1811, par le savant et consciencieux M. BEUCHOT.

§ 3. — *Biographie.*

15. Les ouvrages de JENICHEN, JUGLER, WEIDLICH et autres, indiqués dans PUTTER's Literatur des teutschen Staatsrechts (*Götting.* 1776-1783, 3 Th. in-8°), th. I, s. 20 f.; et dans J. G. HELBACH's auserles. Bibliothek für Rechtsgelehrte, th. I, s. 13 ff. — Les Notices qui se trouvent dans H. J. C. KÖNIG's Lehrbuch der allgem. jurist. Literatur, th. I, s. 59-195.

16. Biographie universelle, ancienne et moderne, rédigée par une société de gens de lettres et de savants. *Paris,* 1811-1828, 52 vol. in-8°. — Il paraît un supplément.

17. BEAUVAIS (le général), Biographie universelle classique, ou Dictionnaire historique portatif, par une société de gens de lettres. *Paris,* 1829, 3 forts vol. gr. in-8°.

18. Les parties biographiques et bibliographiques sont aussi traitées dans J. G. MEUSEL's Lexicon der von 1750 bis 1800 verstorbenen teutschen Schriftsteller. *Leipz.* 1802-1816, 15 Bde. in-8°, et dans les diverses éditions du «Conversations-Lexikon» (188).

19. On pourra consulter aussi «The general Biographical Dictionnary, by Alexandre CHALMERS, F. S. A.;» et, pour les hommes qui ont marqué à la fin du dernier siècle et dans la première période de celui-ci, les diverses biographies des contemporains; mais particulièrement le recueil intitulé: «Zeitgenossen, ein biographisches Magazin für die

Geschichte unserer Zeit,» rédigé par Fr. Chr. Aug. HASSE, et qui se publie à *Leipzig.*

§ 4. — *Sciences connexes et subsidiaires.*

20. Des ouvrages appartenant à cette classe sont indiqués dans PÜTTER's Literatur (15), th. II, s. 370, 376 et 382 ff., et dans J. L. KLUBER's Neue Literatur des teutschen Staatsrechts (*Erlangen,* 1791, in-8°), §§ 660-669 et 673 ff.

21. J. E. FABRI, Encyclopädie der historischen Hauptwissenschaften und ihrer Hülfs-Doctrinen. *Erlang,* 1808, in-8°.

22. Les ouvrages de PÖLITZ, Encyclopädisch-scientifische Literatur. Zweites Heft, die Encyclopädisch-historische Literatur enthaltend. *Leipz. u. Züllichau.* 1813, in-8°.

23. L. WACHLER, Geschichte der historischen Forschung und Kunst, seit der Wiederherstellung der literärischen Cultur. *Göttingen,* 1812-1813, 1 vol. in-8°, en deux parties.

24. J. S. ERSCH Literatur der Geschichte und deren Hülfswissenschaften, seit der Mitte des 18ten Jahrhunderts. Neue Ausg. *Leipzig,* 1827, in-8°. — Cet ouvrage, de même que celui indiqué (10), porte aussi le titre de «Handbuch der teutschen Literatur, seit der Mitte der 18ten Jahrhunderts, 4er Bd., 1e Abthl.»

DEUXIÈME SECTION.

TRAITÉS PUBLICS.

§ 1. — *Sources.*

25. On trouve un Catalogue et une critique des divers Recueils de traités dans «Georges CHALMERS, A Collection of Treaties. (*London,* 1790, t. I, and II, in-8°), p. IV-XI de la Préface; et dans le supplément au Recueil des principaux traités de G. F. de MARTENS, t. Ier, Discours préliminaire, p. I-LXXIII (30).

26. Comparez aussi v. OMPTEDA's Literatur (7), th. I, s. 311 ff. u. 429 ff.; et v. KAMPTZ neue Literatur (8), s. 68 ff. u. 281 ff.

§ 2. — *Recueils généraux (particulièrement) des États européens.*

27. G. W. LEIBNITZ, Codex juris gentium diplomaticus. *Hanov.* 1693, 1 vol. in-f°. — Mantissa ejusdem, *ibid.* 1700.

— Cum mantissa. *Guelpherb.* (Wolffenbuttel), 1747, 2 vol. in-f°.

28. La plupart des traités antérieurs au xviii° siècle ont été réimprimés dans :

a. J. Dumont, Corps universel diplomatique du Droit des Gens, contenant un recueil de traités d'alliance, de paix, de trève, de neutralité, de commerce, d'échange, de protection, de garantie, etc., faits en Europe depuis le règne de Charlemagne jusqu'à présent (de 800 à 1731), avec les capitulations impériales et royales......, et en général tous les titres qui peuvent servir à fonder, établir, ou justifier les droits et les intérêts des princes et États de l'Europe, etc. *Amsterdam* et *La Haye,* 1726-1731, VIII T. in-f°. — Chaque tome contient deux ou trois parties qui forment autant de volumes distincts. *Voyez* G. F. de Martens, «Recherches sur la vie et les écrits de Jean du Mont, baron de Carelscroon,» p. lxxiv-xciv du Discours cité (25).

b. Cinq tomes in-folio complémentaires parurent à *Amsterdam* et à *La Haye,* en 1739. Les deux premiers forment l'Histoire des anciens traités, depuis les temps les plus reculés jusqu'à Charlemagne (c'est-à-dire depuis l'an 1496 avant J.-C., jusqu'à l'an 813 de l'ère chrétienne), par J. Barbeyrac; le troisième tome sert de Supplément au Corps universel diplomatique, qu'il continue jusqu'à l'année 1738, les deux autres contiennent le Cérémonial diplomatique des Cours de l'Europe, par J. Rousset, auteur du supplément proprement dit.

c. On ajoute aussi au Corps universel diplomatique un ouvrage destiné par son auteur (Jean Yves de Saint-Prest), à lui servir d'Introduction, c'est l'Histoire des traités de paix et autres négociations du xvii° siècle, depuis la paix de Vervins jusqu'à celle de Nimègue, où l'on donne l'origine des prétentions de toutes les puissances de l'Europe. *Amsterdam* et *La Haye,* 1735, 2 vol. in-f°.—J. Y. de Saint-Prest avait été secrétaire du marquis de Torcy.

d. Enfin on y joint encore les Négociations secrètes touchant la paix de Munster et d'Osnabrug, depuis 1642 jusqu'à 1648, avec les dépêches de M. de Vautorte, et autres pièces touchant le même traité (dit de Westphalie), jusqu'en 1654; ensemble un avertissement de J. Le Clerc, sur l'origine des Droits de la Nature et des Gens, et Public. *La Haye,* 1724-1725, 4 vol. in-f°.

Tous ces ouvrages réunis forment ce qu'on appelle la collection complète du «Corps universel diplomatique du Droit des Gens,» et ce simple énoncé suffit sans doute pour en faire apprécier l'importance.

20. F. A. G. Wenck, Codex juris gentium recentissimi. *Leipz.* 1781, 1786 et 1795, 3 vol. in-8°. — Cet ouvrage embrasse une période de trente-sept ans (de 1735 à 1772), il a pour objet spécial de continuer le Corps universel diplomatique; il peut aussi être considéré comme le recueil intermédiaire entre cette vaste collection et la suivante :

30. G. F. de Martens, Recueil des principaux traités d'alliance, de paix, de trève, de neutralité, de commerce, de limites, d'échanges, etc., depuis 1761 jusqu'en 1819. *Gottingue,* 1791 à 1820, 15 vol. in-8°, qui ont été publiés de 1791 à 1801, 7 vol.; de 1802 à 1808, 4 vol. de supplément avec la continuation jusqu'en 1807 (on trouve dans ce supplément des traités antérieurs à l'année 1761, qui ne sont point dans les Recueils qui ont précédé celui de G. F. Martens), et de 1817 à 1820, 4 autres vol., qui portent le titre de Nouveau Recueil, etc., comprenant les traités depuis 1808 jusqu'à la fin de 1819. — Il paraît deux Suppléments différents depuis la mort de l'auteur, décédé en 1819, l'un publié par M. Saalfeld et l'autre par M. de Martens, neveu.

31. Le meilleur des recueils manuels a été long-temps celui de J. J. Schmauss, Corpus juris gentium academicum. *Leipz.* 1730-1731, 2 vol. in-8°. — Avant Schmauss on ne faisait pas de l'étude des traités la base de l'éducation de l'homme d'État (203).

§ 3. — *Recueils spéciaux.*

32. Hauterive (le comte Auguste d') et le chevalier de Cussy, Recueil de traités de commerce et de navigation de la France avec les puissances étrangères, depuis la paix de Westphalie, suivi du Recueil des principaux traités de même nature conclus par les puissances étrangères entre elles, depuis la même époque (jusqu'à présent). *Paris,* 1833 et années suivantes, 7 ou 8 vol. in-8°; il y en a quatre de publiés.

Ce Recueil est fait à l'instar de celui publié en Angleterre par M. Hetslet, conservateur des manuscrits au Foreign-Office, mais qui ne comprend que les Conventions de commerce et de navigation *actuellement en vigueur* entre la Grande-Bretagne et les puissances étrangères.

§ 4. — *Recueils particuliers.*

33. Nous avons indiqué (25 et 26) les sources à consulter pour les diverses collections particulières de traités. Les États de l'Allemagne et ceux de l'Italie, le Danemark, la

Monarchie espagnole, la France (32, 40 et 200), la Grande-
Bretagne (25 et 32), les Pays-Bas (69), la Pologne (avant le
partage et la réunion de la couronne à celle de Russie), la
Porte-Ottomane, le Portugal, la Prusse (191), la Russie, la
Suède, la Suisse, les États-Unis d'Amérique, etc., ont des recueils particuliers imprimés, plus ou moins complets; mais
comme presque tous les actes et traités qu'ils contiennent
se trouvent dans les recueils généraux mentionnés (27, 28,
29, 30 et 31), les seuls pour ainsi dire qui soient habituelle-
ment consultés, nous avons cru pouvoir nous abstenir de les
détailler ici. D'ailleurs, pour les connaître tous, à défaut du
1er vol. du supplément du Recueil de G. F. DE MARTENS (30),
on pourra recourir aux notes de l'introduction du «Précis
du Droit des Gens, du même publiciste;» p. 64 et suiv., de
l'édition revue et annotée par M. le commandeur S. PIN-
HEIRO-FERREIRA, ancien ministre des relations extérieures
de S. M. T. F. (83).

§ 5. — Extraits.

34. On trouve des extraits de traités (depuis 1315 jusqu'à 1788) dans «l'Économie politique et diplomatique» de
l'Encyclopédie méthodique. *Paris*, 1784-1788, 4 vol. in-4°.

35. LA MAILLARDIÈRE (le vicomte C. F. de), Abrégé des
principaux traités conclus depuis le commencement du
xive siècle jusqu'à présent, entre les différentes Puissances
de l'Europe, disposés par ordre chronologique. *Paris*, 1778,
2 vol. in-12, 2e édit. 1783.

36. C. G. KOCH, Abrégé de l'histoire des traités de paix
entre les puissances de l'Europe depuis la paix de Westphalie. *Bâle*, 1796-1797, 4 vol. in-8°. — Nouvelle édition
entièrement refondue et continuée jusqu'au congrès de
Vienne et aux traités de Paris (de 1815), par FR. SCHOELL.
Paris, 1817-1818, 15 vol. in-8°. — Le continuateur n'a
imité ni la modération ni l'esprit d'équité de son modèle.

§ 6. — *Tables alphabétiques et chronologiques des Traités.*

37. Chronologie des allgemeinen Staatsarchivs, worin
die Friedensschlüsse sowohl in Europa als andern Thei-
len der Welt, von 1536 bis 1703, angezeigt werden. *Hamburg*, 1704, in-8°.

38. J. P. GEORGISCH, regesta chronologico-diplomatica
(inde ab a. 314 usque ad a. 1730). *Hal.* 1740-1744, 4 vol. in-f°.

39. C. F. HEMPEL, Allgemeines Staatsrechts-Lexicon,
oder Repertorium aller, sonderlich in den 5 letzten Sae-
culis, bis auf den heutigen Tag zwischen den hohen

Mächten in ganz Europa geschlossenen Friedens-, Allianz-, Freundschafts-, Commercien-u. a. Haupt-Tractaten, auch der eigenen Fundamental-Gesetze eines Staats, so unter ihre gehörige Titel, und in alphab. Ordnung gebracht worden. *Frankf.* u. *Leipz.* 1751-1758, 9 th. in-4°. — La Préface contient une liste de mille huit cent soixante-dix-huit traités que l'auteur a consultés, il finit à l'article *Constantin-Orden;* ainsi il s'en faut de beaucoup que son travail soit complet.

40. On trouve de bonnes Tables chronologiques et alphabétiques des Traités et autres actes publics, depuis 1761, dans les tomes V et VII du Recueil de G. F. DE MARTENS, et dans le tome IV du supplément (30). Ces Tables ont été continuées jusqu'en mai 1818, et augmentées des traités qui se trouvent dans les tomes V, VI et VII du supplément; de ceux qui se trouvent dans la collection de F. A. G. WENCK (29), et dans la Table des traités entre la France et les puissances étrangères, etc., par KOCH. *Bâle,* 1801-1802, 2 vol. in-8°; dans son Abrégé de l'histoire des traités (36); dans le Recueil des pièces officielles, publié par Fr. SCHOELL, et dans les sept premiers volumes des Actes du congrès de Vienne, publiés par M. J. L. KLUBER (68).

———

ACTES PUBLICS.

§ 1. — *Collections embrassant une période déterminée.*

41. Sammlung der neusten Staats-schriften, zum Behuf der Historie des jetzigen Kriegs, auf das Jahr 1756. *Frankf.* u. *Leipz.* 1757, in-4°. — Cette collection a été continuée sous le titre suivant :

42. Teutsche Kriegs-Canzley auf die Jahre 1757 bis 1763. *Ibid.* 1757-1763, 18 Th. in-4°.

43. La Correspondance entre l'Autriche et la Prusse en 1778 (dans les OEuvres posthumes de Frédéric II, t. V, p. 209-288). *Berlin,* 1789.

44. A. MENNINGS, Sammlung von Staatsschriften, die während des Seekriegs von 1776 bis 1783, sowohl von den kriegführenden als auch von den neutralen Mächten öffentlich bekannt gemacht worden sind, in so weit solche die Freiheit der Schiffahrt und des Handels betreffen. *Hamb.* 1784-1785, 2 Bde. in-8°.

45. HERTZBERG (le ministre d'État comte de), Recueil de déductions (191).

46. Il a paru sur la révolution de Hollande, de 1787, une collection de mémoires et autres écrits, en 50 cahiers

in-8°.—*Voyez* aussi sur le même sujet un Mémoire de CAIL-
LARD, dans la «Décade historique ou Tableau politique de
l'Europe, depuis 1786 jusqu'en 1796, par le comte DE SÉ-
GUR,» (5° édit. *Paris,* 1828, 3 vol. in-8°).

47. A Collection of State-Papers relating to the war
against France now carrying on by Great-Britain and the
several other European Powers. *Lond.* 1794-1796, IV T.,
en 5 vol. in-8°.

48. Correspondance complète de lord MALMESBURY (ou
Recueil de toutes les pièces officielles relatives à la négociation de Lille, en 1797). *Paris,* 1797, in-8° (49 et 50).

49. Recueil des actes diplomatiques concernant la négociation de lord MALMESBURY avec le gouvernement de la
République française, à Paris, du 22 octobre au 20 dé-
cembre 1796; par l'auteur de la Politique raisonnée, etc.
Hambourg, La Haye, Londres, Paris, in-8°. — La Préface
est datée d'U.....t (*Utrecht*), le 16 février 1797 (48 et 50).

50. Négociation de lord MALMESBURY, à Lille, en 1797.
[Traduction de «List of papers, presented by His Majesty's
Command», imprimé pour l'usage du Parlement. *Londres,*
1797, in-f°.] (48 et 49).

51. Pièces officielles relatives aux préliminaires de Londres et au traité d'Amiens. *Paris,* de *l'imprimerie de la
République,* an XI, 1 vol. in-4°.

52. Joach. DE SCHWARZKOPF, Recueil des principaux actes
publics sur les relations politiques de la France avec les
États de l'Italie, depuis l'année 1787 jusqu'au mois de mai
1796. — (On y a annexé une table des actes concernant les
rapports entre l'Espagne et la France). *Francfort-sur-le-
Mein,* 1796, in-8°.

53. ALBEDYHL (le baron D'), Recueil de mémoires et autres
pièces authentiques relatives aux affaires de l'Europe, et
particulièrement celles du Nord, pendant la dernière partie du XVIII° siècle. *Stockholm,* 1703, in-8°.

54. C. U. D. v. EGGERS, Actenstücke über das Missverständ-
niss zwischen Dännemark und England und über die nor-
dische Neutralitäts convention, mit einer rechtlichen Erör-
terung des Streitpuncts. *Kopenhagen u. Leipzig,* 1801, in-8°.

55. Papiers relatifs à la rupture avec l'Espagne, pré-
sentés au Parlement le 24 janvier, 2, 4 et 6 février 1805.
Traduits de l'anglais, etc. *Londres* (1805), in-8°.

56. LOUIS BONAPARTE (ex-roi de Hollande), Documents
historiques sur le gouvernement de la Hollande. *Londres,*
1819, édition originale; *Paris,* 1820, avec quelques sup-
pressions, et *Bruxelles,* 1821 (édition faite sur celle de
Paris), 3 vol. in-8°.

57. P. Oesterreicher, Kriegs-Archiv des rheinischen Bundes. *Bamberg,* 1806-1808, in-4°.

58. A. G. Gebhardt, Actes et Mémoires concernant les négociations qui ont eu lieu entre la France et les États-Unis de l'Amérique, depuis 1793 jusqu'à la conclusion de la convention du 30 septembre 1800. *Londres,* 1807, 3 vol. in-8°. — Cette collection a aussi été publiée sous ce titre :

«State-Papers relating to the diplomatick transactions between the American and French Governments, from the year 1793 to the Conclusion of the Convention on the 30th of september 1800. Collected by A. G. Gebhardt, formerly Secretary to the Saxon Legation in London. *Lond.* 1816, 3 vol. in-8°.

59. Mémoires et actes authentiques relatifs aux négociations qui ont précédé le partage de la Pologne. Tirés du porte-feuille d'un ancien ministre du xviiie siècle, *Paris,* 1810, in-8°.

60. C. A. Fischer, Neues französisch-diplomatisches Lesebuch, oder Sammlung französischer Original-Aufsätze über diplomatisch-politische Gegenstände der neuesten Zeit (1796-1807). *Leipzig,* 1808-1813 (1808-1812), 2 Th. in-8°. — Cette collection porte aussi le titre de «Collection générale et complète de lettres, proclamations, discours, messages, etc., de Napoléon-le-Grand.»

61. ———— Collection générale des pièces officielles qui servent à l'histoire diplomatique de la France, depuis 1792 jusqu'à 1812. *Tubingue,* 1815, in-8°.

62. C. G. Dumge, Allgemeines diplomatisches Archiv für die neueste Zeitgeschichte; enthaltend eine vollständige Sammlung aller Actenstücke seit Entstehung des gegenwärtigen europäischen Staatenbundes wider Frankreichs Uebermacht (1812-1813). *Heidelb.* 1814, 1 Bd. in-4°.

63. F. Schoell, Recueil de pièces officielles destinées à détromper les Français sur les événements qui se sont passés depuis quelques années. *Paris,* 1814-1816, ix tomes in-8°.

64. ———— Archives historiques et politiques, ou Recueil de pièces officielles, mémoires et morceaux historiques inédits ou peu connus relatifs à l'histoire des xviiie et xixe siècles (faisant suite au Recueil précédent). *Paris,* 1818-1819, 3 vol. in-8°.

Pour connaître la suite des événements politiques les plus récents, ainsi que les pièces officielles qui s'y rattachent, publiées par ordre ou sans la participation des gouvernements qu'elles concernent, on peut consulter :

65. «The Annual Register (302),» dont il paraît un volume par an, depuis 1758, et

66. L'«Annuaire historique universel» (publié depuis 1818 jusqu'à 1831 inclusivement), par L. LESUR, et (depuis cette dernière époque) par Ulysse TENCÉ.

§ 2. — *Collections relatives aux affaires qui ont été traitées en congrès et en conférences.*

67. Des collections de ce genre, depuis le congrès de Westphalie, 1642-1648, jusqu'à celui de Vienne, 1814-1815, sont indiquées, dans v. OMPTEDA's Literatur des Völkerrechts (7), th. II. s. 474-481, et dans v. KAMPTZ, Neue Literatur des Völkerrechts (8), s. 79-93.

68. J. L. KLUBER, Acten des wiener Congresses in den Jahren,1814 und 1815.*Erlangen,*1815-1819, 8 Bde.,gr. in-8º.

69. DE FLASSAN, Histoire du congrès de Vienne. *Paris,* 1829, 3 vol. in-8º.

70. Recueil de pièces diplomatiques (*de la Conférence de Londres*), relatives aux affaires de la Hollande et de la Belgique, depuis 1830 jusqu'à ce jour. *La Haye,* 1831-1833, 3 vol. in-8º. — Excellente collection de documents, publiés sous les auspices de S. E. le baron VERSTOLK DE SOELEN, ministre des relations extérieures de S. M. le roi des Pays-Bas.

TROISIÈME SECTION.

OUVRAGES DIDACTIQUES ET SYSTÉMATIQUES SUR LE DROIT DE LA NATURE ET DES GENS.

§ 1. — *Traités didactiques.*

71. H. KÖHLER Juris socialis et gentium ad jus naturæ revocati Specimina VII. *Jena,* 1736, in-4º.

72. J. A. ICKSTATT Elementa juris gentium. *Wirceburgi,* 1740, in-4º.

73. Fr. H. STRUBE (de Piermont), Recherche nouvelle de l'origine et des fondements du Droit de la Nature (suivie d'une Dissertation sur la raison de guerre et de bienséance). *Saint-Pétersbourg,* 1740, *de l'imprimerie de l'Académie des sciences,* 1 vol. in-8º.

74. C. WOLFF Institutiones juris naturæ et gentium. *Hal.* 1750, in-8º, ou 1754, mais seulement avec un nouveau titre. — Des traductions allemande et française de ce ré-

sumé du grand ouvrage de Wolff (99), ont paru sous les titres suivants :

a. Chr. Erhrn. v. Wolff, Grundsätze des Natur - und Völkerrechts. *Halle,* 1754, in - 8°. Neue Aufl. 1769, *ibid.*

b. Institutions du Droit de la Nature et des Gens. Traduit du latin de M. Wolff, par M..., avec des notes (par Élie Luzac). *Leide,* 1772, 2 vol. in-4°. — Réimprimé avec l'original latin, *ibid.* eod. 6 vol. in-8°.

75. J. J. Burlamaqui, Principes du Droit de la Nature et des Gens, avec la suite du Droit de la Nature qui n'avait pas encore paru; le tout considérablement augmenté, par le professeur de Félice. Nouvelle édition, revue, corrigée et augmentée d'une table générale et analytique, par M. Dupin aîné. *Paris,* 1820, 5 vol. in-8°.

76. ——————— Principes et éléments de Droit naturel. Nouvelle édition. *Paris,* 1830, 2 vol. in-12.

77. Félice (de), Leçons de Droit de la Nature et des Gens. Nouvelle édition. *Paris,* 1830, 2 vol. in-8°.

78. T. Rutherforth, Institutes of natural laws, being the substance of a course of lectures on Grotius *de Jure Belli ac Pacis. London,* 1754, in-8°.

79. La Maillardière (le vicomte de), Précis du Droit des gens, de la guerre, de la paix et des ambassades. *Paris,* 1775, in-12. — Ce précis forme aussi le tome Ier de la «Bibliothèque politique» du même publiciste.

80. P. J. Neyron, Principes du Droit des Gens européen conventionnel et coutumier. *Brunswick,* 1783, in-8°. — La continuation de cet ouvrage, qui devait traiter «du Droit des Gens en temps de guerre,» n'a point paru.

81. Courvoisier, Éléments du droit politique. *Paris,* 1792, in-8°.

82. G. F. de Martens, Primæ lineæ juris gentium europæarum practici. *Gött.* 1786, in-8°.

83. ——————— Précis du Droit des Gens moderne de l'Europe, fondé sur les traités en usage, pour servir d'introduction à un cours politique et diplomatique (259). Nouvelle édition, revue et annotée par M. S. Pinheiro-Ferreira, ancien ministre des affaires étrangères en Portugal. *Paris,* 1831, 2 vol. in-8°. — Les notes aussi judicieuses qu'instructives dont M. Pinheiro a enrichi cet ouvrage rendent cette édition bien préférable à toutes celles publiées en Allemagne.

84. ——————— Einleitung in das positive europäische Völkerrecht, auf Verträge und Herkommen gegründet. *Göttingen,* 1796, gr. in-8°.

85. P. T. Köhler, Einleitung in das practische europäische Völkerrecht. *Mainz*, 1790, in-8°.

86. An Essay of the Laws of Nations as a Test of Manners. *London*, 1790, in-8°.

87. J. L. Kluber, Droit des Gens moderne de l'Europe, avec un supplément contenant une bibliothèque choisie du Droit des Gens. *Stuttgard*, 1819, et *Paris*, 1831, 2 vol. in-8°.

88. De Portets, Cours de Droit naturel, de Droit des Gens, etc., fait à la Faculté de Droit de Paris, pendant les années 1820-1821, 1 vol. in-8°. — Cet ouvrage fait partie du «Journal des Cours publics,» rédigé par une société d'avocats.

89. Elementos de Derecho publico de la Paz y de la Guerra illustr. con noticias historicas, leyes y doctrinas del derecho espagnol. *Madrid*, 1793, 2 vol. in-8°.

90. C. U. D. de Eggens, Institutiones juris civitalis publici et gentium universalis. *Hafniæ*, 1796, in-8°.

91. Gérard de Rayneval, Institutions du Droit de la Nature et des Gens. Nouvelle édition (publiée par M. de Rayneval fils). *Paris*, 1832, 2 vol. in-8°. — Il en existe une traduction en espagnol.

92. Chr. de Schlözer, Table des matières contenues dans la science du Droit des Gens moderne de l'Europe. *Dorpat*, 1801, in-8°.

93. F. Saalfeld, Grundriss eines Systems des europäischen Völkerrechts. *Göttingen*, 1809, in-8°.

94. De jure generis humani, vel divisi in gentes, vel in unam civitatem scilicet hunc orbem conjuncti, seu de jure gentium et cosmopolitico. *Stuttgard*, 1811, in-8°.

95. T. Schmalz, Das europäische Völkerrecht. *Berlin*, 1817, in-8°. — Cet ouvrage a été traduit en français.

96. J. Schmelzing, Systematischer Grundrifs des europäischen Völkerrechtes. *Rudolstadt*, 1818, 1 Th., in-8°.

§ 2. — *Traités systématiques.*

97. H. Grotius, de Jure belli ac pacis (le Droit de la guerre et de la paix, traduit en français et annoté par J. Barbeyrac). — v. Ompteda (7), [th. II, s. 392 ff.], indique quarante-cinq éditions de cet ouvrage, dont il existe des traductions dans toutes les langues.

98. S. v. Puffendorff, de Jure naturæ et gentium (le Droit de la Nature et des Gens, traduit en français, annoté et augmenté de deux discours, par le même publiciste). — Ouvrage souvent réimprimé et traduit dans pres-

que toutes les langues. *Voyez* J. G. Meusel's historisch-literarisch-biographisches Magazin, st. II, s. 39 ff.

99. Ch. Wolffii Jus naturæ methodo scientifica pertractatum. *Hal.* 1749, in-4º. — Cet ouvrage, du célèbre Wolff, est le plus étendu que l'on ait sur cette partie importante du Droit positif, il est en 8 vol. in-4º; Formey en a publié un bon extrait en français, sous le titre de « Principes du Droit de la Nature et des Gens, » en 3 vol. in-8º ou 1 vol. in-4º (74). — Vattel a publié des « Questions de Droit naturel, et Observations sur le Traité du Droit de la Nature de M. le baron de Wolff. » *Berne*, 1762, 1 vol. in-12.

— C'est ici qu'il faudrait placer le « Droit des Gens, ou Principes de la loi naturelle, appliqués à la conduite et aux affaires des nations et des souverains; par Emer de Vattel, » si cette Bibliographie ne formait pas le complément de notre édition de cet excellent ouvrage, dont il existe des traductions dans la plupart des langues européennes.

100. J. J. Burlamaqui (75).

101. Joh. Jac. Moser, Versuch des neuesten europäischen Völkerrechts in Friedens- und Kriegszeiten, vornehmlich aus Staatshandlungen seit 1740. *Frankf.* 1777-1180, X tomes, en 12 vol. in-8º.

102. —————— Beyträge, etc. (162, 163 et 164).

103. C. G. Gunther, Europäisches Völkerrecht in Friedenszeiten, nach Vernunft, Verträgen und Herkommen. *Altenburg*, 1787, th. I; 1792, th. II, in-8º. — La continuation de cet ouvrage fort estimé d'ailleurs paraît avoir été interrompue.

104. J. J. B. Gondon, du Droit public et du Droit des Gens, ou Principes d'association civile et politique, suivis d'un projet de paix générale et perpétuelle. *Paris*, 1808, 3 vol. in-8º.

105. C. U. D. v. Eggers, Natürliches Staats- und Völkerrecht. *Wien*, 1809-1810, 2 Th. in-8º.

———

SUR LES DROITS, LES PRIVILÉGES ET LES FONCTIONS DES MINISTRES PUBLICS EN GÉNÉRAL.

§ 1. — *Traités spéciaux.*

106. Ch. de Martens, Guide diplomatique. Nouvelle édition, refaite dans toutes ses parties et considérablement augmentée, par M. de Hoffmanns. *Paris*, 1835, 2 forts vol. in-8º. — Des savants et des hommes d'État ont concouru à

l'amélioration de cet ouvrage, qui est d'une utilité indispensable pour l'étude de la science.

107. (Le comte DE GARDEN), Traité complet de diplomatie, ou théorie générale des relations extérieures des puissances de l'Europe, par un ancien ministre (*résident*). *Paris*, 1833, 3 vol. in-8°.—Le titre de cet ouvrage n'est pas en harmonie avec le contenu.

108. H. MEISEL, Cours de style diplomatique (rédigé d'après les cahiers de feu M. D'APPLES). *Dresde*, 1824, et *Paris*, 1826, 2 vol. in-8°.

§ 2. — *Sur les ambassadeurs, les envoyés et les négociations.*

109. A. DE WICQUEFORT, L'ambassadeur et ses fonctions, 2 vol. in-4°.—L'édition de 1723 de même que celle de 1746 (qui est la cinquième et la dernière) renferme le traité «Du juge compétent des ambassadeurs, de BIJNKERSHOEK, traduit du latin, par J. BARBEYRAC»; et les «Mémoires sur les rangs des souverains et de leurs ministres, par ROUSSET (28 *b*).»

110. Don Antonio DE VERA ET DE CUNIGA, Le parfait Ambassadeur, composé en espagnol (et) traduit en français (par LANCELOT). *Leide*, 1709, 2 part. pet. in-8°.

111. J. G. ULICH, Les droits des ambassadeurs et autres ministres publics..... *Leipzig*, 1731, in-4°.

112. J. DE LA SARRA DU FRANQUESNAY, Le ministre public dans les cours étrangères, ses fonctions et ses prérogatives. *Amsterdam*, 1742, in-12.

113. C. F. DE MOSER, l'Ambassadrice et ses droits. *Francfort*, 1757. — C'est la troisième réimpression.

114. (C. A. LESCALOPIER DE NOURAR), Le ministère du négociateur. *Paris*, 1763, in-8°.

115. (PECQUET), Discours sur l'art de négocier. *Paris*, 1738, in-8°.

116. DE CALLIÈRES, De la manière de négocier avec les souverains. Nouvelle édition, considérablement augmentée (d'un volume), par M. ***. *Londres* (Paris), 1750, 2 vol. in-12.—Il en existe des traductions en anglais, en italien, en allemand, etc.

117. G. F. V. MARTENS, Erzählungen merkwürdiger Fälle des neueren europ. Völkerrechts (193).

118. C. H. V. RÖMER, Versuch einer Einleitung in die rechtlichen, moralischen und politischen Grundsätze über die Gesandtschaften, etc. *Gotha*, 1788, in-8°.

119. F. K. V. MOSHAM, Europäisches Gesandtschaftsrecht. *Landshut*, 1805, gr. in-8°.

120. Ch. DE MARTENS, Causes célèbres du Droit des Gens. *Leipzig*, 1827, 2 vol. in-8°.

§ 3. — *Sur les consuls.*

121. D. WARDEN, A Treatise of the nature, the progress and the influence of the establishment of the Consuls. *Paris,* 1814, in-8°. — Traduit en français par M. BERNARD-BARRÈRE de MORLAIX. *Paris,* 1815, in-8°.

122. M. Fr. BOREL, De l'origine et des fonctions des consuls. *Leipzig,* 1833, in-8°. — Ouvrage refait.

123. J. H. MEISSLER, Ébauche d'un discours sur les consuls. *Hambourg,* 1751, in-4°.

124. J. Chr. W. DE STECK, Essai sur les consuls. *Berlin,* 1790, in-8°.

125. LAGET DE PODIO (le chevalier), De la jurisdiction des consuls de France à l'étranger, et des devoirs qu'ont à remplir ces fonctionnaires, ainsi que les armateurs, négociants, etc. *Paris,* 1826, in-8°.

DROIT PUBLIC.

§ 1. — *Traités principaux.*

Le droit public se divise comme le droit civil, c'est-à-dire qu'il traite des *personnes* et des *choses.* Les *personnes* sont les *souverains,* dont le droit public détermine les classes, les conditions, les dépendances, les prérogatives, les droits et leurs limites. Les *choses* sont les *États,* dont la propriété politique, comme toutes les propriétés a un caractère qui la constate, des modes qui la varient, des règles qui fixent tous les moyens consacrés de la transmettre.

Les principaux ouvrages de droit public moderne sont :

126. S. PINHEIRO-FERREIRA (le commandeur), Cours de droit public interne et externe. *Paris,* 1830, 2 vol. in-8°. Il doit paraître un 3e vol. — L'honorable et savant auteur a publié un «Précis» de ce Cours, qui a paru en même temps que l'ouvrage principal.

127. ——————— Principes de droit public constitutionnel, administratif et des gens, ou Manuel du citoyen sous un gouvernement représentatif. *Paris,* 1834, 3 vol. in-12. — Ouvrage rédigé par *demandes* et *réponses,* quant aux deux premiers volumes. — Le tome 1er traite du «Droit constitutionnel,» le tome 2e du «Droit administratif et des gens,» le 3e est un «Projet de Code général des lois fondamentales et constitutives d'une monarchie représentative.»

128. Ch. FRITOT, Science du publiciste, ou Traité des

principes élémentaires du droit, considéré dans ses principales divisions, avec des notes et des citations tirées des
auteurs les plus célèbres. *Paris,* 1819-1823, 11 vol. in-8°.
— On peut considérer l'ouvrage suivant comme le résumé
de ce grand travail :

129. Ch. Fritot, Cours de Droit naturel, public, politique
et constitutionnel. *Paris,* 1827, 4 vol. in-18.

130. Macarel (le conseiller d'État), Éléments du droit
politique. *Paris,* 1833, in-12. — Ouvrage d'une lucidité
remarquable, mais circonscrit à la Charte française.

A cette classe appartiennent aussi les Chartes, les Constitutions et les Lois fondamentales des États.

§ 2. — *Droit public des États d'Allemagne.*

131. J. J. Moser, Teutsches auswärtiges Staatsrecht.
Frankf. u. *Leipz.* 1772, in-4°. — L'auteur a publié des suppléments, dans ses Abhandlungen verschiedener Rechts-
materien, st. XIV, s. 323 ff.

132. ————— Teutsches nachbarliches Staatsrecht.
Frankf. u. *Leipz.* 1773, in-4°.

133. C. H. v. Römer, Völkerrecht der Teutschen. *Halle,*
1790, in-8°.

134. J. L. Kluber, Offentliches Recht des teutschen
Bundes und der Bundesstaaten (*Frankf.*1831,3ᵉ éd., 2 part.
gr. in-8°), §§ 9, 66, 71, 105 ff., 460 ff., 464 ff. u. 468 ff.

QUATRIÈME SECTION.

DROIT DES GENS MARITIME.

§ 1. — *Partie historique.*

135. D. A. Azuni, Origine et progrès du Droit et de la
législation maritime, avec des observations sur le consulat
de la mer. *Paris,* 1810, in-8°.

136. Arnould, Système maritime et politique des Européens pendant le xviiiᵉ siècle, fondé sur leurs traités de
paix, de commerce et de navigation. *Paris,* 1797, in-8°.

137. John Reeves, History of the law of shipping and
navigation. *London,* 1807, in-8°.

§ 2. — *Traités didactiques et systématiques.*

138. D. A. Azuni, Droit maritime de l'Europe. *Paris,* 1805,
2 vol. in-8°. — Traduction faite et publiée par l'auteur

pendant son séjour en France; aussi est-ce la meilleure édition de cet ouvrage.

139. G. F. DE MARTENS, Essai concernant les armateurs, les prises, et surtout les reprises, d'après les lois, les traités et les usages des puissances maritimes de l'Europe. *Gottingue,* 1795, in-8°.

140. JOUFFROY, le Droit des Gens maritime universel, ou Essai d'un système général des obligations réciproques de toutes les puissances, relativement à la navigation et au commerce maritime. *Berlin,* 1806, in-8°.

141. T. HARTWEL HORNE, A compendium of the court of admiralty relative the ships of war, privateers, prizes, recaptures and prize-money, with notes and precedents. *London,* 1803, in-8°.

142. H. WHEATON, A digest of the law of maritime capture and prizes. *New-York,* 1815, in-8°.

143. Fr. Lud. v. CANCRIN, Abhandlungen von dem Wasserrechte, sowohl dem natürlichen, als positiven, vornehmlich aber dem deutschen. *Halle,* 1789-1800, 4 Bde. in-4°.

144. G. F. v. MARTENS, Grundriss des Handelrechts, insbesondere des Wechsel-und Seerechts. *Göttingen,* 1798, 2te Auflage, 1805, in-8°.

145. J. L. HOLST, Versuch einer kritischen Uebersicht der Völkerseerechte. Aus der Geschichte, der Staatslehre und der Philosophie in Hinsicht auf ihre Streitigkeiten bearbeitet. *Hamburg,* 1802, 2 Th. in-8°.

146. Fr. J. JACOBSEN, Handbuch über das practische Seerecht der Engländer und Franzosen, in Hinsicht auf das von ihnen in Kriegszeiten angehaltene neutrale Eigenthum, mit Rücksicht auf die englischen Assecuranzgrundsätze. *Hamburg,* 1804-1805, 2 Th. in-8°.

147. ——————— Seerecht des Friedens und des Krieges, in Bezug auf die Kauffartheischiffahrt. *Altona,* 1815, in-8°.

148. M. HUBNER, de la Saisie des bâtiments neutres, ou du droit qu'ont les nations belligérantes d'arrêter les navires des peuples amis. *La Haye,* 1759, 2 vol. in-8° (153).

149. J. F. G. SCHLEGEL, sur la Visite des vaisseaux neutres sans convoi, ou examen impartial du jugement prononcé par le tribunal de l'Amirauté anglaise, le 11 juin 1799, dans l'affaire du convoi suédois, avec quelques additions et corrections. *Copenhague,* 1800, in-8° (54, 153).

§ 3. — *Liberté des mers et neutralité maritime.*

150. LAMPREDI, du Commerce des neutres en temps de guerre, traduit de l'italien, par PEUCHET. *Paris,* 1802,

in-8°. — L'ouvrage original parut à Florence en **1782**, en 2 vol. in-8°.

151. J. N. Tetens, Considérations sur les droits réciproques des puissances belligérantes et des puissances neutres sur mer, avec les principes du droit de guerre en général. *Copenhague,* 1805, in-8°.

152. Gérard de Rayneval, de la Liberté des mers. *Paris,* 1811, **2** vol. in-8°.

153. Rob. Ward, A treaty on the relative rights and duties of belligerent and neutral poowers in maritime affairs, in which the principles of armed neutralities and the opinions of Hübner (148) and Schlegel (149) are fully discuted. *London,* 1801, in-8° (54).

154. D. C. F. v. Schmidt-Phiseldeck, Versuch einer Darstellung des dänischen Neutralitäts systems, während des letzten Seekrieges, mit Aktenstücken. *Kopenhagen,* 1802-1804, 4 Hefte in-4°. — Les publicistes danois sont ceux, ce nous semble, qui ont le mieux écrit sur la liberté des mers et la neutralité maritime.

§ 4. — *Lois maritimes.*

155. Biblioteca di gius nautico contenente le Leggi delle più culte nazioni ed i migliori trattati moderni sopra le materie maritime, illustrati con note interessanti: il tutto tradutto in lingua italiana. *Firenze,* 1785, 2 tomes en 1 vol., in-4°.

156. P. B. Boucher, Le Consulat de la mer, ou Pandectes du droit commercial et maritime, faisant loi en Espagne, en Italie, à Marseille et en Angleterre, et consulté partout ailleurs comme raison écrite. Traduit du catalan en français, d'après l'édition originale, publiée à Barcelone en 1494. *Paris,* 1808, 2 vol. in-8°.

157. J. A. Engelbrecht, *Corpus juris nautici* oder Sammlung aller Seerechte der bekanntesten handelnden Nationen alter und neuer Zeiten, nebst den Assecuranz-, Havarey und andern zu den Seerechten gehörenden Ordnungen, zusammengetragen und ins Deutsche übersetzt. *Lübeck,* 1790, in-4°.

158. M. J. M. Pardessus, Collection des lois maritimes antérieures au xviiie siècle. *Paris,* 1828-1831, 2 vol. in-4°. — Cette publication se continue.

159. G. F. de Martens, Lois et ordonnances des divers puissances européennes concernant le commerce, la navigation et les assurances, depuis le milieu du xviie siècle. *Gottingue,* 1802, in-8°.

CINQUIEME SECTION.

COLLECTIONS D'OUVRAGES SUR DIVERS SUJETS.

160. C. Van BIJNKERSHOEK, Quæstionum juris publici libri duo. *Lugd. Bat.* 1737, in-4°, edit. 2, *ibid.* 1752; et dans ses Operibus omnibus, t. II (*Lugd. Bat.* 1767, in-f°, p. 185-290).

161. J. J. MOSER, Vermischte Abhandlungen aus dem europäischen Völkerrecht, *Hanau* (Nürnberg), 1750, 3 st., in-8°.

162. ———— Beyträge zu dem neuesten europäischen Völkerrecht in Friedenszeiten. *Stuttgart,* 1778-1780, 5 Th., in-8°.

163. ———— Beyträge zu dem neuesten europäischen Völkerrecht in Kriegszeiten. *Tübingen,* 1779-1781, 3 Th., in-8°.

164. ———— Beyträge zu dem neuesten europäischen Gesandtschaftsrecht. *Frankf.* 1781, in-8°. — Ces trois collections se rapportent à l'ouvrage de MOSER, intitulé «Versuch, etc.,» déjà mentionné (101).

165. Chr. F. v. MOSER's kleine Schriften zur Erläuterung des Staats-und Völkerrechts. *Frankf.* 1751-1765, 12 Bde., in-8°.

166. ———— Beyträge zu dem Staats-und Völkerrecht und der Geschichte. *Frankf.* 1764-1765, 4 bd., in-8°.

167. A. F. SCHOTT, Juristisches Wochenblatt. *Leipz.* 1772-1775, 4 Jahrgang, in-8°.

168. J. Chr. W. DE STECK, Essais sur divers sujets de politique et de jurisprudence. *Halle,* 1779, in-8°.

169. ———— Versuche über Handlungs-und Schiffahrts-Verträge. *Halle,* 1782, in-8°.

170. ———— Versuche über verschiedene Materien politischer und rechtlicher Kenntnisse. *Berlin u. Stralsund,* 1783, in-8°.

171. ———— Ausführungen einiger gemeinnützlichen Materien. *Halle,* 1784, in-8°.

172. ———— Essais sur quelques sujets intéressants pour l'homme d'État et de lettres. *Halle,* 1784, in-8°.

173. ———— Éclaircissements sur quelques sujets intéressants pour l'homme d'État et de lettres. *Ingolstadt* (Berlin), 1785, in-8°. — Traduit en allemand sous ce titre: «Erläuterungen verschiedener Gegenstände, etc., aus dem Französischen des Hrn. Geh. Raths v. St. zu B.; ins Deutsche übers. von F. A. J. (Jons). *Schmalkalden,* 1786, in-4°.»

174. J. Chr. W. v. Steck, Abmüssigungen. *Halle*, 1787, in-8°.

175. —— —— Échantillon d'essais sur divers sujets intéressants pour l'homme d'État et de lettres. *Halle*, 1789, in-8°.

176. —— —— Essais sur plusieurs matières intéressantes pour l'homme d'État et de lettres. *Halle*, 1790, in-8°.

177. —— —— Essais sur divers sujets relatifs à la navigation et au commerce pendant la guerre. *Berlin*, 1794, in-8°.

178. Dan. Nettelblat, Erörterungen einiger einzelnen Lehren des teutschen Staatsrechts. *Halle*, 1773, in-8°.

179. J. C. Siedenkees, Beyträge zum teutschen Recht. *Nürnb.* u. *Altorf*, 1786-1790, 4 Th., in-8°.

180. E. F. Hagemeister, Beyträge zu dem europäischen Völkerrecht, besonders bey Gelegenheit des gegenwärtigen nordischen Kriegs. *Stralsund*, 1790, 1 st., in-8°.

181. Condorcet, Peyssonnel, le Chapelier, etc., Bibliothèque de l'homme public, ou analyse raisonnée des principaux ouvrages français et étrangers, sur la politique en général..... et sur le droit naturel et public (rédigés par l'abbé Balestrier de Canilhac). *Paris*, 1790, t. I-XII; 1791, t. I-XII; 1792, t. I-IV, in-8°.

182. J. B. Robinet (Castillon, Sacy, Pommereul et autres), Dictionnaire universel des sciences morales, économiques, politiques et diplomatiques; ou Bibliothèque de l'homme d'État et du citoyen. *Londres* (Paris), 1777-1783, 31 vol. in-4° (197).

183. Mably (l'abbé), Œuvres complètes. *Paris*, an III (1794-1795), 15 vol. in-8° (204).

184. J. C. L. Zechin, Abhandlungen über das europäische Völker-Krieges-und Friedensrecht. *Halle*, 1793, in-8°.

185. Joh. Richard v. Roth, Abhandlungen aus dem teutschen Staats-und Völkerrecht. *Bamberg*, 1804, in-8°.

186. J. Theod. Roth, Archiv für das natürliche und positive Völkerrecht. *Nürnb.* u. *Altorf*, 1794, 1 st. in-8°.

187. C. A. C. H. v. Kamptz, Beiträge zum Staats-und Völkerrecht. *Berlin*, 1815, 1 Bd., in-8°.

SIXIÈME SECTION.

MONOGRAPHIES (DISSERTATIONS ET BROCHURES).

Les écrits appartenant à cette section sont indiqués dans les ouvrages qui composent le § 2 de la PREMIÈRE SECTION.

SEPTIÈME SECTION.

DÉDUCTIONS ET CONSULTATIONS DE JURISCONSULTES.

§ 1. — *Déductions.*

On a publié des Catalogues des déductions imprimées, sous les titres suivants :

188. (C. S. v. HOLZSCHUHER), Deductions-Bibliotek von Deutschland. *Nürnb.* 1778, th. I; 1779, th. II; 1781, th. III; 1783, th. IV, gr. in-8°. -- Les deux dernières parties ont été publiées, après la mort de l'auteur, par M. J. C. SIE-BENKEES.

189. C. G. GUSTHER, dans la Préface du tome premier de son «Europäisch. Völkerrecht, » faisait espérer qu'il publierait un Catalogue des déductions et autres écrits publics des puissances de l'Europe.

190. J. A. REUSS, Deductions-u. Urkunden-Sammlung. *Ulm*, 1785-1799, 15 Bde., in-8°.

191. HERTZBERG (le comte DE), Recueil des déductions, déclarations, mémoires, manifestes, et autres actes et écrits publics, qui ont été rédigés et publiés pour la cour de Prusse (depuis 1756 jusqu'à 1790). *Berlin*, 1788-1789; et (*Hambourg*), 1795, 3 vol. in-8°.

Plusieurs des ouvrages mentionnés à la fin de la *deuxième section*, ACTES PUBLICS, §§ 1 et 2, appartiennent aussi à cette classe.

§ 2. — *Consultations.*

192. Joh. Chr. LUNNIG, Europäische Staats-Consilia,.... seit dem Anfang des XVI Sæculi bis 1715. *Leipz.* 1715, 2 Th., in-f°.

193. G. F. v. MARTENS, Erzählungen merkwürdiger Fälle des neueren europäischen Völkerrechts, nebst einem Anhang von Gesetzen und Verordnungen, welche in einzelnen europäischen Staaten über die Vorrechte auswärtiger Gesandten ergangen sind. *Göttingen*, 1800, Bd. I; 1802, Bd. II, in-4°.

HUITIÈME SECTION.

OUVRAGES LEXICOGRAPHIQUES.

194. C. F. HEMPEL, Allgemeines Staatsrechts-Lexicon (39).

195. F. L. Ant. Hörschelsmann, Europäisches Staats-, Kriegs-und Friedens-Lexicon (depuis le xve siècle). *Frankf. u. Leipz.* 1765, th. I; 1766, th. II, gr. in-8°.

196. Encyclopédie méthodique; la section d'Économie politique et diplomatique, rédigée par Démeusier (34).

197. Robinet (et autres), Dictionnaire universel des sciences morale, économique, politique et diplomatique (182).

198. H. G. Scheidemantel, Repertorium des teutschen Staats-und Lehnrechtes. *Leipz.* 1782, th. I (A-E); 1783, th. II (F-R); von C.F. Haeberlin, 1793, th. III (L-O); 1795. th. IV (P-R), gr. in-4°.

199. Les diverses Encyclopédies ou Dictionnaires encyclopédiques qui ont paru en France, en Allemagne et en Angleterre, mais particulièrement l'«Allgemeine Encyclopädie der Wissenschaften und Künste,» publiée par J. S. Ersch et J. G. Gruber (et autres). *Leipzig,* 1818 et années suivantes gr. in-4°, avec cartes géographiques et gravures [l'ouvrage se continue]. A cette classe appartient aussi l'«Allgemeine teutsche Real-Encyclopädie, oder Conversations-Lexicon. 8e Auflage. *Leipzig,* 1834 (et années suivantes), 12 Bde. in-8°.

NEUVIÈME SECTION.

OUVRAGES RELATIFS A L'HISTOIRE ET A L'INTERPRÉTATION DES TRAITÉS PUBLICS.

200. Préliminaires des traités faits entre les rois de France et tous les princes de l'Europe, depuis le règne de Charles VII, par Amelot de la Houssaye. *Paris,* 1692, in-8°. — Ces préliminaires servent aussi d'introduction au Recueil de traités dits de Léonard. *Paris,* 1693 et années suiv., 6 vol. in-4°.

201. (J. Y. de Saint-Prest), Histoire des traités de paix et autres négociations du xviie siècle (28 c.).

202. J. Barbeyrac, Histoire des anciens traités (28 b.).

203. J. J. Schmauss, Einleitung zu der Staatswissenschaft und Erläuterung des von ihm herausgegebenen Corporis juris gentium academici (31) und aller andern seit mehr als zwei Seculis geschlossenen Bündnisse, Friedens-und Commercien-Tractate. *Leipz.* 1741, th. I; 1747, th. II (deuxième édition, 1760), gr. in-8°. — Cet ouvrage embrasse la période de 1439-1740, et pour les États du nord, celle de 1700-1743.

204. MABLY (l'abbé), Droit public de l'Europe fondé sur les traités; nouvelle édition, augmentée des principes de négociations, continuée jusqu'en 1773, avec des remarques de ROUSSET. *Amsterdam et Leipzig*, 1773. *Genève*, 1776 et 1792, 3 vol. in-8°; ou dans les Œuvres complètes de l'auteur, édition de Lyon, 1792, t. I-II, in-8°; et dans l'édition de Paris de 1794 (183), t. VI-VIII. — Traduit en allemand sous ce titre: «Das Staatsrecht von Europa.» *Frankf.* 1794, in-8°.

205. ARNOULD, Résultats des guerres, des négociations et des traités qui ont précédé et suivi la coalition contre la France, pour servir de supplément au «Droit public de l'Europe, de MABLY.» *Paris*, 1803, in-8°. — L'auteur embrasse la période de 1763 à 1795.

206. C. G. KOCH, Abrégé de l'histoire des traités de paix entre les puissances de l'Europe, depuis la paix de Westphalie (36).

207. C. D. VOSS, Geist der merkwürdigsten Bündnisse und Friedensschlüsse des 18ten Jahrhunderts. *Gera*, 1801-1802, 3 Th., in-8°. — Une continuation (pour le XIXe siècle), a paru en deux volumes, sous le titre suivant:

208. —————— Geist der merkw. Bündnisse, etc., des 19ten Jahrhunderts. *Leipzig u. Gera*, 1803-1804, 2 Th., in-8°. — Cette continuation forme ainsi les tomes IV et V de l'ouvrage précédent; mais elle a aussi été publiée séparément sous ce titre:

«Der allgemeine Frieden beim Anfange des neunzehnten Jahrhunderts: Blick auf die Lage Europas beim Wiederausbruch des Krieges im Jahr 1803. *Halle*, 1804, in-8°.»

DIXIÈME SECTION.

MÉMOIRES HISTORIQUES

(Particulièrement relatifs aux négociations).

On comprend dans ces Mémoires tout ce qui se rattache à l'Histoire des négociations en général. Aucune nation ne possède un nombre aussi considérable d'écrits de ce genre que la nation française. Depuis le règne de Philippe-Auguste jusqu'à nos jours, chaque siècle, chaque époque a vu naître une foule de Mémoires particuliers qui expliquent les causes les plus cachées des événements; «Ce sont, comme l'a fort bien dit La Harpe, des témoins qui nous apprennent les circonstances les plus

secrètes; mais si l'on veut s'assurer de la vérité, autant
du moins qu'il est possible, il faut les confronter l'un à
l'autre et comparer les dépositions.»

§ 1. — *Mémoires réunis en collections.*

209. Collection universelle des Mémoires particuliers
relatifs à l'Histoire de France (recueillis par ROUCHER, Antoine PERRIN, DESSIEUX et autres, publiés avec des observations par DUCHESNAY). *Londres* et *Paris*, 1785-1790,
67 vol. in-8°. — Une grande partie de cette collection a été
traduite en allemand dans la collection suivante :

210. FR. V. SCHILLER's Allgemeine Sammlung historischer
Memoiren, vom XII Jahrhundert bis auf die neusten Zeiten, durch mehrere Verfasser übersetzt und jedesmal mit
einer universalhistorischen Uebersicht versehen. *Jena*,
1790-1805, I^e Abtheilung, Bd. I-IV; IIe Abtheilung,
Bd. I-XXVI, in-8°. — Cette collection s'arrête à la régence
de Philippe d'Orléans.

211. Collection des Mémoires relatifs à l'Histoire de
France, depuis le règne de Philippe-Auguste jusqu'à la
paix de Paris, conclue en 1763; avec des notices sur chaque auteur et des observations sur chaque ouvrage, par
MM. PETITOT et M. DE MONMERQUÉ.

Cette collection, sans contredit la meilleure et la plus
utile de toutes celles qui existent, est divisée en deux sé-
ries distinctes; la première comprend les Mémoires historiques depuis le règne de Philippe-Auguste jusqu'au commencement du XVIIe siècle, elle se compose de 52 vol.
in-8°; la seconde comprend les Mémoires historiques depuis l'avénement de Henri IV jusqu'à la paix conclue à
Paris en 1763, elle se compose de 79 vol. in-8°.

a. En réunissant à cette collection celle d'anciens Mémoires de M. GUIZOT (en 29 vol. in-8°), et celle des Chroni-
ques nationales françaises, du XIIIe au XVIe siècle, publiées
par M. J. A. BUCHON (en 47 vol. in-8°), on aurait en quelque
sorte l'ensemble des annales de la monarchie française.

212. Les événements de la fin du XVIIIe siècle et ceux de
la première période de celui-ci ont été décrits dans une
foule de Mémoires vrais et supposés, qui ne laissent que
l'embarras du choix. Dans leur nombre il faut distinguer
la Collection des Mémoires relatifs à la Révolution française, au Consulat, à l'Empire et à la Restauration (en
66 vol. in-8°), publiée par MM. BERVILLE et BARRIÈRE. Nous
passons sous silence la Collection de MM. C. LEBER, J. B.
SALGUES et J. COHEN, et quelques autres Collections, qui
n'entrent pas davantage dans notre plan.

§ 2. — *Énumération succincte de Mémoires historiques qui ne font pas partie des collections du § précédent.*

213. Arlington (le comte d'), ses Lettres.

214. Avaux (le comte d'), Lettres et Mémoires touchant ses négociations.

215. Bellièvre et Sillery (MM. de), Mémoires relatifs à la paix de Vervins.

216. Boderie (de la), Ambassades en Angleterre (publiées par Paul-Denis Burtin).

217. Charleton (sir Dudley), Lettres, Mémoires et négociations.

218. Chanut (le comte), Mémoires (publiés par Du Port du Tertre).

219. Chouppes (le marquis de), Mémoires.

220. Colle, Memoirs of affairs of state.

221. Domm (Chr. W. v.), Denkwürdigkeiten meiner Zeit.

222. Eon de Beaumont (le chevalier d'), Lettres, Mémoires et négociations.

223. Estrades (le comte d'), Ambassades, Lettres, Mémoires et négociations.

224. Feuquières (le marquis de), Lettres et négociations.

225. Gagern (H. C. v.), Mein Antheil an der Politik.

226. Görtz (le comte Eustache de), Mémoire historique (publié par M. de Barbé-Marbois).

227. Hardenberg (le prince d'). On lui a attribué les deux premiers volumes des Mémoires tirés des papiers d'un homme d'État.

228. Harrach (le comte d'), Mémoires.

229. John Ker of Kedsland, Memoirs.

230. Kluber (J. L.), Uebersicht der diplomatischen Verhandlungen des Wiener Congresses.

231. Mazarin (le cardinal), Lettres (publiées par l'abbé d'Allainval).

232. Montgon (l'abbé de), Mémoires.

233. Ossat (le cardinal d'), Lettres, publiées avec des notes par Amelot de la Houssaye.

234. Pradt (M. de), quelques-uns de ses nombreux Écrits politiques.

235. Perron (le cardinal Jacques Davy du), Ambassades et négociations.

236. Rusdorf (Jo. a.), Consilia et negotia politica. — Ses mémoires et négociations secrètes, rédigés par E. G. Cuhn.

237. Ségur (le comte de), Mémoires et souvenirs.

238. Torre (de la), Mémoires et négociations secrètes.

239. Valori (le marquis de), Mémoires.
240. Walpole (Robert), Memoirs, by W. Con.
241. Walpole (Horace), Memoirs.
242. Walsingham, Mémoires et instructions pour les ambassadeurs, ou Lettres et négociations.
243. Witt (J. de), Lettres et négociations.

ONZIÈME SECTION.

HISTOIRE POLITIQUE, JOURNAUX ET AUTRES PUBLICATIONS PÉRIODIQUES.

(Temps modernes.)

§ 1. — *Histoire politique.*

244. L. T. Spittler, Entwurf der Geschichte der europäischen Staaten. *Göttingen*, 1793. Zweiter unveränderter Abdruck; mit einer Fortsetzung bis auf die neuesten Zeiten, von Ge. Sartorius. *Berlin*, 1802, 2 Th., in-8°.

245. J. G. Meusel, Anleitung zur Kenntniss der europäischen Staatengeschichte. *Leipz.* 1775, gr. in-8°. — De nouvelles éditions, corrigées, augmentées et continuées, ont paru en 1782, 1788, 1800 et 1816, gr. in-8°.

246. Gottfr. Achenwall, Entwurf der allgemeinen europäischen Staatshändel des XVII u. XVIII Jahrhunderts. *Göttingen*, 1756, in-8°. — De nouvelles éditions ont paru en 1761, 1767 et 1779, dans le même format.

247. Joh. Christoph Adelung, Pragmatiche Staatsgeschichte Europens von dem Ableben Kaiser Carls VI, an. *Gotha*, 1762-1769, 9 Bde., in-4°.

248. Joh. Ge. Busch, Grundriss der merkwürdigsten Welthändel neuerer Zeit (depuis 1440). *Hamburg*, 1781, in-8°. — Il en a été publié de nouvelles éditions en 1783, 1796 et 1810. Cette dernière a été continuée (depuis 1796 jusqu'à 1810), par G. G. Bredow; la continuation a aussi paru séparément sous ce titre :

249. G. G. Bredow, Grundriss einer Geschichte der merkwürdigsten Welthändel von 1796 bis 1810. *Hamburg*, 1810, in-8°.

250. Jul. Aug. Remer, Handbuch der neuen Geschichte, von der Kirchenverbesserung bis auf das Jahr 1799. *Braunschweig*, 1799, 3 Auflage, in-8°. — Le même ouvrage continué jusqu'au congrès d'Aix-la-Chapelle; *ibid.* 1819 (5ᵉ édit.), 2 vol. in-8°.

251. Jo. Gottfr. Eichhorn, Geschichte der drei letzten Jahrhunderte. *Göttingen*, 1803 u. 1804, 6 Bde., in-8°;

3te verbesserte und bis Ende 1816, fortgesetzte Auflage. *Hannover*, 1817, in-8°.

252. G. G. BREDOW, Chronik des neunzehnten Jahrhunderts, für die Jahre 1801-1825, ausgearbeitet von C. VENTURINI, herausgegeben von G. G. BREDOW. *Altona*, 1805-1828, 22 Bde., gr. in-8°. — Neue Folge, oder die Jahre 1826-1832. *Leipzig*, 1828-1834, 7 Bde., gr. in-8°.

253. C. VENTURINI, Geschichte unserer Zeit. *Leipz.* Bd. I (Jahr, 1809); 1811, Bd. II (Jahr, 1810), 1812, Bd. III (Jahr, 1814). *Altona*, 1817, gr. in-8°.

254. J. F. SCHOELL, Cours d'histoire des États européens, depuis le bouleversement de l'Empire romain d'occident jusqu'en 1789 (1790). *Paris*, 1830 et 1834, 46 vol. in-8°.

255. F. ANCILLON (ministre d'État prussien), Tableau des révolutions du système politique de l'Europe, depuis la fin du xve siècle. Nouvelle édition. *Paris*, 1823, 4 vol. in-8°. — Traduit en allemand par Fréd. MANN. *Berlin*, 1804-1806, 3 vol. in-8°.

256. C. G. KOCH, Tableau des révolutions de l'Europe, depuis le bouleversement de l'empire romain en Occident jusqu'à nos jours, etc. *Paris*, 1807, 3 vol. in-8°. Augmentés d'un vol. complémentaire en 1813.

257. A. H. L. HEEREN, Handbuch der Geschichte des europäischen Staaten-Systems und seiner Colonien (cinquième édition). *Göttingen*, 1830, 2 Th., in-8°. — La *seconde édition* a été traduite, plus ou moins bien, en français (par feus MM. J. J. GUIZOT et VINCENS-SAINT-LAURENT); la dernière édition allemande a été traduite en anglais.

258. G. F. MARTENS Grundriss einer diplomatischen Geschichte der europäischen Staatshändel und Friedens-schlüsse, seit dem Ende des 15ten Jahrhunderts bis zu dem Frieden von Amiens (1477-1802). *Berlin*, 1807, in-8°.

259. —————— Tableau diplomatique des relations des principales puissances de l'Europe, surtout par rapport aux possessions, au commerce, à la neutralité et aux alliances. *Berlin*, 1801, in-8° (83).

Ce Tableau forme le troisième volume du «Cours diplomatique, ou Tableau des relations extérieures des puissances de l'Europe, tant entre elles qu'avec d'autres États dans les diverses parties du globe,» du même auteur. *Berlin*, 1801, 3 vol. in-8° (83).

260. L. P. ANQUETIL, Motifs des guerres et des traités de paix de la France pendant le règne de Louis XIV, Louis XV et Louis XVI (depuis 1648 jusqu'à 1783). *Paris*, 1798, in-8°.

261. SÉGUR (le comte DE), Politique de tous les cabinets

de l'Europe, pendant les règnes de Louis XV et de
Louis XVI (rédigée par FABVIER, publiée par ROUSSEL).
Paris, 1793, 2 vol. in-8°. — Réimprimée en 1801, en 3 vol.
in-8°, avec des notes du comte DE SÉGUR, et plus tard dans
les Œuvres de l'honorable éditeur.

262. Ferd. A. BAYARD, Tableau analytique de la diplomatie française, depuis la minorité de Louis XIII jusqu'à la
paix d'Amiens. *Paris*, 1804-1805, 2 vol. in-8°.

263. M. DE FLASSAN, Histoire générale et raisonnée de la
diplomatie française, depuis la fondation de la monarchie
française jusqu'à la fin du règne de Louis XVI (1792); avec
des tables chronologiques de tous les traités conclus par
la France. *Paris*, 1810, 6 vol. in-8°. Nouvelle édition,
augmentée d'un septième volume; *ibid.*, 1811.

Attaché alors au département des affaires étrangères de
France, en qualité de publiciste, l'auteur a pu composer
son ouvrage de documents authentiques. Cependant il
s'est trouvé dans le cas de devoir faire trente-deux car-
tons aux six volumes de la première édition, pour remplacer, dans le tome Ier, les pages 1-12, 17-22 et 33-36;
toute la quatrième feuille, plus les pages 87-88, 107-108 et
217-218; dans le tome 2e, les pages 281 et 282; dans le
tome 3e, les pages 95 et 96; dans le tome 4e, les pages 201-
202, 297-298 et 343-346; dans le tome 5e, les pages 307
et 308; et dans le tome 6e, les pages 89-90, 145-146 et
263-264.

Il faut joindre à la première édition, l'«Apologie de
l'histoire de la diplomatie française, etc.,» broch. in-8°,
publiée par l'auteur, en 1811.

a: Il a paru un extrait en allemand de cette Histoire de la
diplomatie française, sous le titre suivant : «FLASSAN's Frankreichs Friedensgeschichte unter den drey ersten Dynas-
tien, nach dem Französischen bearbeitet von Ernest Gr.
v. BENZEL-STERNAU. *Frankf.* 1813-1815, 2 Bde., in-8°.

264. PAOLI-CHAGNY (le comte DE), Histoire de la politique
des puissances de l'Europe, depuis le commencement de
la révolution française jusqu'au congrès de Vienne. *Paris*,
1817, 4 vol. in-8°.

265. BIGNON (le baron), Histoire de France, depuis le
18 brumaire (novembre 1799) jusqu'à la paix de Tilsitt
(juillet 1807). *Paris*, 1829-1830, 6 vol. in-8°. — L'ouvrage
doit être continué jusqu'à la seconde abdication de Napo-
léon, en vertu d'une disposition testamentaire duquel il a
été entrepris.

266. M. LECKIE (Irlandais), a publié à *Londres*, en 1812,

un aperçu historique des relations extérieures de la Grande-Bretagne.

267. Les ouvrages de SCHMAUSS (203), MABLY (204), AR-NOULD (205), KOCH (206), SCHOELL (36), et VOSS (207), ap-partiennent aussi à cette section.

§ 2. — *Journaux et autres Publications périodiques.*

268. Le Mercure français (1605-1644), (composé par Jean RICHER jusqu'en 1635, et continué par Théoph. RENAUDOT.) *Paris*, 1611-1648, 25 vol. in-8°.

269. (MARANA et COTOLENDI), L'espion dans les cours des princes chrétiens (1637-1682). *Cologne*, 1696-1699, 6 vol. in-12. — Souvent réimprimé.

270. Mercure historique et politique, rédigé depuis novembre 1686 jusqu'en avril 1782 (par SANDRAS DE COUR-TILZ, P. BAYLE, LA BRUNE, SAINT-ÉLIER, GUYOT, ROUSSET, LE FÉVRE, et autres). *Parme et La Haye*, 1686-1787, 200 et quel-ques volumes in-12.

271. Lettres historiques contenant ce qui s'est passé de plus important en Europe (depuis 1692-1745, par J. BER-NARD, H. BASNAGE, J. DU MONT, et autres, depuis 1728). *La Haie*, 1692-1745, in-12. (Il y en avait 111 volumes de paru en 1728).

272. La Clef du cabinet des princes de l'Europe, ou Journal de Verdun (par Cl. JORDAN, L. JOS. DE LA BARRE, Ch. Ph. MONTENAULT D'ÉGLY, P. Nic. BONAMY et Hubert Pas-cal AMEILHON). *Luxembourg, Verdun et Paris*, 1704-1776, 120 vol. in-8°. — Repris en 1782, et interrompu peu après. —DREUX DU RADIER a publié une fort bonne table de ce jour-nal, depuis son origine jusqu'en 1756 inclusivement. *Paris*, 1759, 9 vol. in-8°.

273. Nouvelles, ou Mémoires historiques, politiques et littéraires. *La Haye et Amsterd.* 1728-1731, 12 vol. in-12.

274. État politique de l'Europe (par BRUZEN DE LA MAR-TINIÈRE, et autres). *La Haye*, 1738-1749, 13 vol. in-8°. — Traduit en allemand. *Dresde et Leipzig*, 1740-1751, 13 vol. *ibid.*

275. Le Journal universel. *La Haye*, 1743 et années sui-vantes, 18 vol. in-12.

276. Allgemeine Schaubühne der Welt (1601-1688). *Frankf.* 1699-1731, in-f°.

277. Theatrum europæum, oder Beschreibung aller denkwürdigen Geschichten (1617-1718). *Frankf.* 1635-1738, 21 th., in-f°.

278. Die europäische Fama. *Leipz.* 1702-1734, 360 th.,
oder 30 Bde., in-8°.

279. Die neue europäische Fama. *Leipz.* 1735-1756, 192
th., oder 12 Bde., in-8°.

280. Europäischer Staats-Secretarius. *Leipz.* 1734-1748,
144 th., oder 12 Bde., in-8°.

281. Neuer europäischer Staats-Secretarius. *Leipz.* 1749-
1755, 40 th., oder 5 Bde., in-8°.

282. (Mich. Ranft), Der genealogische Archivarius.
Leipz. 1732-1738, 50 th., oder 7 Bde., in-8°.
Ce recueil a été continué sous les trois titres suivants :

283. Genealogisch-historische Nachrichten. *Leipz.* 1739-
1750, 145 th., oder 12 Bde., in-8°.

284. Neue genealogische Nachrichten. *Leipz.* 1750-1762,
160 th., oder 13 Bde., in-8°.

285. Fortgesetzte neue genealogische Nachrichten. *Leipz.*
1762-1777, 168 th., oder 14 Bde., in-8°.

286. A. L. Schlözer, Briefwechsel. *Göttingen,* 1772 u. ff.
10 Bde., gr. in-8°; Vierte Aufl. 1780 ff.

287. ————— Staatsanzeigen. *Göttingen,* 1781-1794,
18 Bde., gr. in-8°.

288. Joach. v. Schwarzkopf, Ueber Zeintungen. *Frankf.*
1795, in-8°.

289. ————— Ueber politische Zeitungen in mehre-
ren Staaten. — Dans le journal littéraire intitulé : «Allge-
meiner literarischer Anzeiger,» 1800-1801.

290. (Von G. B. v. Schirach, und nach dessen Tode,
seit 1804, oder 1805, von seinem Sohn), Politisches Journal. — Il en parait à *Hambourg,* depuis 1781, un cahier
par mois, soit deux volumes in-8° par an.

291. C. F. Haeberlin, Staatsarchiv. *Helmst.* 1796-1808,
62 Heft, gr. in-8°.

292. J. W. v. Archenholz, Minerva. — Un cahier in-8°
par mois, depuis 1792, d'abord à *Berlin,* puis à *Hambourg,*
ensuite à *Altona.* — Continué, depuis la mort de l'auteur,
décédé en 1812, par.....

293. C. D. Voss, die Zeiten, oder Archiv für die neueste
Staatengeschichte und Politik. *Leipz.* 1805-1820, in-8°. —
Recueil mensuel.

294. H. Luden, Nemesis, Zeitschrift für Politik u. Geschichte. *Weimar,* 1814-1818, 12 Bde. in-8°.

295. F. Buchholz, Journal für Teutschland, historisch-
polit. Inhalts. *Berlin,* 1815 ff., in-8°.—L'ouvrage se continue.

296. Ad. Muller, Deutsche Staatsanzeigen. *Leipz.* 1816-
1817, 2 Bde. in-8°.

297. K. E. Schmid, Der teutsche Bund. *Hildburgh.* 1816, 1 Bd. in-8°.

298. Allgemeines Staatsverfassungs-Archiv. *Weimar,* 1816 ff., in-8°.

299. J. L. Kluber Staatsarchiv des teutschen Bundes. *Erlang,* 1816-1817, 6 Hefte, in-8°.

300. The moderate Intelligencer. *Lond.* 1645-1749, in-4°.

301. Historical Register. *Lond.* 1714-1738, in-8°.

302. The Annual Register, or a View of the History, politic and Literature. *Lond.,* depuis 1758 il en paraît un vol. in-8° par an (65).

303. Annuaire historique, universel (66). — Imitation plus ou moins heureuse de « The Annual Register » (302).

304. Storia dell' anno (commencée à *Amsterdam,* continuée à *Venise.*—Il en paraît un vol. in-8° par an, depuis 1731.

305. Nederlandsche Jaarboeken. *Amsterd.* 1747-1766, in-8°.

306. Nieuwe nederlandsche Jaarboeken. *Amsterd.,* depuis 1767 jusqu'en 1806, in-8°.

307. Jaarboeken der bataavsche Republik. *Amsterd.* 1795 et années suivantes, in-8°.

308. Les principaux Journaux quotidiens, et la plupart des Gazettes politiques et des *feuilles officielles,* font naturellement partie de cette Section. Nous n'en citerons ici que trois des plus remarquables.

a. La Gazette de France [depuis 1631 jusqu'en 1792] (par Théophraste, Eusèbe et Isaac Renaudot; Hellot, depuis 1718 jusqu'en 1732; l'abbé Laugier, Suard, de Querlon, Rémond de Sainte-Albine, de Mouhy, Bret, Fallet, Marin, Collet, ancien secrétaire du cabinet de la duchesse de Parme, l'abbé Aubert ; et, par d'autres, jusqu'à la fin de l'an vi, 175 vol. in-4°). — Il faut joindre à cette collection une Table des 135 premiers volumes, depuis son commencement jusqu'à l'année 1763 (par Genet). *Paris,* 1766, 3 vol. in-4°.

b. La Gazette de Leyde, ou Nouvelles extraordinaires de divers endroits (commencée en 1738 par MM. Lusac, et continuée jusqu'en 1810 par les successeurs des fondateurs, et par Cérisier, Ducamp, M. Baudus et autres), petit in-4°.

c. La Gazette nationale, ou le Moniteur universel [commencé à *Paris,* le 24 novembre 1789 (rédigé successivement par MM. Maret, Rabaut-Saint-Étienne, Ginguené, Guillois, Amar, Tourler, Jourdan, Peuchet, Desmares, Trouvé, Sauvo et autres), jusqu'à ce jour], 90 ou 91 vol.

in-f°, y compris l'Introduction historique, rédigée par M. Thuau-Grandville, en l'an IV de la République (1794), mais non compris les Tables générales, qui sont fort bien faites.

309. On pourra consulter, pour se faire une idée du nombre immense d'écrits périodiques, en tout genre, publiés en France depuis 1787, la « Bibliographie des Journaux, » par M. D.......s (Deschiens). *Paris,* 1829, in-8°.

FIN DE LA BIBLIOGRAPHIE.

TABLE DES AUTEURS

ET

DES OUVRAGES ANONYMES

DONT IL EST FAIT MENTION DANS CETTE BIBLIOGRAPHIE.

(Les chiffres sont ceux des articles.)

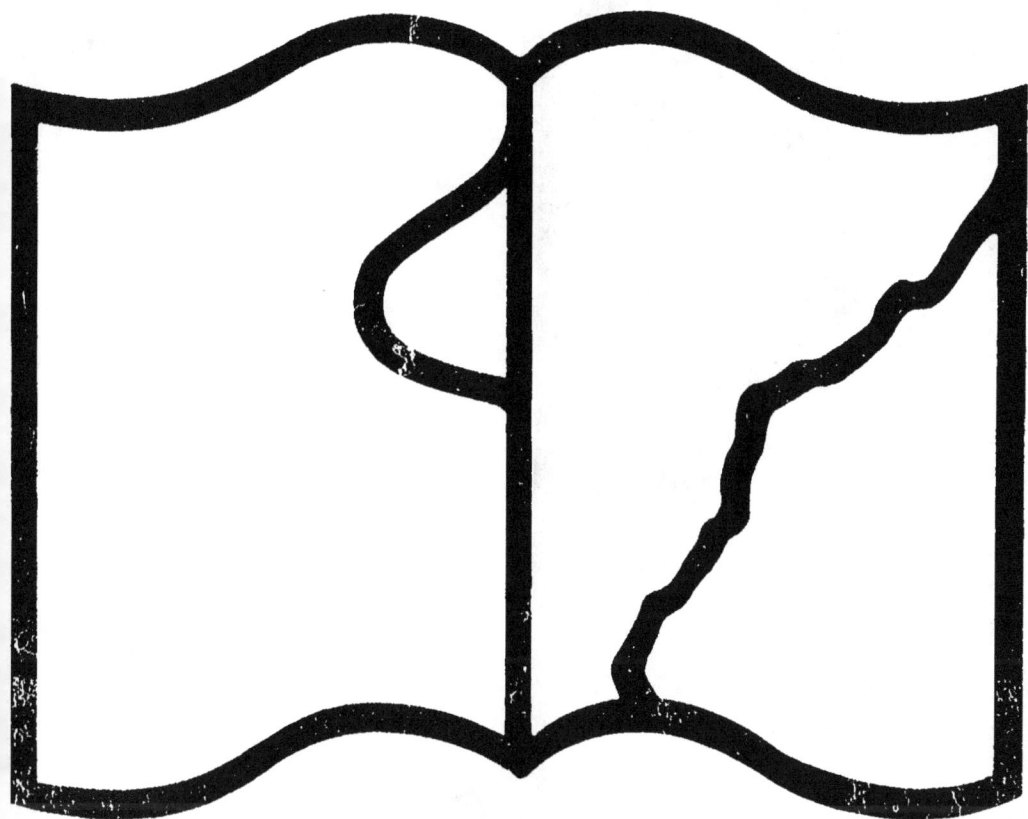

Texte détérioré — reliure défectueuse

NF Z 43-120·11

Contraste insuffisant

NF Z 43-120-14

www.ingramcontent.com/pod-product-compliance
Lightning Source LLC
Chambersburg PA
CBHW060520220326
41599CB00022B/3373